문 성 제

새로운

부동산 계약법

박영사

머 리 말

　계약갱신청구권제·전월세상한제·전월세 신고제 도입을 골자로 하는 주택임대차보호법 및 부동산거래신고법 개정안이 2020년 7월 29일 법사위를 거쳐서 야당이 불참한 가운데 국회 본회의에서 의결됨으로써 임대차 3법이 시행되기에 이르렀다. 그 결과 2020년 10월 31일부터 계약갱신청구권 등의 내용을 포함한 임대차 3법이 시행되었으나, 아직도 그 내용을 정확하게 숙지하지 못한 채 임대인과의 분쟁에서 세입자는 계약갱신청구권을 거부할 수 있는 '정당한 사유'가 무엇인지 등을 둘러싸고 논쟁이 일기도 하였다. 이같이 임대차 3법이 시행된 지 벌써 1년 다가오고 있으나 관련한 법률을 정리한 총서는 출판되지 않았다. 나아가 2020년 저자가 근무하고 있는 대학교 대학원에 부동산법무학과가 개설되면서 부동산계약법 강의를 개설하여 타 대학의 부동산 관련 학과에서 사용하고 있는 기존의 관련 교재를 활용하려 게으름을 피우기도 하였으나 녹록지 않은 상황이었다. 이를 위하여 1년 전부터 강의 교재 개발을 시작하였고, 그동안 강의 노트를 중심으로 한 학기 강의를 진행해 오면서 본격적으로 부동산계약법에 관한 전문교재를 개발하고 싶었다.

　오랜 시간에 걸쳐 집필하고 있는 동안에도 몇 번이나 부동산정책을 둘러싼 논의가 있었으며, 수시로 변하는 부동산정책 등으로 많은 어려움이 있었으며, 급등하는 부동산 가격 등을 중심으로 정치인을 포함하여 사회적 갈등도 증폭되기도 하였다. 이 가운데, 부동산계약법이라는 전문서적을 출판하려 했던 것은 부동산은 가장 비중이 큰 재화로써 부동산을 둘러싸고 다양한 문제가 나타나고 있음에도 이와 관련한 전문서적이 없었다는 점을 들 수 있으며, 이를 중심으로 법률적인 문제를 다루고 싶었기 때문이다. 나아가, 오랫동안 연구실에서 숙고를 거듭하면서, 부동산 거래를 중심으로 나타나는 법률문제들에 대해서 민사법적으로 접근해보고 싶었다. 저자는 대학 강단에서 지금까지 민법을 강의하면서 예시하였던 사례 대부분이 부동산에 관한 문제들이었으며, 이 같은 현실을 반영하여 부동산계약을 위한 법적인 문제들을 검토할 필요가 있다고 판단하였다. 아직 많이 부족한 내용임을 저자 역시 알고 있으며 앞으로 독자 제현들의 지적과 충고를 통하여 부족한 부분을 보완 수정해 나아갈 계획이다. 마지막으로 본서 출판을 허락해 주신 박영사 안종만 회장님과 안상준 대표님께 심심한 감사를 드립니다.

2021. 10.

차   례

CHAPTER 01 총   설 / 1

CHAPTER 02 부동산계약 일반 / 5

제1절 부동산의 개념과 종류 6

  Ⅰ. 부동산의 개념 ·· 6

  Ⅱ. 부동산의 종류 ·· 8

    1. 토지 ··· 8

    2. 토지의 정착물 ··· 12

    3. 미분리의 과실 ··· 25

    4. 산지 ··· 25

    5. 농작물 ··· 28

제2절 부동산 매매계약 개관 28

  제1관 부동산계약 관련 법규 28

    1. 민법 ··· 28

    2. 주택임대차보호법 ··· 29

    3. 상가건물 임대차보호법 ·· 31

    4. 부동산 거래신고 등에 관한 법률 ·· 32

    5. 부동산 등기법 ··· 38

    6. 주택법 ··· 38

제2관 부동산 거래에 관한 공법상 규제 39

　Ⅰ. 토지거래 및 이용에 관한 규제 ··· 39

　　1. 토지거래허가제의 목적 ··· 39

　　2. 토지이용의 규제 ··· 49

　　3. 토지 지정지역 규제 ··· 50

　Ⅱ. 주택거래 및 이용에 관한 규제 ··· 52

　　1. 주택 지정지역(투기지역) ··· 52

　　2. 투기과열지구 규제 ··· 53

　　3. 조정대상지역 ··· 55

　　4. 공공임대주택의 매각 등의 제한 ··· 58

제3관 개발이익 및 재건축초과이익의 환수 71

　Ⅰ. 개발이익의 환수 ··· 71

　　1. 개발이익의 개념 ··· 71

　　2. 개발이익환수의 법적 근거 ··· 72

　　3. 개발이익의 환수 ··· 73

　Ⅱ. 재건축초과이익 환수 ··· 75

　　1. 개념 ··· 75

　　2. 도입의 취지와 적용대상 ··· 75

　　3. 재건축초과이익의 환수 ··· 76

　　4. 초과이익에 따른 부담금 산정방식 ··· 77

제4관 부동산 거래 관련 세금 78

　Ⅰ. 양도소득세 ··· 78

　　1. 의의 ··· 78

　　2. 과세되는 자산의 범위 ··· 80

　　3. 법적 근거 ··· 81

　　4. 비과세 및 감면혜택 ··· 82

　Ⅱ. 종합부동산세 ··· 85

　　1. 개념 ··· 85

　　2. 과세 내용 ··· 86

　　3. 과세 대상 및 방법 ··· 89

　Ⅲ. 부동산 취득세 ··· 90

　　1. 개념 ··· 90

　　2. 납세의무자 ·· 90
　　3. 비과세 ··· 92
　　4. 취득세의 산정 ····································· 92
　Ⅳ. 등록면허세 ·· 95
　　1. 개념 ··· 95
　　2. 과세 대상 ··· 96
　Ⅴ. 인지세 ··· 99
　　1. 개념 ··· 99
　　2. 인지 세액 ··· 99
　　3. 인지세 납부 ······································ 100
　Ⅵ. 농어촌특별세 ······································ 100
　　1. 개념 ·· 100
　　2. 납세의무자 ······································ 100
　　3. 농어촌특별세액 ·································· 101
　　4. 신고 및 납부 ···································· 101
　Ⅶ. 지방교육세 ·· 101
　　1. 개념 ·· 101
　　2. 납세의무자 ······································ 102
　　3. 지방교육세액 ···································· 102
　　4. 지방교육세의 신고 및 납부 ······················ 102
　　5. 가산세 ·· 103

제3절 우리나라의 부동산정책 103

　제1관 현 정부의 부동산정책 수립 배경　103

　제2관 부동산정책의 기본 방향　104

　제3관 부동산정책의 주요 내용　105
　　1 투기수요 근절 등 주택 수요 관리정책 ················ 106
　　2. 실수요자 보호·서민 부담경감 관련 정책 ·············· 109
　　3. 주택공급계획 ···································· 110

　제4관 주택수요 관리 · 실수요자 보호 등 시장안정 대책　111
　　1. 주택시장 안정 보완대책(2020. 7. 10 대책) ············ 111
　　2. 주택시장 안정을 위한 관리방안(2020. 6. 17 대책) ········ 114
　　3. 투기수요 차단을 통한 주택시장 안정적 관리 기조 강화(2020. 2. 20) ·· 115

4. 주택시장 안정화 방안(2019. 12. 16) ························· 116
5. 시장안정 대책 보완방안(2019. 10. 01) ······················ 118
6. 민간택지 분양가 상한제(2019. 08. 12) ······················ 119
7. 주거종합계획(2019. 04. 23) ··································· 121
8. 주택시장 안정화대책(2018. 09. 13) ························· 122
9. 주거복지로드맵(2017. 11. 29) ······························· 125
10. 주택시장 안정화 대책(2017. 08. 02) ······················ 127

CHAPTER 03   부동산 매매계약 일반 / 133

제1절 부동산 계약을 위한 준비 134

Ⅰ. 부동산 매물정보 등 ·· 134
1. 전국 분양정보 및 시세 확인 ································· 134
2. 한국토지주택공사의 주택공급계획 정보의 확인 ············ 134
3. 보금자리주택정보(공공주택) ································· 135
4. 경매정보 ·· 135
5. 부동산 중개업체 정보 ·· 136
Ⅱ. 부동산 시세 및 실거래가 정보 ································ 136
Ⅲ. 부동산중개업체의 선정과 계약 ································ 136
1. 부동산 개업공인중개사 ······································ 136
2. 부동산 개업공인중개사 선정 시 확인 사항 ················ 136
3. 부동산 개업공인중개사의 의무 ······························ 137
4. 부동산 중개업자와의 계약 ··································· 139
5. 부동산 중개보수 ·· 140
6. 부동산 개업공인중개사의 책임과 분쟁의 해결 ············· 142
Ⅳ. 부동산 구입자금 확보 ·· 144
1. 구입자금의 대출 ·· 144
2. 구입자금 대출의 종류 ·· 144
Ⅴ. 부동산 매매계약을 위한 사전 허가 ·························· 144
1. 토지거래허가구역의 토지 매매 ······························ 144

2. 외국인의 부동산 매매 ·· 147

3. 학교법인의 부동산 매도 ·· 149

제2절 부동산 거래에서의 권리관계 150

Ⅰ. 부동산 계약의 당사자 ·· 150

1. 부동산의 소유권자 ·· 151

2. 부동산 명의신탁의 금지 ·· 151

3. 부동산 계약의 대리인 ·· 151

Ⅱ. 기타 권리관계 ·· 152

1. 임차권, 전세권 및 저당권설정 여부 ························ 152

2. 가등기·가처분·가압류 등기의 설정 여부 ················· 153

Ⅲ. 부동산의 권리관계 ·· 154

1. 부동산 등기의 의의 및 종류 ·································· 154

2. 부동산등기부의 종류 ··· 158

3. 부동산등기부의 구조 ··· 159

Ⅳ. 토지대장, 임야대장 및 건축물대장 ·························· 164

1. 토지대장 및 임야대장의 확인 ································ 164

2. 건축물대장 ··· 165

Ⅴ. 토지이용계획확인서 ··· 166

1. 토지이용계획확인서의 개념 ··································· 166

2. 토지이용계획의 열람 ··· 166

3. 토지이용계획확인서의 발급 ··································· 166

4. 현장조사 ·· 167

Ⅵ. 부동산종합공부 등 ·· 168

1. 개념 ··· 168

2. 부동산종합공부의 등록사항 ··································· 168

3. 부동산종합공부의 열람 및 부동산종합증명서의 발급 ··············· 168

제3절 부동산 매매계약의 체결 169

Ⅰ. 부동산 매매예약 ··· 169

1. 의의 ··· 169

2. 매매예약의 성립 ·· 171

3. 예약의 종류 ·· 172

4. 예약완결권 ·· 174

5. 부동산 매매예약의 효력 ··· 181

Ⅱ. 부동산 가계약 ·· 182

1. 개념 ·· 182

2. 가계약의 효력 ·· 187

Ⅲ. 부동산 계약의 교섭과 법적책임 ·· 188

1. 계약체결상의 과실책임의 법적 성질 ··· 189

2. 계약체결상의 과실책임의 요건과 효과 ··· 190

제4절 부동산 매매계약의 성립 195

Ⅰ. 매매계약의 개념 ·· 195

Ⅱ. 계약의 자유와 그 제한 ·· 197

1. 계약자유의 원칙 ··· 197

2. 계약자유 원칙의 제한 ·· 199

Ⅲ. 부동산 매매계약의 성립과 효력 ·· 202

1. 매매계약의 성립 ··· 202

제5절 계약서의 작성과 소유권의 이전 223

1. 계약의 자유와 제한 ·· 223

2. 계약서의 작성과 매매대금 교부 ··· 224

3. 부동산 소유권이전등기 ·· 228

4. 부동산 거래신고 등에 관한 법률에 따른 신고 ····························· 232

5. 전입신고 및 자동차 주소지 변경 등록 ·· 245

6. 세금의 납부 ·· 248

제6절 계약의 해제 272

Ⅰ. 개관 ··· 272

Ⅱ. 해제할 수 있는 계약의 범위 ··· 273

1. 법정해제권의 발생 ·· 273

2. 약정해제권의 발생 ·· 280

Ⅲ. 부동산 매도인의 담보책임 ··· 281

1. 의의 ·· 281

2. 부동산 소유권에 하자가 있는 경우 ··· 281

    3. 부동산의 흠결 ·· 284

CHAPTER 04 부동산 임대차계약 / 285

제1절 민법상의 임대차제도 286

   Ⅰ. 서설 ··· 286
   Ⅱ. 민법상 임대차의 규율 ··· 288
      1. 임대차의 성립 ··· 288
      2. 임대차 관계의 존속 ····································· 289
   Ⅲ. 임대차의 효력 ··· 291
      1. 임대인의 권리와 의무 ································· 291
      2. 임차인의 권리와 의무 ································· 295
      3. 임차권의 양도, 전대의 제한 ······················ 306
      4. 임차보증금 ·· 310

제2절 우리나라의 주택임대차 제도 312

  제1관 주택임대차 제도의 개관 312
  제2관 전세권과 임차권 315
   Ⅰ. 개념 ··· 315
   Ⅱ. 전세권과 임차권 ··· 316
      1. 전세권 ·· 316
      2. 임차권 ·· 318
      3. 주택임대차보호법의 우선 적용 ················· 319
   Ⅲ. 전세권과 임차권의 법적 성질 ····································· 319
      1. 전세권의 법적 성질 ··································· 319
      2. 임차권의 법적 성질 ··································· 323
  제3관 주택임차인의 법적인 보호 323
   Ⅰ. 주택임대차보호법의 취지 ·· 323
   Ⅱ. 주택임대차보호법의 보호 대상 ·································· 325

1. 자연인 ·· 325

2. 외국인 및 재외동포 ··· 325

3. 법인 ··· 326

Ⅲ. 주택임대차보호법의 적용 범위 ··· 326

1. 주택의 임대차 ·· 326

2. 미등기 전세 ··· 327

3. 민법상 주택임대차 등기 ··· 328

4. 예외 ··· 328

제4관 주택임대차계약 328

Ⅰ. 계약의 당사자 ··· 328

1. 소유자 ··· 328

2. 공동소유자 ·· 328

3. 대리인 ··· 329

4. 전대인 ··· 329

5. 부동산 개업공인중개사 ·· 329

Ⅱ. 주택임대차계약 ·· 330

1. 계약방식의 자유 ·· 330

2. 임대차계약서의 작성 ··· 330

3. 계약체결 이후 받아야 할 서류 ·· 332

Ⅲ. 주택임대차계약의 신고 ·· 333

1. 의의 ··· 333

2. 신고대상 ·· 333

3. 신고 절차와 방법 ·· 334

제5관 주택임대차보호법의 주요 내용 334

1. 주택임차권의 대항력 ·· 334

2. 임대차 존속기간의 보장 ··· 346

3. 차임·보증금의 증감 청구 ·· 351

4. 보증금의 회수 보호 ··· 352

5. 보증금 일정액의 보호 ··· 355

6. 임차권등기명령제도 ··· 358

제6관 주택임대차계약의 종료 363

1. 주택임대차의 종료 원인 ··· 363

2. 임대차 종료의 효과 ··· 365

제7관 사망 등에 의한 주택임차권의 승계 366
　　1. 임차권의 상속 ·· 366
　　2. 임대인의 지위승계 ·· 367

제8관 보증금 반환청구 소송의 제기 369
　Ⅰ. 소송에 갈음하는 분쟁의 해결 ··· 369
　　1. 민사조정 ··· 369
　　2. 지급명령의 신청 ·· 371
　Ⅱ. 집행권원의 확보 ··· 373
　　1. 의의 ··· 373
　　2. 집행권원 확보를 위한 준비 ··· 374
　Ⅲ. 소액사건심판의 제기 ·· 375
　　1. 개념 ··· 375
　　2. 소액사건의 판단 시기 ·· 375
　Ⅳ. 보증금반환청구소송의 제기 ·· 376
　　1. 의의 ··· 376
　　2. 소의 제기 ··· 376
　　3. 보증금반환청구소송의 특례 ··· 376
　　4. 보증금반환청구소송 확정판결의 효과 ·· 377
　　5. 강제경매의 신청 ·· 378
　　6. 배당의 요구 ·· 384

제3절 상가건물 임대차보호법과 임차인 보호 389
　Ⅰ. 개설 ·· 389
　　1. 건물임대차의 유형 ··· 390
　　2. 상가건물 임대차보호법의 성질과 적용범위 ································· 391
　　3. 민법상 임대차의 비교 ·· 393
　Ⅱ. 계약체결 이전의 용도 확인 ··· 395
　　1. 건축물대장 ··· 395
　　2. 토지대장 ··· 395
　　3. 토지이용계획 확인서 ·· 396
　　4. 부동산등기부 ·· 396
　Ⅲ. 임대차계약의 당사자 ·· 402

제1. 계약당사자로서의 임대인 ·· 402
1. 임대인의 범위 ·· 402
2. 임대인의 권리와 의무 ·· 404
제2. 계약의 당사자로서의 임차인 ·································· 408
1. 임차인의 권리와 의무 ·· 408
2. 임차권 양도의 제한 ·· 410
3. 상가건물의 전대차 ·· 413
제3. 개업공인중개사 ·· 415
Ⅳ. 임대차계약서의 작성 ·· 416
1. 상가건물 임대차 표준계약서 ································ 416
2. 표준계약서의 작성 ·· 416
3. 주요 기재사항 ·· 417
4. 특약사항 ·· 418
5. 임대차계약 후 받아야 할 서류 ····························· 418
Ⅴ. 상가건물 임대차보호법의 주요 내용 ······················ 419
제1. 대항력 ·· 419
1. 개념 ·· 419
2. 대항력의 발생 시기 ·· 424
제2. 임차인의 지위 유지 ·· 424
제3. 임대차 존속기간의 보장 ·· 424
1. 임차 기간의 보장 ··· 424
2. 임차인의 계약갱신 요구 ······································· 425
3. 차임·보증금의 증감청구 ······································· 425
제4. 우선변제권 ·· 426
1. 개념 및 요건 ··· 426
2. 확정일자 ·· 427
3. 확정일자부여 신청 ·· 427
제5. 소액임차인 최우선변제권 ······································ 428
1. 의의 ·· 428
2. 소액임차인 최우선 변제 ······································· 428
제6. 임차권등기명령제도 ·· 428
1. 의의 ·· 428

  2. 대항력의 취득 ·· 429
  3. 임차권등기명령의 신청 ··· 429
 제7. 임대차계약의 갱신 ··· 429
  1. 합의 갱신 ··· 429
  2. 묵시의 갱신 ·· 430
VI. 상가건물 임대차 관계의 종료 ·· 433
  1. 종료의 원인 ·· 433
  2. 임대차 종료의 효과 ·· 434
VII. 권리금 ··· 435
  1. 개념 ·· 435
  2. 권리금 표준계약서 ·· 435
  3. 권리금의 요소 ·· 436
  4. 권리금의 회수 ·· 440
  5. 임대인의 권리금 반환의무 ··· 441

참고문헌 443

찾아보기 445

총 설

총 설

급격한 산업화의 발전은 인구의 도시 집중화를 가져왔으며 한정된 재화로 인하여 부동산의 소유와 이용이 분리되는 현상이 나타나게 되었다. 급격한 도시화의 진행은 농촌인구의 이동과 함께 도시 집중화를 가져왔으며, 그 결과 주거가 부족하게 되는 사태를 가져오게 되었다. 이 같은 현상은 우리나라를 포함하여 OECD 주요 가맹국들의 경우에도 공통적으로 나타나는 문제로서, 이 같은 문제해결을 위한 목적으로 정부가 주도하는 부동산정책[1]의 수립이 요청되기에 이르렀다.

부동산정책은 주택시장의 안정과 국민의 주거복지 향상을 위하여 부동산 가격의 안정과 투기 억제 및 경기 활성화를 위한 목적으로 추진하게 되는데, 1967년 처음 「부동산투기억제에 관한 특별조치법」이 발효된 이후 오늘에 이르기까지 '부동산 시장 안정화를 위한 제도 개편 방안'에 이르기까지 수많은 정책을 수립하여 시행하여 왔음에도 불구하고 부동산 시장의 안정화를 실현하지 못하고 있는 실정이다.

---

1) 부동산정책이란 정부가 특정한 목적을 위하여 부동산 시장에 개입하는 정책을 말한다.

부동산 시장은 계약법을 중심으로 소유권 이전을 위한 계약과 부동산을 소유하지 못한 자가 타인 소유의 부동산을 자신의 주거 및 각종 경제활동의 공간으로 이용하기 위한 목적의 부동산 임대차 제도 등이 보편적인 법률관계로 발전하였다. 부동산 소유를 위한 매매계약은 시대에 따라서 그 법률행위의 내용이 달라져 왔는데, 조선시대 초기에는 부동산 매매와 관련한 입안(立安)이라는 제도가 시행되었으며, 구한말에는 가계(家契)와 지계(地契) 제도가 가옥 및 토지의 공적 소유관계를 규율하였다. 일본 식민지 시대의 의용민법에서는 매도인과 매수인 의사의 합치로 매매가 성립하도록 하였고, 등기는 처분요건으로서의 효력을 갖도록 하였으며, 해방 이후 현행 민법에서는 부동산 물권변동의 요건으로서 물권적 합의와 등기(민법 제187조)를 그 요건으로 하고 있다.

특히 우리나라 국민의 대부분은 부동산을 재산형성을 위한 재화로 인식하는 경향이 매우 강하게 나타나고 있는 가운데 개인재산의 약 80% 정도가 부동산과 관련되어 있다고 해도 과언이 아닌 실정이다. 이에 따라서 개인은 재화로서의 부동산을 구매하기 위한 다양한 편법들을 동원하고 있으며, 이를 막기 위하여 정부는 다양한 정책을 수립하여 시행하고 있음에도 부동산 가격의 상승은 오늘에도 계속 이어지고 있다.

이 같은 문제의식을 가지고 정부는 2020년 7월 28일 전·월세 거래신고제의 근거가 되는 「부동산 거래신고 등에 관한 법률」이 국회에 의결됨으로써 향후 부동산 거래를 위한 계약관계에서도 많은 변화를 예상할 수 있는데, 본 법은 투명하고 공정한 거래질서를 확립하기 위하여 자금조달계획서 제출 대상을 확대하는 등, 부동산 거래의 당사자가 계약을 체결하는 경우 그 실제 거래가격 등 대통령령이 정하는 사항을 거래계약을 체결하는 날로부터 30일 이내에 그 권리의 대상인 부동산의 소재지를 관할하는 시장·군수 또는 구청장에게 공동으로 신고하도록(부동산 거래신고 등에 관한 법률 제3조 제1항)' 하는 등의 내용이다.

또 타인의 부동산을 이용하기 위한 법제도의 수단으로는 민법상 임대차 일반에 관한 규정 이외에 경제적 약자의 생존을 위한 기본적 요건인 주거안정 목적의 주택임대차보호법과 공정한 거래질서를 확립하고 영세상인들이 안정적으로 생업에 종사할 수 있도록 과도한 임대료 인상의 방지와 임차인의 권리 등을 보장하기 위한 목적으로 「상가건물 임대차보호법」을 제정하여 시행하고 있는데, 이는 민법에 대한 특례를 규정한 것이다.

　우리나라는 '70년대 산업화에 따른 도시 집중화 과정에서 나타난 임대주택과 관련한 사회문제 해결을 위한 목적으로 1981년 주택임대차보호법을 제정하여 시행하여 왔으며, 영업 등 경제활동을 목적으로 하는 상가건물임대차와 관련하여 민법상의 임대차 규정 이외에 임차인에 대한 특별한 법적 보호 없이 당사자의 사적 자치에 맡겨져 왔던 결과 상가 및 건물 등을 임차하여 영업활동을 하는 중소상인들의 경우 고액의 임대료 인상 및 일방적인 계약해지에 따른 영업 중단 등으로 영업활동을 통하여 축적된 신용, 고객 및 거액의 권리금, 시설투자비용과 같은 유·무형의 영업과 관련된 재산을 한 순간에 상실하는 등의 문제를 야기하였다.

　임대차 계약은 임대인과 임차인이 동등한 관계에서 계약을 체결한다고 하지만, 주거용 건물이 아닌 상가건물인 경우 보증금 및 시설투자금의 회수, 부당한 임대료 인상 등과 관련하여 많은 문제가 빈번하게 발생하고 있다. 이 같은 이유로 그동안 임차인에게는 임대차계약기간의 안정적 확보, 임대인의 계약해지권 남용의 방지, 공정한 거래질서의 확립, 임차인의 안정적 영업권 등을 확보할 수 있는 방안이 요청되어 왔으며, 이 같은 요청에 응하여 국가는 사인 간의 경제활동 가운데 상가건물임대차에 있어서 수요자인 임차인의 사회·경제적 지위를 불안정하게 하는 역효과로 발생하는 임차인의 불합리한 손해 등을 방지하기 위한 목적으로 2001년 12월 29일 법률 제6542호의 상가건물임대차보호법을 제정하여 이 같은 문제에 대하여 직접적으로 관여하게 되었다.

　이 같이 부동산계약에서는 사법상 계약이론을 중심으로 민사 특례법인 부동산 3법 즉, 주택임대차보호법, 상가건물 임대차보호법 및 부동산거래신고법 등을 중심으로 살펴보아야 할 내용들이 많이 있다. 이 같은 점을 고려하여 이하에서는 부동산계약과 관련한 제반 내용들을 중심으로 살펴보도록 하겠다.

부동산계약 일반

부동산계약 일반

제1절 부동산의 개념과 종류

Ⅰ. 부동산의 개념

민법은 물건을 '유체물 및 전기 기타 관리할 수 있는 자연력(민법 제98조)이라 정의하면서 토지와 그 정착물을 부동산(민법 제99조 제1항)이라 하고, 부동산 이외의 것을 동산이라 하고 있다(민법 제99조 제2항). 이에 대해서 「부동산 거래신고 등에 관한 법률」에서는 '부동산'을 토지 또는 건축물로 정의하고 있다(부동산 거래신고 등에 관한 법률 제2조 1호).

민법은 제99조의 구별을 전제로 물건을 부동산과 동산으로 분류하여 그에 대한 법적 취급을 달리하고 있는데, 그 이유는 재산적 가치에 있어서 차이가 있기 때문이지만 가장 큰 이유는 공시방법에서의 차이가 가장 큰 이유이다. 그 차이를 비교해 살펴보면 첫째, 권리변동의 성립요건으로 부동산은 등기(민법 제186조), 동산은 인도(민법 제188조)를 그 공시방법으로 하고 있으며, 둘째, 선의취득과 관련하여 동산의 점유는 선의취득을 인정하여 공신력을 인정하지만(민법 제249조), 부동산의 등기에는 공신력을 인정하지 않는다. 셋째, 시효취득에 있어서도 부동산은 점유취득시효(20년)와 등기부취득시효(10년)를 인정하고 있으나(민법 제245조), 동산은 점유취득시효만 인정하고 있으며(민법 제246조), 넷째, 상린관계는 원칙적으로 부동산에 대해서만 인정되며, 다섯째, 무주물의 경우 부동산은 국유(민법 제252조 제2항)로 귀속되지만, 동산은 선점자가 소유권을 취득하며(민법 제252조 제1항), 부합의 경우 부동산의 소유자가 부합한 물건의 소유권을 취득하지만(민법 제256조), 동산의 부합인 경우 합성물은 주된 동산의 소유자에게 귀속하고, 주종을 구별할 수 없는 경우에는 부합 당시의 가액의 비율로 합성물을 공유하게 된다(민법 제257조). 여섯째, 제한물권의 허용범위와 관련하여 설정할 있는 제한물권의 종류에 차이가 있는데, 즉 지상권(민법 제279조), 지역권(민법 제291조), 전세권(민법 제303조), 저당권(민법 제356조)은 부동산에서만 인정되고 동산에서는 인정되지 않는다. 일곱째, 재판관할 및 강제집행과 관련하여 부동산에 대해서만 재판관할이 있으며(민사소송법 제20조), 부동산에 대한 강제집행은 그 소재지 법원이 관할하지만(민사집행법 제79조), 동산에 대한 강제집행은 집행관이 그 물건을 점유, 즉 압류에 의하여 개시하게 된다(민사집행법 제199조). 여덟째, 환매기간에서 부동산 5년, 동산은 3년을 넘지 못하며(민법 제591조), 아홉째, 후견인이 피후견인을 대리하여 부동산 소유의 득실변경을 목적으로 하는 경우 후견감독인이 있으면 그의 동의를 받도록 하고 있으나, 동산은 중요한 경우에 한하여 후견감독인이 있는 경우에 그의 동의를 받도록 하고 있는 점(제950조)을 들 수 있다.

　　그러나 오늘날에는 많은 이유로 동산과 부동산 구별의 실익은 점차적으로 약화되어가고 있는데, 그 이유는 현대사회에서 동산 특히 화폐 자본의 중요성이 강화되고 있으며, 나아가 재화로서 부동산의 가치를 뛰어넘는 유가증권의 출현과 그 이용이 많아지고 있는 점을 들 수 있다. 이같이 동산과 부동산의 구별은 오늘날에도 의미를 부여할 수 있겠으나 점차 약화되어가고 있는 실정에 있다. 나아가 동산이면서도 등기 또는 등록이라는 공적 장부에 의한 공시방법이 늘어가고 있으며, 선박·자동차·항공기·건설기계 등의 동산은 등기·등록으로 그에 관한 권리관계를 공시하고 있어 향후 그 대상은 점차 늘어날 것으로 예상된다.

II. 부동산의 종류

앞에서 지적한 바와 같이 「부동산 거래신고 등에 관한 법률」에서 "부동산"이란 토지 및 건축물이라 정의하고 있으며(부동산 거래신고 등에 관한 법률 제2조 제1호), 민법에서는 토지 및 그 정착물을 부동산이라 정의하고 있다(민법 제99조 제1항). 여기서의 토지는 일정범위의 지면 또는 지표와 정당한 이익이 있는 범위 내에서의 상·하(즉, 지상과 지하)를 포함하는 개념이며(민법 제212조), 정착물이란 토지에 고정적으로 부착되어 사용되는 것이 사회통념상 합리적이라고 인정되는 물건으로서, 그러한 상태로 사용되는 것이 그 물건의 거래관념상의 성질로 인정되는 것을 말한다. 따라서 매년 경작을 요하지 않는 나무, 다년생 생물도 정착물이 되며, 그러나 임시로 심어놓은 가식의 수목이나 판잣집 등은 항구적으로 부착되어 있는 것이라 보기 어려우므로 정착물이 아니라 동산이 된다.

1. 토지

토지는 일정 범위의 지면 또는 지표와 정당한 이익이 있는 범위 내에서 그 지상·지하를 포함하므로 토지의 구성물(암석, 흙, 모래, 지하 수 등)은 토지소유권에 속한다.[1] 그러나 채굴하지 않은 광물은 국가가 이를 채굴·취득하는 권리(광업권)를 부여하기 때문에(광업법 제2조) 독립한 부동산으로 취급하지 않으므로 소유권에 미치지 못한다. 또 바다에서의 어업권(수산업법 16조 이하)·공유수면사용권(공유수면 관리 및 매립에 관한 법률 제8조 이하) 등과 같은 경우는 이용권이 성립할 수는 있어도 사적소유권은 성립하지 않는다. 또 하천의 경우에도 하천을 구성하는 토지와 그 밖의 하천시설에 대해서는 원칙적으로 사권을 행사할 수 없다. 다만 소유권을 이전하거나, 저당권을 설정하는 경우에 하천법 제33조에 따른 하천점용허가를 받아 그 허가받은 목적대로 사용하는 것은 허용된다(하천법 제4조제2항). 도로는 도로를 구성하는 부지, 옹벽, 그 밖의 시설물에 대해서 사권을 행사할 수 없으나 소유권을 이전하거나 저당권을 설정하는 경우에는 사권을 행사할 수 있다(도로법 제4조). 토지는 주된 용도에 따라서 그 종류가 구분되는데(공간정보의 구축 및 관리 등에

[1) 대법원 1964. 6. 23. 선고 64다120 판결.

관한 법률 제67조 제1항 및 공간정보의 구축 및 관리 등에 관한 법률 시행령 제58조) 그 내용
은 다음과 같다.

▶ **전**   물을 상시적으로 이용하지 않고 곡물·원예작물(과수류 제외)·약초·뽕
나무·닥나무·요목 관상수 등의 식물을 주로 재배하는 토지와 식용(食用)으
로 죽순을 재배하는 토지

▶ **답**   물을 상시적으로 직접 이용하며 벼·연(蓮)·미나리·왕골 등의 식물을
주로 재배하는 토지

▶ **과수원**   사과·배·밤·호두·귤나무 등 과수류를 집단적으로 재배하는 토
지와 이에 접속된 저장고 등 부속시설물의 부지(단, 주거용 건축물의 부지는
'대'로 함)

▶ **목장용지**   축산업 및 낙농업을 하기 위하여 초지를 조성한 토지, 가축을 사
육하는 축사 등의 부지, 위의 토지와 접속된 부속시설물의 부지(다만, 주거용
건축물의 부지는 '대'로 함)

▶ **임야**   산림 및 원야(原野)를 이루고 있는 수림지(樹林地)·죽림지·암석지·
자갈땅·모래땅·습지·황무지 등의 토지

▶ **광천지**   지하에서 온수·약수·석유류 등이 용출되는 용출구(湧出口)와 그
유지(維持)에 사용되는 부지(다만, 온수·약수·석유류 등을 일정한 장소로 운송하
는 송수관·송유관 및 저장시설의 부지는 제외)

▶ **염전**   바닷물을 끌어들여 소금을 채취하기 위하여 조성된 토지와 이에 접
속된 제염장(製鹽場) 등 부속시설물의 부지(다만, 천일제염 방식으로 하지 않고
동력으로 바닷물을 끌어들여 소금을 제조하는 공장시설물의 부지는 제외)

▶ **대**(垈)   영구적 건축물 중 주거·사무실·점포와 박물관·극장·미술관 등
문화시설과 이에 접속된 정원 및 부속시설물의 부지. 국토의 계획 및 이용
에 관한 법률 등 관계법령에 따른 택지조성공사가 준공된 토지

▶ **공장용지**   제조업을 하고 있는 공장시설물의 부지, 산업집적활성화 및 공
장설립에 관한 법률 등 관계 법령에 따른 공장부지 조성공사가 준공된 토
지, 위의 토지와 같은 구역에 있는 의료시설 등 부속시설물의 부지

▶ **학교용지**   학교의 교사(校舍)와 이에 접속된 체육장 등 부속시설물의 부지

▶ **주차장**   자동차 등의 주차에 필요한 독립적인 시설을 갖춘 부지와 주차전

용 건축물 및 이에 접속된 부속시설물의 부지(다만, 노상주차장 및 부속주차장 시설물의 부지 인근에 설치된 부설주차장 제외, 자동차 등의 판매 목적으로 설치된 물류장 및 이외 전시장 제외)

▶ **주유소용지** 석유 석유제품, 액화석유가스, 전기 또는 수소 등의 판매를 위하여 일정한 설비를 갖춘 시설물의 부지, 저유소(貯油所) 및 원유저장소의 부지와 이에 접속된 부속시설물의 부지, 다만, 자동차·선박·기타 등의 제작 또는 정비공장 안에 설치된 급유·송유시설 등의 부지는 제외

▶ **창고용지** 물건 등을 보관하거나 저장하기 위하여 독립적으로 설치된 보관 시설물의 부지와 이에 접속된 부속시설물의 부지

▶ **도로** 일반 공중(公衆)의 교통 운수를 위하여 보행이나 차량운행에 필요한 일정한 설비 또는 형태를 갖추어 이용되는 토지, 「도로법」 등 관계법령에 따라 도로로 개설된 토지, 고속도로의 휴게소 부지, 2필지 이상에 진입하는 통로로 이용되는 토지, 다만, 아파트·공장 등 단일 용도의 일정한 단지 안에 설치된 통로등은 제외

▶ **철도용지** 교통 운수를 위해 일정한 궤도 등의 설비와 형태를 갖추어 이용되는 토지와 이에 접속된 역사(驛舍)·차고·발전시설 및 공작창(工作廠) 등 부속시설물의 부지

▶ **제방** 조수·자연유수(自然流水)·모래·바람 등을 막기 위하여 설치된 방조제·방수제·방사제·방파제 등의 부지

▶ **하천** 자연의 유수(流水)가 있거나 있을 것으로 예상되는 토지

▶ **구거**(溝渠) 용수(用水) 또는 배수(排水)를 위하여 일정한 형태를 갖춘 인공적인 수로·둑 및 그 부속시설물의 부지와 자연의 유수(流水)가 있거나 있을 것으로 예상되는 소규모 수로부지

▶ **유지**(溜池) 물이 고이거나 상시적으로 물을 저장하고 있는 댐·저수지·소류지(沼溜地)·호수·연못 등의 토지와 연·왕골 등이 자생하는 배수가 잘 되지 않는 토지

▶ **양어장** 육상에 인공으로 조성된 수산생물의 번식 또는 양식을 위한 시설을 갖춘 부지와 이에 접속된 부속시설물의 부지

▶ **수도용지** 물을 정수하여 공급하기 위한 취수·저수·도수(導水)·정수·송

수 및 배수 시설의 부지 및 이에 접속된 부속시설물의 부지

▶ **공원**　일반 공중의 보건·휴양 및 정서생활에 이용하기 위한 시설을 갖춘 토지로서 공원 및 녹지로 결정·고시된 토지

▶ **체육용지**　국민의 건강증진 등을 위한 체육활동에 적합한 시설과 형태를 갖춘 종합운동장·실내체육관·야구장·골프장·스키장·승마장·경륜장 등 체육시설의 토지와 이에 접속된 부속시설물의 부지(다만, 체육시설로서의 영속성과 독립성이 미흡한 정구장·골프연습실·실내수영장 및 체육도장과 유수(流水)를 이용한 요트장 및 카누장, 산림 안의 야영장 등의 토지는 제외)

▶ **유원지**　일반 공중의 위락·휴양 등에 적합한 시설물을 종합적으로 갖춘 수영장·유선장(遊船場)·낚시터·어린이놀이터·동물원·식물원·민속촌·경마장·야영장 등의 토지와 이에 접속된 부속시설물의 부지. 다만, 이들 시설과의 거리 등으로 보아 독립적인 것으로 인정되는 숙사시설 및 유기장(遊技場)의 부지와 하천·구거 또는 유지(공유인 것으로 한정)로 분류되는 것 제외

▶ **종교용지**　일반 공중의 종교의식을 위하여 예배·법요·설교·제사 등을 하기 위한 교회·사찰·향교 등 건축물의 부지와 이에 접속된 부속시설물의 부지

▶ **사적지**　문화제로 지정된 역사적인 유적·고적·기념물 등을 보존하기 위하여 구획된 토지(다만, 학교용지·공원·종교용지 등 다른 지목으로 된 토지에 있는 유적·고적·기념물 등을 보호하기 위하여 구획된 토지 제외)

▶ **묘지**　사람의 시체나 유골이 매장된 토지, 묘지공원으로 결정·고시된 토지 및 봉안시설과 이에 접속된 부속시설물의 부지(다만, 묘지의 관리를 위한 건축물의 부지는 '대'로 함)

▶ **잡종지**　갈대밭, 실외에 물건을 쌓아두는 곳, 돌을 캐내는 곳, 흙을 파내는 곳, 야외시장 및 공동우물, 영구적 건축물 중 변전소, 송신소, 수신소 및 송유시설 등의 부지, 여객자동차터미널, 자동차운전학원 및 폐차장 등 자동차와 관련된 독립적인 시설물을 갖춘 부지, 도축장, 쓰레기처리장 및 오물처리장 등의 부지, 그 밖에 다른 지목에 속하지 않는 토지, 다만, 원상회복을 조건으로 돌을 캐내는 곳 또는 흙을 파내는 곳으로 허가된 토지는 제외

2. 토지의 정착물

토지의 정착물이란 토지에 고정적으로 부착되어 용이하게 이동될 수 없는 물건으로서, 물건의 거래상의 성질에 비추어 토지에 부착된 상태대로 사용된다고 인정된 물건이다. 토지의 정착물은 모두 부동산이지만 그렇다고 동일하게 취급되는 것은 아니며, 토지와 별개의 독립한 부동산이 되는 것(건물), 정착된 토지의 일부인 것(교량·포장된 도로 등)이 있는데, 현행법상 토지와 별개의 독립한 부동산으로 다루어지는 정착물은 다음의 것이 있다.

(1) 건물

제 외국의 법률제도와 달리 우리나라는 건물을 토지와 독립된 부동산으로 취급하여 건물을 건축물대장에 등록하고(건축물대장의 기재 및 관리등에 관한 규칙 참조), 토지와 별도로 건물등기부를 두고 있다(부동산등기법 제14조 제1항). 여기서 건물(건축물)이란 토지에 정착하는 공작물 중 지붕과 기둥 또는 벽이 있는 것과 이에 딸린 시설물, 지하나 고가의 공작물에 설치하는 사무소·공연장·점포·차고창고와 주택, 판매시설 등에 해당하는 것을 말하며(건축법 제2조 제1항 제2호·건축법 시행령 별표1), 건물은 토지와 별도로서 권리의 객체가 되며 그에 관한 권리의 득실변경은 원칙적으로 등기를 하여야 효력이 생긴다(민법 제186조·제187조).

문제는 권리의 발생과 소멸과 관련하여 공사 중인 건물의 경우 언제부터 독립된 건물이 되는지, 철거하고 있는 건물은 언제부터 건물이 아닌지는 양도·압류와 관련하여 중요한 문제가 발생한다. 나아가 건물의 개수도 사회통념과 거래관념에 의해서 정해져야 하며, 물리적 구조에 따라서 정해서는 안 된다. 오늘날에는 1동의 건물의 일부를 독립하여 소유권의 객체로 하는「구분소유」를 인정하고 있으며, 건물의 구분소유의 관계를 규율하는「집합건물의 소유 및 관리에 관한 법률」(1984년 법3725호)을 제정하여 시행하고 있다.

건물은 용도에 따라 여러 가지로 나눌 수 있는데 건축법 제2조 제1항 제2호, 제2항 및 건축법 시행령 제3조의 5, 별표1에서 다음과 같이 구분하고 있다.

▶ **단독주택**   단독주택
다중주택
다가구주택
공관(公館)

▶ **공동주택**   아파트: 5층 이상의 주택
연립주택: 동당 건축면적이 660㎡를 초과하는 4층 이하의 주택
다세대주택: 동당 건축면적이 660㎡ 이하인 4층 이하의 주택
기숙사

▶ **제1종 근린생활시설**
식품 · 잡화 · 의류 · 완구 · 서적 · 건축자재 · 의약품 · 의료기기 등 일용품을 판매하는 소매점(1,000㎡ 미만인 것)
휴게음식점 또는 제과점(300㎡ 미만인 것)
이용원, 미용원, 목욕장 및 세탁소(공장에 부설된 것과 「대기환경보전법」, 또는 「소음 · 진동관리법」에 따른 배출시설의 설치허가 또는 신고의 대상이 되는 것 제외)
의원 · 치과의원 · 한의원 · 침술원 · 접골원, 조산원, 산후조리원 및 안마원
탁구장 및 체육도장(500㎡ 미만인 것)
지역자치센터, 파출소, 지구대, 소방서, 우체국, 방송국, 보건소, 공공도서관, 건강보험공단 사무소 등 공공업무시설(1,000㎡ 미만인 것)
마을회관, 마을공동작업소, 마을공동구판장, 공중화장실, 대피소, 지역아동센터 등 주민이 공동으로 이용하는 시설
변전소, 도시가스배관시설, 양수장, 정수장 등 주민의 생활에 필요한 에너지공급이나 급수 · 배수와 관련된 시설
금융업소, 사무소, 부동산중개사무소, 결혼상담소 등 소개업소, 출판사 등 일반업무시설(30㎡ 미만인 것)

▶ **제2종 근린생활시설**
공연장(극장, 영화관, 연예장, 음악당, 서커스장, 비디오물감상실, 비디오물소극장, 그 밖에 이와 비슷한 것을 말함)(500㎡ 미만인 것)

종교집회장[교회, 성당, 사찰, 기도원, 수도원, 수녀원, 제실(際室), 사당, 그 밖에 이와 비슷한 것](500㎡ 미만인 것)

자동차영업소(1,000㎡ 미만인 것)

서점(제1종 근린생활시설에 해당하지 않는 것)

총포판매소

사진관, 표구점

청소년게임제공업소, 복합유통게임제공업소, 인터넷컴퓨터게임시설제공

업소, 그 밖에 이와 비슷한 게임 관련 시설(500㎡ 미만인 것)

휴게음식점, 제과점 등 음료 · 차 · 음식 · 빵 · 떡 · 과자 등을 조리하거나 제조하여 판매하는 시설(300㎡ 이상인 것)

일반음식점

장의사, 동물병원, 동물미용실, 그 밖에 이와 유사한 것

학원(자동차학원 및 무도학원은 제외함), 교습소(자동차 교습 및 무도교습을 위한 시설은 제외함), 직업훈련소(운전 · 정비 관련 직업훈련소는 제외함)(500㎡ 미만인 것)

독서실, 기원

테니스장, 체력단련장, 에어로빅장, 볼링장, 당구장, 실내낚시터, 골프연습장, 놀이형 시설(그 밖의 유원시설업의 시설을 말함) 등 주민의 체육 활동을 위한 시설(500㎡ 미만인 것)

금융업소, 사무소, 부동산중개사무소, 결혼상담소 등 소개업소, 출판사 등 일반업무시설(500㎡ 미만인 것 중 제1종 근린생활시설에 해당하지 않는 것)

다중생활시설(다중이용업 중 고시원업의 시설로서 독립된 주거의 형태를 갖추지 않은 것, 500㎡ 미만인 것)

제조업소, 수리점 등 물품의 제조 · 가공 · 수리 등을 위한 일정한 시설(500㎡ 미만인 것)

단란주점(150㎡ 미만인 것)

안마시술소 및 노래연습장

▶ **문화 및 집회시설**

　　　　공연장(제2종 근린생활시설에 해당하지 않는 것)

　　　　집회장[예식장, 공회당, 회의장, 마권(馬券) 장외 발매소, 마권
　　　　전화투표소, 그 밖에 이와 비슷한 것을 말함](제2종 근린생활시설
　　　　에 해당하지 않는 것)

　　　　관람장(경마장, 경륜장, 경정장, 자동차 경기장, 그 밖에 이와 비슷한 것
　　　　과 체육관 및 운동장(1,000㎡ 미만인 것)

　　　　전시장(박물관, 미술관, 과학관, 문화관, 체험관, 기념관, 산업전시장, 박
　　　　람회장, 그 밖에 이와 비슷한 것)

　　　　동·식물원(동물원, 식물원, 수족관, 그 밖에 이와 비슷한 것)

▶ **종교시설**　　종교집회장(제2종 근린생활시설에 해당하지 않는 것)

　　　　종교집회장에 설치하는 봉안당(奉安堂)(제2종 근린생활시설에 해당
　　　　하지 않는 것)

▶ **판매시설**　　도매시장(농수산물도매시장, 농수산물공판장, 그 밖에 이와 비슷한 것을
　　　　말하며, 그 안에 있는 근린생활시설 포함)

　　　　소매시장(대규모 점포, 그 밖에 이와 비슷한 것을 말하며, 그 안에 있는
　　　　근린생활시설 포함)

　　　　상점(그 안에 있는 근린생활시설 포함)으로서 일정한 요건을 갖춘
　　　　시설

▶ **운수시설**　　여객자동차터미널

　　　　철도시설

　　　　공항시설

　　　　항만시설

▶ **의료시설**　　병원(종합병원, 병원, 치과병원, 한방병원, 정신병원 및 요양병원)

　　　　격리병원(전염병원, 마약진료소, 그 밖에 이와 비슷한 것)

▶ **교육연구시설**(제2종 근린생활시설에 해당하는 것을 제외함)

　　　　학교(유치원, 초등학교, 중학교, 고등학교, 전문대학, 대학, 대학교, 그 밖
　　　　에 이에 준하는 각종 학교)

　　　　교육원(연수원, 그 밖에 이와 비슷한 것을 포함함)

　　　　　직업훈련소(운전 및 정비 관련 직업훈련소는 제외함)

　　　　　학원(자동차학원 및 무도학원은 제외함)

　　　　　연구소(연구소에 준하는 시험소와 계측계량소를 포함함)

　　　　　도서관

▶ **노유자시설**　아동 관련 시설(어린이집, 아동복지시설, 그 밖에 이와 비슷한 것)(단독주택, 공동주택 및 제1종 근린생활시설에 해당하지 않는 것)

　　　　　노인복지시설(단독주택과 공동주택에 해당하지 않는 것)

　　　　　그 밖에 다른 용도로 분류되지 않는 사회복지시설 및 근로복지시설

▶ **수련시설**　생활권 수련시설(청소년수련관, 청소년문화의집, 청소년특화시설, 그 밖에 이와 비슷한 것)

　　　　　자연권 수련시설(청소년수련원, 청소년야영장, 그 밖에 이와 비슷한 것)

　　　　　유스호스텔

▶ **운동시설**　탁구장, 체육도장, 테니스장, 체력단련장, 에어로빅장, 볼링장, 당구장, 실내낚시터, 골프연습장, 놀이형 시설, 그 밖에 이와 비슷한 것(제1종 근린생활시설 및 제2종 근린생활시설에 해당하지 않는 것)

　　　　　체육관(관람석이 없거나 바닥면적이 1,000㎡ 미만인 것)

　　　　　운동장(육상장, 구기장, 볼링장, 수영장, 스케이트장, 롤러스케이트장, 승마장, 사격장, 궁도장, 골프장 등과 이에 딸린 건축물)(관람석이 없거나 바닥면적이 1,000㎡ 미만인 것)

▶ **업무시설**　공공업무시설(국가 또는 지방자치단체의 청사와 외국공관의 건축물)(제1종 근린생활시설에 해당하지 않는 것)

　　　　　일반업무시설: 다음 요건을 갖춘 업무시설

　　　　　1) 금융업소, 사무소, 결혼상담소 등 소개업소, 출판사, 신문사, 그 밖에 이와 비슷한 것으로서 제1종 및 제2종 근린생활시설에 해당하지 않는 것

　　　　　2) 오피스텔(업무를 주로 하며, 분양하거나 임대하는 구획 중 일부 구획에서 숙식을 할 수 있도록 한 건축물로서 국토교통부장관이 고시하는 기준에 적합한 것)

▶ **숙박시설** 일반숙박시설 및 생활숙박시설

관광숙박시설(관광호텔, 수상관광호텔, 한국전통호텔, 가족호텔, 호스텔, 소형호텔, 의료관광호텔 및 휴양 콘도미니엄)

다중생활시설(제2종 근린생활시설에 해당하지 않는 것)

위의 시설과 비슷한 것

▶ **위락시설** 단란주점(제2종 근린생활시설에 해당하지 않는 것)

유흥주점이나 그 밖에 이와 비슷한 것

유원시설업의 시설, 그 밖에 이와 비슷한 시설(제2종 근린생활시설과 운동시설에 해당하지 않는 것)

무도장, 무도학원

카지노영업소

▶ **공장** 물품의 제조·가공[염색·도장(塗裝)·표백·재봉·건조·인쇄 등 포함] 또는 수리에 계속적으로 이용되는 건축물로서 제1종 근린생활시설, 제2종 근린생활시설, 위험물저장 및 처리시설, 자동차 관련 시설, 분뇨 및 쓰레기처리시설 등으로 따로 분류되지 않는 것

▶ **창고시설** 창고(물품저장시설로서 일반창고와 냉장 및 냉동 창고 포함)

하역장

물류터미널

집배송 시설

▶ **위험물 저장 및 처리 시설**(설치 또는 영업의 허가를 받아야 하는 건축물로서 다음의 어느 하나에 해당하는 것. 다만, 자가 난방, 자가발전, 그 밖에 이와 비슷한 목적으로 쓰는 저장시설은 제외함)

주유소(기계식 세차설비 포함) 및 석유 판매소

액화석유가스 충전소·판매소·저장소(기계식 세차설비 포함)

위험물 제조소·저장소·취급소

액화가스 취급소·판매소

유독물 보관·저장·판매시설

고압가스 충전소·판매소·저장소

　　　도료류 판매소

　　　도시가스 제조시설

　　　화약류 저장소

　　　그 밖에 위의 시설과 비슷한 것

▶ **자동차 관련 시설**(건설기계 관련 시설 포함)

　　　주차장

　　　세차장

　　　폐차장

　　　검사장

　　　매매장

　　　정비공장

　　　운전학원 및 정비학원(운전 및 정비 관련 직업훈련시설 포함)

　　　차고 및 주기장(駐機場)

▶ **동물 및 식물관련 시설**

　　　축사(양잠·양봉·양어시설 및 부화장 등을 포함함)

　　　가축시설(가축용 운동시설, 인공수정센터, 관리사(管理舍), 가축용 창고, 가축시장, 동물검역소, 실험동물 사육시설, 그 밖에 이와 비슷한 것)

　　　도축장

　　　도계장

　　　작물 재배사

　　　종묘배양시설

　　　화초 및 분재 등의 온실

　　　식물과 관련된 위의 시설과 비슷한 것(동·식물원 제외)

▶ **자원순환 관련 시설**

　　　하수 등 처리시설

　　　고물상

　　　폐기물재활용시설

　　　폐기물처리시설

　　　폐기물감량화시설

▶ **교정 및 군사시설**(제1종 근린생활시설에 해당하는 것을 제외함)

교정시설(보호감호소, 구치소 및 교도소)

갱생보호시설, 그 밖에 범죄자의 갱생·보육·교육·보건 등의 용도로 쓰는 시설

소년원 및 소년분류심사원

국방·군사시설

▶ **방송통신시설**(제1종 근린생활시설에 해당하는 것을 제외함)

방송국(방송프로그램 제작시설 및 송신·수신·중계시설 포함)

전신전화국

촬영소

통신용 시설

그 밖에 위의 시설과 비슷한 것

▶ **발전시설** 발전소(집단에너지 공급시설 포함)로 사용되는 건축물(제1종 근린생활시설에 해당하지 않는 것)

▶ **묘지 관련 시설**

화장시설

봉안당

묘지와 자연장지에 부수되는 건축물

▶ **관광 휴게시설**

야외음악당

야외극장

어린이회관

관망탑

휴게소

공원·유원지 또는 관광지에 부수되는 시설

▶ **장례식장** 장례식장(의료시설의 부수시설에 해당하는 것은 제외)

▶ **야영장 시설**

야영장(바닥면적 합계가 1,000㎡ 미만인 것)

(2) 수목의 집단

수목의 집단은 「명인방법」이라는 관습법상의 공시방법을 갖춤으로써 독립한 부동산거래에서의 객체가 된다. 그러나 관습법상의 명인방법은 공시로서 불완전한 것으로 부동산 거래에서 불편한 것이 많아서 일반적으로 활용되지 못하였으며, 생립하고 있는 입목에 대하여 일정한 절차에 따른 등록과 등기를 필한 경우에는 이를 독립된 부동산으로 간주하여 당해 입목을 담보로 산림경영자에게 필요한 자금의 확보와 거래보호를 위하여 「입목에 관한 법률」(1973년 법2484호)을 제정하였다.

따라서 수목의 집단을 독립한 부동산으로서 거래하는 방법으로는 입목법에 의한 것과 판례에 의하여 인정되고 있는 명인방법에 의한 것이 있다.

1) 입목법에 의한 수목의 집단

입목에 관한 법률에서 '입목'이란 토지에 부착된 수목의 집단으로 시, 군에 비치된 임목등록원부에 등록하여 일정한 절차에 따라 입목의 소유자가 소유권보존등기를 경료한 것을 말한다(입목에 관한 법률 제2조 제1항 1호). 등록된 입목의 등기와 범위는 물적편성주의를 취하여(입목에 관한 법률 제13조) 입목등기부는 1개의 입목에 대하여 1용지를 사용하며, 입목등기부는 등기번호란, 표제부와 갑, 을구로 구성되는데, 표제부에 표시란과 표시번호란이 있고, 각구에는 사항란과 순위번호란으로 구성되어 있다.

가. 입목등기의 기록

입목의 등록은 ⅰ. 입목의 소유자가 등록할 입목의 소재지를 관할하는 시장 또는 군수에게 ① 수목의 소유권을 증명하는 서류, ② 수목조사 신청서, ③ 수목이 1필의 토지의 일부분에 부착된 경우에는 그 부분을 표시하는 명칭 또는 번호가 있을 때에는 그 명칭이나 번호를 기재한 서류, ④ 대리인이 등록을 신청하는 경우에는 대리의 권한을 증명할 수 있는 서류 등을 첨부하여 신청하여야 한다. ⅱ. 등록신청서를 접수한 시장 또는 군수는 수목조사 신청서의 내용과의 상위를 조사하여 확인한 후 입목등록원부에 정리하고 입목등록이 된 입목에 대하여 당해 입목이 생립하고 있는 임야의 임야대장의 연혁란에 입목등록명의인의 성명과 그 등록일자를 기재하여야 한다. iii. 입목등록원부에 관계되는 신청서 및 기타 첨부서류는 10년간 보존하여야 하고, 입목등록을 말소한 때에는 그 뜻을 기재하여 해당용지를 폐쇄하고 폐쇄한 날로부터 10년간 보존해야 한다. iv. 등록된 입목과 관련하여 이해관계가 있는 자는 입목등록원부를 열람하거나 등본 또는 초본의 교부를 신청할 수 있다.

나. 입목등기의 내용

등기신청서에는 부동산등기법 제41조 각호의 사항과 수목이 1필 토지의 일부분에 부착된 경우에는 그 부분의 위치 및 지적, 그 부분을 표시하는 명칭 또는 번호가 있을 때에는 그 명칭 또는 번호와 수종, 수량 및 수령을 반드시 기재하여야 한다.

입목으로 등기할 수 있는 수목의 집단은 1필의 토지 또는 1필 토지의 일부분에 생립하고 있는 수목으로 다음 수종 중 7종 이내로 조성된 것에 한하며, 그 수목이 식재된 것은 제외한다. 즉, 1. 잣나무 2. 젓나무 3. 낙엽송 4. 리기다소나무 5. 골솔 6. 편백 7. 삼나무 8. 비자나무 9. 소나무 10. 참나무류 11. 포푸라류 12. 밤나무 13. 대나무 14. 리기테다 15. 오동나무 16. 호두나무 17. 황철나무 18. 서나무 19. 박달나무 20. 구상나무 21. 솔송나무 22. 오리나무 23. 붉나무 24. 아카시아 25. 황벽나무 26. 단풍나무 27. 가문비나무 28. 피나무 29. 사시나무 30. 자작나무 등이다.

등기된 입목은 토지와 분리하여 양도할 수 있으며(입목에 관한 법률 제2조), 이 입목은 지반으로부터 독립한 부동산으로 본다(동법 제3조). 따라서 입목을 토지와 분리하여 양도할 수 있으며 저당권의 목적으로 할 수 있다(동조 제3항). 또 입목의 지반인 토지 소유권이나 지상권의 처분은 입목에 그 영향을 미치지 않는다(동법 제3조 3항).

> ☑ **판례**
> 입목에 관한 법률 제20조 제1항 규정의 취지는 등기된 입목전부 또는 일정한 지역 내의 입목이 벌채 기타 사유로 멸실된 경우 그 입목의 소유자로 하여금 그 등기의 표제부를 정리하도록 하는 데에 그 목적이 있으며, 따라서 자연적으로 그 입목의 일부가 죽거나 생성하여 전체적으로 그 수가 줄어든 경우에까지 그때마다 그 입목의 수량의 변경등기를 하도록 하는 취지는 아니다(대구고등법원 1988. 1. 14. 선고 86나1651 제3민사부 판결).

다. 소유권보존등기

등기관은 이미 등기된 토지에 부착된 수목에 대하여 소유권보존의 등기를 하였을 때와 입목의 구분등기를 하였을 때에는 토지의 등기기록 중 표제부에 입목등기기록을 표시하여야 하며(동법 제19조 제1항), 입목등기기록을 폐쇄하였을 때에는 그 표시를 말소하여야 한다.

(가) 등기 신청인

소유권보존등기는 다음 각 호의 어느 하나에 해당하는 자가 신청할 수 있다. 1. 입목이 부착된 토지의 소유자 또는 지상권자로서 등기부에 등기된 자, 2. 제1호에 해당하는 자의 증명서에 의하여 자기의 소유권을 증명하는 자, 3. 판결에 의하여 자기의 소유권을 증명하는 자(동법 제17조)이다.

(나) 보존등기 신청의 내용

소유권보존등기를 신청하는 경우에 신청서에 관계법령의 규정에 의하여 등기신청하는 뜻을 기재하고 이에 필요한 증명서류와 도면 및 입목등록원부를 첨부하되, 등기원인 및 그 일자를 기재하거나 부동산 등기법 제40조 제1항 제2호 내지 제4호의 서면은 첨부할 필요는 없다.

(다) 제3자의 승낙서 등

소유권보존등기를 신청하는 경우에 그 보존등기에 관하여 토지의 등기기록상 이해관계가 있는 제3자가 있을 때에는 제3자의 승낙이 있어야 한다(동법 제17조).

(라) 저당권등기의 전사

등기관은 이미 등기되어 있는 토지에 부착된 수목에 대하여 소유권보존등기를 하는 경우에 토지의 등기기록에 토지 또는 지상권을 목적으로 하는 저당권의 등기가 있을 때에는 입목등기기록에 그 등기를 전사(轉寫)하여야 한다(동법 제18조 전단). 다만, 그 등기에 저당권이 수목에 미치지 아니한다는 뜻이 기록되어 있을 때에는 그러하지 아니하다(동법 제18조 후단).

(마) 변경등기

가) 변경등기의 사유

㉠ 입목의 분합(分合) 또는 멸실 ㉡ 법 제15조 각 호 사항의 변동 ㉢ 입목이 부착된 토지의 지목, 지번 또는 지적의 변경이 있을 때에는 소유권의 등기명의인은 지체없이 그 등기를 신청하여야 한다(동법 제20조). 다만 수목의 자연발생, 성장 또는 법 제5조 제1항의 시업방법으로 인한 변경의 경우에는 그렇지 아니하다.

나) 변경등기청구자

위의 사유가 발생한 때에 소유권의 등기명의인은 즉시 그 변경등기를 신청해야 한다.

다) 등기사항에 대한 입목등록관청에의 통지

등기소는 입목에 대한 소유권의 보존 또는 이전의 등기나 등기명의인의 표시 변경 또는 경정의 등기를 한 경우 10일 이내에 그 뜻을 입목등록 관청에 통지하여야 한다.

2) 입목의 독립성과 지상권

등기된 입목은 독립된 부동산으로 토지와 분리하여 양도하거나 저당권의 목적이 될 수 있으며 토지소유권 또는 지상권의 처분의 효력은 입목에 미치지 아니한다. 나아가 입목의 경매 기타 사유로 인하여 토지와 그 입목이 다른 소유자에게 귀속되는 경우에 토지소유자는 입목소유자에게 지상권을 설정한 것으로 보며, 이 경우의 지료는 당사자의 약정에 따른다.

3) 저당권의 효력과 저당권설정자의 의무

입목에 대한 저당권의 효력은 입목을 벌채하여 토지로부터 분리된 수목에도 미치며, 이 분리된 수목에 대하여 저당권자는 채권의 변제기 이전에도 경매할 수 있으나, 그 대금은 공탁하여야 하며, 수목의 소유자는 상당한 담보를 제공함으로써 그 경매의 면제를 받을 수 있다.

저당권의 목적이 된 입목은 그 소유자가 원칙적으로 당사자 간에 합의된 시업방법에 따라서 조림하여야 할 의무를 부담하나, 천재, 지변 기타 불가항력으로 인한 입목의 소실에 대한 책임은 면한다. 지상권자나 토지의 임차인에 속하는 입목이 저당권의 목적인 때에는 지상권자 또는 임차인은 저당권자의 승낙 없이 그 권리를 포기하거나 계약을 해지할 수 없다.

저당권이 설정된 경우 저당권설정자가 개간이나 벌채 등의 허가를 신청하는 경우에는 저당권자의 동의를 얻어야 하며, 이에 관한 허가 또는 기각을 즉시 저당권자에게 통지하여야 한다. 저당권설정의 등기를 할 때에는 부동산등기법 제140조의 사항 이외에 시업방법을 기재해야 하며, 저당권의 목적이 되는 입목에 관한 보험은 산림화재 및 풍수해의 위험을 담보하는 보험회사의 손해보험이나 농업협동조합의 공제로 해야 한다.

(3) 명인방법

명인방법(明認方法)은 제3자가 수목과 같은 지상물을 누가 소유하고 있는지 명확하게 인식하게 하는 방법으로, 명인방법을 갖추었다고 하기 위해서는 지상물이 독립된 물건으로 현재의 소유자가 누구인지 명확하게 명시되어야 한다.[2] 따라서 특정의 임야 속의 수목 일정수량과 같이, 특정되지 않은 수목을 거래하고 명인방법을 갖추더라도 그것은 적법한 명인방법으로서 인정되지 않는다.[3] 명인방법은 그 내용이 특정되고 구체화되어야 하며 그 표시가 제3자에게 용이하게 인식될 수 있는 상태에서 계속성을 가지고 있어야 하며, 그 목적, 성질, 필요성에 비추어 내용이 특정 구체화되어 제3자가 용이하게 인식할 수 있는 상태에서 계속성을 가지고 있어야 하며, 명인방법의 존재 여부는 등기에 의한 공시방법과 충돌하는 경우 엄격하게 해석하여야 한다.[4]

이와 같이 명인방법은 수목의 집단이나 미분리의 과실 등의 물권변동에 있어서 관습 또는 판례에 의하여 인정되는 공시방법으로 해당 소유자가 누구라고 하는 것을 외부에서 인식할 수 있는 방법이어야 한다. 즉 벌채할 입목의 껍질을 벗기거나 푯말을 세워 소유자의 이름을 기재하거나 과수원에 줄을 두르고 푯말을 세워서 과수를 매수하였음을 표시하기도 한다.

그러나 명인방법에 의한 공시는 부동산 등기와 달리 완전하지 못한 불완전한

---

2) 대법원 1990. 2. 13. 선고 89다카23022 제2부 결정.
3) 대법원 1973. 9. 25. 선고 73다1229 판결.
4) 서울고법 1976. 9. 30. 선고 76나1599, 제6민사부 판결.

것이어서 소유권의 이전이나 보유의 경우에만 한정적으로 이용할 수 있으며 저당권과 같은 담보물권의 설정 등의 경우에는 활용할 수 없는 한계가 있다. 나아가 명인방법에는 공신력이 없으며, 수목이나 미분리의 과실이 분리되었을 경우에는 동산이 되어 채취할 권리가 있는 자에게 귀속된다(민법 제102조 제1항).

3. 미분리의 과실

미분리의 과실이란 원물에서 분리되기 이전의 천연과실로 수목의 일부에 지나지 않으나 명인방법을 갖춘 때에는 독립한 물건으로 거래의 목적이 될 수 있다. 그러나 그것은 부동산이 아니라 동산에 지나지 않는다(민사집행법 제189조 제2항 2호 참조).

토지에서 분리되기 전에 압류한 과실은 충분히 익은 다음에 매각하여야 하며, 집행관은 매각하기 위하여 수확을 하게 할 수 있다(민사집행법 제213조).

4. 산지

(1) 개념

산지란 「산지관리법」에 따른 개념으로 다음의 어느 하나에 해당하는 토지를 말한다(산지관리법 제2조 제1호 본문).

▶ 입목·대나무가 집단적으로 자라고 있는 토지

▶ 집단적으로 자란 입목·대나무가 일시적으로 없어지게 된 토지

▶ 입목·대나무를 집단적으로 키우는 데에 사용하게 된 토지

▶ 위의 토지 안에 있는 암석지(돌과 바위로 이루어진 땅) 및 소택지(늪과 연못으로 둘러 싸인 습한 땅)

▶ 임도, 작업로 등 산길

　　다만, 농지, 초지, 주택지, 도로 및 그 밖에 다음의 토지는 산지에 해당하지 않는다(산지관리법 제2조 제1호 단서 및 산지관리법 시행령 제2조)

　　● 지목이 전(田), 답(畓), 과수원 또는 목장용지(축산업 및 낙농업을 하기 위해 초지를 조성한 토지에 한정)인 토지(산지관리법 시행령 제2조 제1호)

　　● 지목이 도로인 토지(입목·대나무가 집단적으로 생육하고 있는 토지로서 도로로서의 기능이 상실된 토지는 제외)(산지관리법 시행령 제2조 제2호)

- 지목이 제방·구거 또는 유지(溜池: 웅덩이)인 토지(산지관리법 시행령 제2조 제3호)
- 하천(산지관리법 시행령 제2조 제4호)
- 지목이 임야가 아닌 차밭, 꺾꽂이순 또는 접순의 採取園, 건물 담장안의 토지 및 논두렁 또는 밭두렁(산지관리법 시행령 제2조 제5호)
- 지목이 임야인 토지 중 산지전용허가를 받거나 산지전용 신고를 한 후(다른 법률에 따라 산지전용허가 또는 산지 전용신고가 의제 되는 행정처분을 받은 경우 포함) 복구 의무를 면제받거나 복구준공검사를 받아 산지 외의 용지로 사용되고 있는 토지(산지관리법 시행령 제2조 제6호)

(2) 산지와 구별되는 개념

1) 임야

'임야'는 「공간정보의 구축 및 관리 등에 관한 법률」에 따른 지목(地目)[5]의 종류의 하나로 산림 및 들판을 이루고 있는 숲, 습지, 황무지 등의 토지를 말한다(공간정보의 구축 및 관리 등에 관한 법률 시행령 제58조 제5호). 따라서 임야는 「공간정보의 구축 및 관리 등에 관한 법률」에 따라서 결정되며, 모든 산지가 임야는 아니다.

2) 산림

'산림'은 「산림자원의 조성 및 관리에 관한 법률」에 따라서 「산지관리법」에 따른 산지와 산지에서 자라고 있는 입목·대나무 등을 함께 이르는 개념(산림자원의 조성 및 관리에 관한 법률 제2조 제1호)으로, 산림은 산지와 그 위에서 자라는 입목·대나무 등을 포괄하여 이르는 개념이다. 「산림자원의 조성 및 관리에 관한 법률」에서 산림은 소유자와 목적에 따라서 다음과 같이 구분하고 있다.

가. 소유자에 따른 구분

산림은 소유자에 따라서 다음과 같이 구분된다(산림자원의 조성 및 관리에 관한 법률 제4조).

▶ **국유림**　　국가가 소유하는 산림으로 산림청 소관의 국유림과 산림청 소관

---

5) 지목은 토지의 주된 용도에 따라 토지의 종류를 구분하여 지적공부에 등록한 것을 말한다.

이 아닌 국유림이 있으며, 산림청 소관 국유림은 산림청장 소관의 국유림과 그 소속 기관장 소관의 국유림이 있다(산림자원의 조성 및 관리에 관한 법률 제5조)

▶ **공유림**   지방지치 단체나 그 밖의 공공단체가 소유하는 산림

▶ **사유림**   국유림과 공유림 이외의 산림

나. 목적에 따른 분류

산림은 그 목적에 따라 다음과 같이 분류한다.

▶ **도시림**   도시에서 국민 보건 휴양·정서 함양 및 체험활동 등을 위해 조성·관리하는 산림 및 수목으로, 면 지역과 「자연공원법」에 따른 공원구역 및 공원보호구역은 제외된다(산림자원의 조성 및 관리에 관한 법률 제2조 제4호).

▶ **생활림**   마을 숲 등 생활권 주변 지역 및 초·중학교와 그 주변 지역에서 국민들에게 쾌적한 생활환경과 아름다운 경관의 제공 및 자연학습 교육 등을 목적으로 조성·관리하는 산림이다(산림자원의 조성 및 관리에 관한 법률 제2조 제5호).

▶ **채종림**   종자의 생산을 목적으로 하는 임야지를 말한다(산림자원의 조성 및 관리에 관한 법률 제3조 제1호).

▶ **시험림**   병해충에 저항성이 있는 임목이 있는 산림이나 임업 시험용으로 사용하기에 적합한 산림을 말한다(산림자원의 조성 및 관리에 관한 법률 제3조 제1항 제1호).

3) 입목

입목은 토지에 부착된 수목의 집단으로 소유자가 「입목에 관한 법률」에 따라서 소유권보존의 등기를 경료한 것으로, 토지·건물과 별개의 부동산이다(입목에 관한 법률 제2조 제1항 및 제3조 제1항). 입목으로 등기할 수 있는 수목의 집단은 1필의 토지 또는 1필의 토지 일부에서 자라고 있는 모든 수종(樹種)의 수목으로(입목에 관한 법률 시행령 제1조), 입목의 소유자는 토지와 분리하여 입목을 양도하거나 저당권의 목적으로 할 수 있으며(입목에 관한 법률 제3조 제2항), 토지소유권 또는 토지에 대한 지상권을 처분하는 경우 그 효력은 입목의 소유 등에 영향을 미치지 않는다(입목에 관한 법률 제3조 제3항).

특별자치 도지사, 시장, 군수 또는 구청장은 입목등록원부를 갖추어 「입목에 관한 법률」에 따른 등록을 하고, 이를 정리해야 하며(입목에 관한 법률 제9조 제1항), 해당 수목에 대한 이해관계가 있는 사람은 입목등록원부를 열람하거나 그 등본 또는 초본의 교부를 청구할 수 있다(입목에 관한 법률 제10조).

5. 농작물

토지에서 경작·재배되는 각종의 농작물은 토지의 정착물로서 토지의 본질적 구성부분이 된다. 따라서 농작물은 토지의 일부에 지나지 않으며 독립한 물건으로 다루어지지 않는다. 다만 정당한 권원에 의하여 타인의 토지에서 경작·재배한 농작물은 토지에 「부합」하지 않고 토지로부터 독립한 별개의 물건으로 다루어진다(민법 제256조 단서). 따라서 권원 없이 타인의 토지에서 경작·재배한 농작물은 토지와는 다른 별개의 물건으로 다루어지지 않으며 단순한 정착물로서 부합에 의하여 토지소유자에게 귀속한다. 그러나 권원 없이 타인의 토지에서 경작·재배한 경우에, 그 농작물의 소유권은 경작자에게 있다는 것이 대법원의 입장으로[6] 논란의 소지가 있다.

제2절   부동산 매매계약 개관

제1관 부동산계약 관련 법규

1. 민법

민법상 부동산 계약은 민법 제2장 계약편 민법 제527조 이하 계약에 관한 규정 및 민법총칙의 제반 규정과 물권법의 부동산물권 변동에 관한 모든 규정과 관련된다. 특히 타인의 부동산 이용관계에 대응하기 위한 법제도적 수단으로 임대차 일반에 관한 민법 규정 이외에 경제적 약자의 생존을 위한 기본적 요건인 주거안정 목적의 주택임대차보호법과 "공정한 거래질서를 확립하고 영세상인들이 안정

---

6) 대법원 1963. 2. 21. 선고 62다913; 대법원 1965. 7. 20. 선고 65다874; 대법원 1967. 7. 11. 선고 67다893; 대법원 1968. 6. 4. 선고 68다6613·6614; 대법원 1969. 2. 18. 선고 68도906 판결.

적으로 생업에 종사할 수 있도록 과도한 임대료 인상의 방지와 임차인의 권리 등을 보장하기 위하여 상가건물임대차에 관하여 민법에 대한 특례를 규정하여 상가건물임대차보호법을 제정하여 시행하고 있다."7)

　　결국 민법상 부동산 계약과 관련한 규정은 민법총칙 규정과 계약법 및 물권법의 규정 등이 적용되며, 나아가 타인의 물건을 사용·수익할 수 있는 제도로서 임대차계약을 생각할 수 있는데, 임대차계약은 당사자의 일방이 상대방에게 목적물을 사용, 수익하게 할 것을 약정하고 상대방이 이에 대하여 차임을 지급할 것을 약정함으로써 그 효력이 생기는(민법 제618조) 유상·낙성·쌍무·계속적 계약으로, 타인의 물건을 사용·수익하는 점에서 소비대차 및 사용대차와 같지만 임차인이 임차물을 반환해야 하고, 그에 대한 소유권을 취득하지 않는다는 점에서 소비대차와 다르며, 사용·수익의 대가로서 차임을 지급해야 하는 점에서 사용대차와 다르다. 타인의 물건을 사용·수익하는 계약에 대한 규율방식은 각국의 입법례에 따라서 다양하게 그 모습이 나타나는데, 물권을 설정하여 이용하는 방식과 채권계약을 통하여 이용하는 방식으로 구분할 수 있다. 우리 민법의 경우 지료나 차임 또는 그에 준하는 것을 매개로 물권의 설정에 의하는 경우와 채권의 효력으로서 타인의 물건을 이용 또는 사용·수익하게 할 수 있는 경우로 나눌 수 있다.

　　또 입법례에 따라서는 임대차 목적물의 유형에 따라서 임대차의 모습을 다양하게 세분화하기도 하는데, 우리 법에서는 주거를 목적으로 하는 임대차와 영업을 목적으로 하는 상가건물의 임대차를 다시 세분화하여 민법 이외의 특별법에 의해 규율하는 입법례의 태도를 취하고 있다. 상세한 내용은 해당 부분에서 설명하도록 하겠다.

2. 주택임대차보호법

　　주택임대차보호법은 주거용 건물의 임대차에 관하여 「민법」에 대한 특례를 규정하여 국민주거생활의 안정을 보장하기 위한 목적으로 일반적인 임대차보다 임차인의 보호를 강화한 특별법이다. 주택임대차보호법의 기본취지는 주택임차인

---

7) 문종면·문성제, 주요 국가들의 입법례를 통한 상가건물임차인 보호방안, 아주법학, 2018. 제12권 제3호, 28면.

이 임대차계약 의무를 위반하지 않는 한 임대인은 임차인의 의사에 반하여 당해 계약을 해지하거나 기간갱신청구의 거절을 제한하여 임차인의 주거를 보호하는데 있다. 그럼에도 불구하고 우리나라 주택임대차보호법은 외국의 입법례와 달리 거주 안정보다 전세금(보증금 포함)[8]의 반환 확보 문제를 중시하고 있는데, 일반적으로 전세금은 당해 주택 가격의 60%에 해당하는 거액으로 임차인의 전 재산에 버금가기 때문이다.

이 같은 문제의식으로 현 정부는 출범 이후 계약갱신청구권과 전월세상한제 도입을 국정과제 가운데 하나로 정하여 그동안 학계, 시민단체 등 각계의 의견을 폭넓게 수렴하는 등 제도도입을 위한 다양한 노력을 기울여 온 결과 2020년 7월 30일 주택임대차보호법 개정안이 국회의 본회의를 통과함으로써 새로운 전기를 맞이하였다.

개정안의 주요 내용은 임차인이 희망하는 경우 1회 계약갱신을 청구할 수 있으며, 임차인의 안심 거주기간을 2년으로 늘리고, 계약을 갱신할 때에 임대료 상한을 5% 이내로 제한하여 임대인이 임대료 급등으로 인한 걱정에서 어느 정도 벗어날 수 있도록 하였다.

2020년 개정된 입법을 통하여 임대인과 임차인 간의 관계를 균형 잡힌 권리로 재정립하였는데, 임차인이 희망하는 경우 임차 거주기간을 연장할 수 있으나 집주인이 임대차 계약갱신 시점에 해당하는 주택에서 직접 거주하기를 원하는 경우 아무런 제약 없이 거주할 수 있도록 하는 등의 내용을 포함하고 있다. 또 임대인은 임차인이 임대차 기간이 끝나기 6개월 전부터 1개월 전까지 계약갱신을 요구하는 경우 정당한 사유 없이 거절하지 못하도록 하고, 임차인은 계약갱신청구권을 1회에 한하여 행사할 수 있으며, 갱신되는 임대차의 존속기간을 2년으로 하였다. 임차인이 요구한 갱신기간 동안 임대인이 정당한 사유 없이 제3자에게 목적주택을 임대한 경우 임대인은 갱신거절로 인하여 임차인이 입은 손해를 배상하도록 하였다.

---

8) 전세제도에 관한 최초의 조사는 일제시대의 조선총독부에 의하여 행해졌는데, 조선에 있어서의 전세계약은 전세권자로부터 상대방에 대하여 전세금을 교부하고 소정기간 상대방소유의 가옥을 점유 사용하게 하여 그 家賃 및 傳貰金의 利子는 상호 이를 相計하게 끔 하는 내용으로 하는 雙務契約이라 판시하고 있다(朝鮮總督府·慣習調査報告書(1912년 243面 以下 京城帝國大學 社會調査部 法律學班·「傳貰慣行の實證的研究」司法協會雜誌 23권. 1944년 57면).

또 임대료 증액상한을 5%로 하되, 지자체가 지역임대차 시장의 여건 등을 고려하여 조례로 달리 정할 수 있도록 하였으며, 대한법률구조공단과 LH 및 한국감정원에도 분쟁조정위원회를 설치하는 등 현재 6곳에만 있는 분쟁조정위원회를 단계적으로 확대 설치하여 인구 50만 이상 도시에 최소 1곳 이상 설치하도록 하고, 주택임대차 표준계약서를 법무부장관이 국토교통부장관과 협의하는 등 향후 공동 소관하기로 하는 등의 내용이다.

3. 상가건물 임대차보호법

「상가건물 임대차보호법」은 상가건물 임대차에 관하여 「민법」에 대한 특례를 규정하여 국민 경제생활의 안정을 보장함을 목적으로 제정 시행하고 있다. 상가건물의 임대차에 대해서는 「상가건물 임대차보호법」의 규정이 민법보다 우선적으로 적용되며, 그 밖의 일반사항에 관해서는 민법의 채권편의 임대차에 관한 규정이 적용된다.

상가건물 임대차보호법이 보호하는 임차목적물은 「부가가치세법」 제8조, 「소득세법」 제168조 또는 「법인세법」 제111조에 따른 사업자등록의 대상이 되는 상가건물이며(상가건물 임대차보호법 제2조 제1항 및 제3조 제1항), 임대차 목적물의 주된 부분을 영업용으로 사용하는 경우에도 본법이 적용된다(상가건물 임대차보호법 제2조 제1항 본문).

상가건물 임대차보호법은 보증금이 일정금액 이하인 상가건물을 임차하는 경우에만 적용되며, 지역별 보증금액의 범위는 서울특별시의 경우 9억 원 이하, 「수도권정비계획법」에 따른 과밀억제권역(서울특별시 제외) 및 부산광역시의 경우 6억 9천만 원 이하, 광역시(수도권정비계획법에 따른 과밀억제권역에 포함된 지역과 군지역, 부산광역시는 제외), 세종특별자치시, 파주시, 화성시, 안산시, 용인시, 김포시 및 광주시의 경우 5억 4천만 원 이하, 그 밖의 지역의 경우 3억 7천만 원 이하이다.

보증금 이외에 차임이 있는 경우에는 월 단위의 차임액에 100을 곱하여 보증금과 합산한 금액이 임차보증금이 되며(상가건물 임대차보호법 시행령 제2조 제2항·제3항), 다만 일정보증금액을 초과하여 상가건물 임대차보호법의 적용을 받지 않는 상가건물 임대차라 하더라도 상가건물 임대차보호법 제3조(대항력 등), 제10조 제1항·

제2항·제3항 본문(계약갱신요구 등), 제10조의 2부터 제10조의 8까지의 규정(계약갱신의 특례, 권리금의 정의 등, 권리금 회수기회 보호 등, 권리금 적용 제외, 표준권리금 계약서 작성 등, 권리금 평가기준의 고시, 차임연체와 해지) 및 제19조의 규정(표준계약서의 작성 등)은 예외적으로 적용 된다(상가건물 임대차보호법 제2조 제3항). 이하 주요 내용은 후술하도록 하겠다.

4. 부동산 거래신고 등에 관한 법률

(1) 부동산 거래신고제도의 개념

부동산 거래신고제도는 부동산 또는 부동산을 취득할 수 있는 권리의 매매계약을 체결할 때에 실거래의 가격보다 낮게 계약서를 작성하는 등, 이중계약의 관행을 없애고 부동산 거래의 투명하고 실제 거래가격 등 일정한 사항을 신고하도록 하기 위한 제도이다.

이에 따라서 「부동산 거래신고 등에 관한 법률」에서 부동산 거래 등의 신고 및 허가에 관한 사항을 정하여 건전하고 투명한 부동산 거래 질서를 확립하고 국민경제에 이바지함을 목적으로 2002년 7월 8일 법률 제17219호로 제정되었다.

(2) 부동산 거래의 신고

1) 거래신고 대상의 계약

부동산 매수인과 매도인이 다음 어느 하나에 해당하는 계약을 체결한 경우 거래신고 사항을 부동산 거래계약 신고서에 공동으로 서명 또는 날인하여 거래계약을 체결한 날로부터 30일 이내에 그 권리의 대상인 부동산 등(권리에 관한 계약의 경우에는 그 권리의 대상인 부동산)의 소재지를 관할하는 시장(구가 설치되지 않은 시의 시장 및 특별자치시장과 특별자치도 행정시의 시장)·군수 또는 구청장(이하 "신고관청"이라 함)에게 공동으로 신고해야 한다(부동산 거래신고 등에 관한 법률 제3조 제1항 본문, 부동산 거래신고 등에 관한 법률 시행령 제3조 제3항 및 부동산 거래신고 등에 관한 법률 시행규칙 제2조 제1항).

① 부동산의 매매계약
② 「건축물의 분양에 관한 법률」, 「공공주택 특별법」, 「도시개발법」, 「도시

및 주거환경정비법」, 「빈집 및 소규모주택 정비에 관한 특례법」, 「산업입지 및 개발에 관한 법률」, 「주택법」, 「택지개발촉진법」에 따른 부동산에 대한 공급계약

③ 다음 어느 하나에 해당하는 지위의 매매계약

· 위 ②에 따른 계약을 통하여 부동산을 공급받는 자로 선정된 지위

· 「도시 및 주거환경정비법」 제74조에 따른 관리처분 계획의 인가 및 「빈집 및 소규모주택 정비에 관한 특례법」 제29조에 따른 사업 시행계획 인가로 취득한 입주자로 선정된 지위

이 경우 부동산 거래계약시스템을 통해 부동산 거래계약을 체결한 경우에는 부동산 거래계약이 체결된 때에 부동산 거래계약 신고서를 제출한 것으로 본다(부동산 거래신고 등에 관한 법률 시행규칙 제2조 제12항).

2) 거래 신고사항

거래당사자가 공동으로 신고해야 할 사항은 다음과 같다(부동산 거래신고 등에 관한 법률 제3조 제1항 본문, 부동산 거래신고 등에 관한 법률 시행령 제3조 제1항 및 별표1).

▶ 거래당사자의 인적 사항

▶ 계약체결일, 중도금 지급일 및 잔금 지급일

▶ 거래대상 부동산 등(부동산을 취득할 수 있는 권리에 관한 계약의 경우에는 그 권리의 대상인 부동산을 말함)의 소재지·지번·지목 및 면적

▶ 거래대상 부동산 등의 종류(부동산을 취득할 수 있는 권리에 관한 계약의 경우에는 그 권리의 종류를 말함)

▶ 실제 거래가격

▶ 거래대상 주택의 취득에 필요한 자금의 조달계획·지급방식 및 거래대상 주택에 매수자 본인의 입주 여부와 입주 예정 시기

▶ 계약의 조건이나 기한이 있는 경우에는 그 조건 또는 기한

▶ 개업공인중개사가 거래계약서를 작성·교부한 경우, 개업공인중개사의 인적 사항 및 개업공인중개사가 개설등록한 중개사무소의 상호·전화번호 및 소재지

▶ 실제 거래가격이 6억 원 이상인 주택을 매수하거나 투기과열지구 또는 조

정대상지역에 소재하는 주택을 매수하는 경우(거래당사자 중 국가 등이 포함되어 있는 경우는 제외)에는 다음의 사항

- 거래대상 주택의 취득에 필요한 자금의 조달계획 및 지급방식(이 경우 투기과열지구에 소재하는 주택의 거래계약을 체결한 경우 매수자는 자금의 조달계획을 증명하는 부동산 거래신고 등에 관한 법률 시행규칙 제2조 제7항에 따른 서류 첨부)
- 거래대상 주택에 매수자 본인이 입주할지 여부, 입주 예정 시기 등 거래대상 주택의 이용계획

3) 국가 등이 단독으로 신고해야 하는 경우

거래당사자 중 일방이 국가, 지방자치 단체, 「공공기관의 운영에 관한 법률」에 따른 공공기관, 「지방공기업법」에 따른 지방직영기업·지방공사 또는 지방공단 (이하 "국가 등"이라 함)인 경우에는 국가 등이 부동산거래계약 신고서에 단독으로 서명 또는 날인하여 신고관청에 제출해야 한다(부동산 거래신고 등에 관한 법률 제3조 제1항 단서 및 규제 부동산 거래신고 등에 관한 법률 시행령 제3조 제2항).9)

4) 거래당사자 일방이 단독으로 신고 가능한 경우

부동산 거래신고는 공동으로 신고하는 것이 원칙이다. 그러나 거래당사자 중 일방이 신고를 거부하는 경우 부동산 거래계약 신고서에 단독으로 서명 또는 날인한 후 ① 부동산 거래계약서 사본, ② 단독신고사유서를 첨부하여 신고관청에 단독으로 신고할 수 있다(부동산 거래신고 등에 관한 법률 제3조 제2항 및 부동산 거래신고 등에 관한 법률 시행규칙 제2조 제3항).

5) 개업공인중개사가 신고해야 하는 경우

개업공인중개사 거래계약서를 작성·교부한 경우에는 해당 개업공인중개사가 신고해야 한다. 이때 공동으로 중개를 한 경우에는 해당 개업공인중개사가 공동으로 신고해야 한다(부동산 거래신고 등에 관한 법률 제3조 제3항). 그러나 개업공인중개

---

9) 이 경우 부동산 거래계약시스템을 통해 부동산 거래계약을 체결한 경우에는 부동산 거래계약이 체결된 때에 부동산 거래계약 신고서를 제출한 것이 된다(부동산 거래신고 등에 관한 법률 시행규칙 제2조 제11항).

사 중 일방이 신고를 거부한 때에는 개업공인중개사 일방이 단독으로 신고할 수 있다(부동산 거래신고 등에 관한 법률 제3조 제4항).

부동산 거래계약을 신고하려는 개업공인중개사는 부동산 거래계약 신고서에 서명 또는 날인하여 신고관청에 제출해야 한다. 다만, 공동으로 중개를 하여 개업공인중개사가 공동으로 신고하는 경우 해당 개업공인중개사가 공동으로 서명 또는 날인해야 한다(부동산 거래신고 등에 관한 법률 시행규칙 제2조 제4항). 이 경우 부동산 거래계약시스템을 통하여 부동산 거래계약을 체결한 때에는 부동산 거래계약이 체결된 때에 부동산 거래계약 신고서를 제출한 것으로 본다(부동산 거래신고 등에 관한 법률 시행규칙 제2조 제11항).

6) 신고필증의 발급

신고 또는 제출하려는 자는 주민등록증, 운전면허증, 여권 등 본인의 신분을 증명할 수 있는 증명서를 신고관청에 제시하고, 부동산 거래신고를 받은 신고관청은 그 신고내용을 확인한 후 신고인에게 신고필증을 지체 없이 발급해야 한다(부동산 거래신고 등에 관한 법률 제3조 제5항 및 부동산 거래 신고 등에 관한 법률 시행규칙 제2조 제10항).

부동산 등의 매수인은 신고인이 신고필증을 발급받은 때에 「부동산등기 특별조치법」 제3조 제1항에 따른 검인을 받은 것으로 본다(부동산 거래신고 등에 관한 법률 제3조 제6항).

7) 자금조달·입주계획서의 제출

부동산 거래계약을 신고하는 자 가운데 매수인 외의 자가 자금조달·입주계획서를 제출하는 경우 매수인은 부동산 거래계약을 신고하려는 자에게 거래계약 체결일부터 25일 이내에 자금조달·입주계획서를 제공해야 하며, 이 기간 내에 제공하지 않은 경우에 매수인이 별도로 자금조달·입주계획서를 제출해야 한다(부동산 거래신고 등에 관한 법률 시행규칙 제2조 제9항).

8) 금지행위

누구든지 위에 따른 신고에 관하여 ① 개업공인중개사에게 신고를 하지 않게 하거나 거짓으로 신고하도록 요구하는 행위, ② 신고 의무자가 아닌 자가 거짓으로 신고를 하는 행위, ③ 거짓으로 신고를 하는 행위를 조장하거나 방조하는 행위, ④ 위 거래신고 대상 계약을 체결하지 않았음에도 거짓으로 부동산 거래신고를 하는 행위, ⑤ 부동산 거래신고 후 해당 계약이 해제 등이 되지 않았음에도 거짓으로 부동산 거래의 해제 등 신고를 하는 행위를 해서는 아니된다(부동산 거래신고 등에 관한 법률 제4조).

9) 부동산 거래해제 등의 신고

거래당사자는 부동산 거래를 신고한 후 해당 거래계약이 해제, 무효 또는 취소(이하 "해제 등"이라 함)된 경우 해제 등이 확정된 날부터 30일 이내에 해당 신고관청에 공동으로 신고해야 한다(부동산 거래신고 등에 관한 법률 제3조의2 제1항 본문). 다만, 거래당사자 중 일방이 신고를 거부하는 경우 단독으로 신고할 수 있다(부동산 거래신고 등에 관한 법률 제3조의2 제1항 단서).

개업공인중개사가 부동산 거래신고를 한 경우에는 위에도 불구하고 개업공인중개사가 부동산 거래의 해제 등 신고(공동으로 중개를 한 경우에는 해당 개업공인중개사가 공동으로 신고하는 것을 말함)를 할 수 있다(부동산 거래신고 등에 관한 법률 제3조의2 제2항 본문). 다만, 개업공인중개사 중 일방이 신고를 거부하는 경우에는 단독으로 신고할 수 있다(부동산 거래신고 등에 관한 법률 제3조의2 제2항 단서).

(3) 외국인 등의 부동산 취득에 관한 특례

1) 외국인 등의 부동산 취득·보유 신고

외국인 등이 대한민국에서 부동산 등을 취득하는 계약(부동산 거래신고 등에 관한 법률 제3조 제1항 각 호에 따른 계약 제외)을 체결하였을 때에는 계약을 체결한 날로부터 60일 이내에 신고관청에 신고해야 한다(부동산 거래신고 등에 관한 법률 제8조 제1항). 다만, 외국인 등이 상속·경매, 「공익사업을 위한 토지 등의 취득 및 보상에 관한 법률」 및 그 밖의 법률에 따른 환매권의 행사, 법원의 확정판결, 법인의 합병, 건축물의 신축·증축·개축·재축을 원인으로 대한민국 내에 있는 부동산 등을 취득한 때에는 부동산 등을 취득한 날부터 6개월 이내에 신고관청에 신고해야 한다(부동산 거래신고 등에 관한 법률 제8조 제2항 및 부동산 거래신고 등에 관한 법률 시행령 제5조 제2항).

2) 대한민국 국민 등이 외국인 등으로 변경된 경우

대한민국 내의 부동산 등을 가지고 있는 대한민국 국민이나 대한민국의 법령에 따라 설립된 법인 또는 단체가 외국인 등으로 변경된 경우, 그 외국인 등이 해당 부동산 등을 계속보유하려는 경우에는 외국인 등으로 변경된 날부터 6개월 이내에 신고관청에 신고해야 한다(부동산 거래신고 등에 관한 법률 제8조 제3항).

3) 외국인 등의 토지거래 허가

외국인 등이 취득하려는 토지가 다음 어느 하나에 해당하는 구역·지역 등에 있는 경우에 토지를 취득하기 위한 계약(이하 "토지취득계약"이라 함)을 체결하기 전에 신고관청으로부터 토지취득의 허가를 받아야 한다. 다만, 토지거래계약에 관한 허가를 받은 경우에는 그러하지 아니하다(부동산 거래신고 등에 관한 법률 제9조 제1항 및 부동산 거래신고 등에 관한 법률 시행령 제6조 제2항).

▶ 군사기지 및 군사시설 보호구역, 그 밖에 국방목적상 필요한 섬 지역으로서 국토교통부장관이 국방부장관 등 관계 중앙행정기관의 장과 협의하여 고시하는 지역
▶ 지정문화재와 이를 위한 보호물 또는 보호구역
▶ 생태·경관보전지역
▶ 야생생물 특별보호구역

신고관청은 관계 행정기관의 장과 협의를 거쳐 외국인 등이 위의 어느 하나에 해당하는 구역·지역 등의 토지를 취득하는 것이 해당 구역·지역 등의 지정목적 달성에 지장을 주지 않는다고 인정하는 경우에는 허가를 해야 한다(부동산 거래신고 등에 관한 법률 제9조 제2항). 이를 위반하여 체결한 토지취득계약은 효력이 없다(부동산 거래신고 등에 관한 법률 제9조 제3항).

5. 부동산 등기법

부동산 등기법은 부동산에 관한 권리관계를 공시하여 부동산거래의 안전을 보호하기 위하여 부동산 등기에 관한 사항을 규정하고 있다. 부동산 등기는 실체법상 등기와 절차법상 등기로 나눌 수 있는데, 실체법상의 등기란 국가기관인 등기관이 법령에 정해진 절차에 따라서 등기부라는 공적장부에 부동산에 관한 일정한 권리관계를 기록하는 것 또는 그러한 기록 자체를 말하며, 절차법상의 등기는 그 밖에 부동산의 표시에 관한 기록까지도 포함하는 개념이다.

즉, 등기는 부동산의 권리관계나 표시를 등기부에 「기록하는 것」을 가리키는데 경우에 따라서 그러한 기록 자체를 등기라 하는 경우도 있다(부동산 등기법 제33조·제55조). 등기를 신청하였으나 등기관의 과실 등으로 등기가 실행되지 않은 경우에는 등기되었다고 할 수 없으며,[10] 등기는 국가기관인 등기관이 법령이 정하는 절차에 따라서 해야 하며, 부동산 등기가 있는 경우에는 등기된 권리의 변동은 유효하게 성립되었다고 추정되므로 등기된 권리관계의 부존재를 주장하는 자는 이를 입증해야 하며, 입증된 경우에는 그 추정은 번복된다.[11] 부동산 등기에 관한 법령으로 가장 중요한 것은 부동산 등기법과 부동산등기규칙이다. 이에 대한 상세한 내용은 후술하도록 하겠다.

6. 주택법

쾌적하고 살기 좋은 주거환경 조성에 필요한 주택의 건설·공급 및 주택시장의 관리 등에 관한 사항을 정함으로써 국민의 주거안정과 주거수준의 향상에 이바지함을 목적(주택법 제1조)으로 제정되었다. 이 법에서의 '주택'이란 세대의 구성원이 장기간 독립된 주거생활을 할 수 있는 구조로 된 건축물의 전부 또는 일부 및 그 부속 토지를 말하는데, 단독주택과 공동주택으로 구분하고 있다(주택법 제2조 제1호). 단독주택이란 1세대가 하나의 건축물 안에서 독립된 주거생활을 할 수 있는 구조로 된 주택을 말하며, 그 종류와 범위는 대통령령으로 정하고 있다(주택법 제2

---

10) 대법원 1971. 3. 24. 선고 71마105 판결.
11) 대법원 1962. 1. 25. 선고 4294민상437 판결.

조 제2호).

제2관 부동산 거래에 관한 공법상 규제

부동산의 거래는 독립된 인격을 가진 권리의 주체인 매도인과 매수인의 합의에 의하여 자유롭게 행할 수 있는 것이 원칙으로 당사자는 자유롭게 선택한 상대방과 법률관계의 내용을 자유롭게 합의하고 그 합의한 내용에 법적 구속력을 인정한다. 그러나 현대사회에서의 이같은 법률행위자유의 원칙은 신의칙에 의하여 제한될 수 있으며, 계약자유의 제한 없는 허용은 경제적 약자를 부당하게 압박하여 가혹한 결과를 초래할 수 있다는 이유를 들어 국가는 당사자 사이의 실질적인 불평등을 제거하고 공정성을 보장하기 위하여 계약의 체결 내지 그 내용에 간섭하게 되었다. 특히 부동산 거래에서 이 같은 현상이 많이 나타나고 있는데, 개인은 재산을 소유하고 자유롭게 사용, 수익, 처분할 수 있으나 재산권의 행사는 공공복리에 적합하여야 하며 특수목적을 위하여 재산권을 제한할 수 있기 때문이다(헌법 제23조 제3항). 이에 대해서 이하에서 살펴보도록 하겠다.

Ⅰ. 토지거래 및 이용에 관한 규제

1. 토지거래허가제의 목적

헌법상 재산권은 보장된다. 그러나 그 내용과 한계는 법률로 정하게 된다(헌법 제23조 제1항). 따라서 개인은 재산을 소유하고 자유롭게 사용, 수익, 처분할 수 있으나 재산권의 행사는 공공복리에 적합해야 하며, 특수 목적을 위하여 재산권은 제한될 수도 있다(헌법 제23조 제3항).

토지거래허가제는 토지공개념을 바탕으로 (구)「국토이용관리법」(법률 제2139호)을 개정하여 1979년 1월 1일부터 시행하였다. 여기서 말하는 토지공개념이란 재산권의 사회적 구속성 내지 공공복리 적합 의무라는 재산권에 대한 헌법상 일반이론에 대한 한정적인 토지의 특수성을 강조한 개념으로 이는 실정법상의 개념이 아니라 강학상 내지 실무상 편의를 위하여 정립된 개념이다.[12] 이에 대해서 재산권의 과도한 제한이라는 비판이 일었으며,13) 이는 사유재산인 토지의 처분권에 대한 본질적 침해이며, 거주이전의 자유를 침해한다는 이유를 들어 폐지해야 한다는 주장이 제기되는 등,14) 토지공개념을 둘러싸고 많은 논란이 있었다.

　　이에 대하여 토지 재산권과 관련하여 토지의 유한성, 부동성, 인접 토지와의 연속성 등과 같은 그 특수성 등을 고려할 때 토지는 공공재(公共財)적 성격이 강하다는 이유를 들어 긍정적인 견해가 있으며,15) 반대로 국토이용관리법상 토지거래허가제와 그 위반에 대한 벌칙규정을 합헌으로 본 것에 대한 부정적인 견해도 있다.16) 그러나 토지거래허가제를 실시 하는 목적은 토지의 투기적 거래를 방지하고 토지를 용도에 따라서 유효하게 이용되도록 하기 위한 목적이다.

☑ **판례**

　토지거래허가제는 토지의 처분을 전면적으로 금지하는 것이 아니라 특정 지역에 한해서 일정한 기간을 정하여 정상거래가 아닌 투기적 거래 등일 경우에만 제한하는 것이고, 또한 구제절차로서 토지소유자에게 불허가처분에 대한 이의신청권과 토지매수청구권을 부여하고 있으므로 사유재산권의 본질적인 내용을 침해하는 것이라 할 수 없다 (헌재 1989. 12. 22. 88헌가1).

　토지거래허가제는 사유재산제도나 사적자치원칙의 부정이 아니라 헌법의 명문(122조)에 의거한 재산권 제한의 한 형태이고 토지의 투기적 거래를 억제하기 위하여 이 법이 정한 방법과 내용에 따라 그 처분을 일정한 범위 내에서 제한함은 부득이 하고도 적절한 것이므로, 그것이 재산권의 본직적 내용을 침해한다거나 과잉금지의 원칙에 위배된다 할 수 없고 또 헌법상의 경제질서의 기본원칙에 위배되지도 아니한다 하여 합헌임을 선언하였는바, 지금도 이와 달리 볼 만한 사정변경이나 견해의 변경은 없다(헌재 1997. 6. 26. 92헌바5).

---

12) 성낙인, 헌법학, 법문사, 2010, 649-650면.
13) 서순탁, 토지거래허가제의 운용실태와 실효성 제고방안, 토지공법연구, 제33집, 한국토지공법학회, 2006. 24면 이하.
14) 이우도 외, 토지거래허가제도의 폐지에 관한 연구, 법학논총, 제37권 제2호, 전남대학교 법학연구소, 2017, 259면 이하.
15) 양건, 헌법강의, 법문사, 2012, 570면 이하.
16) 허영, 헌법이론과 헌법, 박영사, 2008, 672면 이하.

(1) 토지거래허가제의 주요 내용

1) 허가구역의 지정 및 해제

국토교통부장관 또는 특별시장·광역시장·특별자치시장·도지사·특별자치도지사(이하 "시·도지사"라 함)는 토지의 투기적인 거래가 성행하거나 지가(地價)가 급격히 상승하는 지역 및 그 같은 우려가 있는 지역[17]으로서 다음의 지역은 5년 이내의 기간을 정하여 토지거래계약에 관한 허가구역으로 지정할 수 있다(부동산 거래신고 등에 관한 법률 제10조 제1항 및 부동산 거래신고 등에 관한 법률 시행령 제7조 제1항).

토지거래 허가구역의 지정권자는 허가구역이 둘 이상의 시·도의 관할 구역에 걸쳐 있는 경우에는 국토교통부장관이 지정하며(부동산 거래신고 등에 관한 법률 제10조 1호), 허가구역이 동일한 시·도 안의 일부지역인 경우에는 시·도지사가 지정하고(부동산 거래신고 등에 관한 법률 제10조 제1항 2호), 다만 국가가 시행하는 개발사업 등에 따라 투기적인 거래가 성행하거나 지가가 급격히 상승하는 지역과 그러한 우려가 있는 지역 등 대통령령[18]으로 정하는 경우에는 국토교통부장관이 지정할 수 있다(부동산 거래신고 등에 관한 법률 제10조 제1항 2호 후단).

국토교통부장관 또는 시·도지사가 허가구역을 지정하려면 시·도 도시계획위원회의 심의를 거쳐야 하며, 다만, 지정기간이 끝나는 허가구역을 계속하여 다

---

[17] "투기적인 거래가 성행하거나 지가가 급격히 상승하는 지역과 그러한 우려가 있는 지역 등 대통령령으로 정하는 경우"란 다음 각 호의 요건을 모두 충족하는 경우를 말한다.
   1. 국가 또는 「공공기관의 운영에 관한 법률」에 따른 공공기관이 관련 법령에 따른 개발사업을 시행하는 경우일 것
   2. 해당 지역의 지가변동률 등이 인근지역 또는 전국 평균에 비하여 급격히 상승하거나 상승할 우려가 있는 경우일 것
[18] "대통령령으로 정하는 지역"이란 다음 각 호의 어느 하나에 해당하는 지역을 말한다.
   1. 「국토의 계획 및 이용에 관한 법률」에 따른 광역도시계획, 도시·군기본계획, 도시·군관리계획 등 토지이용계획이 새로 수립되거나 변경되는 지역
   2. 법령의 제정·개정 또는 폐지나 그에 따른 고시·공고로 인하여 토지이용에 대한 행위제한이 완화되거나 해제되는 지역
   3. 법령에 따른 개발사업이 진행 중이거나 예정되어 있는 지역과 그 인근지역
   4. 그 밖에 국토교통부장관 또는 특별시장·광역시장·특별자치시장·도지사·특별자치도지사(이하 "시·도지사"라 한다)가 투기우려가 있다고 인정하는 지역 또는 관계 행정기관의 장이 특별히 투기가 성행할 우려가 있다고 인정하여 국토교통부장관 또는 시·도지사에게 요청하는 지역

시 허가구역으로 지정하려면 중앙도시계획위원회 또는 시·도 도시계획위원회의 심의 전에 미리 시·도지사(국토교통부장관이 허가구역을 지정하는 경우에만 해당한다) 및 시장·군수 또는 구청장의 의견을 들어야 한다.

국토교통부장관 또는 시·도지사가 허가구역으로 지정한 때에는 지체 없이 대통령령으로 정하는 사항을 공고하고, 그 공고 내용을 국토교통부장관은 시·도지사를 거쳐 시장·군수 또는 구청장에게 통지하고, 시·도지사는 국토교통부장관, 시장·군수 또는 구청장에게 통지하여야 한다(부동산 거래신고 등에 관한 법률 제10조 제3항). 이에 통지를 받은 시장·군수 또는 구청장은 지체 없이 그 공고 내용을 그 허가구역을 관할하는 등기소의 장에게 통지하여야 하며, 지체 없이 그 사실을 7일 이상 공고하고, 그 공고 내용을 15일간 일반이 열람할 수 있도록 하여야 한다(부동산 거래신고 등에 관한 법률 제10조 제4항). 허가구역의 지정은 허가구역의 지정을 공고한 날부터 5일 후 그 효력이 발생하며(부동산 거래신고 등에 관한 법률 제10조 제5항), 국토교통부장관 또는 시·도지사는 허가구역의 지정 사유가 없어졌다고 인정되거나 관계 시·도지사, 시장·군수 또는 구청장으로부터 받은 허가구역의 지정 해제 또는 축소 요청이 이유 있다고 인정되면 지체 없이 허가구역의 지정을 해제하거나 지정된 허가구역의 일부를 축소해야 한다(부동산 거래신고 등에 관한 법률 제10조 제6항).

토지거래 허가구역의 지정

지역	구분
「국토의 계획 및 이용에 관한 법률」에 따른 광역도시계획, 도시·군기본계획, 도시·군관리계획 등 토지이용계획이 새로 수립되거나 변경되는 지역	허가구역이 둘 이상의 시·도의 관할 구역에 걸쳐 있는 경우: 국토교통부장관이 지정
법령의 제정·개정 또는 폐지나 그에 따른 고시·공고로 인하여 토지이용에 대한 행위제한이 완화되거나 해제되는 지역	허가구역이 동일한 시·도 안의 일부지역인 경우: 시·도지사가 지정. 다만, 국가가 시행하는 개발사업 등에 따라 투기적인 거래가 성행하거나, 지가가 급격히 상승하는 지역과 그러한 우려가 있는 지역 등의 경우에는 국토교통부장관이 지정
법령에 따른 개발사업이 진행 중이거나 예정되어 있는 지역과 그 인근지역	

그 밖에 시·도지사가 투기 우려가 있다고 인정하는 지역 또는 관계 행정기관의 장이 특별히 투기가 성행할 우려가 있다고 인정하여 국토교통부장관 또는 시·도지사에게 요청하는 지역	

2) 토지거래계약에 관한 허가

허가구역에 있는 토지에 관한 소유권·지상권(소유권·지상권의 취득을 목적으로 하는 권리 포함)을 이전하거나 설정(대가를 받고 이전하거나 설정하는 경우에만 해당)하는 계약(예약 포함, 이하 "토지거래계약"이라 함)을 체결하려는 당사자는 공동으로 그 토지의 소재지를 관할하는 시장·군수 또는 구청장에게 허가를 받아야 한다(부동산 거래신고 등에 관한 법률 제11조 제1항 전단). 그러나 경제 및 지가의 동향과 거래단위 면적 등을 종합적으로 고려하여 다음의 용도별 면적 이하의 토지에 대한 토지거래계약에 관해서는 허가를 요하지 않는다(부동산 거래신고 등에 관한 법률 제11조 제2항 및 부동산 거래신고 등에 관한 법률 시행령 제9조 제1항).

토지거래계약 허가의 범위

구분	대상 지역	기준 면적
도시지역 내의 지역	주거지역	180㎡
	상업지역	200㎡
	공업지역	660㎡
	녹지지역	100㎡
	용도지역의 지정이 없는 구역	90㎡
도시지역 외의 지역	기타	250㎡
	농지	500㎡
	임야	1,000㎡

(2) 허가구역 내 토지거래에 대한 허가

1) 토지거래계약에 대한 허가

허가구역에 있는 토지에 관한 소유권·지상권(소유권·지상권의 취득을 목적으로 하는 권리를 포함)을 이전하거나 설정(대가를 받고 이전하거나 설정하는 경우만 해당)하는 계약(예약을 포함)을 체결하려는 당사자는 공동으로 시장·군수 또는 구청장의 허가를 받아야 하며, 허가받은 사항을 변경하려는 경우에도 같다(부동산 거래신고 등에 관한 법률 제11조 제1항).

토지거래계약을 허가받은 자는 「부동산 거래신고 등에 관한 법률 시행령」 제14조 제1항 각 호에서 정하는 사유가 있는 경우 외에는 다음의 구분에 따른 기간에 그 토지를 허가받은 목적대로 이용해야 한다(부동산 거래신고 등에 관한 법률 제17조 제1항, 제12조 및 부동산 거래신고 등에 관한 법률 시행령 제14조 제2항).

토지거래 허가의 목적 및 기간

구분	기간
1. 다음의 목적으로 허가를 받은 경우 ■ 자기의 거주용 주택용지로 이용하려는 경우 ■ 허가구역을 포함한 지역의 주민을 위한 복지시설 또는 편익시설로서 관할 시장·군수 또는 구청장이 확인한 시설의 설치에 이용하려는 경우 ■ 허가구역에 거주하는 농업인·임업인·어업인 또는 「부동산 거래신고 등에 관한 법률 시행령」 제10조 제1항에서 정하는 자가 그 허가구역에서 농업·축산업·임업 또는 어업을 경영하기 위해 필요한 경우	토지 취득일로부터 2년
2. 다음의 목적으로 허가를 받은 경우 ■ 「공익사업을 위한 토지 등의 취득 및 보상에 관한 법률」이나 그 밖의 법률에 따라 토지를 수용하거나 사용할 수 있는 사업을 시행하는 자가 그 사업을 시행하기 위해 필요한 경우 ■ 허가구역을 포함한 지역의 건전한 발전을 위해 필요하고 관계 법률에 따라 지정된 지역·지구·구역 등의 지정목적에 적합하다고 인정되는 사업을 시행하는 자나 시행하려는 자가 그 사업에 이용하려는 경우 ■ 허가구역의 지정 당시 그 구역이 속한 특별시·광역시·특별자치	토지 취득일부터 4년 (다만, 분양을 목적으로 허가를 받은 토지로서 개발에 착수한 후 토지 취득일부터 4년 이내에 분양을 완료한 경우에는 분양을 완료한 때에 4년이 지난 것으로 본다)

시·시(「제주특별자치도 설치 및 국제자유도시 조성을 위한 특별법」 제10조 제2항에 따른 행정시를 포함)·군 또는 인접한 특별시·광역시·특별자치시·시·군에서 사업을 시행하고 있는 자가 그 사업에 이용하려는 경우나 그 자의 사업과 밀접한 관련이 있는 사업을 하는 자가 그 사업에 이용하려는 경우	
3. 「공익사업을 위한 토지 등의 취득 및 보상에 관한 법률」 또는 그 밖의 법령에 따라 농지 외의 토지를 공익사업용으로 협의양도하거나 수용된 사람이 그 협의양도하거나 수용된 날부터 3년 이내에 그 허가구역에서 협의양도하거나 수용된 토지에 대체되는 토지(종전의 토지가액 이하인 토지로 한정)를 취득하기 위해 허가를 받은 경우	토지 취득일로부터 2년
4. 관계 법령에 따라 개발·이용행위가 제한되거나 금지된 토지로서 「부동산 거래신고 등에 관한 법률 시행규칙」 제13조 제2항으로 정하는 토지에 대하여 현상보존의 목적으로 토지를 취득하기 위해 허가를 받은 경우	토지 취득일로부터 5년
5. 위 1부터 4까지의 경우 외의 경우	토지 취득일로부터 5년

시장·군수 또는 구청장은 토지거래계약을 허가받은 자가 허가받은 목적대로 이용하고 있는지를 매년 1회 이상 토지의 개발 및 이용 등의 실태를 조사하며(부동산 거래신고 등에 관한 법률 제17조 제2항 및 부동산 거래신고 등에 관한 법률 시행규칙 제18조 제1항), 시장·군수 또는 구청장은 토지의 이용 의무를 이행하지 않은 자에 대하여는 상당한 기간을 정하여 토지의 이용 의무를 이행하도록 명할 수 있다(부동산 거래신고 등에 관한 법률 제18조 제1항 본문).

시장·군수 또는 구청장은 위 이행명령이 정해진 기간에 이행되지 않은 경우에는 토지 취득가액의 10/100의 범위에서 이행강제금을 부과하며, 시장·군수 또는 구청장은 최초의 이행명령이 있었던 날을 기준으로 1년에 한 번씩 그 이행명령이 이행될 때까지 반복하여 이행강제금을 부과·징수할 수 있다(부동산 거래신고 등에 관한 법률 제18조 제2항 및 제3항). 시장·군수 또는 구청장은 이용 의무기간이 지난 후에는 이행강제금을 부과할 수 없으며, 이행명령을 받은 자가 그 명령을 이행하는 경우에는 새로운 이행강제금의 부과를 즉시 중지하되, 명령을 이행하기 전에 이미 부과된 이행강제금은 징수해야 한다(부동산 거래신고 등에 관한 법률 제18조 제4항 및 제5항).

2) 허가가 필요하지 않은 경우

경제 및 지가의 동향과 거래단위 면적 등을 종합적으로 고려하여 다음의 구분에 따른 용도별 면적 이하의 토지에 대한 토지거래계약에 관하여는 허가가 필요하지 않다. 다만, 국토교통부장관 또는 시·도지사가 허가구역을 지정할 당시 해당지역에서의 거래실태 등을 고려하여 다음의 면적으로 하는 것이 타당하지 않다고인정하여 해당 기준 면적의 10% 이상 300% 이하의 범위에서 따로 정하여 공고한 경우에는 그에 따라야 한다(부동산 거래신고 등에 관한 법률 제11조 제2항 및 부동산거래신고 등에 관한 법률 시행령 제9조 제1항).

허가가 필요하지 않은 범위

구분	내용
① 「국토의 계획 및 이용에 관한 법률」 제36조 제1항 제1호에 따른 도시지역(이하 "도시지역"이라 함)	▪ 다음의 세부 용도지역별 구분에 따른 면적 ▸ 주거지역: 180㎡ ▸ 상업지역: 200㎡ ▸ 공업지역: 660㎡ ▸ 녹지지역: 100㎡ ▸ 위 구분에 따른 용도지역의 지정이 없는 구역: 90㎡
② 도시지역 외의 지역	▪ 250㎡(다만, 농지의 경우에는 500㎡, 임야의 경우에는 1천㎡로 함)

3) 허가 절차

허가구역에 있는 토지거래계약을 체결하려는 당사자는 공동으로 다음의 서류를 첨부하되 그 토지를 관할하는 시장·군수 또는 구청장에게 제출해야 한다(부동산 거래신고 등에 관한 법률 제11조 제1항 전단, 부동산 거래신고 등에 관한 법률 시행령 제8조 제1항, 부동산 거래신고 등에 관한 법률 시행규칙 제9조 제1항 및 제2항).

○ 다음의 사항을 기재한 토지거래계약허가 신청서(부동산 거래신고 등에 관한 법률 시행규칙 별지 제9호 서식)

▸ 당사자의 성명 및 주소(법인인 경우에는 법인의 명칭 및 소재지와 대표자의 성명 및 주소)

▶ 토지의 지번·지목·면적·이용현황 및 권리설정 현황

▶ 토지의 정착물인 건축물·공작물 및 입목 등에 관한 사항

▶ 이전 또는 설정하려는 권리의 종류

▶ 계약예정금액

▶ 토지의 이용에 관한 계획

▶ 토지를 취득(토지에 관한 소유권·지상권의 취득을 목적으로 하는 권리를 이전하거나 설정하는 것을 말함)하는데 필요한 자금조달계획

○ 토지이용계획서(농지취득자격증명을 발급받아야 하는 농지의 경우에는 농업경영계획서)

4) 토지거래계약의 불허

토지거래계약에 관한 허가신청이 다음에 해당하는 경우에는 허가를 받을 수 없다.

▶ 자기의 거주용 주택용지로 이용하려는 것이 아닌 경우

▶ 허가구역을 포함한 농업인·임업인·어업인 또는 「부동산 거래신고 등에 관한 법률 시행령」 제10조 제1항에 따른 자가 그 허가구역에서 농업·축산업·임업 또는 어업을 경영하기 위하여 필요한 것이 아닌 경우

▶ 「공익사업을 위한 토지 등의 취득 및 보상에 관한 법률」이나 그 밖의 법률에 따라 토지를 수용하거나 사용할 수 있는 사업을 시행하는 자가 그 사업을 시행하기 위하여 필요한 것이 아닌 경우

▶ 허가구역을 포함한 지역의 건전한 발전을 위하여 필요하고 관계 법령에 따라 지정된 지역·지구·구역 등의 지정목적에 적합하다고 인정되는 사업을 시행하는 자나 시행하려는 자가 그 사업에 이용하려는 것이 아닌 경우

▶ 허가구역의 지정 당시 그 구역이 속한 특별시·광역시·특별자치시·시(「제주특별자치도 설치 및 국제자유도시 조성을 위한 특별법」에 따른 행정시 포함)·군 또는 인접한 특별시·광역시·특별자치시·시·군에서 사업을 시행하고 있는 자가 그 사업에 이용 하려는 것인 경우나 그 자의 사업과 밀접한 관련이 있는 사업을 하는 자가 그 사업에 이용하려는 것이 아닌 경우

> ▶ 허가구역이 속한 특별시·광역시·특별자치시·시 또는 군에 거주하고 있는 자의 일상 생활과 통상적인 경제활동에 필요한 것 등으로서 「부동산 거래신고 등에 관한 법률」 시행령 제10조 제2항의 용도에 이용하려는 것이 아닌 경우
> ▶ 도시·군계획이나 그 밖에 토지의 이용 및 관리에 관한 계획에 맞지 않는 경우
> ▶ 생태계의 보전과 주민의 건전한 생활환경 보호에 중대한 위해(危害)를 끼칠 우려가 있는 경우
> ▶ 그 면적이 그 토지의 이용목적으로 보아 적합하지 않다고 인정되는 경우

허가신청에 대하여 불허가처분을 받은 자는 그 통지를 받은 날부터 1개월 이내에 시장·군수 또는 구청장에게 해당 토지에 관한 권리의 매수를 청구할 수 있다(부동산 거래신고 등에 관한 법률 제16조 제1항).

5) 허가를 받지 않은 계약의 효력 등

허가를 받지 않고 체결한 토지거래계약은 그 효력이 발생하지 않는다(부동산 거래신고 등에 관한 법률 제11조제6항). 허가 또는 불허가 처분에 이의가 있는 자는 그 처분을 받은 날부터 1개월 이내에 시장·군수 또는 구청장에게 이의를 신청할 수 있으며(부동산 거래신고 등에 관한 법률 제13조 제1항), 이의신청을 받은 시장·군수 또는 구청장은 시·군·구 도시계획위원회의 심의를 거쳐 그 결과를 이의신청인에게 알려야 한다(부동산 거래신고 등에 관한 법률 제13조 제2항).

그러나 허가를 받을 때 그 당사자의 한쪽 또는 양쪽이 국가, 지방자치단체, 한국토지주택공사 등 「부동산 거래신고 등에 관한 법률 시행령」 제11조 제1항에 따른 공공기관 또는 공공단체인 경우에는 그 기관의 장이 시장·군수 또는 구청장과 협의할 수 있으며, 그 협의가 성립된 때에는 그 토지거래계약에 관한 허가를 받은 것으로 본다(부동산 거래신고 등에 관한 법률 제14조 제1항).

6) 허가를 요하지 않는 경우

① 「공익사업을 위한 토지 등의 취득 및 보상에 관한 법률」에 따른 토지의 수용, ② 「민사집행법」에 따른 경매, ③ 그 밖에 「공익사업을 위한 토지 등의 취득

및 보상에 관한 법률」에 따라서 토지를 협의취득·사용하거나 환매하는 경우 등 「부동산 거래신고 등에 관한 법률 시행령」 제11조 제3항 각 호의 사유에 해당하는 경우에는 허가를 받지 않아도 된다(부동산 거래신고 등에 관한 법률 제14조 제2항).

2. 토지이용의 규제

(1) 토지의 특성

토지는 본래 소유권이 귀속될 수 없는 유한한 공동자원이었으나, 근대국가의 성립 이후 산업자본주의의 발달과정에서 토지를 사적인 생활수단으로서의 소유권을 인정하게 되었다. 특히 토지는 사람의 노력으로 증식되거나 재생산할 수 없는 한정된 재화로서, 수요에 따라서 위치를 자유롭게 이동할 수 없는 부동성 및 토지 공급의 유한성으로 인하여 토지이용에 대한 배타적 독점성이 나타나게 된다. 이 같이 한정된 토지자원을 중심으로 그 이용가치에 따라서 경쟁과 대립이 발생하며 불완전한 시장성으로 인한 지가가 형성된다.

또 토지의 연속성으로 특정인의 토지이용은 인접토지에 영향을 미치는 상호 의존성이 있다. 나아가 토지는 인간의 생존공간을 제공하며 부존자원을 포함하여 생산활동을 할 수 있는 터전을 제공한다. 뿐만 아니라 토지는 재화를 창출하는 자원으로서 다른 생산요소와 결합하여 부가가치를 창출하는 중요한 재원이다. 그러나 토지가 생산활동과 무관한 재산의 증식수단으로 인식하는 경우에는 투기라는 사회경제적 문제를 야기하게 된다. 이 같은 토지의 여러 가지 특성으로 인하여 현대사회에서 사유재산으로서의 토지의 취득, 이용, 처분, 수익에 관한 제반 권리행사에 대하여 국가가 제한하기에 이르렀으며, 이를 위하여 「토지이용규제 기본법」이 제정되어 시행되고 있다.

(2) 지역·지구 등의 신설 제한 등

"지역·지구 등"이란 지역·지구·구역·권역·단지·도시·군계획시설 등 명칭에 관계없이 개발행위를 제한하거나 토지이용과 관련된 인가·허가 등을 받도록 하는 등 토지의 이용 및 보전에 관한 제한을 하는 일단(一團)의 토지(토지와 연접한 해수면으로서 토지와 같이 제한되는 경우에는 그 해수면 포함)를 말하며, 다음을 제외하고는 지역·지구 등을 신설할 수 없다(토지이용규제 기본법 제5조 및 별표).

> ▶ 「토지이용규제 기본법」 별표에 규정된 지역·지구 등
> ▶ 다른 법률의 위임에 따라 대통령령에 규정된 지역·지구 등으로서 「토지이용규제 기본법 시행령」 별표에 따른 지역·지구
> ▶ 다른 법령의 위임에 따라 총리령, 부령 및 자치법규에 규정된 지역·지구 등으로서 국토교통부장관이 관보에 고시하는 지역·지구

중앙행정기관의 장이나 지방자치단체의 장이 지역·지구 등을 지정(변경 및 해제 포함)하려면 다음의 경우를 제외하고 미리 주민의 의견을 들어야 한다(토지이용규제 기본법 제8조 제1항 및 토지이용규제 기본법 시행령 제6조 제8항, 제9항).

- 따로 지정 절차 없이 법령이나 자치법규에 따라서 지역·지구 등의 범위가 직접 지정되는 경우
- 다른 법령 또는 자치법규에 주민의 의견을 듣는 절차가 규정되어 있는 경우
- 국방상 기밀 유지가 필요한 경우
- 지역·지구 등의 면적을 축소하는 경우
- 지역·지구 등의 면적을 100분의 10 이내의 범위에서 확대하는 경우

중앙행정기관의 장이 지역·지구 등을 지정할 때는 지적(地籍)이 표시된 지형도에 지역·지구 등을 명시한 도면을 작성하여 관보에 고시하고, 지방자치단체장이 지역·지구 등을 지정하는 경우에는 지형도면을 작성하여 그 지방자치단체의 공보에 게시해야 한다. 다만, 「토지이용규제 기본법 시행령」 제7조 제3항에서 정하는 바에 따라 지형도면을 작성·고시하지 아니하거나 지적도 등에 지역·지구 등을 명시한 도면을 작성하여 고시할 수 있다(토지이용규제 기본법 제8조 제2항 및 토지이용규제 기본법 시행령 제7조 제3항).

3. 토지 지정지역 규제

(1) 개념

"지정지역(투기지역)"이란 국토교통부장관이 전국의 부동산가격 동향 및 해당

지역특성 등을 감안하여 해당 지역의 부동산 가격 상승이 지속될 가능성이 있거나 다른 지역으로 확산될 우려가 있다고 판단되어 지정요청(관계 중앙행정기관의 장이 국토교통부장관을 경유하여 요청하는 경우 포함)하는 경우로 기획재정부장관이 부동산 가격안정심의위원회의 심의를 거쳐 지정하는 지역을 말한다(소득세법 제104조의2 제1항 및 소득세법 시행령 제168조의3 제1항 전단).

(2) 토지 지정지역(투기지역)

1) 토지 지정지역의 지정

다음 지역의 경우 토지지정(투기지역)으로 지정된다(소득세법 제104조의2 제1항 및 소득세법 시행령 제168조의3 제1항 제2호, 제4호).

- ▶ 지정하는 날이 속하는 달의 직전 월(이하 "직전 월"이라 함)의 지가상승률이 전국소비자물가상승률의 30%보다 높은 지역 중 직전 월부터 소급하여 2개월간의 월 평균 지가상승률이 전국지가상승률의 30%보다 높은 지역
- ▶ 직전 월의 지가상승률이 전국소비자물가상승률의 30%보다 높은 지역 중 직전 월부터 소급하여 1년간의 연평균 지가상승률이 직전 월부터 소급하여 3년간의 연평균 전국지가상승률보다 높은 지역
- ▶ 택지개발지구, 행정중심복합도시건설사업 예정지역·주변지역 또는 그 밖에 대규모개발사업의 추진이 예정되는 지역 중 직전 월의 지가상승률이 전국소비자물가상승률보다 높은 지역

2) 토지 지정지역에 대한 중과세

지정지역 내에 있는 비사업용 토지 또는 부동산 가격이 급등하였거나 급등할 우려가 있어 부동산가격의 안정을 위해 정한 부동산을 양도한 경우에는 「소득세법」 제55조 제1항에 따른 세율에 10%를 더한 세율을 적용한다. 해당 부동산 보유기간이 2년 미만인 경우에는 「소득세법」 제55조 제1항에 따른 세율에 10%를 더한 세율을 적용하여 계산한 양도소득 산출세액과 「소득세법」 제104조 제1항 제2호 또는 제3호의 세율을 적용하여 계산한 양도소득 산출세액 중 큰 세액을 양도소

득 산출세액으로 한다(소득세법 제104조 제4항 제3호 및 제4호).

II. 주택거래 및 이용에 관한 규제

1. 주택 지정지역(투기지역)

(1) 지정지역의 개념

"지정지역"이란 국토교통부장관이 전국의 부동산 가격 동향 및 해당 지역의 특성 등을 감안하여 해당 지역의 부동산 가격의 상승이 지속될 가능성이 있거나 다른 지역으로 확산될 우려가 있다고 판단되어 지정요청(관계 중앙행정기관의 장이 국토교통부장관을 경유하여 요청하는 경우 포함)하는 경우로서 기획재정부장관이 부동산가격안정심의위원회의 심의를 거쳐 지정하는 지역을 말한다(소득세법 제104조의2 제1항 및 소득세법 시행령 제168조의3 제1항 전단).

(2) 주택 지정지역의 지정

다음과 같은 지역의 경우 주택 지정지역(투기지역)으로 지정한다(소득세법 제104조의2 제1항 및 소득세법 시행령 제168조의3 제1항 제1호, 제3호, 제4호).

▶ 지정하는 날이 속하는 달의 직전 월(이하 "직전 월"이라 함)의 주택매매가격상승률이 전국 소비자물가상승률의 30%보다 높은 지역 중 직전 월부터 소급하여 2개월간의 월평균 주택매매가격상승률이 전국주택매매가격상승률의 30%보다 높은 지역

▶ 직전 월의 주택매매가격상승률이 전국소비자물가상승률의 30%보다 높은 지역 중 직전 월부터 소급하여 1년간의 연평균 주택매매가격상승률이 직전 월부터 소급하여 3년간의 연평균 전국주택매매가격상승률보다 높은 지역

▶ 개발사업(개발부담금을 부과하지 않는 개발사업을 포함함) 및 주택재건축사업(이하 "개발사업 등"이라 함)이 진행 중인 지역(중앙행정기관의 장 또는 지방자치단체의 장이 그 개발사업 등을 발표한 경우를 포함함)으로서 직전 월의 주택매매가격상승률이 전국소비자물가상승률의 30%보다 높은 지역

▶ 개발사업 등이 진행 중인 지역으로서 직전월의 주택매매가격상승률이 전국

주택매매가격상승률의 30%보다 높은 지역

▶ 택지개발지구, 행정중심복합도시건설사업 예정지역·주변지역 또는 그 밖에 대규모개발사업의 추진이 예정되는 지역 중 직전 월의 주택매매가격상승률 이 전국소비자물가상승률보다 높은 지역

(3) 주택 지정지역 지정의 효력

주택 지정지역(투기지역)은 지정지역의 지정을 공고한 날부터 효력이 발생한다 (소득세법 시행령 제168조의3 제6항 및 제9항 본문).

(4) 주택 지정지역에 대한 중과세

지정지역 내에 있는 1세대 3주택 이상이거나 1세대가 주택과 조합원입주권을 3 이상 보유한 경우 또는 부동산 가격이 급등하였거나 급등할 우려가 있어 부동산 가격의 안정을 위해 정한 부동산을 양도한 경우에는 「소득세법」 제55조 제1항에 따른 세율에 10%를 더한 세율을 적용한다. 해당 부동산 보유기간이 2년 미만인 경우에는 「소득세법」 제55조 제1항에 따른 세율에 10%를 더한 세율을 적용하여 계산한 양도소득 산출세액과 「소득세법」 제104조 제1항 제2호 또는 제3호의 세율 을 적용하여 계산한 양도소득 산출세액 중 큰 세액을 양도소득 산출세액으로 한다 (소득세법 제104조 제4항 제1호, 제2호 및 제4호).

2. 투기과열지구 규제

(1) 개념

"투기과열지구"란 해당 지역의 주택가격상승률이 물가상승률보다 현저히 높 은 지역으로 그 지역의 청약경쟁률·주택가격·주택보급률 및 주택공급계획 등과 지역 주택시장 여건 등을 고려했을 때 주택에 대한 투기가 성행하고 있거나 성행 할 우려가 있는 지역 중 국토교통부장관 또는 시·도지사가 주택가격의 안정을 위 해 필요하다고 인정되는 경우 주택정책심의위원회(시·도지사의 경우에는 시·도 주택 정책심의위원회)의 심의를 거쳐 지정하는 지역을 말한다(주택법 제63조 제1항).

(2) 투기과열지구의 지정

「주택법」은 다음 지역의 경우 투기과열지구로 지정할 수 있도록 하고 있다(주택법 제41조 제1항, 제2항 및 주택법 시행규칙(국토교통부령 제634호, 2019. 7. 2., 일부개정 제25조).

▶ 직전 월(투기과열지구로 지정하는 날이 속하는 달의 바로 전 달을 말함)부터 소급하여 주택공급이 있었던 2개월 동안 해당 지역에서 공급되는 주택의 월평균 청약경쟁률이 모두 5대 1을 초과하였거나 국민주택규모 주택의 월평균 청약경쟁률이 모두 10대 1을 초과한 지역(주택법 시행규칙 제25조 제1호)

▶ 주택의 분양계획이 지난달보다 30퍼센트 이상 감소하였거나, 주택건설사업계획의 승인이나 건축허가 실적이 지난 해보다 급격하게 감소하여 주택공급이 위축될 우려가 있는 지역(주택법 시행세칙 제25조 제2호)

▶ 주택건설사업계획의 승인이나 건축허가 실적이 지난해보다 급격하게 감소하여 주택공급이 위축될 우려가 있는 지역(주택법 시행세칙 제25조 제2호)

▶ 신도시 개발이나 주택의 전매행위 성행 등으로 투기 및 주거불안의 우려가 있는 곳으로 다음 각목의 어느 하나에 해당하는 경우(주택법 시행세칙 제25조 제3호)

  − 시·도별 주택보급률이 전국 평균 이하인 경우
  − 시·도별 자가주택 비율이 전국 평균 이하인 경우
  − 해당 지역의 주택공급물량이 입주자저축 가입자 중 주택청약 제1순위자에 비하여 현저하게 적은 경우

(3) 투기지역 지정요건(①+②) 또는 (①+③)을 충족하는 경우

① 직전 월 가격상승률 〉전국소비자물가상승률×130%
② 직전 2개월 평균 가격상승률 〉직전 2개월 평균 전국가격상승률×130%
③ 직전 1년간 가격상승률 〉직전 3년간 연평균 전국가격상승률

위의 요건 충족지역으로서 당해 지역의 부동산 가격상승이 지속될 가능성이 있거나 확산될 우려가 있다고 판단되는 경우 국토교통부장관의 지정 요청에 따

라 기획재정부 부동산가격안정심의회 심의를 거쳐 기획재정부장관이 지정하게 된다.

3. 조정대상지역

주택정책심의위원회(시·도지사의 경우에는 시·도 주택정책심의위원회)의 심의를 거쳐서 과열지역과 위축지역 「조정대상지역」으로 지정할 수 있다(주택법 제63조의2 제1항 및 주택법 시행규칙 제25조의2).

과열지역(주택가격, 청약경쟁률, 분양권 전매량 및 주택보급률 등을 고려하였을 때 주택분양 등이 과열되어 있거나 과열될 우려가 있는 지역)이란 직전 월(조정대상지역으로 지정하는 날이 속하는 달의 바로 전 달을 말함. 이하 같음)부터 소급하여 3개월간의 해당 지역 주택가격상승률이 해당 지역이 포함된 시·도 소비자물가상승률의 1.3배를 초과한 지역으로서 다음 각 목의 어느 하나에 해당하는 지역을 말한다.

- ▶ 직전 월부터 소급하여 주택공급이 있었던 2개월 동안 해당 지역에서 공급되는 주택의 월평균 청약경쟁률이 모두 5대 1을 초과하였거나 국민주택규모 주택의 월평균 청약경쟁률이 모두 10대 1을 초과한 지역
- ▶ 직전 월부터 소급하여 3개월간의 분양권(주택의 입주자로 선정된 지위를 말함. 이하 같음) 전매거래량이 전년 동기 대비 30% 이상 증가한 지역

또 위축지역(주택가격, 주택거래량, 미분양주택의 수 및 주택보급률 등을 고려하여 주택의 분양·매매 등 거래가 위축되어 있거나 위축될 우려가 있는 지역)이란 직전 월부터 소급하여 6개월간의 평균 주택가격상승률이 마이너스 1.0% 이하인 지역으로서 다음 각 목의 어느 하나에 해당하는 지역을 말한다.

- ▶ 직전 월부터 소급하여 3개월 연속 주택매매거래량이 전년 동기 대비 20% 이상 감소한 지역
- ▶ 직전 월부터 소급하여 3개월간의 평균 미분양주택(주택법 제15조 제1항에 따른 사업계획승인을 받아 입주자를 모집을 하였으나 입주자가 선정되지 아니한 주택을 말함)의 수가 전년 동기 대비 2배 이상인 지역
- ▶ 시·도별 주택보급률 또는 자가 주택비율이 전국 평균을 초과하는 지역

조정대상지역, 투기지역, 투기과열지구 지정효과 비교

	조정대상지역	투기과열지구	투기지역
기존	•청약 1순위 자격제한 -5년 내 당첨사실이 있는 자의 세대에 속한 자 -세대주가 아닌 자, 2주택 이상 소유 세대에 속한 자 •민영주택 재당첨 제한 •재건축 조합원당 재건축 주택공급 수 제한(1주택)		•양도세 가산세율 적용 -1세대가 주택과 조합원 분양권을 3개 이상 또는 비사업용 토지를 보유한 경우 양도세율+10%P •주택담보대출 만기연장 제한 •기업자금대출제한 •농어촌주택취득 특례 배제 -농어촌주택도 양도세 주택수 산정시 포함
	•전매제한 -소유권이전등기시(서울, 과천·광명)/1년6개월(성남) •단기 투자수요 관리 -중도금대출보증발급요건 강화, 2순위 신청시 청약통장 필요, 1순위청약일정 분리 •LTV, DTI 10% 하향 (투기과열지구·투기지역 외)	•전매제한 -소유권이전등기 시 •재건축 조합원 지위양도 금지(조합설립인가 후) •민간택지 분양가상한제 적용주택의 분양가 공시	
신규추가 또는 효과강화 (8·2대책)	•청약 1순위 자격요건 강화 -청약통장 가입후 2년 경과+납입횟수 24회 이상 •가점제 적용 확대(조정대상지역 75%, 투기과열지구 100%) •오피스텔 전매제한 강화(소유권이전등기시까지) 및 거주자 선분양 적용(20%)		•주택담보대출건 수 제한 -차주당 1건 → 세대당 1건
	•양도세 가산세율 적용 -2주택자 + 10%P -3주택자 이상 + 20%P •다주택자 장기보유특별공제 적용배제 •1세대 1주택 양도세 비과세 요건 강화 -2년 이상 거주요건 추가 •분양권 전매시 양도세율 50%로 일괄적용	•재개발·재건축 규제정비 -재개발 등 조합원 분양권 전매제한(소유권이전등기시) -정비사업 분양(조합원/일반) 재당첨제한(5년) -재건축 조합원 지위 양도제한 예외사유 강화 •거래 시 자금조달계획, 입주계획 신고의무 강화 -거래가액 3억원 이상 주택	
		•LTV·DTI 40%적용(주택담보대출 1건 이상·보유세대 30%, 실수요자 50%)	

적용지역	40개 지역 서울(전역, 25개구), 경기(과천·성남·하남·고양·광명·남양주·동탄2) 부산(해운대·연제·동래·부산진·남·수영구·기장군), 세종	27개 지역 서울(전역, 25개구), 경기(과천), 세종	12개 지역 서울(강남·서초·송파·강동·용산·성동·노원·마포·양천·영등포·강서), 세종

조정대상지역 · 투기과열지구 지정('20. 6. 19. 기준)

	투기과열지구(48개)	조정대상지역(69개)
서울	전 지역('17. 8. 3)	전 지역('16. 11. 3)
경기	과천('17. 8. 3), 성남분당('17. 9. 6), 광명, 하남('18. 8. 8), 수원, 성남수정, 안양, 안산단원, 구리, 군포, 의왕, 용인수지·기흥, 동탄2('20. 6. 19)	과천, 성남, 하남, 동탄2('16. 11. 3), 광명('17. 6. 19), 구리, 안양동안, 광교지구('18. 8. 28), 수원팔달, 용인수지·기흥('18. 12. 31), 수원영통·권선·장안, 안양만안, 의왕('20. 2. 21) 고양, 남양주*, 화성, 군포, 안성**, 부천, 안산, 시흥, 용인처인***, 오산, 평택, 광주****, 양주, 의정부('20. 6. 19)
인천	연수, 남동, 서('20. 6. 19)	중, 동, 미추홀, 연수, 남동, 부평, 계양, 서('20. 6. 19).
대전	동, 중, 서, 유성('20. 6. 19)	동, 중, 서, 유성, 대덕('20. 6. 19)
대구	대구수성('17. 9. 6)	−
세종	세종('17. 9. 6)	세종('16. 11. 3)
충북	−	청주*****('20. 6. 19)

   * 화도읍, 수동면 및 조안면 제외
  ** 일죽면, 죽산면 죽산리·용설리·장계리·매산리·장릉리·장원리·두현리 및 삼죽면 용월리·덕산리·율곡리·내장리·배태리 제외
 *** 포곡읍, 모현면, 백암면, 양지면 및 원삼면 가재월리·사암리·미평리·좌항리·맹리·두창리 제외
**** 초월읍, 곤지암읍, 도척면, 퇴촌면, 남종면 및 남한산성면 제외
***** 낭성면, 미원면, 가덕면, 남일면, 문의면, 남이면, 현도면, 강내면, 옥산면, 내수읍 및 북이면 제외

4. 공공임대주택의 매각 등의 제한

(1) 공공임대주택의 개념

1) 공공임대주택의 구분

공공임대주택은 '공공건설임대주택'과 '공공매입임대주택'으로 구분되는데, 공공건설임대주택이란 공공주택사업자[19]가 직접 건설하여 공급하는 공공임대주택을 말하며(공공주택 특별법 제2조 제1호의2), 공공매입임대주택이란 공공주택사업자가 직접 건설하지 않고 매매 등으로 취득하여 공급하는 공공분양주택으로서 주택을 공급받은 자가 20년 이상 30년 이하의 범위에서 공공주택사업자와 주택의 소유권을 공유하면서 소유 지분을 적립하여 취득하는 주택을 말한다(공공주택 특별법 제2조 제1호의3).

2) 공공임대주택의 종류

공공임대주택은 임대 또는 임대한 후 분양전환을 목적으로 공급하는 「주택법」 제2조 제1호에 따른 주택으로 다음의 주택을 말한다(공공주택 특별법 제2조 제1

---

19) 공공주택사업자는 다음 중 국토교통부장관이 지정한 자를 말한다(공공주택 특별법 제4조 제1항 및 공공주택 특별법 시행령 제6조 제1항).
   1. 국가 또는 지방자치단체
   2. 한국토지주택공사
   3. 「지방공기업법」에 따라 주택사업을 목적으로 설립된 지방공사
   4. 「공공기관의 운영에 관한 법률」 따른 공공기관 중 다음의 공공기관
      · 한국농어촌공사
      · 한국철도공사
      · 국가철도공단
      · 공무원연금공단
      · 제주국제자유도시개발센터(제주특별자치도에서 개발사업을 하는 경우만 해당)
      · 주택도시보증공사
      · 한국자산관리공사
   5. 위 1.부터 4.까지의 규정 중 어느 하나에 해당하는 자가 총지분의 100분의 50을 초과하여 출자·설립한 법인
   6. 주택도시기금 또는 위 1.부터 4.까지의 규정 중 어느 하나에 해당하는 자가 총지분의 전부를 출자(공동으로 출자한 경우 포함)하여 설립한 부동산투자회사

호 가목 및 공공주택 특별법 시행령 제2조 제1항).

- ▶ **영구임대 주택:** 국가나 지방자치단체의 재정 지원을 받아 최저소득 계층의 주거 안정을 위하여 50년 이상 또는 영구적인 임대를 목적으로 공급하는 공공임대주택(공공주택 특별법 시행령 제2조 제1항 제1호)

- ▶ **국민임대주택:** 국가나 지방자치단체의 재정이나 주택도시기금의 자금을 지원받아 저소득 서민의 주거 안정을 위하여 30년 이상 장기간 임대를 목적으로 공급하는 공공임대주택(공공주택 특별법 제2조 제1항 제2호).

- ▶ **행복주택:** 국가나 지방자치단체의 재정이나 주택도시기금의 자금을 지원받아 대학생, 사회초년생, 신혼부부 등 젊은층의 주거 안정을 목적으로 공급하는 공공임대주택(공공주택 특별법 제2조 제1항 제3호)

- ▶ **통합공공임대주택:** 국가나 지방자치단체의 재정이나 주택도시기금의 자금을 지원받아 최저소득 계층, 저소득 서민, 젊은 층 및 장애인·국가유공자 등 사회 취약계층 등의 주거 안정을 목적으로 공급하는 공공임대주택(공공주택 특별법 제2조 제1항 제3호의2)

- ▶ **장기전세주택:** 국가나 지방자치단체의 재정이나 주택도시기금의 자금을 지원받아 전세 계약의 방식으로 공급하는 공공임대주택(공공주택 특별법 제2조 제1항 제4호)

- ▶ **분양전환공공임대주택:** 일정 기간 임대 후 분양전환할 목적으로 공급하는 공공임대주택(공공주택 특별법 제2조 제1항 제5호)

- ▶ **기존주택매입임대주택:** 국가나 지방자치단체의 재정이나 주택도시기금의 자금을 지원받아 기존 주택을 매입하여 「국민기초생활 보장법」에 따른 수급자 등 저소득층과 청년 및 신혼부부 등에게 공급하는 공공임대주택(공공주택 특별법 제2조 제1항 제6호)

- ▶ **기존주택전세임대주택:** 국가나 지방자치단체의 재정이나 주택도시기금의 자금을 지원받아 기존 주택을 임차하여 「국민기초생활 보장법」에 따른 수급자 등 저소득층과 청년 및 신혼부부 등에게 전대(轉貸)하는 공공임대주택(공공주택 특별법 제2조 제1항 제7호)

3) 공공임대주택의 입주 자격 등

가. 입주자의 선정

공공임대주택 입주자의 자격과 선정방법 및 입주자 관리에 관한 사항은 「공공주택 특별법 시행규칙」 및 「주택공급에 관한 규칙」에서 정하는 바에 따르며, 이 경우 공공주택의 유형 등에 따라서 달리 정할 수 있다(공공주택 특별법 제48조 및 공공주택 특별법 시행규칙 제13조 제1항).

공공주택사업자는 주거지원 필요계층과 다자녀가구에 공공주택을 우선 공급해야 하며, 이 경우 주거지원 필요계층 및 다자녀 가구의 요건, 우선 공급 비율 등 필요한 사항은 「공공주택 특별법 시행규칙」에서 정하는 바에 따른다(공공주택 특별법 제48조 제2항).

나. 예비입주자의 선정

사업주체가 입주자를 선정하는 경우 순위에 따라 일반공급 대상 주택 수의 40% 이상(소수점 이하는 절상)의 예비입주자로 선정해야 하며, 제2순위까지 입주자를 모집한 결과 공급신청자 수가 일반공급 대상 주택 수의 140% 미만인 경우에는 입주자로 선정되지 아니한 공급신청자 모두를 예비입주자로 선정해야 한다(주택공급에 관한 규칙 제26조 제1항).

사업주체는 순번이 포함된 예비입주자 현황을 최초 공급계약 체결일로부터 60일까지(예비입주자가 소진될 경우에는 그때까지) 인터넷 홈페이지(국가, 지방자치단체, 한국토지주택공사, 지방공사가 단독 또는 공동으로 총지분의 50%를 초과하여 출자한 부동산투자회사가 사업주체일 경우에는 자산관리회사의 인터넷 홈페이지)에 공개해야 한다(주택공급에 관한 규칙 제26조 제4항). 단, 제2순위까지 입주자를 모집한 결과 공급신청자 수가 일반공급 대상 주택 수와 140% 미만인 때에는 입주자로 선정되지 않은 공급신청자 모두를 예비입주자로 선정해야 한다(주택공급에 관한 규칙 제26조 제1항).

사업주체는 가점제를 적용하여 입주자를 선정하는 주택의 예비입주자를 선정하는 경우 제1순위에서 가점제가 적용되는 공급신청자 중 가점이 높은 자(가점이 같은 경우에는 추첨을 통하여 선정된 자)를 앞 순번의 예비입주자로 정하고, 그 다음 순번의 예비입주자는 가점제가 적용되지 아니하는 제1순위 공급신청자 중에서 추첨의 방법으로 정하고(주택공급에 관한 규칙 제26조 제2항), 가점제가 적용되지 않는 주택의 예비입주자를 선정하는 경우에는 추첨의 방법으로 예비입주자를 선정해야 한다(주택공급에 관한 규칙 제26조 제3항).

다. 예비입주자의 지위

입주자로 선정된 자 가운데 당첨이 취소되거나 공급계약을 체결하지 않은 자 또는 공급계약을 해약한 자가 있거나 예비입주자에게 공급하고 남은 주택이 있는 경우, 소명기간이 지난 후 예비입주자의 순번에 따라 공급하고, 최초로 예비입주자를 입주자로 선정하는 경우에는 당첨 취소 또는 미계약 물량과 해당 주택의 동·호수를 공개한 후 동·호수를 배정하는 추첨에 참가 의사를 표시한 예비입주자에 대해 추첨의 방법으로 동·호수를 배정하여 공급해야 한다(주택공급에 관한 규칙 제26조 제5항).

예비입주자로 선정된 자가 다른 주택의 공급을 신청하여 입주자로 선정된 경우는 예비입주자로서 주택을 공급받을 수 없으며, 동·호수를 배정하는 추첨에 참가할 수 없다(주택공급에 관한 규칙 제26조 제6항).

(가) 도시형 생활주택

가) 이의

도시형 생활주택은 300세대 미만의 국민주택규모에 해당하는 주택으로 「국토의 계획 및 이용에 관한 법률」에 따른 도시지역에 건설하는 주택을 말한다(주택법 제2조 제20호 및 주택법 시행령 제10조 제1항).

나) 분양절차

도시형 생활주택을 분양하는 경우 「주택공급에 관한 규칙」 중 입주자저축, 주택청약 자격, 재당첨 제한 등은 적용되지 않으며 일부 조항만이 적용된다(주택공급에 관한 규칙 제3조 제2항 제9호).

분양절차 관련 규정

적용조항	관련 조문
입주자 모집 시기	주택공급에 관한 규칙 제15조
입주자 모집 조건	주택공급에 관한 규칙 제16조
입주자 모집 요건의 특례	주택공급에 관한 규칙 제18조
입주자 모집 방법	주택공급에 관한 규칙 제19조 제1항
입주자 모집 승인 및 통보	주택공급에 관한 규칙 제20조
입주자 모집공고	주택공급에 관한 규칙 제21조
견본주택 건축기준	주택공급에 관한 규칙 제22조
민영주택 우선 공급	주택공급에 관한 규칙 제32조 제1항
주택공급계약	주택공급에 관한 규칙 제59조

(나) 공공주택

공공주택은 공공주택사업자가 국가 또는 지방자치단체의 재정이나 주택도시기금을 지원받아 「공공주택 특별법」 또는 다른 법률에 따라 건설, 매입 또는 임차하여 공급하는 다음 중 어느 하나에 해당하는 주택을 말한다(공공주택 특별법 제2조 제1호 및 공공주택 특별법 시행령 제2조 제1항).

가) 임대 또는 임대한 후 분양전환을 할 목적으로 공급하는 주택으로서 다음에 해당하는 주택

▶ **영구임대주택**: 국가나 지방자치단체의 재정을 지원받아 최저소득 계층의 주거안정을 위하여 50년 이상 또는 영구적인 임대를 목적으로 공급하는 공공임대주택

▶ **국민임대주택**: 국가나 지방자치단체의 재정이나 주택도시기금의 자금을 지원받아 저소득 서민의 주거 안정을 위하여 30년 이상 장기간 임대를 목적으로 공급하는 공공임대주택

▶ **행복주택**: 국가나 지방자치단체의 재정이나 주택도시기금의 자금을 지원받아 대학생, 사회초년생, 신혼부부 등 젊은층의 주거 안정을 목적으로 공급

하는 공공임대주택

▶ **통합공공임대주택:** 국가나 지방자치단체의 재정이나 주택도시기금의 자금을 지원받아 최저소득 계층, 저소득 서민, 젊은층 및 장애인·국가유공자 등 사회 취약계층 등의 주거 안정을 목적으로 공급하는 공공임대주택

▶ **장기전세주택:** 국가나 지방자치단체의 재정이나 주택도시기금의 자금을 지원받아 전세계약의 방식으로 공급하는 공공임대주택

▶ **분양전환공공임대주택:** 일정 기간 임대 후 분양전환할 목적으로 공급하는 공공임대주택

▶ **기존주택매입임대주택:** 국가나 지방자치단체의 재정이나 주택도시기금의 자금을 지원받아 기존 주택을 매입하여 「국민기초생활 보장법」에 따른 수급자 등 저소득층과 청년 및 신혼부부 등에게 공급하는 공공임대주택

▶ **기존주택전세임대주택:** 국가나 지방자치단체의 재정이나 주택도시기금의 자금을 지원받아 기존 주택을 임차하여 「국민기초생활 보장법」에 따른 수급자 등 저소득층과 청년 및 신혼부부 등에게 전대(轉貸)하는 공공임대주택

나) 분양을 목적으로 공급하는 주택으로서 국민주택규모 이하의 주택

(2) 주거환경개선사업 임대주택의 공급

정비사업의 시행으로 임대주택을 건설하는 경우 임차인의 자격·선정 방법 등을 사업시행자가 다음의 범위 안에서 시장·군수의 승인을 얻어 따로 정할 수 있다(도시 및 주거환경정비법 제79조 제6항 본문, 도시 및 주거환경정비법 시행령 제69조 제1항, 별표3 제1호 및 별표2 제3호).

▶ **1순위:** 기준일 3개월 전부터 보상계획 공고 시까지 계속하여 당해 주거환경개선사업을 위한 정비구역 또는 다른 주거환경개선사업을 위한 정비구역 안에 거주하는 세입자

▶ **2순위:** 기준일 현재 해당 정비구역 안에 주택이 건설될 토지 또는 철거 예정인 건축물을 소유하고 있는 자로서 주택분양에 관한 권리를 포기한 자

▶ **3순위:** 도시계획사업으로 인해 주거지를 상실하여 이주하게 되는 자로서 해당 시장·군수가 인정하는 자

(3) 주택재개발 임대주택의 공급

정비사업의 시행으로 임대주택을 건설하는 경우 임차인의 자격·선정방법 등을 사업시행자가 다음의 범위 안에서 시장·군수의 승인을 얻어 따로 정할 수 있다(도시 및 주거환경정비법 제79조 제6항 본문, 도시 및 주거환경정비법 시행령 제69조 제1항, 별표3 제2호 가목 및 별표2 제3호).

▶ 기준일 3개월 전부터 해당 주택재개발사업을 위한 정비구역 또는 다른 주택재개발사업을 위한 정비구역 안에 거주하는 세입자

▶ 기준일 현재 당해 주택재개발사업을 위한 정비구역 안에 주택이 건설될 토지 또는 철거 예정인 건축물을 소유한 자로서 주택분양에 관한 권리를 포기한 자

▶ 기준일 현재 해당 정비구역 안에 주택이 건설될 토지 또는 철거 예정인 건축물을 소유하고 있는 자로서 해당 정비구역 안에 거주하고 있지 않은 자

▶ 시·도 조례로 정하는 자

재개발임대주택으로서 최초의 임차인 선정이 아닌 경우에는 다음의 범위 안에서 인수자가 임차인의 자격·선정 방법 등을 따로 정한다. 다만, 시·도지사가 임대주택을 인수한 경우에는 거주지역, 거주기간 등 임차인의 자격을 별도로 정할 수 있다(도시 및 주거환경정비법 제79조 제6항 단서 및 도시 및 주거환경정비법 시행령 제69조 제2항 제1호). 임차인의 자격은 무주택 기간과 해당 정비사업이 위치한 지역에 거주한 기간이 각각 1년 이상인 범위에서 오래된 순으로 정한다.

(4) 공공임대주택 분양전환의 제한

1) 분양전환의 개념

분양전환이란 공공임대주택을 공공주택사업자(공공주택 특별법 제4조 제1항)가 아닌 자에게 매각하는 것을 말하는데(공공주택 특별법 제2조 제4호), 공공임대주택은 다음의 기간이 지나지 않으면 매각할 수 없다(공공주택 특별법 제50조의2 제1항 및 공공주택 특별법 시행령 제54조 제1항).

분양전환 제한기간

임대주택의 종류	임대 의무기간
영구임대주택	50년
국민임대주택	30년
행복주택	30년
장기전세주택	20년
위에 해당하지 않는 공공임대주택 중 임대 조건을 신고할 때 임대차 계약기간을 10년 이상으로 정하여 신고한 주택	10년
위에 해당하지 않는 공공임대주택	5년

다만, 다음 중 어느 하나에 해당하는 경우 임대의무기간이 지나기 전에도 공공임대주택을 매각할 수 있다(공공주택 특별법 제50조의2 제2항 및 공공주택 특별법 시행령 제54조 제2항).

ⅰ. 다른 공공주택사업자에게 매각하는 경우(이 경우 해당 공공임대주택을 매입한 공공주택사업자는 기존 공공주택사업자의 지위 포괄적으로 승계)

ⅱ. 임대의무기간의 2분의 1이 지나 공공주택사업자가 임차인과 합의하는 등 다음에 해당하는 경우로서 임차인 등에게 분양전환하는 경우

ⅲ. 공공주택사업자가 경제적 사정 등으로 공공임대주택에 대한 임대를 계속할 수 없는 경우로서 공공주택사업자가 국토교통부장관의 허가를 받아 임차인에게 분양전환하는 경우(이 경우 임차인에게 우선적으로 분양 전환해야 함),

ⅳ. 임대 개시 후 해당 주택의 임대의무기간의 2분의 1이 지난 분양전환 공공임대주택에 대하여 공공주택사업자와 임차인이 해당 임대주택의 분양전환에 합의하여 공공주택사업자가 임차인에게 분양 전환하는 경우

ⅴ. 주택도시기금의 융자를 받아 주택이 없는 근로자를 위하여 건설한 공공임대주택(1994년 9월 13일 이전에 사업계획승인을 받은 경우에 한함)을 시장·군수 또는 구청장의 허가를 받아 분양전환하는 경우(일정 요건을 충족한 임차인에게 우선적으로 분양전환해야 함)

2) 분양전환 가격의 산정

가. 산정기준

전용면적이 85제곱미터를 초과하는 주택을 제외한 공공건설임대주택을 분양전환하는 경우 그 분양전환가격의 산정 기준은 다음과 같다(공공주택 특별법 시행령 제54조 제4항, 공공주택 특별법 시행규칙 제40조 및 별표 7).

분양전환가격 산정기준

구분	분양전환가격의 산정
임대의무기간이 10년인 경우	감정평가금액을 초과할 수 없음
임대의무기간이 5년인 경우	(건설원가 + 감정평가금액) / 2로 하되, 공공임대주택의 건축비 및 택지비를 기준으로 분양전환 당시에 산정한 해당 주택의 가격에서 임대기간 중의 감가상각비(최초 입주자 모집 공고 당시의 주택가격을 기준으로 산정함)를 뺀 금액을 초과할 수 없음

＊감정평가금액은 두 곳의 감정평가법인이 평가한 해당 주택의 감정평가금액을 산술평균한 금액임.

나. 분양전환 절차

공공건설임대 주택 입주자 모집 ➡ 임대차계약 ➡ 입주 ➡ 임대 ➡ 분양전환 사전안내 ➡ 분양전환세대 주택소유 검색 ➡ 분양전환 가격산정 ➡ 분양전환 허가신청서 제출 ➡ 분양전환 계약체결

공공임대주택의 공공주택사업자는 임대의무기간 중 분양전환하려거나 또는 공공임대주택을 우선 분양전환하는 경우에는 사전 주택의 소유 여부를 확인하고 (공공주택 특별법 시행규칙 제25조 제3항 제3호·제4호), 공공임대주택의 분양전환 허가를 받으려는 자는 ⅰ. 공공임대주택 분양전환 허가신청서(공공주택 특별법 시행규칙 별지 제10호 서식), ⅱ. 분양전환의 구체적인 사유를 적은 서류, ⅲ. 분양전환 가격 산정의 근거 서류, ⅳ. 특별수선충당금 적립통장 사본(특별수선충당금 적립 대상인 경우만 해당)의 서류를 첨부하여 국토교통부장관에게 제출해야 한다(공공주택 특별법 시

행규칙 제39조 제1항).

공공주택사업자는 공공임대주택을 다른 공공주택사업자에게 매각하려는 경우 공공임대주택 매각신고서(공공주택 특별법 시행규칙 별지 제9호 서식)를 시장·군수 또는 구청장에게 제출해야 하고(공공주택 특별법 시행규칙 제38조 제1항 전단), 신고를 한 자는 신고서 처리일부터 30일 이내에 매매계약서 사본을 시장·군수 또는 구청장에게 제출해야 한다(공공주택 특별법 시행규칙 제38조 제2항 전단).

3) 우선분양전환

가. 절차

공공주택사업자는 임대 후 분양전환을 할 목적으로 건설한 공공건설임대주택을 임대의무기간이 지난 후 분양전환하는 경우 분양전환 당시까지 거주한 무주택자, 국가기관 또는 법인으로서 다음 중 어느 하나에 해당하는 임차인에게 우선하여 분양전환을 해야 한다(공공주택 특별법 제50조의3 제1항 전단 및 공공주택 특별법 시행령 제55조 제1항). 즉, ⅰ. 입주일 이후부터 분양전환 당시까지 해당 임대주택에 거주한 무주택자인 임차인, ⅱ. 공공건설임대주택에 입주한 후 상속·판결 또는 혼인으로 다른 주택을 소유하게 된 경우 분양전환 당시까지 거주한 사람으로서 그 주택을 처분하여 무주택자가 된 임차인, ⅲ. 「공공주택 특별법」에 따라 임차권을 양도받은 경우 양도일 이후부터 분양전환 당시까지 거주한 무주택자인 임차인, ⅳ. 선착순의 방법으로 입주자로 선정된 경우에는 분양전환 당시까지 거주하고 분양전환 당시무주택자인 임차인, ⅴ. 전용면적 85제곱미터 초과 주택에 분양전환 당시 거주하고 있는 임차인, ⅵ. 분양전환 당시 해당 임대주택의 임차인인 국가기관 또는 법인.

임차인이 임대의무기간이 종료한 후 공공주택사업자가 임차인에게 분양전환을 통보한 날부터 6개월 이상 우선 분양전환에 응하지 않는 경우에는 공공주택사업자는 분양전환하고 남은 해당 공공건설임대주택을 분양전환가격으로 제3자에게 매각할 수 있다(공공주택 특별법 제50조의3 제2항, 공공주택 특별법 시행령 제55조 제2항 및 공공주택 특별법 시행규칙 제42조 제4항 전단). 분양전환하고 남은 주택이 30세대 이상인 경우에는 그 남은 공공임대주택을 「주택공급에 관한 규칙」에 따라 분양해야 한다(공공주택 특별법 시행규칙 제42조 제4항 후단).

나. 분양전환금의 납부

분납임대주택의 경우에는 임대사업자가 임차인으로부터 임대 개시 전 또는 임대 기간 중 분양전환금의 일부를 미리 받을 수 있으며(공공주택 특별법 시행령 제55조 제3항 전단), 분납임대주택의 분양전환 가격, 분납금 및 반환금의 산정기준(공공주택 특별법 시행세칙 제26조 제1호, 제33조, 제40조 및 제41조 관련) 등은 다음과 같다.

① 분양전환 가격의 산정

분납임대주택의 분양전환 가격은 분납금(영 제57조 제3항에 따른 분양전환금의 일부를 말한다. 이하 이 별표에서 같다)의 합계액으로 한다.

② 분납금의 산정

가. 분납금의 납부시기 및 납부금액

1) 임대의무기간 만료 후 분양전환을 하거나 임대의무기간의 2분의 1이 지나고 최초 입주지정 기간이 끝난 날부터 8년이 지난 후 영 제56조 제2항 제2호에 따라 분양전환을 하는 경우

가) 임대차 계약 시, 중도금 납부 시, 각각 다음의 금액을 납부한다.

해당 분납임대주택의 최초 입주자모집 공고 당사의 주택가격 × 0.1

나) 최초 입주지정기간이 끝난 날부터 4년과 8년이 지난날에 각각 다음의 금액 중 적은 금액을 납부한다. 이 경우 감정평가에 따른 분납금 산정은 임차인이 원하는 경우에만 한다.
  i. 해당 분납임대주택의 최초 입주자모집 공고 당시의 가격 × (1 + 이자율)납부시점의 임차연수 × 0.2
  ii. 해당 분납임대주택의 감정평가금액 × 0.2

다) 분양전환 시 다음의 금액을 납부한다.
해당 분납임대주택의 감정평가금액 × 0.3

2) 임대의무기간의 2분의 1이 지나고 최초 입주지정기간이 끝난 날부터 8년이 지나기 전에 영 제56조 제2항 제2호에 따라 분양전환을 하는 경우

가) 임대차 계약 시, 중도금 납부 시, 입주 시 각각 다음의 금액을 납부해야 한다.

해당 분납임대주택의 최초 입주자모집 공고 당시의 주택가격 $\times$ 0.1

나) 최초 입주지정기간이 끝난 날부터 4년이 지난 날에 다음의 금액 중 적은 금액을 납부한다. 이 경우 감정평가에 따른 분납금 산정은 임차인이 원하는 경우에만 한다.

ⅰ. 해당 분납임대주택의 최초 입주자모집 공고 당시의 주택가격 $\times$ (1 + 이자율)4 $\times$ 0.2

ⅱ. 해당 분납임대주택의 감정평가금액 $\times$ 0.2

다) 분양전환 시 다음의 금액 중 적은 금액과 해당 분납임대주택의 감정평가금액의 100분의 30에 해당하는 금액을 합산한 금액을 납부한다.

ⅰ. 해당 분납임대주택의 최초 입주자모집 공고 당시의 주택가격 $\times$ (1 + 이자율) 분양전환시점의 임차연수 $\times$ 0.2

ⅱ. 해당 분납임대주택의 감정평가금액 $\times$ 0.2

나. 항목별 산출방법

1) 최초 입주자모집 공고 당시의 주택가격: 건축비와 택지비의 합계액으로 한다. 이 경우 건축비 및 택지비의 산출은 공공주택특별법 시행규칙 별표7 제2호 라목에 따른다.

2) 이자율: 해당 분납임대주택의 임대시작일과 분납금 납부일 당시 각각 「은행법」에 따른 은행의 1년 만기 정기예금 평균 이자율을 산술평균한 이자율을 적용한다.

3) 감정평가금액: 공공주택사업자는 분납금 산정 전에 금액 산출을 위한 감정평가법인의 선정을 요청해야 하며, 그 밖의 사항은 영 제58조, 이 공공주택특별법

시행규칙 제42조 및 별표7 제2호 나목에 따른다.

③ 반환금의 산정기준

가. 해당 분납임대주택에 5년 미만의 기간 동안 거주 후 반납하는 경우: 다음의 금액 중 적은 금액

1) 임차인이 이미 납부한 분납금과 분납금 납부일의 다음 날부터 반납일까지의 이자를 합산한 금액, 이 경우 이자율은 분납금 납부일과 반납일 당시 각각 「은행법」에 따른 은행의 1년 만기 정기예금 평균 이자율을 산술평균한 이자로 한다.

2) 해당 분납임대주택의 감정평가금액에 임차인이 납부한 분납금의 합계액의 비율을 곱한 금액

나. 해당 분납임대주택에 5년 이상의 기간 동안 거주 후 반납하는 경우: 가목 1) 및 2)의 금액을 산술평균한 금액

다. 감정평가금액: 임대사업자는 반환금 산정 전에 특별자치도지사·시장·군수·구청장에게 감정평가금액 산출을 위한 감정평가법인의 선정을 요청하여야 한다. 다만, 임차인이 원하는 경우에는 공공주택사업자가 영 제56조 제1항의 기준을 충족하는 감정평가법인 두 곳을 의뢰할 수 있다. 그 밖에 감정평가와 관련된 사항은 영 제56조, 이 규칙 제42조 및 별표7 제2호 나목에 따른다.

☑ **판례(임대주택법 제21조 제3항 등 위헌확인)**

가. 분양전환방식의 변경으로 인한 청구인의 손실은 헌법상 보장되는 재산권의 범위에 속한다 보기 어려우므로 이 사건 분양전환 승인조항 및 이 사건 감정평가법인선정조항은 청구인의 재산권을 침해하지 아니한다.

또한 이 사건 분양전환 승인조항, 이 사건 신청서류협조조항 및 이 사건 감정평가법인선정조항은 임차인의 우선분양 전환권을 실질적으로 보장하여 무주택 임차인의 주거안정을 도모하기 위한 것으로 그 목적의 정당성과 수단의 적절성이 인정된다. 임대주택법상 임대사업자에게 장기저리융자 등 각종 혜택이 부여되고 있는 점, 대통령령으로 정하는 분양전환 가격으로만 승인하도록 정해져 있어 임대사업자의 신속한 사업이익

회수가 가능한 점, 감정평가법인 선정에 대한 이의신청을 통하여 재평가가 가능한 점 등에 비추어 보면 피해의 최소성도 인정되며 법익의 균형성도 갖추었다고 인정되므로, 위 법률조항들은 과잉금지원칙에 반하여 청구인의 영업의 자유를 침해하지 아니한다.

나. 이 사건 부칙조항은 아직 진행 과정에 있는 사안을 대상으로 하는 부진정소급입법에 해당하므로 소급입법에 의한 재산권 침해가 문제되지 않는다. 기존의 분양전환 방식에 대한 청구인의 신뢰가 임차인의 주거 안정이라는 공익에 비해 크다고 할 수 없으므로 위 부칙조항은 신뢰보호원칙에 위반하여 청구인의 영업의 자유를 침해하거나 시장경제 질서에 위반된다고 보기 어렵고, 평등권 침해에도 해당하지 아니한다(헌재 2010. 7. 29. 2008헌마581 등, 공보 제166호, 1452 전원재판부).

제3관 개발이익 및 재건축초과이익의 환수

Ⅰ. 개발이익의 환수

1. 개발이익의 개념

"개발이익"이란 개발사업의 시행이나 토지이용계획의 변경, 기타 사회적·경제적 요인에 따라 정상지가(正常地價) 상승분을 초과하여 개발사업을 시행하는 자(이하 "사업시행자"라 함)나 토지 소유자에게 귀속되는 토지 가액의 증가분을 말한다(개발이익 환수에 관한 법률 제2조 제1호).

개발이익은 공공투자로 인한 편익증진, 개발사업의 인·허가에서 초래된 계획이익(planning gains), 토지개발 및 건축행위에서 발생한 개발이익, 기타 사회·경제적 여건의 변화로 얻은 자본이득 및 우발이익(capital gains and windfalls) 등을 총괄하는 개념이다.

우리나라에서 개발이익의 개념은 1972년 「국토이용관리법」 제정과 함께 사용되었으며, 이후 1989년 토지공개념 제도 도입과 함께 시행된 「개발이익환수에 관한 법률」에 의하여 정의되었다. 동 법률에서 개발이익은 '개발사업의 시행이나 토지이용계획의 변경, 그 밖에 사회적·경제적 요인에 따라서 정상지가상승분을 초과하여 개발사업을 시행하는 자나 토지 소유자에게 귀속되는 토지 가액의 증가분'

이라고 정의하고 있다(개발이익 환수에 관한 법률 제2조 제1호).

개발이익은 그 범위에 따라서 최협의·협의·광의의 개발이익으로 구분할 수 있으며, 최협의의 개발이익은 공공기관이 시행하는 사업에 기인하여 토지의 증가를 발생시키고 그 토지 증가이익을 토지 소유자만의 것으로 보는 것, 공공사업의 개발행위에 의하여 발생한 토지의 증가이익, 즉 토지 소유자의 창의나 노력 없이 그 지역 사회의 집단적 활동으로 인해 발생한 토지소유권의 가치로 보는 개념이다. 따라서 공공투자 증가분에 한정된 개발이익만을 환수하는 개념으로 특정 공공사업에 의해 그 사업지역과 주변 토지의 증가분만을 그 대상으로 한다.

협의의 개발이익은 자신의 노력에 의하거나 일반적 인플레이션에 의하지 않고 부동산의 가치가 증가하는 것으로, 공공사업 또는 공공개발의 수행과 같은 적극적 또는 다른 토지에 대한 제약과 같은 소극적인 중앙정부와 지방정부의 행위에서 발생하는 토지의 증가로 보는 견해이다. 따라서 협의의 개발이익은 공공투자에 의한 증가분에 토지이용계획의 결정·변경에 의한 증가분을 합한 개념이다.

광의의 개발이익은 도로건설 기타 공공사업, 인구 및 산업의 집중, 도시화 등 사회적 요인으로 창출된 이익은 개인에게 귀속될 것이 아니라 사회에 환원되어야 한다는 측면에서 개발이익을 바라보는 시각으로 협의의 개발이익에 사회적·경제적 요인에 의한 증가를 포함하는 개념이다. 따라서 개발이익환수에 관한 법률상 개발이익은 유·무형의 개발행위를 포함한 광의의 개발이익이다.

2. 개발이익환수의 법적 근거

(1) 헌법적 근거

헌법 제23조 제1항은 '모든 국민의 재산권은 보장된다. 그 내용과 한계는 법률로 정한다'고 규정하고 있다. 또 헌법 제23조 제2항 및 3항에서 '재산권의 행사는 공공복리에 적합하도록 하여야 한다. 공공필요에 의한 재산권의 수용·사용 또는 제한 및 그에 대한 보상은 법률로서 하되, 정당한 보상을 해야 한다'고 규정하고 있다. 헌법 제119조에서는 '대한민국의 경제질서는 개인과 기업의 경제상의 자유와 창의를 존중함을 기본으로 한다. 국가는 균형 있는 국민경제의 성장 및 안정과 적정한 소득의 분배를 유지하고, 시장의 지배와 경제력의 남용을 방지하며, 경제주체간의 조화를 통한 경제의 민주화를 위하여 경제에 관한 규제와 조정을 할 수 있다'고 규정하여 국민 개개인의 사적자치의 원칙을 기초로 하는 자유로운 경제활동을 보장하고, 나아가 사유재산의 이용과 수익·처분 및 상속을 보장하고 있다.

그러나 헌법 제23조에서 재산권은 보장되지만 그 내용과 한계는 법률로서 정하며, 재산권의 행사는 공공복리에 적합해야 한다고 규정함으로써 사유재산권을 제한할 수 있음을 천명하고 있다. 따라서 토지의 경우 한정적인 재화로서 사회적 기능 및 국민경제적 측면에서 토지의 이용은 다른 재산권과 달리 공동체의 이익이 강하게 요구되는 재화라는 점에서 개발이익환수의 법적근거가 된다.

(2) 기타 법률

소득세법에서 부동산 투기로 인한 산업자금의 낭비를 방지함과 동시에 과세대상범위를 확대하여 소득재분배 기능을 강화하기 위한 목적으로 양도소득세를 규정하고 있다. 나아가 개발사업지구 내에서 발생하는 개발이익을 고정하는 시설부담제도로 「국토의 계획 및 이용에 관한 법률」에서 규정하고 있는 기반시설연동제, 「학교용지 확보 등에 관한 법률」에서 정하고 있는 학교용지부담금(2005. 3. 31. 위헌판결, 선고 2003헌가20), 「대도시권 광역교통관리에 관한 특별법」에서 정한 광역교통시설부담금 등이 있다.

또 개발사업지구 내에서 발생하는 개발이익을 시설 설치비용 부담과 별개의 부담금 형태로 환수할 수 있도록 규정한 법률로, 「개발이익 환수에 관한 법률」이 있다. 동 법률에서는 각종 개발사업 및 기타 사회·경제적 요인에 따른 지가상승으로 인해 발생하는 개발이익이 당해 토지 소유자에게 사유화됨으로써 개발이익을 목적으로 하는 투기가 성행하는 것을 방지하고, 지가상승분의 일정액을 환수함으로써 토지의 효율적인 이용을 촉진하기 위한 목적으로 개발부담금을 규정하고 있다. 나아가 농지조성비를 규정하고 있는 「농지법」과 대체산림자원 조성비를 규정하고 있는 「산지관리법」 등이 있다.

3. 개발이익의 환수

국가는 개발부담금 부과대상 사업이 시행되는 지역에서 발생하는 개발이익에

대하여 개발부담금으로 징수(개발이익 환수에 관한 법률 제3조, 제5조, 제6조, 제8조, 제11
조, 제13조, 제18조 및 개발이익 환수에 관한 법률 시행령 제4조, 제5조)하게 되는데 그 내
용은 다음과 같다.

개발부담금 징수범위

구분	내용
대상사업	1. 택지개발사업(주택단지 조성사업 포함) 2. 산업단지개발사업 3. 관광단지조성사업(온천 개발사업 포함) 4. 도시개발사업, 지역개발사업 및 도시환경정비사업 5. 교통시설 및 물류시설용지조성사업 6. 체육시설 부지조성사업(골프장 건설사업 및 경륜장·경정장 설치 　사업 포함) 7. 지목변경이 수반되는 사업으로서 「개발이익환수에 관한 법률 시행 　령」 별표1로 정하는 사업 8. 위의 사업과 유사한 사업으로서 「개발이익환수에 관한 법률 시행령」 　별표1로 정하는 사업 등
납부의무자	• 위의 대상 사업의 사업시행자 • 개발사업을 위탁하거나 도급한 경우에는 그 위탁이나 도급을 한 자 • 타인이 소유하는 토지를 임차해 개발사업을 시행한 경우에는 그 토 　지의 소유자 • 개발사업을 완료하기 전에 사업시행자의 지위나 위에 해당하는 자의 　지위를 승계하는 경우에는 그 지위를 승계한 자 • 다음의 조합이 해산하거나 조합의 재산으로 그 조합에 부과되거나 　그 조합이 납부할 개발부담금·가산금 등에 충당하여도 부족한 경우 　－ 주택조합 　－ 도시개발구역의 토지 소유자가 도시개발을 위해 설립한 조합 　－ 도시환경정비사업조합
부과기준	• 부과 종료 시점의 부과대상 토지의 가액에서 다음의 금액을 뺀 금액 　－ 부과 개시 시점의 부과대상 토지의 가액 　－ 부과 기간의 정상지가상승분 　－ 개발비용[순 공사비, 조사비, 설계비, 일반관리비 및 그 밖의 경비 　　+ 납부 의무자가 국가나 지방자치단체에 공공시설이나 토지 등 　　을 기부 채납하였을 경우에는 그 가액 또는 납부 의무자가 부담 　　금을 납부하였을 경우에는 그 금액＋ 해당 토지의 개량비, 제세공 　　과금, 보상비 및 그 밖에 「개발이익 환수에 관한 법률 시행령」 　　제12조에 따른 금액]

부담률	<ul><li>대상사업 1.~6.의 경우 : 개발이익 × 20/100</li><li>대상사업 7.~8.의 경우 : 개발이익 × 25/100</li><li>개발제한구역에서 개발사업을 시행하는 경우로서 납부 의무자가 개발제한구역으로 지정될 당시부터 토지 소유자인 경우: 개발이익 × 20/100</li></ul>
납부	<ul><li>개발부담금의 납부 의무자는 부과 일부터 6개월 이내에 개발부담금을 납부해야 함</li><li>현금 납부가 원칙이지만 해당 부과대상 토지 및 그와 유사한 토지로 하는 납부(물납)도 가능</li></ul>

II. 재건축초과이익 환수

1. 개념

"재건축초과이익"이란 「도시 및 주거환경정비법」 제2조 제2호 다목에 따른 재건축사업 및 「빈집 및 소규모주택 정비에 관한 특례법」 제2조 제1항 제3호다목에 따른 소규모 재건축사업(이하 "재건축사업"이라 한함)으로 인하여 정상주택 가격상승분을 초과하여 다음의 어느 하나에 귀속되는 주택 가액의 증가분으로서 「재건축초과이익 환수에 관한 법률」 제7조에 의하여 산정된 금액을 말한다(재건축초과이익 환수에 관한 법률 제2조 제1호).

▶ 「도시 및 주거환경정비법」 제35조에 따라 설립된 재건축 조합(도시 및 주거환경정비법 제27조 제1항 제3호에 따라 지정된 신탁업자 포함) 및 「빈집 및 소규모주택 정비에 관한 특례법」 제23조에 따라 설립된 조합

▶ 조합원(사업시행자가 신탁업자인 경우 위탁자)

2. 도입의 취지와 적용대상

재건축초과이익환수제도는 재건축 아파트의 과도한 가격 상승을 막기 위해 재건축사업을 통하여 조합원이 얻은 이익이 조합원 1인당 평균 3,000만 원을 상회하는 경우 그 초과 이익의 최고 50%를 부담금으로 내도록 하는 제도로서 개발이익의 사유화를 방지하기 위한 목적이다.[20]

적용대상은 원칙적으로 「도시 및 주거환경정비법」에 따른 재건축사업이며, 그 밖에 「빈집 및 소규모주택정비에 관한 특례법」에 따른 소규모 재건축사업에서 발생되는 초과이익을 포함한다.

부과금의 납부 의무자는 재건축 조합원이 아니라 재건축 사업을 시행하기 위하여 「도시 및 주거환경정비법」 제16조에 의하여 설립된 조합이며, 조합은 부과된 부담금을 조합원별로 배분하게 된다. 그러나 ① 조합이 해산된 경우, ② 조합의 재산으로 그 조합에 부과되거나 그 조합이 납부할 재건축부담금·가산금 등에 충당해도 부족한 경우에는 종료 시점에 부과대상 주택을 분양받은 조합원(조합이 해산된 경우에는 부과 종료 시점 당시의 조합원)이 납부 의무를 부담한다.

3. 재건축초과이익의 환수

국토교통부장관은 재건축사업에서 발생되는 재건축초과이익을 재건축초과이익 환수에 관한 법률에 따라서 재건축부담금으로 징수하도록 하고 있다(재건축초과이익 환수에 관한 법률 제3조).

재건축부담금의 범위

구분	근거 조문	내용
대상사업	재건축초과이익 환수에 관한 법률 제5조	• 정비기반시설은 양호하나 노후·불량건축물이 밀집한 지역에서 주거환경을 개선하기 위해 시행하는 주택재건축사업(도시 및 주거환경정비법 제2조 제2호 다목)
납부 의무자	재건축초과이익 환수에 관한 법률 제6조	• 도시 및 주거환경정비법 제16조에 따라 설립된 조합 • 다만, 종료시점 부과대상 주택을 공급받은 조합원(조합이 해산된 경우 또는 신탁이 종료된 경우는 부과종료 시점 당시의 조합원 또는 위탁자를 말함)이 다음의 어느 하나에 해당하는 경우 해당 재건축사업의 신탁재산

---

20) 재건축초과이익환수제는 노무현 정부 당시 재건축 대상 아파트를 중심으로 주택가격이 24.8% 상승한 2006년 집값 상승에 따른 불안을 해소하고 부동산 투기를 억제하기 위한 부동산시장 안정 대책의 일환으로 도입하였다.

		범위에서 납부함 1. 조합이 해산된 경우 2. 조합의 재산으로 그 조합에 부과되거나 그 조합이 납부할 재건축부담금·가산금 등에 충당하여도 부족한 경우 3. 신탁이 종료된 경우 4. 신탁업자가 해당 재건축사업의 신탁재산으로 납부할 재건축부담금·가산금 등에 충당하여도 부족한 경우
부과기준	재건축초과이익 환수에 관한 법률 제7조	• 종료시점의 부과대상 주택의 가격 총액(다만, 부과대상 주택 중 일반분양분의 종료시점 주택가액은 분양시점 분양가격의 총액)에서 다음의 금액을 뺀 금액 – 개시시점의 부과대상 주택의 가격 총액 – 부과기간 동안의 개시시점 부과대상 주택의 정상주택가격상승분 총액 – 「재건축초과이익 환수에 관한 법률」 제11조의 규정에 의한 개발비용 등
재건축부담금	재건축초과이익 환수에 관한 법률 제12조	• 재건축초과이익 환수에 관한 법률 제12조에 따름
납부	재건축초과이익 환수에 관한 법률 제17조	• 재건축부담금의 납부의무자는 부과일부터 6개월 이내에 재건축부담금 납부

4. 초과이익에 따른 부담금 산정방식

재건축 초과이익에 부과되는 부담금은 재건축 사업의 종료 시점 주택가액에서 개시 시점의 주택가액, 정상가격 상승분 총액, 개발비용을 뺀 금액에 조합원 1인당 평균이익 구간별 부과율을 곱하여 산정한다.

개시 시점은 추진위 설립 승인일이며, 종료 시점은 재건축사업 준공 인가일로 하되 부과 개시 시점부터 종료 시점까지 10년을 초과할 경우 종료 시점부터 역산하여 10년이 되는 날을 부과 시점으로 한다. 개발비용에는 건축비, 임대주택소요 비용, 제세공과금 등이 포함되며, 부과율은 조합원당 평균이익에 따라 0~50%를 누진 적용하되, 조합원 1인당 평균이익 3,000만 원까지는 부담금 부과를 면제한다.

재건축 초과이익 환수에 따른 부담금 산정방식

■ 부담금 = {종료 시점 주택가액−(개시 시점 주택가액＋정상 주택가격 상승분 총액＋개발비용)}　×부과율

조합원 1인당 평균이익	부과율 및 부담금 산식
3,000만 원 초과~5,000만 원 이하	3,000만 원 초과금액의 10% × 조합원 수
5,000만 원 초과~7,000만 원 이하	200만 원 × 조합원 수 + 5,000만 원 초과 금액의 20% × 조합원 수
7,000만 원 초과~9,000만 원 이하	600만 원×조합원 수 + 7,000만 원을 초과하는 금액의 30% × 조합원 수
9,000만 원 초과~1억 1,000만 원 이하	1,200만 원 × 조합원 수 + 9,000만 원을 초과하는 금액의 40% × 조합원 수
1억 1,000만 원 초과	2,000만 원 × 조합원 수 + 1억 1,000만 원을 초과하는 금액의 50% × 조합원 수

제4관 부동산 거래 관련 세금

Ⅰ. 양도소득세

1. 의의

"양도소득세"는 자산에 대한 등기 또는 등록에 관계없이 매도, 교환, 법인에 대한 현물출자 등으로 인하여 그 자산이 유상으로 이전되는 경우에 부과되는 세금으로서 구체적인 내용은 다음과 같다(소득세법 제88조, 제92조 제2항, 제93조, 제98조, 제103조 제1항, 제104조, 소득세법 시행령 제162조 및 국세기본법 제47조의2 제1항 본문).

양도소득세 부과범위

구분	내용
과세기준일	• 해당 자산의 대금을 청산(잔금을 완불)한 날
과세표준	• 양도소득금액에서 양도소득 기본공제(연간 250만 원)를 한 금액 　－ 양도소득금액 ＝ 양도차익－장기보유특별공제액(양도차익 × 　　장기보유특별공제율) 　－ 양도차익 ＝ 양도가액(실지거래가액)－(취득가액 ＋ 그 밖의 　　필요경비)
세율	• 양도소득세는 양도소득과세표준에 다음의 세율을 적용하여 계산함 　－ 토지 및 건물의 양도 또는 부동산에 관한 권리의 양도로 발생 　　하는 소득: 「소득세법」 제55조 제1항에 따른 세율 　－ 보유기간이 1년 이상 2년 미만인 것: 양도소득 과세표준의 40% 　－ 보유기간이 1년 미만인 것: 양도소득 과세표준의 50%(주택 및 　　조합원 입주권의 경우에는 40%) • 「주택법」 제63조의2 제1항 제1호에 따른 조정대상지역(이하 이 조 　에서 "조정대상지역"이라 한다) 내 주택의 입주자로 선정된 지위(조 　합원입주권은 제외): 양도소득 과세표준의 50% [다만, 거주자가 조 　정대상지역의 공고가 있은 날 이전에 주택의 입주자로 선정된 지위 　를 양도하기 위하여 매매계약을 체결하고 계약금을 지급 받은 사실 　이 증빙서류에 의하여 확인되는 경우 또는 1세대가 보유하고 있는 　주택이 없는 경우로서 양도 당시에 양도자가 속한 1세대가 다른 주 　택의 입주자로 선정된 지위를 보유하고 있지 않고 양도자가 30세 　이상이거나 배우자가 있는 경우(양도자가 미성년자인 경우는 제외 　하며, 배우자가 사망하거나 이혼한 경우를 포함)는 제외함] • 비사업용 토지 　① 1천 200만 원 이하 : 16% 　② 1천 200만 원 초과 4천 600만 원 이하 : 192만 원 ＋ (1천 200 　　만 원 초과액 × 25%) 　③ 4천 600만 원 초과 8천 800만 원 이하 : 1천 42만 원 ＋ (4천 　　600만 원 초과액 × 34%) 　④ 8천 800만 원 초과 1억 5천만 원 이하 : 2천 470만 원 ＋ (8천 　　800만 원 초과액 × 45%) 　⑤ 1억 5천만 원 초과 5억원 이하 : 5천 260만 원 ＋ (1억 5천만 　　원 초과액 × 48%) 　⑥ 5억 원 초과 : 2억 2천 60만 원 ＋ (5억 원 초과액 × 50%) 　　－ 미등기양도자산: 양도소득 과세표준의 70%
가산세	• 납세의무자가 법정신고기한까지 예정신고 및 중간신고를 포함하여 　세법에 따른 국세의 과세표준 신고를 하지 않은 경우: 양도소득세액 　의 20%

2. 과세되는 자산의 범위

토지나 건물 등 부동산을 양도하여 얻은 양도차익이 대표적인 과세의 대상이다. 이외에 부동산을 취득할 수 있는 환매권 등의 권리, 등기된 부동산임차권(특히 상가임차권) 등의 부동산에 관한 권리의 양도로 인하여 발생하는 소득도 양도소득세의 과세대상이 된다. 일정한 주식 또는 출자지분의 양도로 인하여 발생하는 소득에 대해서도 양도소득세가 부과된다. 기타 영업권, 특정 시설물의 이용권, 회원권 등을 양도하여 자본이익을 거두었을 때에도 양도소득세를 납부해야 한다. 단, 재고자산의 양도는 양도소득세의 대상이 아니다.

여기서의 양도(讓渡)란 자산을 매도하거나 교환, 공매(公賣), 법률에 의한 수용 및 협의매수(協議買受), 대물변제 기타 법인에 대한 현물출자 등을 위하여 일정한 자산을 사실상 이전시키는 것을 말한다. 유상으로 이전하는 경우에만 과세의 대상이 되므로 무상으로 증여한 경우에는 과세대상이 되지 않는다. 민법상 부동산, 자동차, 중기 등의 소유권이전 시점은 등기 또는 등록 시점이지만, 소득세법상 양도의 시점은 등기 또는 등록 여부와 상관이 없다(소득세법 제88조 제1호). 자산은 반드시 자기가 매입한 자산이어야 할 필요는 없으며, 증여를 받거나 상속재산을 양도하여 그 차익을 얻은 때에도 양도소득세를 납부해야 한다.

양도소득세가 과세되는 자산의 범위

부동산	토지, 건물(무허가, 미등기 건물도 과세대상 포함)
부동산에 관한 권리	부동산을 취득할 수 있는 권리, 지상권, 전세권, 등기된 부동산임차권
주식 등	상장법인의 주식 등으로서 대주주가 양도하는 주식 등과 소액주주가 증권시장 밖에서 양도하는 주식 등, 비상장주식 등 ＊주식 등: 주식 또는 출자지분, 신주인수권, 증권예탁증서
기타자산	사업용 고정자산과 함께 양도하는 영업권, 특정시설물 이용권·회원권, 특정주식, 부동산과다보유법인 주식 등, 부동산과 함께 양도하는 이축권
파생상품	(국내) 모든 주가지수 관련 파생상품('19. 4. 1. 이후) ＊코스피200선물·옵션(미니포함), 코스피200 주식워런트증권(ELW), 코스닥 150 선물·옵션 등 (국외) 장내 및 일부 장외 상품 등

양도소득세 과세대상이 되는 양도의 범위

양도로 보는 경우	• 양도라 함은 자산의 소유권이전을 위한 등기 등록에 관계없이 매매, 교환, 법인에 현물출자 등으로 자산이 유상(대가성)으로 사실상 소유권이 이전되는 경우를 말함 • 증여자의 부동산에 설정된 채무를 부담하면서 증여가 이루어지는 부담부 증여에 있어서 수증자가 인수하는 채무상당액은 그 자산이 사실상 유상양도 되는 결과와 같으므로 양도에 해당
양도로 보지 않는 경우	• 신탁해지를 원인으로 소유권 원상회복 되는 경우, 공동소유 토지를 소유자별로 단순 분할 등기하는 경우, 도시개발법에 의한 환지처분으로 지목 또는 지번이 변경되는 경우 등 • 또한 배우자 또는 직계존비속간 매매로 양도한 경우에는 증여한 것으로 추정되어 양도소득세가 과세되지 않고 증여세를 과세함

조세정책상 비과세 및 감면하는 경우

비과세되는 경우	• 1세대가 양도일 현재 국내에 1주택을 보유하고 있는 경우로서 2년 이상 보유한 경우에는 양도소득세가 부과되지 않음 　- 양도 당시 실지거래가액이 9억 원 초과하는 고가주택은 제외 　- '17. 08. 03. 이후 취득한 지정지역의 경우 2년 거주 요건이 있음 　- 주택에 딸린 토지가 도시지역 안에 있으면 주택정착 면적의 5배까지, 도시지역 밖에 있으면 10배까지 양도소득세가 과세되지 않는 1세대 1주택의 범위로 봄
감면되는 경우	• 장기임대주택, 신축주택 취득, 공공사업용 토지, 8년 이상 자경농지 등의 경우 감면요건을 충족한 때에는 양도소득세 감면

3. 법적 근거

　양도소득세는 많은 소득세 가운데 하나로서 다른 소득세와 동일한 세율의 적용을 받았으나, 1967년 11월 제정, 공포된 「부동산투기억제에 관한 특별조치세법」에서 투기억제가 처음 도입되면서 부동산양도소득세에 대해서 50% 단일비례세율을 적용하기 시작하면서 다른 소득세와 분리하여 취급하게 되었다. 그러다가 1974년 종합소득세 제도를 도입하면서 종합소득세와 분리 과세하는 양도소득세법을 새로 제정하였다. 현재 소득세법 제88조 내지 제118조의 18에서 규정하고 있다.

4. 비과세 및 감면혜택

기본적인 세율은 6~42%가 적용되지만, 물가상승에 따른 세부담 완화를 위해 보유기간에 따라 소득공제가 이루어지므로 실제 세액은 줄어들 수 있다. 특히 부동산양도소득의 경우 장기적인 투자가 이루어지는 점을 감안하면 실질적인 세부담은 더 낮아질 수 있다.

(1) 1세대 1주택자 비과세 혜택

1세대 1주택자의 경우 양도소득세 비과세 혜택을 받을 수 있다. 즉, 1세대가 양도일 현재 국내에 1주택을 보유하고, 해당 주택의 보유기간이 2년 이상일 경우 양도소득세를 납부하지 않아도 된다(소득세법 제89조 제1항 제3호 가목; 소득세법 시행령 제154조 제1항). 물론 그 소유주택에 자기가 직접 거주하지 않았다 하더라도 비과세 혜택을 받을 수 있다.

그러나 1세대 2주택자라 하더라도, 일시적 보유에 대한 폭넓은 예외규정을 두고 있기 때문에, 대부분 2주택까지는 양도소득세가 과세되지 않는다(소득세법 제89조 제1항 제3호 나목).

국내에 1주택을 소유한 1세대가 종전의 주택을 양도하기 전에 다른 주택을 취득함으로써 일시적으로 2주택이 되는 경우에 이를 1세대 1주택으로 보기도 한다. 이를 '일시적 1세대 2주택 비과세 특례'라고 한다. 이 경우 비과세 특례를 받으려면 종전의 주택을 취득한 날로부터 1년 이상이 지난 후 다른 주택을 취득하고 그 다른 주택을 취득한 날로부터 3년 이내에 종전의 주택을 양도하여야 한다. 상속, 동거봉양, 혼인 등으로 2주택이 된 경우에는 5년 안에 기존 주택을 매각해야 비과세 혜택을 받을 수 있다. 다만 2017년 8.2 부동산 대책 이후에 취득한 조정대상지역 소재 주택은 1년이 아니라 2년 이상 보유, 거주하고 양도해야 양도소득세 비과세 혜택을 받을 수 있다.

매각하는 주택은 고가주택이 아니어야 한다. 고가주택 여부의 판단 기준은 매각 당시 실거래가 9억 원 초과 여부이다. 물론 고가주택이라는 이유로 무조건 비과세가 불가능한 것은 아니며, 1세대 1주택이 명확하다면 고가주택도 일부 양도소득세 비과세는 가능하다. 즉, 1주택이면서 양도가액이 9억 원을 초과해 고가주택이 되면 9억 원을 초과하는 부분에 대해서만 양도소득세를 계산한다. 이때 9억 원까지 양도소득세 비과세가 가능하다.

1세대 1주택에서 말하는 '1세대'는 거주자 및 그 배우자가 그들과 같은 주소 또는 거소에서 생계를 같이 하는 자와 함께 구성하는 가족단위를 말하며(소득세법 제88조 제6호) 단, 해당 거주자의 나이가 30세 이상이거나 배우자가 사망하거나 이혼한 경우에는 배우자가 없어도 1세대를 구성하는 것으로 본다(소득세법 시행령 제152조의3).

1세대 1주택에서 말하는 '1주택'에는 조합원입주권과 분양권이 포함될 수 있으며, 여기서 말하는 조합원입주권이란 재건축 재개발 사업장이 관리처분계획 인가를 받은 후 새로 건설하게 되는 아파트에 조합원들이 갖게 되는 입주권을 말한다. 이는 동과 호수가 이미 정해진 소유 지분으로서 이 입주권을 취득하거나 조합원에게서 이 입주권을 매입하면 조합원 자격으로 새로운 아파트를 분양받을 수 있다. 이러한 입주권은 세법상 주택수에 산정되므로, 다른 주택 1채와 입주권을 보유하면 2주택자로 간주되어 1세대 1주택 양도소득세 비과세에서 배제된다. 반면에 분양권은 세법상 주택수에 산정되지 않으므로 다른 주택 1채와 분양권을 보유하는 경우 1세대 1주택 비과세 받을 수 있는 것이 원칙이다. 여기서 말하는 분양권이란 재건축 재개발 사업이 상당 부분 진행된 단지의 일반분양에 청약 접수를 하여 당첨되었을 때 건설회사와 계약을 하여 받은 권리를 말한다. 이 같은 재건축 분양권에 당첨되거나 분양권을 매입하였다 하더라도 이는 재건축 주택을 준점유하게 된 것일 뿐이며 주택을 취득한 것은 아니다. 다만 이 같은 분양권도 준공 후 잔금지급 또는 소유권이전등기를 경료한 경우 그 시점부터 주택을 취득한 것으로 보아 1세대 1주택 양도소득세 비과세에서 배제될 수 있다.

(2) 장기보유 특별공제

장기보유 특별공제는 부동산 등을 3년 이상 보유한 경우 매매차익에서 일정 비율만큼 공제해 주는 제도이다. 부동산 소유권이나 부동산 소유권을 취득할 수 있는 권리의 보유기간이 3년 이상일 때 공제율은 다음과 같다.

장기보유 특별공제의 범위

보유기간	공제율
3년 이상 4년 미만	100분의 6
4년 이상 5년 미만	100분의 8
5년 이상 6년 미만	100분의 10
6년 이상 7년 미만	100분의 12
7년 이상 8년 미만	100분의 14
8년 이상 9년 미만	100분의 16
9년 이상 10년 미만	100분의 18
10년 이상 11년 미만	100분의 20
11년 이상 12년 미만	100분의 22
12년 이상 13년 미만	100분의 24
13년 이상 14년 미만	100분의 26
14년 이상 15년 미만	100분의 28
15년 이상	100분의 30

1세대 1주택자로서 비과세혜택을 받을 수 있는 자가 3년 이상 보유하던 고가주택을 매도하는 경우에는 다음과 같은 공제율을 적용한다.

장기보유 공제율

보유기간	공제율
3년 이상 4년 미만	100분의 24
4년 이상 5년 미만	100분의 32
5년 이상 6년 미만	100분의 40
6년 이상 7년 미만	100분의 48
7년 이상 8년 미만	100분의 56
8년 이상 9년 미만	100분의 64
9년 이상 10년 미만	100분의 72
10년 이상	100분의 80

Ⅱ. 종합부동산세

1. 개념

"종합부동산세"란 과세기준일 현재 전국의 주택 및 토지를 유형별로 구분하여 인별로 합산한 결과, 그 공시가격 합계액이 과세기준금액을 초과하는 경우 그 초과분에 대하여 과세되는 세금을 말한다(종합부동산세법 제3조, 제7조, 제8조, 제9조, 제12조, 제13조, 제14조 및 종합부동산세법 시행령 제2조의3 제1항·제2조의4 제1항).

종합부동산세(綜合不動産稅)는 일정 금액 이상의 부동산을 소유한 자에게 부과되는 조세로서, 토지공개념과 관련된다. 종합부동산세는 노무현 정부 당시에 부동산가격의 폭등에 대응하기 위해 만들어낸 세제로서, 당시 참여정부가 재산세를 강화하려 할 때에 집값 폭등의 근원지였던 강남구 등이 재산세를 깎아주는 방식으로 무력화시키자, 지방세인 재산세 대신 지자체가 관여할 수 없도록 국세인 종합부동산세를 신설하였다.

2005년에 개인별로 합산해서 종합부동산세를 부과하자 재산을 부부 공동명의로 바꾸는 경우에는 종합부동산세를 피할 수 있다는 사실이 알려지게 되었다. 종합부동산세를 피하기 위하여 자녀에게 증여하는 경우 증여세의 부담이 있지만, 배우자에게 재산을 증여하는 것은 공제가 크기 때문이었다. 결국 2006년에 참여정부는 종합부동산세를 세대별 합산으로 바꾸었으며, 가구원 수가 1명이든 4명이든 동일한 금액을 기준으로 종합부동산세를 부과하기 시작하였다. 이어서 주택 공시가격 기준을 9억 원에서 6억 원으로 낮추었으며, 이에 대해서 당시 한나라당에서는 반대하였고, 위헌 논란까지 일었다. 결국 2008년 이명박 정부 당시에 위헌판결을 받았다. 헌법재판소는 "세대별 합산부과 규정은 혼인한 자 또는 가족과 함께 세대를 구성한 자를 비례의 원칙에 반해 독신자, 사실혼 관계의 부부 등에 비해 불리하게 차별 취급하므로 헌법에 어긋난다"고 결정했으며, 2008년 헌법재판소의 세대별 합산 위헌판결과 2007년 시작된 금융위기로 인한 경기침체 상황 속에서 증가한 종부세 부담의 완화가 필요하였다. 그 결과 2009년 세대별 합산에서 인별 합산으로 바뀌었으며, 1주택자 대상 공시가격 기준도 다시 6억 원에서 9억 원으로 상승하였다. 또한 세율 인하를 목적으로 공정시장가액이란 개념을 도입하여 80%로 설정하였는데, 이것은 과세표준을 공시가격에서 또 80%로 낮추어 잡도록 한 것이었다. 이런 여러 가지 조정을 통하여 이명박 정부는 종부세를 유명무실하게 만드는데 성공하였다.[21]

이후 문재인 정부는 2018년 서울에서 비정상적으로 주택가격의 상승으로 사회문제가 제기되자, 동년 9월 13일 9.13 부동산 종합대책을 발표하여 종합부동산세 과세기준을 3억 원에서 6억 원 구간을 신설하고 3주택 이상 보유자와 조정지역 2주택 이상 보유자의 세금을 더 부과하기로 결정하였다. 대표적으로 신설된 과세표준 1주택 보유자 기준 3억 원에서 6억 원 구간은 실제 거래 가격으로 18억 원에서 23억 6천만 원에 해당하게 된다. 즉 단독주택 18억 원 이상 혹은 다주택 도합 14억 원 이상의 주택을 보유하고 있지 않는 한 9.13 대책에 해당 되지 않게 된다. 이 9.13 부동산 종합대책에 해당되는 사람의 숫자는 종전의 2만 6천 명에서 27만 4천 명으로 늘어났으며, 고가의 주택 혹은 주택을 많이 보유한 사람들에게만 누진적으로 세금을 부과하여 투기를 막기 위한 대책이었다.

이 같은 대책으로 집값 상승은 잠시 멈추는 듯 했으나, 2019년부터 강남 아파트를 중심으로 집값의 고공행진이 시작되었고, 여론의 압박 등으로 문재인 정부는 12.16 부동산 대책을 발표하였는데, 이 중에 종합부동산세 관련 내용으로는 1주택자와 조정대상지역 외 2주택자의 세율을 1.0%에서 1.2%로 인상하고, 다주택자와 조정지역 2주택자는 1.3%에서 1.6%로 인상하는 것이었다.

2. 과세 내용

"종합부동산세"는 과세기준일 현재 전국의 주택 및 토지를 유형별로 구분하여 인별로 합산한 결과, 그 공시가격 합계액이 과세기준금액을 초과하는 경우에 그 초과분에 대하여 과세되는 세금을 말하는데 구체적인 내용은 다음과 같다(종합부동산세법 제3조, 제7조, 제8조, 제9조, 제12조, 제13조, 제14조 및 종합부동산세법 시행령 제2조의4 제1항).

---

21) 헌법재판소 2008. 11. 13. 선고 2006헌바112, 2007헌바71, 88, 94, 2008헌바3, 62, 2008헌가12 (병합).

종합부동산세 과세내용 ※ 2021. 9. 현재

구분	내용
과세기준일	• 매년 6월 1일
납부의무자	• 주택에 대한 납부의무자: 과세기준일 현재 주택분 재산세의 납세의무자로서 국내에 있는 재산세 과세대상인 주택의 공시가격을 합산한 금액이 6억 원을 초과하는 자 • 토지에 대한 납무의무자: 과세기준일 현재 토지분 재산세의 납세의무자로서 다음에 해당하는 자 　－ 종합합산과세대상인 경우: 국내에 소재하는 해당 과세대상토지의 공시가격을 합한 금액이 5억 원을 초과하는 자 　－ 별도합산과세대상인 경우: 국내에 소재하는 해당 과세대상토지의 공시가격을 합한 금액이 80억 원을 초과하는 자
납세지	• 종합부동산세의 납세의무자가 개인 또는 법인으로 보지 않는 단체인 경우 : 거주자의 주소지 또는 비거주자의 국내사업장의 소재지(국내사업장이 없는 경우 국내원천소득이 발생하는 장소) • 종합부동산세의 납세의무자가 법인 또는 법인으로 보는 단체인 경우: 　－ 내국법인의 납세지: 법인의 등기부에 따른 본점이나 주사무소의 소재지 　－ 외국법인의 납세지: 국내사업장의 소재지 • 종합부동산세의 납세의무자가 비거주자인 개인 또는 외국법인으로서 국내사업장이 없고 국내원천소득이 발생하지 않는 주택 및 토지를 소유한 경우: 그 주택 또는 토지의 소재지(주택 또는 토지가 둘 이상인 경우에는 공시가격이 가장 높은 주택 또는 토지의 소재지)
과세표준	• 주택에 대한 과세표준: (납세의무자별로 주택의 공시가격을 합산한 금액 － 6억 원) × 100%(공정시장가액비율)을 곱한 금액 　－ 다만, 과세기준일 현재 세대원 중 1명이 해당 주택을 단독으로 소유한 경우로서 세대원 중 1명만이 주택분 재산세 과세대상인 1주택만을 소유한 1세대 1주택자의 경우에는 주택에 대한 과세표준: (납세의무자별로 주택의 공시가격을 합산한 금액 － 6억 원) × 100%(공정시장가액비율)을 곱한 금액 　－ 납세의무자가 법인 또는 법인으로 보는 단체로서 「종합부동산세법」 제9조 제2항 각호의 세율이 적용되는 경우는 6억 원 공제 제외함 　－ 공정가액비율이란 100분의 100을 말하되, 납세의무가 성립하는 종합부동산세에 대해서는 2019년은 85%, 2020년은 90%, 2021년은 95%를 말한다. • 토지에 대한 과세표준: 　－ 종합합산과세대상인 토지의 경우: (납세의무자별로 해당 과세대상토지의 공시가격을 합산한 금액 － 5억 원) × 100%(공정시장가액비율)을 곱한 금액 　－ 별도합산과세대상인 토지의 경우: (납세의무자별로 해당 과세대상토지의 공시가격을 합산한 금액 － 80억 원) × 100%(공정시장가액비율)을 곱한 금액 그 합산한 금액에서 9억 원을 공제한 금액의 100%에 해당하는 금액)

세 율	• 주택분 종합부동산세액은 주택에 대한 납세의무자가 소유한 주택 수에 따라 과세표준에 해당 세율을 적용하여 계산한 금액으로 함
	• 납세의무자가 2주택 이하를 소유한 경우
	  – 과세표준이 3억 원 이하: 0.6%
	  – 과세표준이 3억 원 초과 6억 이하: 180만 원 + (3억 원을 초과하는 금액의 0.8%)
	  – 과세표준이 6억 원 초과 12억 원 이하: 420만 원 + (6억 원을 초과하는 금액의 1.2%)
	  – 과세표준이 12억 원 초과 50억 원 이하: 1천 140만 원 + (12억 원을 초과하는 금액의 1.6%)
	  – 과세표준이 50억 원 초과 94억 원 이하: 7천 220만 원 + (50억 원을 초과하는 금액의 2.2%)
	  – 과세표준이 94억 원 초과: 1억 6천 900만 원 + (94억 원을 초과하는 금액의 3%)
	• 납세의무자가 3주택 이상을 소유하거나, 조정대상지역 내 2주택을 소유한 경우
	  – 과세표준이 3억 원 이하: 1.2%
	  – 과세표준이 3억 원 초과 6억 원 이하: 360만 원 + (3억 원을 초과하는 금액의 1.6%)
	  – 과세표준이 6억 원 초과 12억 원 이하: 840만 원 + (6억 원을 초과하는 금액의 2.2%)
	  – 과세표준이 12억 원 초과 50억 원 이하: 2천 160만 원 + (12억 원을 초과하는 금액의 3.6%)
	  – 과세표준이 50억 원 초과 94억 원 이하: 1억 5천 840만 원 + (50억 원을 초과하는 금액의 5%)
	  – 과세표준이 94억 원 초과: 3억 7천 840만 원 + (94억 원을 초과하는 금액의 6%)
	• 토지분 종합부동산세액은 종합합산과세대상인 토지에 대한 과세표준에 다음의 세율을 적용하여 계산한 금액으로 함
	  – 과세표준이 15억 원 이하: 0.1%
	  – 과세표준이 15억 원 초과 45억 원 이하: 1,500만 원 + (15억 원을 초과하는 금액의 2%)
	  – 과세표준이 45억 원 초과: 7,500만 원 + (45억 원을 초과하는 금액의 3%)
	• 토지분 별도합산세액은 별도합산과세대상인 토지에 대한 과세표준에 다음의 세율을 적용하여 계산한 금액으로 함
	  – 과세표준이 200억 원 이하: 0.5%
	  – 과세표준이 200억 원 초과 400억 원 이하: 1억 원 + (200억 원을 초과하는 금액의 0.6%)
	  – 과세표준이 400억 원 초과: 2억 2천만 원 + (400억 원을 초과하는 금액의 0.7%)

1세대 1주택자 세액공제	• 만 60세 이상인 1세대 1주택자의 공제액은 산출세액에 다음의 연령별 공제율을 적용한 금액으로 함
	  – 만 60세 이상 만 65세 미만: 20%
	  – 만 65세 이상 만 70세 미만: 20%
	  – 만 70세 이상: 40%
	• 5년 이상 보유한 1세대 1주택자의 공제액은 산출세액에 다음의 보유기간별 공제율을 적용한 금액으로 함
	  – 5년 이상 10년 미만: 20%
	  – 10년 이상: 40%
	  – 10년 이상: 50%

3. 과세 대상 및 방법

종합부동산세 납세의무자는 2019. 6. 1. 기준 현재 인별로 소유한 주택 또는 토지의 공시가격 합계액이 자산별 공제액을 초과하는 자이다. 아파트나 다가구 등의 주택 과세대상은 공시가격 6억 원 초과에 한하며, 다만, 1세대 1주택자의 경우 9억 원 이상을 기준으로 한다. 종합합산토지(나대지·잡종지 등)와 별도합산토지(상가·사무실 등)는 각각 5억 원, 80억 원을 초과해야 종부세 과세대상이 된다. 공시가격 현실화율('19년 공동주택 68.1%)을 고려하면 공시가격 6억 원은 시가 8억 8천만 원, 공시가격 9억 원은 약 13억 원 수준이라는 게 국세청의 설명이다. 주택 종부세액은 '(공시가격 합계액 – 공제액) × 공정시장가액 비율(85%)'로 산출한다.

> 즉, 조정대상지역에 공시가격 10억 원짜리 아파트를 가지고 있는 1주택자인 甲의 경우, 1주택자는 9억 원까지 기본 공제를 받으므로 나머지 1억 원에서 공정시장가액을 85%를 곱한 8천 500만 원이 甲의 과세표준 금액이다. 과세표준 금액 3억 원 이하의 세율이 0.5%인 것을 고려하면 甲이 납부해야 할 종합부동산세는 42만 5천 원이 된다.

1세대 1주택자의 경우 주택을 보유한 '기간(△5년(20%) △10년(40%) △15년(50%))'과 '나이(△60세(10%) △65세(20%) △70세(30%))'에 따라 세액공제가 70% 한도 내에서 중복적용 가능하다. 종합부동산세는 과세표준이 높을수록 세율이 올라

가는 누진 구조로 되어 있다. 특히 공정시장가액비율은 △2019년 85% △2020년 90% △2021년 95% △2022년 이후 100%로 계속 상승할 것으로 예정되므로 고가 주택 소유자 및 다주택자가 납부해야 할 종합부동산세는 점차적으로 가중될 것으로 예상된다.

Ⅲ. 부동산 취득세

1. 개념

취득은 매매, 상속, 증여, 기부, 법인에 대한 현물출자, 건축, 개수(改修), 공유수면의 매립, 간척에 의한 토지의 조성 등 기타 이와 유사한 취득으로서 원시취득(수용재결로 취득한 경우 등 과세 대상이 이미 존재하는 상태에서 취득하는 경우 제외), 승계취득 또는 유상·무상의 모든 취득으로(지방세법 제6조 제1호), 부동산 등의 취득은 「민법」, 「자동차관리법」, 「건설기계관리법」, 「항공안전법」, 「선박법」, 「입목에 관한 법률」, 「광업법」, 「수산업법」 또는 「양식산업발전법」 등 관계 법령에 따른 등기·등록 등을 하지 아니한 경우에도 사실상 취득하면 각각 취득한 것으로 보고, 해당 취득 물건의 소유자 또는 양수인을 각각 취득자로 한다. 다만, 차량, 기계장비, 항공기 및 주문을 받아 건조하는 선박은 승계취득인 경우에만 해당한다(지방세법 제7조 제2항).

또, "취득세"란 부동산, 차량, 기계장비, 항공기, 선박, 입목, 광업권, 어업권, 양식업 권, 골프 회원권, 승마 회원권, 콘도미니엄 회원권, 종합체육시설 이용회원권 또는 요트 회원권(이하 "부동산 등"이라 함)을 취득한 자에게 부과되는 지방세를 말한다(지방세기본법 제8조 및 지방세법 제7조 제1항).

2. 납세의무자

취득세는 지방세법 제7조 제1항에 따라서 부동산 등을 취득한 자에게 부과된다(지방세법 제7조 제1항). 부동산 등의 취득은 관계 법령에 따른 등기·등록 등을 하지 않은 경우에도 사실상 취득하면 해당 취득 물건의 소유자 또는 양수인을 각각 취득자로 보며, 다만, 차량, 기계장비, 항공기 및 주문을 받아 건조하는 선박은 승계취득인 경우에만 해당된다(지방세법 제7조 제2항).

건축물 중 조작(造作) 설비, 그 밖의 부대설비에 속하는 부분으로서 그 주체구조부(主體構造部)와 하나가 되어 건축물로서의 효용가치를 이루고 있는 것에 대하여는 주체구조부 취득자 외의 자가 가설(加設)한 경우에도 주체구조부의 취득자가 함께 취득한 것으로 보며(지방세법 제7조 제3항), 선박, 차량과 기계장비의 종류를 변경하거나 토지의 지목을 사실상 변경함으로써 그 가액이 증가한 경우에도 취득한 것으로 본다(지방세법 제7조 제4항).

법인의 주식 또는 지분을 취득하여 과점주주가 된 경우에는 그 과점주주가 해당 법인의 부동산 등을 취득한 것으로 보지만, 법인 설립 시 발행하는 주식 또는 지분을 취득하여 과점주주가 된 경우에는 취득으로 보지 않는다(지방세법 제7조 제5항).

배우자 또는 직계존비속의 부동산 등을 취득하는 경우 증여로 취득한 것으로 보지만, 다음 어느 하나에 해당 하는 경우에는 유상으로 취득한 것으로 본다(지방세법 제7조 제11항).

▶ 공매(경매를 포함)를 통하여 부동산 등을 취득한 경우
▶ 파산선고로 인해 처분되는 부동산 등을 취득한 경우
▶ 권리의 이전이나 행사에 등기 또는 등록이 필요한 부동산 등을 서로 교환한 경우
▶ 해당 부동산 등의 취득을 위하여 그 대가를 지급한 사실이 다음의 어느 하나에 의해 증명되는 경우
　① 그 대가를 지급하기 위한 취득자의 소득이 증명되는 경우
　② 소유재산을 처분 또는 담보한 금액으로 해당 부동산을 취득한 경우
　③ 이미 상속세 또는 증여세를 과세(비과세 또는 감면받은 경우를 포함)받았거나 신고한 경우로서 그 상속 또는 수증 재산의 가액으로 그 대가를 지급한 경우
　④ 위 ①부터 ③까지에 준하는 것으로서 취득자의 재산으로 그 대가를 지급한 사실이 입증되는 경우

신탁재산의 위탁자 지위의 이전이 있는 경우에는 새로운 위탁자가 해당 신탁

재산을 취득한 것으로 본다. 다만, 위탁자 지위의 이전에도 불구하고 신탁재산에 대한 실질적인 소유권 변동이 있다고 보기 어려운 경우에는 그렇지 아니하다(지방세법 제7조 제15항).

3. 비과세

다음과 같은 경우에는 취득세를 부과하지 않는다(지방세법 제9조).

▶ 국가, 지방자치단체, 「지방자치법」 제159조 제1항에 따른 지방자치단체조합, 외국 정부 및 주한 국제기구의 취득

▶ 국가, 지방자치단체 또는 지방자치단체조합에 귀속 또는 기부채납 조건의 부동산 및 사회기반시설 취득

▶ 「신탁법」에 따른 신탁재산 취득

▶ 「징발재산 정리에 관한 특별조치법」 또는 「국가보위에 관한 특별조치법 폐지법률」 부칙 제2항에 따른 동원대상 지역 내의 토지의 수용·사용에 관한 환매권의 행사로 매수하는 부동산의 취득

▶ 임시흥행장, 공사 현장 사무소 등 임시건축물의 취득

▶ 공동주택의 개수로 인한 취득 중 일정 가액 이하의 주택과 관련된 개수로 인한 취득

▶ 상속개시 전 천재지변, 화재, 교통사고 등으로 사용할 수 없는 차량의 취득

4. 취득세의 산정

(1) 원칙

취득세의 과세표준은 취득자가 신고한 취득 당시의 가액으로 한다. 다만 연부(年賦:매매계약서상 연부계약 형식을 갖추고 일시에 완납할 수 없는 대금을 2년 이상에 걸쳐 일정액씩 분할하여 지급하는 것)로 취득한 때에는 연부금액으로 한다(지방세법 제10조 제1항 전단 및 제2항 전단). 그러나, 신고 또는 신고가액의 표시가 없거나 그 신고가액이 시가표준액보다 적을 때에는 그 시가표준액으로 한다(지방세법 제10조 제2항 단서).

(2) 건축 · 개수, 선박변경, 지목변경 등

부동산, 차량, 기계장비 또는 항공기는 「지방세법 시행령」에서 특별한 규정이 있는 경우를 제외하고 해당 물건을 취득한 때의 사실상의 현황에 따라 부과한다. 다만, 취득하였을 때의 사실상 현황이 분명하지 않은 경우에는 공부(公簿)상의 등재 현황에 따라서 부과한다(지방세법 시행령 제13조). 따라서 건축물을 건축(신축과 재축은 제외)하거나 개수한 경우, 선박의 선질(船質) · 용도 · 기관 · 정원 또는 최대적재량의 변경이나 차량 및 기계 장비의 원동기 · 승차정원 · 최대적재량 또는 차체를 변경하거나, 토지의 지목을 사실상 변경한 때에는 그로 인해 증가한 가액으로 한다(지방세법 제10조 제3항 전단 및 지방세법 시행령 제15조).

위 규정 외의 건축물(새로 건축하여 건축 당시 개별주택가격 또는 공동주택가격이 공시되지 아니한 주택으로서 토지 부분을 제외한 건축물을 포함), 선박, 항공기 및 그 밖의 과세대상에 대한 시가표준액은 거래가격, 수입 가격, 신축 · 건조 · 제조가격 등을 고려하여 정한 기준가격에 종류, 구조, 용도, 경과 연수 등 과세 대상별 특성을 고려하여 「지방세법 시행령」 제4조에서 정하는 기준에 따라서 지방자치단체의 장이 결정한 가액으로 한다(지방세법 제4조 제2항).

"시가표준액"이란 「부동산 가격공시에 관한 법률」에 따라서 공시된 가액(價額)으로 하고, 다만, 개별공시지가 또는 개별주택가격이 공시되지 아니한 경우에는 특별자치 시장 · 특별자치 도지사 · 시장 · 군수 또는 구청장(자치구의 구청장을 말함)이 동법에 따라서 국토교통부장관이 제공한 토지가격비준표 또는 주택가격비준표를 사용하여 산정한 가액으로 하고, 공동주택가격이 공시되지 아니한 경우에는 지역별 · 단지별 · 면적별 · 층별 특성 및 거래가격 등을 고려하여 행정안전부장관이 정하는 기준에 따라서 특별자치시장 · 특별자치도지사 · 시장 · 군수 또는 구청장이 산정한 가액으로 한다(지방세법 제4조 제1항 및 지방세법 시행령 제3조).

(3) 세율

취득세의 세율은 다음과 같다.

취득세 세율

구분			근거 규정
취득세 일반세율	표준세율	부동산 취득세율	지방세법 제11조 제1항 참조
		부동산 외 취득세율	지방세법 제12조 참조
	특례세율	표준세율에서 중과세기준세율을 뺀 세율	지방세법 제15조 제1항 참조
		중과세기준세율	지방세법 제15조 제2항 참조
취득세 중과세율	사치성재산 중과세율	별장, 골프장, 고급주택, 고급오락장, 고급선박	지방세법 제13조 제5항 참조
	과밀억제권 역 중과	과밀억제권역 안에서 공장 신·증설	지방세법 제13조 제1항 참조
		과밀억제권역 내 본점용 부동산(신축, 증축 포함)	
	대도시내 중과	대도시 내 법인의 설립, 전입, 지점 등 설치	지방세법 제13조 제2항 참조
		대도시 내 공장 신설·증설에 따른 부동산 취득	
	주택 유상거래 취득 중과	법인이 주택 취득	지방세법 제13조의2 제1항 참조
		1세대 2주택에 해당하는 주택(조정대상지역에 있는 주택)취득 또는 1세대 3주택에 해당하는 주택(조정대상지역 외의 지역에 있는 주택) 취득	
		1세대 3주택 이상 에 해당하는 주택(조정대상지역에 있는 주택) 취득 또는 1세대 4주택 이상에 해당하는 주택(조정대상지역 외의 지역에 있는 주택) 취득	
	조정대상지역에 있는 주택 중과	조정대상지역에 있는 주택으로서 「지방세법 시행령」 제28조의6 제1항으로 정하는 일정가액 이상의 주택을 무상취득	지방세법 제13조의2 제2항 참조

(4) 부가세

취득세의 부가세에는 농어촌특별세와 지방교육세가 있는데 그 내용은 다음과 같다(농어촌특별세법 제2조 제2항 제6호, 제5조 제1항 제6호 및 지방세법 제151조 제1항 제1호 본문).

취득세의 부가세

구분	세액 계산방법
농어촌특별세	「지방세법」 제11조 및 제12조의 표준세율을 2/100로 적용하여 「지방세법」,「지방세특례제한법」 및 「조세특례제한법」에 따라 산출한 취득세액에서 10/100을 곱한 금액
지방교육세(표준세율의 경우)	취득 물건의 과세표준 × (표준세율 - 20/1000 세율) 세액의 20/100

IV. 등록면허세

1. 개념

"등록"이란 재산권 및 기타 권리의 설정·변경 또는 소멸에 관한 사항을 공부에 등기하거나 등록하는 것을 말하며, 다만, 취득을 원인으로 이루어지는 등기 또는 등록은 제외하되, 다음의 어느 하나에 해당하는 등기나 등록을 포함한다(지방세법 제23조 제1호).

▶ 광업권·어업권 및 양식업권의 취득에 따른 등록
▶ 외국인 소유의 취득세 과세대상 물건(차량, 기계장비, 항공기 및 선박만 해당)의 연부 취득에 따른 등기 또는 등록
▶ 취득세에 대한 「지방세기본법」에 따른 취득세 부과제척기간이 경과한 물건의 등기 또는 등록
▶ 취득세 면세점에 해당하는 물건의 등기 또는 등록

또, "면허"란 각종 법령에 규정된 면허·허가·인가·등록·지정·검사·검열·

심사 등 특정한 영업 설비 또는 행위에 대한 권리의 설정, 금지의 해제 또는 신고의 수리(受理) 등 행정청의 행위(법률의 규정에 따라 의제되는 행위를 포함)를 말하는데 (지방세법 제23조 제2호 전단), 면허의 종별은 사업의 종류 및 규모 등을 고려하여 제1종부터 제5종까지 구분하여 「지방세법 시행령」 별표 1로 정한다(지방세법 제23조 제2호 후단 및 지방세법 시행령 제39조).

2. 과세 대상

등록면허세의 과세 대상은 재산권 및 기타 권리의 설정·변경 또는 소멸에 관한 사항을 공부에 등기하거나 등록하는 경우 등기·등록의 대상으로 한다(지방세법 제23조 제1호).

(1) 납세의무자

다음의 어느 하나에 해당하는 자는 등록면허세를 납부해야 한다(지방세법 제24조).

▶ 등록을 하는 자
▶ 면허를 받는 자(변경면허를 받는 자를 포함). 이 경우 납세의무자는 그 면허의 종류에 따라 등록면허세를 납부해야 한다.

(2) 비과세

국가, 지방자치단체, 지방자치단체조합, 외국정부 및 주한국제기구가 자기를 위해 받는 등록 또는 면허에 대하여는 등록면허세를 부과하지 않으나, 다만, 대한민국 정부기관의 등록 또는 면허에 대하여 과세하는 외국정부의 등록 또는 면허의 경우에는 등록면허세를 부과한다(지방세법 제26조 제1항). 그러나 다음 어느 하나에 해당하는 등기·등록 또는 면허에 대해서는 등록면허세를 부과하지 않는다(지방세법 제26조 제2항 및 지방세법 시행령 제40조).

▶ 회사의 정리 또는 특별청산에 관하여 법원의 촉탁으로 인한 등기 또는 등록
(다만, 법인의 자본금 또는 출자금의 납입, 증자 및 출자전환에 따른 등기 또는 등록은 제외)
▶ 행정구역의 변경, 주민등록번호의 변경, 지적(地籍) 소관청의 지번 변경, 계

량단위의 변경, 등기 또는 등록 담당 공무원의 착오 및 이와 유사한 사유로 인한 등기 또는 등록으로서 주소, 성명, 주민등록번호, 지번, 계량단위 등의 단순한 표시변경·회복 또는 경정 등기 또는 등록

▶ 무덤과 이에 접속된 부속시설물의 부지로 사용되는 토지로서 지적공부상 지목이 묘지인 토지에 관한 등기

▶ 면허의 단순한 표시변경 등 등록면허세의 과세가 적합하지 않은 것으로서 지방세법 시행령 제40조 제2항에서 정하는 면허

(3) 과세표준

과세표준에 관한 내용은 다음과 같다.

등록면허세 과세표준

구분		내용
부동산 가액	등록당시 가액 기준	부동산, 선박, 항공기, 자동차 및 건설기계의 등록에 대한 등록면허세는 등록 당시의 가액(지방세법 제27조 제1항).
	시가표준액 기준	신고가 없거나 신고가액이 시가표준액보다 적은 경우에는 시가표준액(지방세법 제27조 제2항 단서).
	사실상 취득가액 기준	「지방세법」 제10조 제5항부터 제7항까지의 규정에 해당하는 경우 사실상의 취득가격, 계산한 취득가격 및 확인된 금액. 다만, 등록 당시에 자산재평가 또는 감가상각 등의 사유로 그 가액이 달라진 경우에는 변경된 가액(지방세법 제27조 제3항).
채권금액		채권금액으로 과세액을 정하는 경우에 일정한 채권금액이 없을 때에는 채권의 목적이 된 것의 가액 또는 처분 제한의 목적이 된 금액을 채권 금액으로 본다(지방세법 제27조 제4항).

(4) 세율

지방세법 제28조 제1항 제1호의 부동산 등기의 세율은 다음과 같다.

부동산 등기 세율

구분		부동산 등기의 세율
소유권 보존등기		부동산 가액의 8/1000
소유권 이전등기	유상 이전	부동산 가액의 20/1000
	무상 이전	부동산 가액의 15/1000
	상속 이전	부동산 가액의 8/1000
소유권 외의 물권과 임차권의 설정 및 이전	지상권	부동산 가액의 2/1000
	저당권	채권금액의 2/1000(지상권·전세권을 목적으로 등기하는 경우를 포함)
	지역권	요역지 가액의 2/1000
	전세권	전세금액의 2/1000
	임차권	월 임대차금액의 2/1000
보전처분	경매신청	채권금액의 2/1000
	가압류, 가처분	채권금액의 2/1000(부동산에 관한 권리를 목적으로 하는 등기하는 경우 포함)
	가등기	부동산 가액 또는 채권금액의 2/1000(부동산에 관한 권리를 목적으로 하는 등기하는 경우 포함)
그 밖의 등기		건당 6천 원

(5) 중과세율

다음의 하나에 해당하는 등기를 할 경우 그 세율을 위 세율(세액이 6천원 미만일 때에는 6천원으로 함)의 300/100으로 한다. 다만, 「도권정비계획법」 제6조에 따른 과밀억제권역(이하 "대도시"라 함)에 설치가 불가피하다고 인정되는 「지방세법 시행령」 제26조 제1항의 어느 하나에 해당하는 대도시 중과 제외 업종에 대해서는 그러하지 아니하다(지방세법 제28조 제2항).

▶ 대도시에서 법인을 설립(설립 후 또는 휴면법인을 인수한 후 5년 이내에 자본 또는 출자액을 증가하는 경우를 포함)하거나 지점이나 분사무소를 설치함에 따른 등기

▶ 대도시 밖에 있는 법인의 본점이나 주사무소를 대도시로 전입(전입 후 5년 이 내에 자본 또는 출자액이 증가하는 경우를 포함)함에 따른 등기. 이 경우 전입은 법인의 설립으로 보아 세율을 적용

(6) 부가세

등록면허세의 부가세에는 농어촌특별세와 지방교육세가 있는데(농어촌특별세법 제2조 제2항 제1호, 제5조 제1항 제1호, 지방세법 제151조 제1항 제2호 참조), 그 내용은 다음과 같다.

등록면허의 부가세율

구분	세액 계산방법
농어촌특별세	등록면허세 감면세액이 있는 경우 감면세액의 20/100
지방교육세(표준세율의 경우	납부해야 할 등록에 대한 등록면허세액의 20/100

V. 인지세

1. 개념

"인지세"는 국내에서 부동산 소유권의 이전과 관련하여 계약서 그 밖에 이를 증명하는 증서를 작성하는 경우에 납부해야 하는 세금이다(인지세법 제1조).

2. 인지 세액

부동산 소유권 이전에 관한 증서의 기재금액별(이전의 대가액. 이전과 관련된 비용 불포함) 인지세액은 다음과 같다(인지세법 제3조 제1항 및 인지세법 시행규칙 제3조).

인지 세액

기재금액	세액
1천만 원 초과~3천만 원 이하	2만 원
3천만 원 초과~5천만 원 이하	4만 원
5천만 원 초과~1억 원 이하	7만 원
1억 원 초과~10억 원 이하	15만 원
10억 원 초과	35만 원

기재금액이 1억 원 이하인 주택의 소유권 이전에 관한 증서에 대해서는 인지세가 부과되지 않는다(인지세법 제6조 제5호).

3. 인지세 납부

인지세는 부동산 소유권 이전에 관한 증서에 종이문서용 전자수입인지를 붙여서 납부하여야 하고(인지세법 제8조 제1항 본문), 인지세액에 해당하는 금액을 납부하고 부동산 소유권 이전에 관한 증서에 인지세를 납부한 사실을 표시함으로써 종이문서용 전자수입인지를 붙이는 것으로 대신할 수 있다(인지세법 제8조 제1항 단서).

VI. 농어촌특별세

1. 개념

"농어촌특별세"는 농어업의 경쟁력 강화와 농어촌산업기반시설의 확충 및 농어촌지역 개발사업을 위하여 필요한 재원을 확보하기 위하여 부과되는 세금을 말한다(농어촌특별세법 제1조).

2. 납세의무자

「지방세법」, 「지방세특례제한법」에 따라서 취득세를 감면받은 자는 농어촌특별세를 납부해야 한다(농어촌특별세법 제3조 제1호).

3. 농어촌특별세액

농어촌특별세액은 과세표준에 세율을 곱한 금액으로 매수인이 납부해야 할 농어촌특별세의 과세표준과 세율은 다음과 같다(농어촌특별세법 제5조제1항 제1호 및 제6호).

농어촌특별세액

과세표준	세율
「조세특례제한법」·「관세법」·「지방세법」 또는 「지방세특례제한법」에 따라 감면받는 취득세액의 감면세액	20%
「지방세법」 제11조의 표준세율을 2%로 적용하여 「조세특례제한법」·「지방세법」 및 「지방세특례제한법」에 따라 산출한 취득세액	10%

전용면적이 85㎡ 이하인 주택의 매수인에게는 농어촌특별세가 부과되지 않는다(농어촌특별세법 제4조 제11호 및 농어촌특별세법 시행령 제4조 제4항).

4. 신고 및 납부

매수인은 감면받은 취득세 또는 취득세를 신고·납부하는 때에 농어촌특별세를 함께 신고·납부해야 한다(농어촌특별세법 제7조 제1항 및 제4항).

Ⅶ. 지방교육세

1. 개념

"지방교육세"는 지방교육의 질적 향상을 위하여 필요한 지방 교육 재정을 확충하기 위한 목적의 재원을 확보하기 위해 부과되는 세금을 말한다(지방세법 제149조).

2. 납세의무자

부동산 취득에 대한 취득세의 납세의무자는 지방교육세를 납부해야 한다(지방세법 제150조 제1호).

3. 지방교육세액

지방교육세는 과세표준에 세율을 곱한 금액으로 매수인이 납부해야 할 지방교육세는 다음과 같다(지방세법 제151조 제1항 제1호 나목 및 제11조 제1항 제8호).

지방교육세액

취득세 감면 여부	지방교육세 산정
취득세를 감면하지 않은 경우	[취득세의 과세표준 × (취득세의 세율 − 20/1000)] × 20/100 ① 취득 당시의 가액이 6억 원 이하인 주택을 취득하는 경우 : (취득세의 과세표준 × 10/1000 × 50/100) × 20/100 ② 취득 당시의 가액이 6억 원 초과 9억 원 이하의 주택을 취득하는 경우 : (취득세의 과세표준 × 20/1000 × 50/100) × 20/100 ③ 취득 당시의 가액이 9억 원 초과인 주택을 취득하는 경우 : (취득세의 과세표준 × 30/1000 × 50/100) × 20/100
취득세를 감면한 경우	1. 지방세감면법령에서 취득세의 감면 율을 정하는 경우 : 위의 계산방법으로 산출한 지방교육세액을 해당 취득세 감면 율로 감면하고 남은 금액 2. 지방세감면법령에서 「지방세법」과 다른 취득세율을 정하는 경우 : 위의 계산방법으로 산출한 지방교육세

4. 지방교육세의 신고 및 납부

매수인은 취득세를 신고·납부할 때에 지방교육세를 함께 신고·납부해야 한다(지방세법 제152조 제1항).

5. 가산세

지방교육세 납세의무자가 납부의무를 다하지 않았을 때 다음의 방법으로 산정한 가산세를 납부해야 한다(지방세법 제153조 제2항, 지방세기본법 제55조 및 지방세기본법 시행령 제33조). 즉, 지방교육세액 또는 그 부족세액 + 가산세(납부하지 않은 세액 또는 과소납부분 세액 × 납부기한의 다음 날부터 자진납부일 또는 납세고지 일까지의 기간 × 3/10,000).

이 경우 가산세는 납부하지 않은 세액 또는 과소납부분(납부해야 할 금액에 미달하는 금액) 세액의 75%에 해당하는 금액을 한도로 한다(지방세기본법 제55조).

제3절 우리나라의 부동산정책

제1관 현 정부의 부동산정책 수립 배경

지난 10여 년 동안에 꾸준한 주택공급을 통하여 주택 재고가 300만 호 이상 증가하였으며, 주택보급률도 100%를 넘는 등 양적인 부족은 전반적으로 완화되었다고 판단되지만, 주택매매 가격은 크게 상승하면서 실수요자의 내 집을 마련할 수 있는 기회는 더욱더 어려운 상황에 처하게 되었다. 특히 다주택자들의 주택 구매 등과 함께 고소득층의 자가 점유율은 증가하는 반면에 저소득층의 내 집 마련은 더욱 힘들어지는 결과가 되었다.

나아가 전·월세 가구의 경우 같은 기간에 100만 가구 이상 증가했지만 70% 이상 대부분이 공적인 규제를 받지 않는 민간 전·월세 시장에 의존하는 구조였으며, 거주기간도 짧고 임차인 권리보호 장치도 미흡하여 주거 안정성이 매우 취약하였다. 이 같은 문제를 해결하기 위하여 저렴한 비용으로 장기간 거주할 수 있는 장기공공임대주택을 역대 정부들이 늘려오기는 했으나 아직도 재고율이 OECD 평균 이하로 부족한 상황이다.

또 저출산 고령화 청년취업 문제 등 사회구조변화에 따른 맞춤형 주거복지정책이 요청되었으며, 주거문제로 결혼과 출산을 미루지 않고, 청년들이 학업과 생업에 전념할 수 있으며, 은퇴 등으로 소득이 낮아진 고령층과 저소득층 등 생애단계나 소득수준에 따라서 지원받을 수 있는 맞춤형 주택 지원책이 요구되는 상황이었다.

2018년에 들어와서는 풍부한 시장 유동성 하에 투기수요의 주택시장 유입이 지속되기 시작하였으며 그 결과 서울 및 수도권에서 부동산 시장의 과열현상이 나타나기 시작하였다. 2020년 이후 서울을 중심으로 국지적 매매 급증현상이 발생하면서 주택 투기에 대한 기대수익률을 낮추어 투기수요를 차단하기 위한 임대주택등록제 등 기존의 정책에 대한 내용을 변경하거나 주택가격 폭등에 대한 즉각적이고 강력한 대응책이 요구되었다.

정부는 이 같은 상황변화에 따라서 i. 투기수요 근절, ii. 실수요자 보호, iii. 생애주기별·소득수준별 맞춤형 대책의 3대 원칙에 따른 주택수요관리책 등 주택시장 안정책을 내놓는 한편, 실수요자 중심의 지원·공급책 등을 발표하여왔다. 2017년 6월 투기 수요를 억제하기 위한 첫 대책을 발표한 이후, 종부세율과 양도세율을 강화하고 대출을 규제하였으며, 주택청약제도 개선, 재건축 초과이익환수제 등을 통해 실수요자 중심의 안정적인 주택시장 관리정책을 추진하였다. 전·월세 주거안정성 확대를 위해 임대등록을 활성화하여 법적으로 임대주택 관리를 강화하였으며, 임대차보호법을 개정하여 임차인의 권리를 강화하였다. 나아가 신혼부부·청년 주거지원 등 생애단계별 맞춤형 주거지원 대책을 포함한 주거복지로드맵도 마련하였다. 안정적인 수도권 주택수급 기반을 마련하기 위하여 수도권에 3기 신도시 등 총 127만 호('20. 8. 4. 기준)의 주택을 공급할 계획을 수립하고, 수도권 광역교통망 개선방안도 함께 수립하였다. 또한, 단기적으로 투기수요가 추가유입되며 주택시장이 불안 조짐을 보일 경우 즉각적으로 한층 강력한 시장안정 조치를 추가로 시행하고 있다.

제2관 부동산정책의 기본 방향

2017년 현 정부 출범 당시 100대 국정과제 가운데 포용적 복지국가를 위해 '서민이 안심하고 사는 주거환경 조성과' '청년과 신혼부부 주거 부담 경감'을 발표하였다. 이를 위한 실천목표로 ⅰ. 공공임대주택의 공급과 운영·관리 개선, ⅱ. 임대주택 등록 활성화, ⅲ. 신혼부부 주거비용 지원, ⅳ. 청년 임대주택 공급 등 세부 부동산정책의 추진 계획을 밝히고 있다.

이 가운데 현 정부의 부동산정책의 핵심기조는 '주택 공공성 강화'를 들 수 있는데, 이를 위하여 경기부양이나 경기조절의 수단이 아닌 '서민 주거안정 및 실수요자를 보호'하기 위한 확고한 원칙을 수립하였다. 나아가 집이 투자의 대상이 아니라 '거주'의 대상이라는 점을 시장에 명확히 인식시키기 위해 투기수요를 철저히 차단할 필요성에 따라서 ⅰ. 투기수요 근절, ⅱ. 실수요자 보호, ⅲ. 생애주기별·소득수준별 맞춤형 대책의 3대 원칙에서 포용적 주거복지를 위한 주택시장 안정책과 실수요자 중심의 지원·공급책을 추진하였다.

정부는 2020년 8월 임대차보호 강화 및 종합부동산세 개정을 포함한 이른바 '부동산 3법'이 국회를 통과한 이후, "실수요자를 보호하고 투기는 반드시 근절시키는 것이 확고부동한 원칙"이라고 하면서 '주거의 정의실현'을 강조하였다. 나아가 정부의 주거시장 안정 대책으로 ⅰ. 불로소득 환수, ⅱ. 투기 수요 차단, ⅲ. 공급 물량 최대한 확보, ⅳ. 세입자 보호 등 4대 정책방향을 제시하고 있다. 이를 위하여 "불로소득을 환수하는 세제 개혁으로 투기수요를 차단하는 장치를 마련했고 갭투자를 차단해 가격불안의 요인을 제거했다"면서 "신규 택지 발굴 등 실수요자를 위한 획기적인 공급대책을 마련하였고 임차인의 권리를 대폭 강화하여 임대인과 임차인 간의 불균형 관계를 개선하기 위한 것"이라고 밝히고 있다.

제3관 부동산정책의 주요 내용

2017년 6월부터 2020년 8월까지 정부가 발표한 주택정책의 주요 내용은 ⅰ. 투기수요를 근절하고 가격안정을 위한 제도-금융-세제 개편, ⅱ. 실수요자 보호, 서민의 주택 부담경감을 위한 제도-금융-맞춤형 공급대책, ⅲ. 주택공급정책으로 나누어 살펴볼 수 있다.

1 투기수요 근절 등 주택 수요 관리정책

급격한 주택가격 상승이 일어나는 지역을 대상으로 1) 투기과열지역 및 조정대상지역 지정을 확대 하였고, 2) 이들 지역에 대한 대출 등 금융지원책을 규제하며, 3) 종합부동산세 및 양도세 등 세금 제도를 개선하여 투기 수요를 차단하였다. 나아가 부동산 가격안정을 위하여 4) 분양가 상한제를 도입하였다.

(1) 투기과열지역 및 조정대상지역의 지정

주택가격의 상승이 지속되고 있는 지역을 조정대상지역으로 지정하고 그 이후에도 계속해서 과열 현상이 나타나는 지역에 대해서는 투기과열지역지정을 수차례에 걸쳐서 확대하였다. 투기과열지구로 지정되게 되면 전매제한 기간이 강화되고 1순위 및 재당첨이 제한되게 되며 중도금 대출보증요건이 강화되고, 이외에 규제지역에 대해서는 재개발·재건축 사업에 대한 규제 강화를 위해 재건축 조합원 분양권 양도 제한 및 전매 세율 확대, 재개발 임대주택 의무건설 비율 상향, 오피스텔 전매 강화 등 점차 규제를 확대하게 된다.

2020. 6. 현재 투기 규제지역

〈조정대상지역〉
(서울) 전 지역
(경기) 전 지역(일부 지역 * 제외)

　* 김포, 파주, 연천, 동두천, 포천, 가평, 양평, 여주, 이천, 용인처인(포곡읍, 모현·백암·양지면, 원삼면 가재월·사암·미평·좌항·두창·맹리), 광주(초월·곤지암읍, 도척·퇴촌·남종·남한산성면), 남양주(화도읍·수동면·조안면), 안성(일죽면, 죽산면 죽산·용설·장계·매산·장릉·장원·두현리, 삼죽면 용월·덕산·율곡·내장·배태리)

(인천) 전 지역(강화·옹진 제외)
(지방) 세종(행복도시 예정지역만 지정), 대전, 청주(동 지역, 오창·오성읍 만 지정)

〈투기과열지역〉
(서울) 전 지역

(경기) 과천, 성남분당·수정, 광명, 하남, 수원, 안양, 안산단원, 구리, 군포, 의
　　　왕, 용인 수지·기흥, 화성(동탄2만 지정)
(인천) 연수, 남동, 서구
(지방) 대구 수성, 세종(행복도시 예정지만 지정), 대전 동·중·서·유성

〈투기지역〉
　서울 11개구 및 세종시

(2) 대출 규제 등 금융대책

지속적으로 가격이 상승하는 것에 대응하기 위하여 2017. 6. 첫 번째 부동산
대책에서부터 조정대상지역 및 고가 주택의 주택담보대출비율(LTV) 및 부채상환율
(DTI) 규제 비율을 강화하였다. 2018년 12. DTI보다 대출기준을 보다 강화한 새로
운 DTI와 함께 총체적 원리금상환비율(DSR)을 도입하여 대출상환능력 검증을 강
화하였다. 또 2020. 7.부터 규제지역 내의 주택을 거래하는 경우에 고가 주택에만
적용하였던 자금조달계획서를 거래가액과 무관하게 제출하도록 변경하였다.

또 주택담보대출 및 보금자리론 등에 대한 전입 및 처분 요건도 강화하였다.
15억 원 이상 초고가 주택 구입 시 주택담보대출을 금지하고, 규제지역 내 주택
구입을 위하여 주택담보대출을 받는 경우에 주택 가격과 관계없이 6개월 내 기존
주택의 처분 및 전입 의무를 부과하였다. 보금자리론의 경우에도 3개월 내 전입
및 1년 이상 실거주 유지 의무를 부과하였다.

갭투자를 방지하기 위하여 전세자금대출 보증 이용 제한을 강화하였다. 즉,
시가 9억 원 초과 주택 보유자에 대한 전세대출보증을 제한하던 것을 투기지역·
투기과열지구 내 시가 3억 원 초과 아파트를 신규 구입하는 경우에도 제한 대상에
추가하였고, 전세대출을 받은 후 투기지역·투기과열지구 내 3억 원 초과 아파트
를 구입하는 경우에는 전세대출을 즉시 회수하도록 하였다.

(3) 종합부동산세 양도세 등 다주택자 세금 강화

1) 종합부동산세

다주택자에 대한 종합부동산세 중과세율을 인상하여, '21년 이후 개인의 경우

'3주택 이상 및 조정대상지역 2주택'에 대해서 과세표준 구간별로 1.2%~6.0% 세율 적용하였고 법인에도 최고세율 6%를 적용하였다. 법인이 보유한 주택에 대하여 개인에 대한 세율 중 최고세율을 단일세율(3%, 4%)로 적용하고, 법인이 보유한 주택에 대한 종합부동산세 공제(6억 원)를 폐지하고, 조정대상지역 내 법인의 신규 임대주택에 대해서도 종합부동산세를 과세하는 것으로 변경하였다.

2) 양도세

2년 미만 단기 보유주택에 대한 양도소득세율을 인상(1년 미만 40 → 70%, 2년 미만 기본세율 → 60%)하였고 규제지역 다주택자인 경우에도 양도세 중과세율 인상하였다.

3) 취득세

다주택자, 법인 등에 대한 취득세율을 2주택은 8%, 3주택 이상 및 법인은 12%로 인상하였다 법인전환 시 취득세 감면도 제한하였다.

4) 재산세

다주택자의 보유세를 인상하고 부동산 신탁 시 종합부동산세·재산세 등 보유세 납세자를 신탁사에서 소유자로 변경함으로써 신탁자의 종합부동산세 부담이 완화되는 문제를 해결하였다.

(4) 분양가 상한제

2017·2018. 2 차례에 걸쳐서 민간택지 분양가 상한제 적용 기준을 확대하였다. 적용요건을 투기과열지구로 확대하고, 상한제 지정효력 시점을 최초 입주자모집 승인신청일로 앞당겼다. 분양가상한제 주택의 전매제한 기한도 5−10년으로 확대하였다.

2. 실수요자 보호·서민 부담경감 관련 정책

(1) 청약제도 개편

청약제도를 무주택 실수요자 중심으로 개편하였다. 생애최초 공급의 적용 대상주택 범위와 공급 비율을 확대하였고, 적용대상을 국민주택뿐만 아니라 민영주택을 포함하도록 하였다. 생애 최초로 주택을 구입하는 신혼부부의 소득기준을 완화하여 분양가 6억 원 이상 신혼희망타운에 대해서는 도시근로자 월평균소득 130%(맞벌이 140%)까지 확대하였다. 공공분양주택을 대상으로 한 사전청약대상 적용을 확대하여 9천호 추진 예정이었던 것을 3만호로 늘렸다.

(2) 금융지원

청년 전·월세 자금지원을 위하여 버팀목 전세금리를 인하하고 지원 대상, 대출한도를 늘렸다. 나아가 주거안정월세대출·청년보증부월세대출 금리를 인하하였다. 또 규제지역 LTV·DTI를 10%p 우대하는 '서민·실수요자' 소득기준을 부부합산 연소득 8천만 원 이하(생애최초구입자는 9천만 원 이하)로 완화하였다.

(3) 세금부담경감

생애최초 주택에 대해서는 현행 신혼부부에 대해서만 허용하던 취득세 감면 혜택을 연령·혼인 여부와 관계없이 확대 적용하기로 하였고, 서민부담경감을 위하여 중저가 주택 재산세율을 인하할 계획을 수립하였다.

(4) 생애주기별 소득수준별 맞춤형 대책

2017. 11. 주거복지로드맵 및 2018 구체계획을 통하여 신혼부부, 청년, 고령자, 저소득층 등 생애단계별·소득수준별 주거수요를 반영한 맞춤형 주택 공급과 주거지원책을 발표하였다. 청년층에게는 청년주택 30만실을 공급하고 우대형 청약통장을 도입하였고 전월세 자금지원을 강화하였으며, 신혼부부에게는 공공임대 20만호 공급, 신혼희망타운 7만호 공급, 분양주택의 특별공급을 확대하고 신혼부부 전용 대출 및 저소득 주거비 지원대책을 발표하였다. 고령층 대상으로 공공임

대 5만실 공급 및 연금형 매입임대 등 보유주택을 활용한 지원책을 마련하였다. 기타 저소득 취약가구를 대상으로 공적임대 41만호 공급 및 무주택 금융지원책, 배려계층 특별공급 제도개선책 등을 발표하였다.

(5) 세입자 보호 대책

현 정부 출범 당시 임대차 계약갱신청구권과 전월세상한제는 국정과제 가운데 하나로서 '서민이 안심하고 사는 주거 환경 조성' 실현을 위한 주요 제도이다. 이 같은 내용을 포함한 '주택임대차 보호법 개정안'이 2020년 7월 30일 국회의결을 거쳐서 시행에 들어갔다. 계약갱신청구권의 경우 임차인이 희망하는 경우 1회 계약갱신을 청구할 수 있는 권리로, 안심거주기간을 2년으로 연장하였다. 전월세상한제는 임대료 인상 상한을 5%로 제한하였는데, 이는 10여 년 전부터 논의되어 왔던 것으로, 정부는 오래전부터 도입을 위하여 국회·학계·시민단체 등과 함께 논의를 지속하여 왔었다.

3. 주택공급계획

수요 측면의 불안한 요인을 차단하기 위한 수요관리 대책과 더불어, 공급부족을 우려하는 실수요자의 불안심리를 해소하고, 수급균형을 통한 시장안정 및 미래 주택수요에도 선제적으로 대응하기 위한 공급 확대 방안을 발표하였다. 또 이미 발표된 대책의 신속한 시행과 더불어 서울권역 중심으로 주택 추가 공급을 추진하기로 하였다.

정부는 2020년 8월 4일 「서울권역 등 수도권 주택 공급 확대방안(13.2만호+α)」을 발표하였는데, 이날 발표물량과 기존 수도권 주택 공급계획을 모두 종합하면 총 127만호의 주택을 공급하게 된다. 여기에 수도권 3기 신도시 등 공공택지 77만호, 수도권 신규공급 13.2만호+α, 2020년 5월 6일 발표한 서울 도심 내 공급 물량 7만호, 수도권 내에서 추진 중인 정비사업 30만호 등을 포함하고 있다.

서울권역 중심으로 발표한 내용을 종합해보면 2020년 8월 4일 현재 신규공급 13.2만호+α와 5월 6일 공급 발표한 물량 7만호, 당초 계획된 공공분양물량 사전청약을 2021년, 2022년으로 앞당겨 확대한 물량 6만호를 포함해 보면 서울권역에

총 26.2만호＋α가 추가로 공급되게 된다.

제4관 주택수요 관리·실수요자 보호 등 시장안정 대책

1. 주택시장 안정 보완대책(2020. 7. 10 대책)

2020. 6. 17 대책 이후에 신규 규제지역의 부동산 가격 상승폭은 어느 정도 둔화된 것으로 판단할 수 있으나 서울 등 일부 수도권의 경우 과열이 지속됨으로서, 투기수요를 차단하고 서민·실수요자의 불안을 해소할 수 있는 제도 보완이 필요하였다. 이를 위하여 1) 서민·실수요자 부담경감, 2) 실수요자를 위한 주택공급 확대, 3) 다주택자·단기 거래에 대한 부동산 세제 강화, 4) 등록임대사업제 제도의 보완책을 제시하였는데 그 내용은 다음과 같다.

(1) 서민·실수요자 부담 경감

무주택 실수요자의 내집 마련의 지원을 위하여 국민주택 공급비율을 확대하고 민영주택에 대한 생애최초 특별공급을 신설하는 등, 소득기준도 민영주택의 경우 도시근로자 월평균 소득 130% 이하까지 확대하는 등의 내용이다.[22)]

생애 최초 특별공급 확대(안)

구분		특별공급						일반 공급
		합계	기관추천	다자녀	노부모	신혼	생애 최초	
국민 주택	종전	80%	15%	10%	5%	30%	20%	20%
	변경	85%	15%	10%	5%	30%	25%	15%
민영 주택	종전	43%	10%	10%	3%	20%	−	57%
	변경 공공택지	58%	10%	10%	3%	20%	15%	42%
	변경 민간택지	50%	10%	10%	3%	20%	7%	50%

---

22) 2019년 도시근로자 월평균 소득 130% : (2인 가구) 569만 원, (3인 가구) 731만 원, (4인 가구) 809만 원임.

생애최초 주택을 구입하는 신혼부부를 대상으로 6억 원 이상의 주택에 대하여 도시근로자 월평균 소득 130%(맞벌이 140%)까지 소득기준을 완화하고, 생애최초 주택에 대해서 연령·혼인 여부에 관계없이 취득세를 감면(1.5억 원 이하 100% 감면, 1.5억 원 초과~3억 원(수도권 4억 원) 이하 50% 감면)하도록 하는 내용이다. 나아가 중저가 주택의 재산세율을 인하하여 서민 부담을 경감하고, 현재 9천호의 사전분양 물량을 대폭 확대하여 약 3만호 이상 추가로 확대하여 추진하고, 규제지역의 LTV·DTI를 10%p 우대하는 '서민·실수요자' 소득기준을 완화(부부합산 연소득 8천만 원 이하, 생애 최초 구입자는 9천만 원 이하)함으로서 서민·실수요자 소득기준을 완화하도록 하였다. 또 규제지역 지정·변경 전까지 입주자 모집공고 된 사업장의 무주택자 및 처분조건부 1주택자 잔금대출에 대하여 규제지역 지정·변경 전의 대출규제를 적용함으로써 잔금대출 규제 경과조치를 보완하고 청년층을 포함한 전월세 대출지원을 강화하는 등의 내용이다.

(2) 실수요자를 위한 주택공급 확대

부총리의 주재로 관계부처장관과 지자체가 참여하는 '주택공급확대 TF' 및 국토교통부에 실무기획단을 구성하여 근본적인 주택공급 확대방안을 마련하여 추진 상황을 발표하기로 하였다.

(3) 다주택자·단기 거래에 대한 부동산 세제 강화

다주택자 대상 종합부동산세 중과세율을 인상하고, 단기 양도차익 환수 및 규제지역 다주택자 중과세율의 인상, 다주택자·법인 등에 대한 취득세율 인상, 법인 전환시 취득세 감면을 제한하고, 다주택자 보유세를 인상하도록 하였다.

종부세율 인상(안)

시가 다주택자 기준	과표	2주택 이하 조정대상지역 2주택 제외(%)		3주택 이상+조정대상지역 2주택(%)		
		현행	12.16	현행	12.16	개정
8~12.2억	3억 이하	0.5	0.6	0.6	0.8	1.2
12.2~15.4억	3~6억	0.7	0.8	0.9	1.2	1.6

15.4~23.3억	6~12억	1.0	1.2	1.3	1.6	2.2
23.3~69억	12~50억	1.4	1.6	1.8	2.0	3.6
69~123.5억	50~94억	2.0	2.2	2.5	3.0	5.0
123.5억 초과	94억 초과	2.7	3.0	3.2	4.0	6.0

＊공시가격 현실화율 75~85%, 공정시장가액비율 95%를 적용했을 경우

양도소득세율 인상(안)

구분		현행			12.16대책	개선	
		주택 외 부동산	주택·입주권	분양권	주택·입주권	주택·입주권	분양권
보유 기간	1년 미만	50%	40%	(조정대상지역) 50% (기타지역) 기본세율	50%	70%	70%
	2년 미만	40%	기본세율		40%	60%	60%
	2년 이상	기본세율	기본세율		기본세율	기본세율	

취득세율 인상(안)

현재		
개인	1주택	주택가액에 따라 1~3%
	2주택	
	3주택	
	4주택 이상	4%
법인	주택 가액에 따라 1~3%	

개정		
개인	1주택	주택가액에 따라 1~3%
	2주택	8%
	3주택	12%
	4주택 이상	
법인		

(4) 등록임대사업제도 보완

임대등록제도를 개편하여 단기임대(4년) 및 아파트 장기일반 매입임대(8년)를 폐지하고, 장기임대 유형은 유지하되 공적의무를 강화하였다. 이와 더불어 폐지유형을 관리하고, 사업자 관리를 강화하도록 하였다. 이를 위하여 「주택공급에 관한 규칙」 일부 개정안 및 「공공주택 특별법 시행규칙」 일부 개정안을 2020. 7. 29. 입법예고하였다. 나아가 부동산3법(종합부동산세법·소득세법·법인세법)을 개정하여 2020. 7. 29일 의결하였다.

2. 주택시장 안정을 위한 관리방안(2020. 6. 17 대책)

최저수준의 금리와 급격히 증가하는 유동자금이 주택시장으로 재유입되면서 서울 및 수도권과 일부 지방에서 투기 과열현상이 다시 나타나기 시작하였다. 즉, 주택 거래량이 지속적으로 증가하였고 법인거래·갭투자도 현저하게 증가하였다. 따라서 정부는 늘어난 유동성이 주택시장에 대한 투기수요로 연결되지 않도록 불안요인을 해소하고 실수요자가 피해를 입지 않도록 하기 위하여 주택시장 과열요인을 사전에 차단하기 위한 방안을 마련하였다.

즉, ① 비규제지역에 집중되는 투기수요의 유입을 차단하기 위하여 수도권·대전·청주 대부분 지역을 조정대상지역·투기과열지구로 지정하고, ② 개발호재로 인하여 상승이 우려되는 서울국제교류협력지구 인근 지역에 대해서 토지거래허가구역으로 지정하여 추진하도록 하였으며, ③ 갭투자를 차단하고 실수요자를 보호하기 위하여 규제지역의 주택담보대출 실수요 요건 및 전세자금대출 규제를 강화하였다. 나아가 ④ 재건축 안전진단의 투명성과 공정성을 높이고, 정비사업 조합원의 분양요건을 강화하는 등 정비사업 규제를 정비하고, ⑤ 주택 매매·임대사업자의 주택담보대출의 레버리지를 활용한 투자유인을 억제하고, 과세체계를 정비하여 법인을 통한 세금 회피 수단을 차단하였다. 그리고 ⑥ 12.16대책 및 수도권 주택공급 기반 강화방안(5.6)의 후속조치를 조속히 차질 없이 추진하기로 하였다.

과열요인 차단을 통한 주택시장 안정화

과열지역에 투기수요유입 차단	정비사업 규제 정비	법인을 활용한 투기수요 근절	12.16대책 및 공급대책 후속조치 추진
◎조정대상지역 지정 －경기·인천·대전·청주 대부분 ◎투기과열지구 지정 －경기·인천·대전 17개 지역 ◎토지거래허가구역 지정 ◎거래질서 조사체계 강화 －실거래 기획조사 시행 －자금조달계획서 및 증빙자료 제출대상 확대 ◎주택담보대출 및 전세자금 대출규제 강화 －규제지역 주담대 및 보금자리론 실거주요건 강화 －전세자금대출보증 제한 강화	◎재건축안전진단 절차 강화 －안전진단 시·도 관리강화 및 부실안전진단 제재 －2차 안전진단 현장조사 강화 및 자문위 책임성 제고 ◎정비사업 조합원 분양요건 강화 －투기과열지구·조정대상지역에서 조합원 분양신청 시까지 2년 이상 거주 필요 ◎재건축부담금 제도 개선 －재건축 부담금 본격 징수 －공시가격 현실화에 따른 공시비율 적용 및 재건축 부담금 귀속비율조정	◎주택 매매·임대사업자 대출규제 강화 －모든 지역 개인·법인사업자 주택담보대출 금지 ◎법인 등 세제 보완 －종부세율 인상 및 공제폐지 －조정대상지역 신규 임대주택 종부세 과세 －주택 양도시 추가세율 인상 및 장기등록임대도 적용 ◎부동산 매매업 관리강화 ◎법인 거래 조사강화 －법인대상 실거래 특별조사 －법인용 실거래 신고 서식 도입, 모든 법인 거래에서 자금조달계획서 제출 의무화	◎주택시장 안정화 방안(12.16대책)후속조치 ◎수도권 주택공급 기반 강화방안(5.6)후속조치 －공공참여 가로주택정비사업 1차공모 사업 선정 및 2차 사업지 공모 착수(8월) －공공재개발 시범사업 공모(9월) －오피스·상가 주거용 도변경 사업 시범사업선정(10월)

3. 투기수요 차단을 통한 주택시장 안정적 관리 기조 강화(2020. 2. 20)

수도권 지역의 국지적 과열에 대해 투기 수요를 차단함으로써 주택시장을 안정적으로 관리하기 위한 방안으로서 그 내용은 다음과 같다.

(1) 투기수요에 대한 엄정한 대응

조정대상지역 내 주택담보대출 규제 강화를 위하여 ① 무주택세대주, ② 주택가격 5억 원 이하, ③ 부부합산 연소득 6,000만 원 이하(생애최초 구입자 7,000만 원 이하) 요건을 모두 충족하는 '서민·실수요자'는 현행과 같이 LTV 가산(+10%p)하고, 서민 실수요자를 위한 내 집 마련 지원 상품인 디딤돌대출, 보금자리론의 경우 LTV 규제 비율을 최대 70% 유지하기로 하였다.

주택구입 목적의 사업자 대출에 대한 관리를 강화하여 조정대상지역까지 적용범위 확대하고, 조정대상지역 내 1주택세대의 주택담보대출 시 실수요 요건을 강화하여 2년 내 기존 주택 처분 및 신규 주택 전입 의무'를 조건으로 주택담보대출이 가능하도록 하였다.

또 '부동산시장 불법행위 대응반(2.21 신설)'과 감정원의 '실거래 상설 조사팀'을 통한 주요 과열지역의 이상 거래 및 불법 행위를 집중 점검하고, 조정대상지역의 3억 원 이상의 주택을 거래하는 경우에는 자금조달계획서 제출을 의무화하고(20. 3월~), 한국감정원의 '부동산거래질서교란행위 신고센터(2.21~)'를 통한 불법 행위 신고 접수·조사하도록 하였다.

(2) 조정대상지역 지정

주거정책심의위원회 심의·의결을 통하여 수원시 영통구, 권선구, 장안구 및 안양시 만안구, 의왕시에 대한 조정대상지역으로 신규 지정하였다.

(3) 상시 모니터링 강화

비규제지역도 과열 우려 시 규제지역으로 지정하기로 하고, 관계기관 합동 조사 등을 통해 투기 수요의 철저한 차단 및 주택시장 관리 계획을 수립하였다.

4. 주택시장 안정화 방안(2019. 12. 16)

2017년 8.2 대책과 2018년 9.13 대책 등을 통하여 세제·금융·청약 등 제도를 개선하고, 실수요자를 위한 수도권 30만호 공급을 추진하였다. 특히 풍부한 시중 유동성이 서울 등 일부 지역의 주택시장으로 유입되면서 국지적 과열이 재현되었으며, "투기수요 근절, 맞춤형 대책, 실수요자 보호"라는 기존 3대 원칙하에 서민 주거안정을 최우선으로 하는 정책 방향에 맞추어 12.16 대책을 발표하였는데 그 내용은 다음과 같다.

(1) 투기적 대출수요 규제 강화

투기지역·투기과열지구 주택담보대출 관리를 강화하고, 전세대출을 이용한 갭투자를 방지하도록 하였다.

(2) 주택보유 부담 강화 및 양도소득세 제도 보완

공정과세 원칙에 부합하는 주택 보유부담을 강화하고, 실수요자 중심의 양도소득세 제도를 보완하기로 하였다.

(3) 투명하고 공정한 거래질서 확립

민간택지 분양가 상한제 적용지역을 확대하고, 시장 거래질서 조사체계의 강화, 공정한 청약질서 확립 및 임대등록 제도를 보완하였다.

(4) 실수요자를 위한 공급 확대

서울 도심 내에 차질 없는 공급을 추진하고, 수도권 30만호 계획의 조속한 추진, 관리처분인가 이후 단계 정비사업 추진을 지원하도록 하였으며, 가로주택정비사업 활성화를 위한 제도개선 및 준공업지역 관련 제도개선을 추진하기로 하였다.

투기수요 억제 및 공급확대를 통한 주택시장 안정화

투기수요 차단 및 실수요 중심의 시장 유도			실수요자 공급확대
투기적 대출수요 규제 강화	주택 보유부담 강화 및 양도소득세 제도 보완	투명하고 공정한 거래질서 확립	실수요 중심의 공급 확대
◎ 투기지역·투기과열지구 주담대 관리강화 • 시가 9억 원 초과LTV 강화 • 초고가 아파트 주담대 금지 • 차주 단위 DSR한도 규제 • 주택담보대출 실수요	◎ 보유부담 강화 • 종합부동산세 세율 등 상향 • 공시가격 현실화·형평성 제고 ◎ 양도세 제도 보완 • 1주택자 장특공제에 거주기준 요건 추가 • 2년 이상 거주자에	◎ 민간택지분양가 상한제 거래질서 확립 ◎ 거래 질서 조사체계 강화 -고가주택 자금출처 전수 분석 -실거래·정비사업 점검 상시화 -자금조달계획서 제출	◎ 서울 도심 내 공급의 차질없는 추진 ◎ 수도권 30만호 계획의 조속한 추진 ◎ 가로주택정비사업 활성화를 위한 제도개선 ◎ 준공업지역 관련 제도 개선

요건 강화 • 구입용 사업자대출 관리강화 • 부동산임대업 RTI강화 • 상호금융권 대출 관리강화 ◎ 전세대출 이용 갭투자 방지 • 사적보증의 전세대출 보증 규제 강화 • 전세대출 후 고가 신규주택 매입 제한	한해 1주택자 장특공제적용 • 일시적 2주택 전입요건 추가 및 중복보유 허용기간 단축 • 등록 임대주택 양도세 비과세 요건에 거주요건 추가 • 조정대상지역 다주택자 양도소득세 중과 시 주택 수에 분양권도 포함 • 2년 미만 보유주택 양도세율 인상 • 조정대상지역 내 한시적 다주택자 양도세 부과배제	대상 확대 및 신고 항목 구체화 -자금조달계획서 증빙서자료 제출 ◎ 청약규제 강화 -불법전매자 등 청약 제한 -청약 당첨요건 강화 -청약 재당첨 제한 강화 ◎ 임대등록 제도 보완 -취득세·재산세 혜택 축소 -임대사업자 합동점검 -임대사업자 등록요건 강화 -임대사업자 의무 강화	

5. 시장안정 대책 보완방안(2019. 10. 01)

시장안정대책 보완 방안(9.13 대책) 이후 전국적으로 부동산 시장의 경우 안정세를 지속했으나, 서울 강남권 재건축 단지를 중심으로 아파트 가격이 상승하면서 시장안정대책 보완방안을 발표하였는데 그 내용은 다음과 같다.

(1) 관계기관 합동 현장점검과 상시조사체계 운영

편법증여·자금출처 의심사례, 허위 계약신고, 업·다운 계약 등을 점검하고, 2020년부터 시장교란 근절과 지속적인 조사를 위하여 국토교통부를 중심으로 상시조사체계를 단계별로 운영하기로 하였다(1단계: 31개 투기과열지구와 상시조사체계 구축 집중조사, 2단계: 국토교통부·감정원 실거래상설조사팀을 구성하여 이상거래를 즉시 조사하기로 하였다)

(2) LTV규제 적용대상 확대 등 대출규제 보완

투기지역·투기과열지구 주택 매매업자에 대해서도 LTV 40% 규제를 도입하고, 투기지역·투기과열지구 주택임대업·주택매매업 법인에 대한 LTV 40% 규제를 도입하였다. 또 규제지역 소재 주택신탁 관련 수익권증서 담보대출의 경우 LTV 도입하고, 고가주택 보유 1주택자 공적보증을 제한하도록 하였다.

(3) 분양가상한제 적용 시 지정 검토방식 보완

집값 불안 우려 지역을 선별하고,[23] 10월말까지 주택법 시행령 개정, 분양가 상한제 실제 적용 시기와 지역은 시행령 개정 완료 후 시장 상황을 고려하여 관계 부처 협의를 거쳐 검토하기로 하였다.

(4) 분양가상한제 경과조치 보완 방향

재건축·재개발의 경우 시행령 시행 전 관리처분 계획 인가를 받았거나, 인가를 신청하고 시행령 시행 후 6개월까지 입주자 모집공고를 신청한 경우 상한제 적용을 제외하고, 지역주택조합의 경우 시행령 시행 전 사업계획 승인을 받았거나, 승인을 신청한 단지가 시행령 시행 후 6개월까지 입주자 모집공고를 신청한 경우에 상한제 적용에서 제외하도록 하였다. 일반사업, 리모델링주택조합은 기존 주택법 시행령과 동일하게 입주자 모집공고 신청분부터 적용하도록 하였다.

(5) 주택법 시행령 · 주택공급규칙 · 분양가산정규칙 개정

주택법 시행령에서 상한제 적용 지역 기준 등을 개선하고, 전매제한을 강화하였다. 또 주택공급규칙에서 후 분양 건축공정 기준을 강화(지상층 골조공사 2/3 이상에서 완료로), 분양가산정규칙에서 민간택지 감정평가 절차 및 기준을 개선하였다.

(6) 주택법 개정

민간택지 상한제 주택은 5년 범위에서 거주의무기간을 부과하였다.

6. 민간택지 분양가 상한제(2019. 08. 12)

민간택지 분양가 상한제 대책(8.12 대책)은 주택시장의 안정을 위하여 민간택

---

23) 시·군·구 단위로 최근 1년간 분양가격 상승률이 높거나, 서울 집값 상승을 선도한 지역 가운데 일반분양 예정물량이 많거나, 분양가 관리 회피를 위한 후분양 단지가 확인되는 지역

지의 분양가상한제 지정 기준을 개선하였다. 2019년 후반기 들어 강남권 재건축 지역을 중심으로 주택가격의 상승이 이어졌다. 서울의 분양가 상승이 집값 상승률보다 높아지면서 집값 상승의 우려가 커졌고, 그 대책으로 분양가격을 적정 수준으로 유지하여 실수요자의 내집 마련을 위한 부담을 완화하기 위한 목적으로 민간택지에도 분양가상한제를 확대 적용하는 방안을 담고 있다.

(1) 「주택법 시행령」개정, 민간택지에 분양가상한제 적용

민간택지 분양가 상한제 적용지역 지정 요건을 완화하였는데 그 내용은 다음과 같다.

민간택지 분양가 상한제 적용지역

구분		현행	개선
필수요건	주택가격ⓐ	• 직전 3개월 주택가격상승률이 물가상승률의 2배 초과	• 주택가격 상승률이 물가상승률보다 현저히 높아 투기과열지구로 지정된 지역
선택요건	분양가격ⓑ	• 직전 12개월 분양가격상승률이 물가상승률의 2배 초과	• 직전 12개월 평균 분양가격 상승률이 물가 상승률의 2배 초과 (단, 분양실적 부재 등으로 분양가격 상승률 통계가 없는 경우 주택건설 지역의 통계를 사용)
	청약경쟁률ⓒ	• 직전 2개월 모두 5:1(국민주택규모 10:1)초과	좌 동
	거래ⓓ	• 직전 3개월 주택거래량이 전년 동기 대비 20% 이상 증가	좌 동
정량요건 판단		ⓐ+〔ⓑ or ⓒ or ⓓ〕	

재건축·재개발 사업 등도 '최초 입주자모집 공고 신청분'부터 적용하고, 수도권 분양가 상한제 주택 전매제한 기간을 확대(최대 10년)하였다.

수도권 분양가 상한제 주택 전매제한 기간

구분			개선	
			투기과열	그 외
현행	공공택지	분양가격 인근 시세의 100% 이상	3년	3년
		85~100%	4년	4년
		70~85%	6년	6년
		70% 미만	8년	8년
	민간택지	분양가격 인근 시세의 100% 이상	3년	1년 6개월
		85~100%	3년	2년
		70~85%	3년	3년
		70% 미만	4년	4년
개선	공공택지	분양가격 인근 시세의 100% 이상	5년	3년
		80%~100%	8년	6년
		80% 미만	10년	8년
	민간택지	분양가격 인근 시세의 100% 이상	5년	–
		80%~100%	8년	–
		80% 미만	10년	–

(2) 소비자보호를 위한 분양가상한제 실효성과 후분양 기준 강화

거주의무 기간을 도입하고 수도권 공공분양을 수도권 공공택지와 민간택지로 확대하였다. 나아가 공공기관의 전문성을 활용한 분양가 타당성 검증체계를 강화하고, 소비자보호 강화를 위한 아파트 후분양 건축공정 기준을 강화하였다.

7. 주거종합계획(2019. 04. 23)

포용적 주거복지의 성과를 확산하고, 2018년 하반기부터 이어진 시장안정세를 더 확고히 정착하기 위한 부동산 정책으로, 공정한 임대차 시장과 고품질의 편안한 주거환경 조성을 위한 계획을 포함하고 있다.

(1) 포용적 주거복지 성과의 본격 확산

공적임대주택 17.6만호(공공임대주택 13.6만호, 공공지원주택 4만호)를 건설하고, 주거급여 약 110만 가구 지원과 구입·전세자금 대출 26만 가구를 지원하기로 하였다. 생애주기별 맞춤형 지원 고도화와 비주택 가구 등에 대한 지원을 강화하고, 빈집 정보은행 등 빈집 활용 강화와 공공임대주택 유형통합 모델을 마련하였다.

(2) 실수요 중심의 안정적 주택시장 관리 공고화

시장안정 기조를 일관되게 유지하고 주택시장 과열이 재현되는 경우 즉각적으로 대응하고, 주택시장 질서의 확립과 소비자보호를 강화하기로 하였다. 또 정비사업의 공공성과 투명성을 강화하였다.

(3) 임대인과 임차인이 공존하는 공정한 임대차시장 조성

이를 위하여 등록임대사업자의 관리 강화 등 공공성을 제고하고, 전세금 반환보증 활성화 등 임차인보호를 강화하였다.

(4) 고품질의 편안한 주거환경 조성

하자관리 체계의 내실화 등 공동주택의 품질 제고와 공동주택 관리를 강화하고, 제로에너지주택, 스마트 홈, 장수명주택 등 미래형 주택의 활성화를 도모하기로 하였다.

8. 주택시장 안정화대책(2018. 09. 13)

주택시장 안정화 대책(9.13 대책)은 '투기수요 근절, 맞춤형 대책, 실수요자 보호' 3대 원칙에서 서민주거와 주택시장 안정에 집중하기 위한 대책이다. 당시 서울과 일부 수도권을 중심으로 짧은 기간 안에 시장이 과열되고, 가격상승의 기대감으로 매물이 부족하게 되면서 갭 투자의 비중이 크게 증가하였고, 투기수요가

가세하면서 주택시장의 불안이 커졌다. 이에 대응하여 정부는 '주택시장 안정대책'을 발표하였는데 그 내용은 다음과 같다.

(1) 투기 차단 및 실수요자 보호

첫째, 종합부동산세를 상향 조정하였다. 고가주택의 세율을 인상하고(1주택자 시가 약 18억 원, 다주택자 시가 약 14억 원 초과구간 +0.2~0.7%p), 3주택 이상자 · 조정대상지역 2주택자 추가과세(+0.1~1.2%p)하는 등 세 부담 상한을 상향(조정대상지역 2주택자 이상자는 150%에서 300%)하였다.

다주택자 과세표준

1 주택자 시가 다주택자 시가 (과세표준)	현행	당초 정부안		수정안	
		2주택 이하	3주택 이하	일반	3주택 이상 그리고 조정대상지역 2주택
약 18억 원 이하 약 14억 원 이하 (3억 원 이하)	0.5%	현행유지	현행 유지	현행 유지	0.6% (+0.1%p)
약 18~23억 원 약 14~19억 원 (3~6억 원)				0.7% (+0.2%p)	0.9% (+0.4%p)
약 23~34억 원 약 19~30억 원 (6~12억 원)	0.7%	0.85% (+0.1%p)	1.15% (+0.4%p)	1.0% (+0.25%p)	1.3% (+0.55%p)
약 34~102억 원 약 98~176억 원 (50~94억 원)	1.0%	1.2% (+0.2%p)	1.5% (+0.5%p)	1.4% (+0.4%p)	1.8% (+0.8%p)
약 102~181억 원 약 98~176억 원 (50~94억 원)	1.5%	1.8% (+0.3%p)	2.1% (+0.6%p)	2.0% (+0,5%p)	2.5% (+1,0%p)
약 181억 원 초과 약 176억 원 초과 (94억 원 초과)	2.0%	2.5% (+0.5%p)	2.8% (+0.8%p)	2.7% (+0,7%p)	3.2% (+1.2%p)
세부담 상한	150%			150%	300%

둘째, 다주택자 규제를 강화하였다. 2주택 이상 세대의 규제지역 내의 주택구입, 비거주 목적 고가주택 구입의 경우 주택담보대출을 금지하고, 조정대상 지역 일시적 2주택자에 대한 양도세 비과세 기준을 종전 주택의 경우 3년에서 2년 내 처분으로 강화하였다.

주택구입 목적시 지역별 LTV·DTI 비율

구분			투기과열지구 및 투기지역		조정대상지역		조정대상지역 외 수도권		기타	
			LTV	DTI	LTV	DTI	LTV	DTI	LTV	DTI
고가주택 기준 이하 주택 구입시	서민실수요자		50%	50%	70%	60%	70%	60%	70%	없음
	무주택세대		40%	40%	60%	50%	70%	60%	70%	없음
	1주택보 유세대	원칙	0%	–	0%	–	60%	50%	60%	없음
		예외	40%	40%	60%	50%	60%	60%	60%	없음
	2주택 이상 보유세대		0%	–	0%	–	60%	50%	60%	없음
고가주택 구입시	원칙		0%	–	0%	–	고가주택기준 이하 주택구입시 기준과 동일			
	예외		40%	40%	60%	50%				

셋째, 주택임대사업자의 경우 투기지역·투기과열지구 내 주택담보 임대 사업자대출 LTV 40%로 제한하고, 임대업 대출 용도외 유용 점검을 강화하고, 조정대상지역 주택취득·임대등록 시 양도세 중과하도록 하였다.

(2) 서민 주거안정 목적의 주택공급 확대

수도권 내 신규 공공택지 30곳을 개발(30만호)하고, 지자체와 협의를 통해 도심 내 규제 완화 등을 포함한 주택공급 확대방안을 마련하였다. 나아가 노후지에 대한 소규모 정비사업 활성화를 통하여 주택공급을 확대하기로 하였다.

(3) 조세제도와 행정측면에서 조세 정의 실현

종합부동산세 공정시장 가액비율을 추가 상향조정하고,[24] 공시가격의 점진적 현실화와 형평성 개선 및 부동산 투기와 고액재산가의 편법·탈법 상속·증여 등에 대한 자금출처 조사와 세무조사를 지속적으로 강화하기로 하였다.

(4) 지방 주택시장에 대한 맞춤형 대응

지방 미분양 증가에 대비하여 미분양 관리지역 지정기준을 완화하고, 지방 미분양 관리지역 세입자 보호를 위하여 '전세보증금 반환보증 위축지역 특례(특례보증)'를 도입하기로 하였다.

전세보증금 반환보증 제도

구분	현행	특례보증(미분양관리지역)
신청기한	•전세계약 1/2 경과 전	•전세계약 종료 6개월 전
구상권 행사 (임대인)	•대위변제 후 6개월 유예 •민법상 지연배상금 5%	•대위변제 후 6개월 유예 •6개월간 지연배상금 면제(0%)

9. 주거복지로드맵(2017. 11. 29)

공급자 중심의 단편적·획일적 주거지원에서 수요자 중심의 종합적인 지원과 사회통합형 주거정책으로 탈바꿈하기 위한 장기비전이다. 주택공급이 늘면서 만성적인 주택 량 부족은 줄어들고, 평균적인 주거의 질은 높아지고 있지만 무주택 서민·실수요자의 내집 마련은 여전히 쉽지 않은 상황이다. 특히 공적 규제가 없는 민간 전·월세 주택에 거주하는 비율이 높아 주거 안정성도 취약한 실정이다. 이에 따라서 정부는 공공임대주택을 확대해 왔음에도 장기 공공임대주택 재고율 (6.3%)은 OECD 평균(8%) 이하로 나타나고 있다. 나아가 청년·신혼·고령층 등에 대한 맞춤형 임대주택 등이 부족하고, 지자체·민간 등과의 협력이 미흡한 관계로

---

24) 현행 80% → 연 5%p씩 100%까지 인상, ('19)85% ('20)90% ('21)95% ('22)100%.

주거복지망 구축에도 한계가 있었다. 이 같은 문제들을 해소하기 위한 단계적 주거안정책이 '주거복지로드맵'이다.

(1) 생애 단계별 · 소득수준별 수요자 맞춤형 지원

청년층을 위한 주택 30만실 공급과 우대형 청약통장을 도입하고, 전 · 월세 자금지원 강화 및 주거관련 정보 · 교육 등을 제공하며, 신혼부부를 위한 공공임대주택 20만호 공급과 신혼희망타운 7만호 공급 및 분양주택 특별공급을 확대하며, 전용 구입 · 전세자금대출 및 저소득 신혼부부의 주거비를 지원하기로 하였다.

고령층을 위한 어르신 공공임대 5만실 공급과 연금형 매입임대 등 보유주택을 활용한 지원을 하고, 주택개보수 지원을 강화하기로 하였다.

저소득 · 취약가구의 경우 공적임대 41만호를 공급하고, 주거급여 지원을 강화하며 무주택 서민 금융지원 강화 및 취약계층 주거지원 사업과 재난 피해주민 주거지원 사업을 그 내용으로 하고 있다.

생애단계별 · 소득수준별 지원방안

지원대상	지원내용
청년	• 청년주택 30만실 공급 : 소형 · 일자리 연계형 임대주택(공공임대 13만호, 공공지원 12만실) 25만실 및 기숙사 5만 명 입주 • 우대형 청약저축 도입 : 29세 이하 연소득 3천만 원 이하 무주택 세대주에게 최고 3.3% 금리적용, 5백만 원 한도 비과세 • 맞춤형 전월세 대출 : 월세대출 한도확대(월 30 → 40만 원), 1인가구 전세대출 연령제한 완화(25세 → 19세 이상) 등 • 정보제공 · 교육 강화 : 마이홈 포털 기능 강화, 대학과 연계
신혼부부	• 임대주택 20만호 공급 : 혼인기간 7년 이내 신혼부부 및 예비 신혼부부에게 육아 특화형 임대주택 공급 • 신혼희망타운 7만호 공급 : 신혼부부가 저렴하게 구입할 수 있는 분양형 공공주택 7만호(수도권 4.7만호)를 공급 • 특별공급 2배 확대 : 국민 · 공공 15 → 30%, 민영 10 → 20% • 신혼부부 전용 대출 도입 : (구입) 1.2~2.1%, (전세) 1.70~2.75%
고령층	• 임대주택 5만호 공급 : 무장애 설계 적용 · 복지서비스 연계 · 홀몸 어르신을 위한 안심센서 설치 등 맞춤형으로 공급 • 연금형 매입임대 : LH가 고령자의 주택을 매입 · 리모델링하여 청년 등에게 임대하고, 매각대금을 분할 지급 • 주택 개보수 지원 : 수선유지급여 추가 지원(50만 원)

저소득·취약계층	• 임대주택 41만호 공급 : 공공임대 27만호, 공공지원 14만호 • 주거급여 강화 : 소득인정 액 기준상향, 부양의무자 기준 폐지 • 긴급지원주택 도입 : 거리로 내몰릴 위기에 처한 가구에게 매입임대 공가 등을 활용해 긴급지원주택(shelter)을 제공 • 비주택 거주자 지원 : NGO가 노숙인 등 수요자를 발굴해 LH의 임대주택과 자활서비스 제공하는 주거 지원사업 활성화 • 중증장애인 지원 : 주거약자용 주택을 중증장애인에 우선공급 • 아동 빈곤가구 지원 : 보호대상 아동에 대한 전세임대주택 무상지원, 저소득 한부모 가정 등에 대한 소액 주거비 대출 • 그린홈 활성화 : 취약계층이 가정과 같이 공동거주하도록 지원하는 그룹홈을 활성화하고, 주거급여 지급도 검토 • 재난피해 주민 지원 : 임시거처 제공, 피해 복구·내진 보강 지원

(2) 무주택 서민·실수요자를 위한 주택공급 확대

공적임대 연 17만호(공공임대 연 13만호＋공공지원 연 4만호)를 지원, 분양주택 공급을 확대하고(공공분양 연 3만호＋민간분양용 공공택지 공급 연 8.3만호), 40여 개 공공주택지구를 신규 개발하여 16만호를 추가 확보하기로 하였다. 나아가 특별공급제도를 개선하여 배려계층 특별공급 제도를 개선하기로 하였다.

(3) 법·제도 정비, 협력적 주거복지 거버넌스 구축과 지원역량 강화

주택임대차보호법을 주거복지 임대차시장 안정과 연계해서 관리하고, 주거복지 전달체계를 개편하여 주거복지센터 표준모델을 구축하기로 하였다. 지자체의 임대주택 공급을 확대하고, 주택도시기금 활용을 통한 재원마련(5년간 119조 원) 등을 하기로 하였다.

10. 주택시장 안정화 대책(2017. 08. 02)

주택시장안정화대책(8.2 대책)은 '실수요 보호와 단기 투기수요 억제를 통한 주택시장 안정화'에 중점을 둔 대책이다. 과열지역에 투기수요의 유입을 차단하고, 실수요 중심으로 수요관리와 청약제도를 정비하고, 서민의 주거안정을 위하여 주택공급을 확대하는 등의 내용이다.

(1) 과열지역에 투기수요 유입차단

투기과열지구 및 투기지역을 지정하고, 민간택지 분양가상한제 적용지역의 지정요건을 개선하는 등의 내용을 담고 있다.

투기과열지구 및 투기지역 지정

구분	투기과열지구 ('17. 8. 3)	투기지역 ('17. 8. 3)	조정대상지역 ('16. 11. 3, '17. 6. 19 대책)
서울	전 지역 (25개구)	강남, 서초, 송파, 강동, 용산, 성동, 마포, 노원, 양천, 영등포, 강서 (11개구)	전 지역 (25개구)
경기	과천시		경기 7개시 (과천, 성남, 하남, 고양, 광명, 남양주, 동탄2)
기타	세종시	세종시	부산 7개구, 세종시

2018년 1월부터 재건축 초과이익 환수제를 시행하고, 투기과열지구 내 재건축 조합원 지위의 양도제한 강화 및 투기과열지구 내 재개발 등 조합원 분양권 전매를 제한하는 등의 내용이다. 나아가 과열지역에 대한 '도시재생 뉴딜'선정에서 제외하였다.

(2) 실수요 중심의 수요관리와 투기수요 조사 강화

조정대상 지역 내 양도소득세를 강화하고, 2주택 이상 다주택자(조합원 입주권 포함) 조정대상지역 내 주택 양도 시 양도소득세 중과, 장기보유특별공제(현재 3년 이상 보유시 보유기간에 따라 양도차익의 10~30% 공제)적용을 배제하는 등의 내용이다.

다주택자 양도세율

구분	2주택자	3주택자 이상
현행	양도차익에 따라 기본세율(6~40%) 적용	
개정	기본세율＋10%p	기본세율＋20%p

다만, 장기임대주택 등 과거 양도세 중과대상에서 제외한 주택 등은 양도세 중과와 장기보유특별공제 배제 대상에서 제외하도록 하였고, 1세대 1주택 양도세 비과세 요건을 강화하였는데, '17. 8. 3 이후 취득하는 주택에 대해서 2년 이상 보유, 양도가액 9억 원 이하에서 2년 이상 보유, 양도가액 9억 원 이하 및 2년 이상 거주하는 것을 요건으로 하였다.

분양권 전매시 양도소득세를 강화하였는데('18. 1. 1 이후 양도하는 분양권부터 적용), 조정대상지역에서 분양권 전매시 보유기간과 관계없이 양도소득세율 50%를 적용하도록 하였다(단, 무주택자로서 연령, 전매 사유 등 일정한 요건에 해당하는 경우 예외 인정). 또 다주택자 등에 대한 금융규제를 강화하였는데, 투기지역 내 주택담보대출 건수를 제한 강화하고(차주당 1건에서 세대당 1건), 투기과열지구 및 투기기역의 경우 기본 LTV·DTI 40% 적용하였다. 나아가 중도금 대출보증 건수도 1인당 통합 2건 이하에서 세대당 통합 2건으로 제한하였다(주택도시보증공사·주택금융공사 중도금 대출보증 9억 원 이하 주택).

강화된 지역별 LTV, DTI 규제비율(일반 주택담보대출과 집단대출)

구분	투기과열지구 및 투기지역		투기과열지구, 투기지역 외 조정대상지역		조정대상지역 외 수도권	
	LTV	DTI	LTV	DTI	LTV	DTI
서민 실수요자(완화)	50%	50%	70%	60%	70%	60%
주택담보대출 미보유(기본)	40%	40%	60%	50%	70%	60%
주택담보대출 1건 이상 보유(강화)	30%	30%	50%	40%	60%	50%

다주택자의 임대주택 등록을 유도하기 위하여 세제·기금·사회보험 등 인센티브를 강화해 임대주택 등록을 유인하고 자발적 등록이 저조할 경우 다주택자의 임대주택 등록 의무화 방안을 검토하도록 하였다.

(3) 투기적 주택수요에 대한 조사강화

지금조달계획 등 신고를 의무화하고, 주택시장 질서 확립을 위한 '특별사법경찰제도'를 도입 및 국세청 등 관계기관 공조를 강화하고, 불법전매 처벌규정을 강화하였다(3년 이하 징역, 3,000만 원 이하 벌금에서 3년 이하 징역, 1억 원 이하 벌금).

(4) 서민을 위한 주택공급

수도권 주택 수급전망과 향후 택지 확보 계획을 마련하였는데, 이는 수도권 입주물량 2017년 29만호, 2018년 31만호 등으로 최근 10년 평균('07~'16년, 19.5만호)과 주택 추정수요(약 21.6만호)를 크게 상회하는 수치이다. 나아가 2019년 이후에도 공공·민간택지 모두에서 실수요에 상응하는 수준의 주택공급이 지속될 수 있도록 신규택지 발굴을 추진하는 계획을 포함하고 있다.

또 주택 공급의 공공의 역할을 강조하여 공공임대주택 연간 13만호, 공공지원주택 연간 4만호 공급하고, 신혼부부에게 공공임대주택 연간 4만호(5년간 총 20만호) 공급과 공공주택 총 5만호를(연평균 1만호) 추가 공급하고, 시장수요에 따라서 물량을 확대 추진하기로 하였다.

(5) 실수요자를 위한 청약제도·전매기간 등 정비

청약제도를 개편하여 투기과열지구와 조정대상지역 1순위 자격요건을 강화하고(청약통장 가입 후 2년, 납입횟수 24회(국민주택에 한해 적용)), 가점제 적용 확대 등을 도입하였다. 전국 대상 가점제 당첨자의 재당첨을 제한하고(가점제로 당첨된 자와 당첨된 세대에 속한 자는 2년간 가점제 적용 배제), 예비입주 선정시 가점제를 우선 적용하도록 하였다(예비입주자 선정시 추첨제가 아닌 가점제를 우선 적용해 무주택 세대의 당첨기회 확대).

민영주택 가점제 적용비율

구분	85㎡ 이하		85㎡ 초과	
	현행	개선	현행	개선
수도권 공공택지	100%	100%	50% 이하에서 지자체장이 결정	
투기과열지구	75%	100%	50%	50%
조정대상지역	40%	75%	0%	0%
기타지역	40% 이하에서 지자체장 결정		0%	0%

또 지방 민간택지 전매제한기간을 설정하였는데 그 내용은 다음과 같다.

민간택지 전매제한기간 조정(공공택지 별도)

구분	투기과열지구	비투기과열지구						
		수도권			지방			
		조정대상지역		기타	조정대상지역	지방광역시	8개도	
		1지역	2지역					
현행	소유권이 전등기시	소유권이 전등기시	1년 6개월	6개월	–	–	–	
개선	소유권이 전등기시	소유권이 전등기시	1년 6개월	6개월	1년 6개월~소유권이전등기시	6개월		
해당지역	서울(전역) 과천	서울(전역) 과천, 광명	성남		부산7개구	부산 기타 대구, 광주 등		

나아가 오피스텔 분양 및 관리 개선으로 조정대상지역 내 오피스텔 전매제한
기간을 강화하고, 청약자 보호를 위하여 인터넷 청약 등의 제도를 개선하여 추진
하기로 하는 등의 내용이다.

오피스텔 분양 및 관리개선 내용

	투기과열지구	조정대상지역
현행	(전매)소유권 이전등기 시까지 (분양)거주자 우선분양 20% ＊수도권 지역에 한정	(전매)전매제한기간 없음 　　　단 2인 이상에게 전매 불가 (분양)거주자 우선분양의무 없음
개정	(전매)소유권 이전등기 시까지 (분양)거주자 우선분양 20% ＊전국으로 확대	(전매)소유권 이전등기 시까지 (분양)거주자 우선분양 20%

부동산 매매계약 일반

• CHAPTER •
03

부동산 매매계약 일반

제1절   부동산 계약을 위한 준비

Ⅰ. 부동산 매물정보 등

1. 전국 분양정보 및 시세 확인

부동산 거래를 위하여 우선 전국의 분양정보와 부동산 시세를 확인할 필요가 있다. 이에 대한 정보는 씨리얼(SEE:REAL)을 통하여 확인할 수 있다.

2. 한국토지주택공사의 주택공급계획 정보의 확인

한국토지주택공사에서 분양하는 주택공급계획에 관한 정보는 LH청약센터-분양정보-공급계획에서 확인할 수 있고, 한국토지주택공사에서 분양하는 단지에 대한 자세한 정보는 LH청약센터-분양정보-분양주택에서 확인할 수 있다.

3. 보금자리주택정보(공공주택)

(1) 개요

이명박 정부가 추진한 주택정책의 핵심이 되었던 공공주택공급 사업이다. 2008년 9월 19일 국민 주거 안정을 위한 도심공급 활성화 및 보금자리 주택건설 방안을 발표했으며, 기존의 '국민임대주택건설 등에 관한 특별조치법'을 「보금자리주택건설 등에 관한 특별법」으로 전면 개정하여 실시하였다.

이는 2009년부터 2018년까지 10년간 약 150만 채의 공공주택을 분양과 임대로 나누어 공급하는 매머드 정책이었다. 보금자리주택정책은 국민 모두가 집을 소유한다는 국가적 목표를 갖고 시작하였으며, 이 목표를 달성하기 위하여 민간 건설사에만 주택공급을 맡기지 않고 한국토지주택공사(LH)를 활용하여 공공주택을 저렴하게 공급하여 모든 국민이 집을 소유할 수 있도록 하기 위한 것이었다.

(2) 내용

보금자리주택은 국가 또는 지방자치단체, 한국토지주택공사, 지방공사가 국가 또는 지방자치단체의 재정이나 주택법에 따른 국민주택기금의 지원을 받아 건설 또는 매입하여 공급하는 임대를 목적으로 공급하는 주택으로 대통령령으로 정하는 주택이나 분양 목적으로 공급하는 국민주택 이하의 주택이다(보금자리주택건설 등에 관한 특별법 제2조 제1항).

보금자리주택은 분양(공공 분양주택), 장기공공주택(영구 임대주택, 국민임대주택), 공공임대주택(10년 임대주택, 국민임대주택), 공공임대주택(10년 임대주택, 분납임대주택, 장기 전세주택) 등이 있다.

4. 경매정보

전국의 경매물건에 대한 자세한 내용은 대법원 법원경매정보에서 확인할 수 있다.

5. 부동산 중개업체 정보

전국의 부동산 중개업체에 대한 정보는 온나라 부동산정보통합포털 – 정보조회 – 부동산중개사무소에서 확인할 수 있다.

Ⅱ. 부동산 시세 및 실거래가 정보

부동산 매매를 위한 계약을 체결하기 이전에 계약 목적물의 거래시세와 실거래가 정보를 확인할 필요가 있다. 전국의 부동산 중개업체에 관한 자세한 정보는 씨:리얼(SEE:REAL) – 부동산민원 – 부동산중개업조회를 통하여 확인할 수 있다.

Ⅲ. 부동산중개업체의 선정과 계약

1. 부동산 개업공인중개사

공인중개사란 공인중개사법에 따라서 공인중개사 자격을 취득한 자를 말하며 (공인중개사법 제2조 제2호), 부동산 개업공인중개사는 다른 사람의 의뢰에 의하여 일정한 보수를 받고 중개대상물에 대해 거래당사자 간의 매매·교환·임대차 그 밖의 권리의 득실변경에 관한 행위를 알선하는 중개사무소의 개설등록을 한 사람을 말한다(공인중개사법 제2조 제1호, 제3호 및 제4호). 따라서 부동산 중개사무소의 개설등록은 공인중개사(소속공인중개사 제외) 또는 법인이 아닌 자는 신청할 수 없다 (공인중개사법 제9조 제2항).

2. 부동산 개업공인중개사 선정 시 확인 사항

부동산 개업공인중개사에게 중개를 의뢰하는 경우 부동산 개업공인중개사가 소속된 해당 부동산 중개업체의 등록 여부 및 보증보험 또는 공제가입 여부를 확인하고 중계계약을 체결하는 것이 바람직하다. 중개를 의뢰하려는 부동산 개업공인중개사가 공인중개사법에 따라 개설등록된 업체 인지의 여부는 해당 부동산 중개사무소 안에 게시되어 있는 중개사무소등록증, 공인중개사자격증 등으로 확인할 수 있다(공인중개사법 제7조 및 공인중개사법 시행규칙 제10조). 또 해당 부동산 개업공인중개사의 보증보험 또는 공제의 가입 여부는 중개사무소에 게시된 보증의 설정 증명서류를 통하여 확인할 수 있다(공인중개사법 시행세칙 제10조).

3. 부동산 개업공인중개사의 의무

(1) 중개대상 부동산의 확인 · 설명의무

부동산 개업공인중개사는 중개를 의뢰받았을 경우 중개가 완성되기 전에 다음의 사항을 확인하여 이를 해당 중개대상물에 관한 권리를 취득하고자 하는 중개의뢰인에게 성실 · 정확하게 설명하고, 토지대장 등본 또는 부동산종합증명서, 등기사항증명서 등 설명의 근거자료를 제시해야 한다(공인중개사법 제25조 제1항 및 공인중개사법 시행령 제21조 제1항).

- ▶ 중개대상물의 종류 · 소재지 · 지번 · 지목 · 면적 · 용도 · 구조 및 건축연도 등 중개대상물에 관한 기본적인 사항
- ▶ 소유권 · 전세권 · 저당권 · 지상권 및 임차권 등 중개대상물의 권리관계에 관한 사항
- ▶ 거래 예정금액 · 중개수수료 및 실비의 금액과 그 산출 내역
- ▶ 토지이용계획, 공법상의 거래규제 및 이용 제한에 관한 사항
- ▶ 수도 · 전기 · 가스 · 소방 · 열 공급 · 승강기 및 배수 등 시설물의 상태
- ▶ 벽면 및 도배의 상태
- ▶ 일조 · 소음 · 진동 등 환경조건
- ▶ 도로 및 대중교통수단과의 연계성, 시장 · 학교와의 근접성 등 입지조건
- ▶ 중개대상물에 대한 권리를 취득함에 따라 부담해야 할 조세의 종류 및 세율

부동산 개업공인중개사가 중개의뢰인에게 성실 · 정확하게 중개대상물의 확인 · 설명을 하지 않거나 설명의 근거자료를 제시하지 않았을 경우에는 500만 원 이하의 과태료를 부과받게 된다(공인중개사법 제51조 제2항 제1호의5).

(2) 부동산 개업공인중개사의 중개대상물 확인 · 설명서 교부 및 보존

부동산 개업공인중개사는 중개가 완성되어 거래계약서를 작성하는 때에는 위의 사항을 중개대상물확인 · 설명서에 기재하여 거래당사자에게 교부하고 그 원본, 사본 또는 전자문서를 3년간 보존해야 한다(공인중개사법 제25조 제3항 본문, 공인중개사법 시행령 제21조 제3항 및 공인중개사법 시행규칙 제16조 제1호, 별지 제20호 서식).

다만, 확인 · 설명사항이 「전자문서 및 전자거래 기본법」 제2조 제9호에 따른 공인전자문서센터(이하 "공인전자문서센터"라 함)에 보관된 경우에는 그러하지 아니하다(공인중개사법 제25조 제3항 단서)

(3) 거래계약서 작성의무

부동산 개업공인중개사는 중개대상물에 관하여 중개가 완성된 때에는 거래계약서를 작성하여 거래당사자에게 교부하고 그 원본, 사본 또는 전자문서를 5년 동안 보존해야 한다(공인중개사법 제26조 제1항 본문 및 공인중개사법 시행령 제22조 제2항). 다만, 거래계약서가 공인전자문서센터에 보관된 경우에는 그러하지 아니하다(공인중개사법 제26조 제1항 단서).

(4) 계약금 등의 반환채무이행 보장의무

부동산 개업공인중개사는 거래 안전의 보장을 위하여 필요하다고 인정하는 경우에는 거래계약의 이행이 완료될 때까지 계약금 · 중도금 또는 잔금을 부동산중개업자 또는 금융기관(공인중개사법 시행령 제27조), 공제사업을 하는 자(공인중개사법 제42조) 또는 신탁업자(자본시장과 금융투자업에 관한 법률) 등에 예치하도록 거래당사자에게 권고할 수 있다(공인중개사법 제31조 제1항).

(5) 부동산 개업공인중개사 등의 비밀유지의무

부동산 개업공인중개사 · 소속공인중개사 · 중개보조원 및 개업공인중개사인 법인의 사원 · 임원은 중개업무 중에는 물론 그 업무를 떠난 후에도 그 업무상 알게 된 비밀을 누설해서는 안 된다(공인중개사법 제29조 제2항). 업무상 알게 된 비밀을 누설한 부동산 개업공인중개사 · 소속공인중개사 · 중개보조원 및 개업공인중개사인 법인의 사원·임원은 1년 이하의 징역 또는 1천만 원 이하의 벌금에 처해진다(공인중개사법 제49조 제1항 제9호).

(6) 자격증 대여 등의 금지

공인중개사는 다른 사람에게 자기의 성명을 사용하여 중개업무를 하게 하거나 자기의 공인중개사 자격증을 양도 또는 대여해서는 안 된다(공인중개사법 제7조 제1항). 다른 사람에게 자기의 성명을 사용하여 중개업무를 하게 하거나 공인중개사 자격증을 양도·대여한 공인중개사는 1년 이하의 징역 또는 1천만 원 이하의 벌금에 처해지게 된다(공인중개사법 제49조 제1항 제1호).

4. 부동산 중개업자와의 계약

(1) 일반중개 계약

중개의뢰인은 부동산 중개업체와 중개계약을 체결한 때 중개의뢰 내용을 명확하게 하기 위하여 부동산 개업공인중개사에게 다음의 사항을 기재한 일반중개계약서를 작성해 줄 것을 요청할 수 있다(공인중개사법 제22조, 공인중개사법 시행령 제19조 및 공인중개사법 시행규칙 제13조, 별지 제14호 서식).

▶ 중개대상물의 위치 및 규모
▶ 거래예정가격
▶ 중개보수
▶ 그 밖에 부동산 개업공인중개사와 중개의뢰인이 준수하여야 할 사항

(2) 전속중개 계약

중개의뢰인은 중개대상물의 중개를 의뢰하는 경우 특정한 개업공인중개사를 정하여 그 개업공인중개사에 한정하여 해당 중개대상물을 중개하도록 하는 계약을 체결할 수 있다(공인중개사법 제23조 제1항).

5. 부동산 중개보수

(1) 중개보수 및 실비 지불

중개의뢰인은 중개업무에 관해 부동산 개업공인중개사에게 소정의 중개보수를 지불해야 한다(공인중개사법 제32조 제1항 본문). 그러나 부동산 개업공인중개사의 고의 또는 과실로 의뢰인 간의 거래행위가 무효·취소 또는 해제된 경우에는 중개보수를 지불할 의무가 없으며(공인중개사법 제32조 제1항 단서), 부동산 개업공인중개사는 중개의뢰인에게 중개대상물의 권리관계 등의 확인 또는 계약금 등의 반환채무 이행의 보장에 소요한 실비를 청구할 수 있다(공인중개사법 제32조 제2항).

(2) 중개보수 및 실비 한도

중개대상물이 주택인 경우 주택(부속 토지 포함) 매매 중개에 대한 보수는 거래금액의 0.5%(2021.10. 기준) 이내에서 특별시·광역시·도 또는 특별자치도의 조례로 정하고, 주택 외의 중개대상물의 중개보수는 다음의 구분에 따른다(공인중개사법 제32조 제4항 및 공인중개사법 시행규칙 제20조 제6항, 제1항, 제4항).

▸ 오피스텔(다음의 요건을 모두 충족하는 경우에 한함): 중개의뢰인 쌍방으로부터 각각 받고, 거래금액의 0.5% 범위에서 중개보수를 결정한다(공인중개사법 시행규칙 별표3).
  ① 전용면적이 85제곱미터 이하일 것
  ② 상·하수도 시설이 갖추어진 전용입식 부엌, 전용 수세식 화장실 및 목욕시설(전용수세식 화장실에 목욕시설을 갖춘 경우를 포함함)을 갖출 것
▸ ①의 경우: 중개의뢰인 쌍방으로부터 각각 받고, 거래금액의 0.5% 이내에서 중개의뢰인과 개업공인중개사가 서로 협의하여 결정한다.
  일방 계약당사자로부터 받을 수 있는 중개보수의 한도 및 거래금액의 계산법은 다음과 같다(공인중개사법 제32조 제3항 및 공인중개사법 시행규칙 제20조 제1항, 제4항 및 제5항).

중개보수의 한도 및 거래금액의 계산

	일방 계약당사자로부터 받을 수 있는 중개수수료의 한도	거래금액 계산
주택 매매·주택 외 부동산매매	거래금액의 0.5% 이내	동일한 중개대상물에 대하여 동일 당사자 간에 매매를 포함한 둘 이상의 거래가 동일 기회에 이루어지는 경우: 매매금액만을 적용함
주택교환·주택 외 부동산 교환	거래금액의 0.5% 이내	교환대상 중개대상물 중 거래금액이 큰 중개대상물의 가액을 거래금액으로 함

중개대상물의 소재지와 부동산 중개사무소의 소재지가 다른 경우 부동산 개업공인중개사는 부동산 중개사무소의 소재지를 관할하는 시·도의 조례에서 정한 기준에 따라서 중개보수를 받아야 하며(공인중개사법 시행규칙 제20조 제3항), 중개보수의 지급 시기는 개업공인중개사와 중개의뢰인 간의 약정이 있으면 그에 따르고, 약정이 없을 때에는 중개대상물의 거래대금 지급이 완료된 날에 지급하는 것이 원칙이다(공인중개사법 제32조 제3항 및 공인중개사법 시행령 제27조의2).

부동산 개업공인중개사는 매도·임대 그 밖의 권리를 이전하고자 하는 중개의뢰인에게 영수증 등을 첨부하여 중개대상물의 권리관계 등의 확인 또는 계약금 등의 반환채무 이행 보장에 드는 실비를 중개의뢰인에게 청구할 수 있으며(공인중개사법 시행규칙 제20조 제2항), 부동산 개업공인중개사는 매수·임차 그 밖의 권리를 취득하고자 하는 중개의뢰인에게 영수증 등을 첨부하여 계약금 등의 반환채무 이행의 보장을 위하여 소요되는 실비를 청구할 수 있다(공인중개사법 시행규칙 제20조 제2항).

중개대상물의 소재지와 부동산 중개사무소의 소재지가 다른 경우 부동산 개업공인중개사는 부동산 중개사무소의 소재지를 관할하는 시·도의 조례에서 정한 기준에 따라서 실비를 받아야 하는데(공인중개사법 시행규칙 제20조 제3항), 전국 시·도별 중개보수에 대한 자세한 내용은 한국공인중개사협회-정보마당-수수료 요율표-시·도별 중개수수료 요율표에서 확인할 수 있다.

(3) 금지행위

부동산 개업공인중개사·소속공인중개사·중개보조원 및 개업공인중개사인 법인의 사원·임원은 사례·증여 그 밖의 어떠한 명목으로도 중개보수 또는 실비 외의 금품을 받을 수 없으며(공인중개사법 제33조 제1항 제3호), 부동산 개업공인중개사 등은 중개보수 또는 실비의 한도를 초과하여 금품을 받은 경우 6개월 이내의 자격정지와 중개사무소의 개설등록이 취소될 수 있으며, 또한 1년 이하의 징역 또는 1,000만 원 이하의 벌금에 처해질 수 있다(공인중개사법 제33조 제1항 제3호, 제36조 제1항 제7호, 제38조 제2항 제9호 및 제49조 제1항 제10호).

부동산 중개업자가 수수료 또는 실비의 한도를 초과하여 요구한 경우, 그 초과분은 무효이며, 따라서 한도를 초과하여 지급한 수수료 또는 실비의 반환을 청구할 수 있다.[25]

6. 부동산 개업공인중개사의 책임과 분쟁의 해결

(1) 개업공인중개사의 책임

중개의뢰인은 부동산 개업공인중개사의 고의 또는 과실로 중개행위 중에 입은 재산상의 손해에 대한 배상을 청구할 수 있다(공인중개사법 제30조 제1항). 즉, 부동산 중개업자는 부동산을 처분하려는 사람이 진정한 권리자와 동일인인지 조사·확인해야 하고, 나아가 진정한 권리자와 동일인인지 조사·확인하였더라도 매도의뢰인이 모르는 자인 경우에는 등기권리증 소지 여부나 그 내용을 조사·확인할 의무를 부담한다. 따라서 부동산 중개업사가 이러한 부동산 중개업자의 의무를 소홀히 하여 부동산 매수인에게 손해를 입힌 경우에 부동산 중개인은 그 손해에 대해서 배상을 해야 한다.[26]

또, 부동산 매매계약의 체결을 중개하고 계약체결 후 계약금 및 중도금 지급에도 관여한 부동산 중개업자가 잔금 중 일부를 횡령한 경우, 부동산 중개업자는 중개행위를 함에 있어서 거래당사자에게 재산상의 손해를 발생하게 한 경우에 해당되므로 부동산 중개업자는 그에 대한 손해배상을 해야 한다.[27] 부동산 개업공인중개사가 자기의 중개사무소를 다른 사람의 중개행위의 장소로 제공함으로써 중개의뢰인이 재산상의 손해를 입은 경우 중개의뢰인은 그 손해에 대해서 배상을 받을 수 있다(공인중개사법 제30조 제2항).

---

25) 대법원 2007. 12. 20. 선고 2005다32159 전원합의체 판결.
26) 대법원 1993. 5. 11. 선고 92다55350 판결.
27) 대법원 2005. 10. 7. 선고 2005다32197 판결.

부동산 개업공인중개사는 업무를 개시하기 전에 손해배상책임을 보장하기 위해 다음의 금액을 보장하는 보증보험 또는 공제에 가입하거나 공탁을 해야 한다. (공인중개사법 제30조 제3항 및 공인중개사법 시행령 제24조 제1항).

▶ 법인인 중개업자 : 2억 원 이상(다만, 분사무소를 두는 경우에는 분사무소마다 1억 원 이상을 추가로 설정해야 함)

▶ 법인이 아닌 중개업자 : 1억 원 이상

부동산 개업공인중개사는 중개가 완성된 때에는 거래당사자에게 손해배상책임의 보장에 관한 다음의 사항을 설명하고 관계 증서의 사본을 교부하거나 관계 증서에 관한 전자문서를 제공해야 한다(공인중개사법 제30조 제5항).

▶ 보장금액

▶ 보증보험회사, 공제사업을 행하는 자, 공탁기관 및 그 소재지

▶ 보장기간

(2) 부동산 중개업체 관련 소비자분쟁

부동산 중개업체와 관련하여 소비자와 사업자 간(이하 "분쟁당사자"라 함)에 발생한 분쟁은 당사자 간의 합의를 통하여 해결하는 것이 원칙이다. 그러나 당사자 간에 합의가 원만하게 이루어지지 않을 경우, 당사자 사이에 분쟁해결 방법에 관한 특약이 없는 경우에는 소비자분쟁해결기준이 분쟁해결을 위한 합의 또는 권고의 기준이 되는데(소비자기본법 제16조 제3항 및 소비자기본법 시행령 제8조 제2항), 부동산 중개업체와 관련된 소비자분쟁해결기준은 다음과 같다(소비자분쟁해결기준, 공정거래위원회 고시 제2020-16호, 2020. 11. 13. 발령·시행, 제3조 및 별표 2 18. 부동산중개업).

소비자분쟁해결기준

분쟁유형	해결기준	비고
부동산 중개수수료의 과다징수	차액 환급	
부동산 중개대상물의 확인·설명을 소홀히 하여 재산상의 피해를 발생한 경우	손해액 배상	

IV. 부동산 구입자금 확보

1. 구입자금의 대출

정부는 국민의 주거복지 증진을 위해 주택도시기금을 조성하여 부동산 구입에 필요한 자금을 지원해주고 있어(주택도시기금법 제1조, 제3조 및 제9조), 이를 활용하면 저금리의 대출이 가능하다.

2. 구입자금 대출의 종류

주택도시기금을 활용한 구입자금 대출은 다음과 같다.
▶ 내집마련디딤돌대출
▶ 수익공유형모기지
▶ 손익공유형모기지
▶ 주거안정주택구입자금
▶ 오피스텔구입자금
▶ 부도임대주택경락자금

부동산 구입자금 대출에 관한 사항은 국토교통부 주택도시기금(nhuf.molit.go.kr)에서 확인할 수 있으며, 그 밖에 은행의 주택구입자금대출은 행당 은행에 문의를 통하여 확인할 수 있다.

V. 부동산 매매계약을 위한 사전 허가

1. 토지거래허가구역의 토지 매매

(1) 토지거래허가구역의 개념

"토지거래허가구역"이란 국토의 이용 및 관리에 관한 계획의 원활한 수립과 집행, 합리적 토지의 이용 등을 위하여 토지의 투기적인 거래가 성행하거나 지가(地價)가 급격히 상승하는 지역 및 그러한 우려가 있는 지역에서의 토지거래계약의 경우 허가를 받아야 하는 구역(이하 "허가구역"이라 함)을 말하는데(부동산 거래신고 등에 관한 법률 제10조 제1항), 다음의 지역은 토지거래계약에 관한 허가구역으로 지정될 수 있다(부동산 거래신고 등에 관한 법률 제10조 제1항 및 부동산 거래신고 등에 관한 법률 시행령 제7조 제1항).

▶ 「국토의 계획 및 이용에 관한 법률」에 따른 광역도시계획, 도시·군기본계획, 도시·군관리계획 등 토지이용계획이 새로 수립되거나 변경되는 지역

▶ 법령의 제정·개정 또는 폐지나 그에 의한 고시·공고로 인하여 토지이용에 대한 행위제한이 완화되거나 해제되는 지역

▶ 법령에 의한 개발사업이 진행 중이거나 예정되어 있는 지역과 그 인근지역

▶ 그 밖에 국토교통부장관 또는 특별시장·광역시장·특별자치시장·도지사·특별자치도지사(이하 "시·도지사"라 함)가 투기우려가 있다고 인정하는 지역 또는 관계 행정기관의 장이 특별히 투기가 성행할 우려가 있다고 인정하여 국토교통부장관 또는 시·도지사에게 요청하는 지역

(2) 토지거래허가구역 내의 토지거래허가

허가구역에 있는 토지에 관한 소유권·지상권(소유권·지상권의 취득을 목적으로 하는 권리를 포함함)을 이전하거나 설정(대가를 받고 이전하거나 설정하는 경우만 해당함)하는 계약(예약을 포함함. 이하 "토지거래계약"이라 함)을 체결하려는 당사자는 공동으로 그 토지의 소재지를 관할하는 시장·군수 또는 구청장에게 허가를 받아야 한다(부동산 거래신고 등에 관한 법률 제11조 제1항 전단).

허가구역에 있는 토지거래계약을 체결하고자 하는 당사자는 공동으로 다음의 서류를 첨부하여 그 토지를 관할하는 시장·군수 또는 구청장에게 제출해야 한다(부동산 거래신고 등에 관한 법률 제11조 제1항, 부동산 거래신고 등에 관한 법률 시행령 제8조 및 부동산 거래신고 등에 관한 법률 시행규칙 제9조 제1항).

▶ 토지거래계약허가신청서(부동산 거래신고 등에 관한 법률 시행규칙 별지 제9호서식)

▶ 토지이용계획서(농지법에 따라 농지취득자격증명을 발급 받아야 하는 농지의 경우에는 농업경영계획서)

▶ 토지취득자금조달계획서(부동산 거래신고 등에 관한 법률 시행규칙 별지 제10호서식)
토지거래허가를 받지 않고 체결한 토지거래계약은 효력이 발생하지 않는다

(부동산 거래신고 등에 관한 법률 제11조 제6항).

(3) 토지거래계약의 불허

토지거래계약에 관한 허가신청이 다음에 해당하는 경우에는 허가를 받을 수 없다(부동산 거래신고 등에 관한 법률 제12조).

▶ 자기의 거주용 주택용지로 이용하려는 것이 아닌 경우

▶ 허가구역을 포함한 지역의 주민을 위한 복지시설 또는 편익 시설로서 관할 시장·군수 또는 구청장이 확인한 시설의 설치에 이용하려는 것이 아닌 경우

▶ 허가구역에 거주하는 농업인·임업인·어업인 또는 「부동산 거래신고 등에 관한 법률 시행령」 제10조 제1항에 따른 자가 그 허가구역에서 농업·축산업·임업 또는 어업을 경영하기 위하여 필요한 것이 아닌 경우

▶ 「공익사업을 위한 토지 등의 취득 및 보상에 관한 법률」이나 그 밖의 법률에 따라 토지를 수용하거나 사용할 수 있는 사업을 시행하는 자가 그 사업을 시행하기 위하여 필요한 것이 아닌 경우

▶ 허가구역을 포함한 지역의 건전한 발전을 위하여 필요하고 관계 법률에 따라 지정된 지역·지구·구역 등의 지정목적에 적합하다고 인정되는 사업을 시행하는 자나 시행하려는 자가 그 사업에 이용하려는 것이 아닌 경우

▶ 허가구역의 지정 구역이 속한 특별시·광역시·특별자치시·시(제주특별자치도 설치 및 국제자유도시 조성을 위한 특별법에 따른 행정시 포함)·군 또는 인접한 특별시·광역시·특별자치시·시·군에서 사업을 시행하고 있는 자가 그 사업에 이용하려는 것인 경우나 그 자의 사업과 밀접한 관련이 있는 사업을 하는 자가 그 사업에 이용하려는 것이 아닌 경우

▶ 허가구역이 속한 특별시·광역시·특별자치시·시 또는 군에 거주하고 있는 자의 일상생활과 통상적인 경제활동에 필요한 것 등으로서 「부동산 거래신고 등에 관한 법률 시행령」 제10조 제2항의 용도에 이용하려는 것이 아닌 경우

▶ 도시·군계획이나 그 밖에 토지의 이용 및 관리에 관한 계획에 맞지 않는 경우

▶ 생태계의 보전과 주민의 건전한 생활환경 보호에 중대한 위해(危害)를 끼칠 우려가 있는 경우

▶ 그 면적이 그 토지의 이용목적으로 보아 적합하지 않다고 인정되는 경우

(4) 벌칙

허가구역 내의 토지를 허가를 받지 않고 토지거래계약을 체결하거나, 속임수나 그 밖의 부정한 방법으로 토지거래계약 허가를 받은 경우에는 2년 이하의 징역 또는 계약체결 당시의 개별공시지가에 의한 해당 토지가격의 100분의 30에 해당하는 금액 이하의 벌금에 처하고(부동산 거래신고 등에 관한 법률 제26조 제2항), 부정한 방법으로 토지거래계약에 관한 허가를 받은 경우에는 국토교통부장관, 시·도지사, 시장·군수 또는 구청장은 그 허가를 취소할 수 있다(부동산 거래신고 등에 관한 법률 제21조 제3호).

2. 외국인의 부동산 매매

(1) 외국인의 개념

"외국인 등"이란 다음의 개인·법인 또는 단체를 말한다(부동산 거래신고 등에 관한 법률 제2조 제4호 및 부동산 거래신고 등에 관한 법률 시행령 제2조).
▶ 대한민국의 국적을 보유하고 있지 않은 개인
▶ 외국의 법령에 따라 설립된 법인 또는 단체
▶ 사원 또는 구성원의 1/2 이상이 대한민국의 국적을 보유하지 않은 개인인 법인 또는 단체
▶ 업무를 집행하는 사원이나 이사 등 임원의 1/2 이상이 대한민국의 국적을 보유하지 않은 개인인 법인 또는 단체
▶ 대한민국의 국적을 보유하지 않은 개인이나 외국의 법령에 따라 설립된 법인 또는 단체가 자본금의 1/2 이상이나 의결권의 1/2 이상을 가지고 있는 법인 또는 단체
▶ 외국 정부
▶ 국제연합과 그 산하기구·전문기구, 정부간 기구, 준정부간 기구, 비정부간 국제기구 등

(2) 토지취득의 허가

외국인 등이 취득하려는 토지가 다음의 어느 하나에 해당하는 구역·지역 등에 있는 경우에는 토지취득을 위한 계약을 체결하기 전에 신고관청으로부터 토지취득의 허가를 받아야 한다(부동산 거래신고 등에 관한 법률 제9조 제1항 본문 및 부동산 거래신고 등에 관한 법률 시행령 제6조 제1항).

▶ 군사기지 및 군사시설 보호구역, 그 밖에 국방의 목적을 위하여 외국인 등의 토지취득을 특별히 제한할 필요가 있는 지역으로 국방 목적상 필요한 섬 지역으로서 국토교통부장관이 국방부장관 등 관계 중앙행정기관의 장과 협의하여 고시하는 지역

▶ 지정문화재와 이를 위한 보호물 또는 보호구역

▶ 생태·경관보전지역

▶ 야생동·식물특별보호구역

외국인 등이 토지취득의 허가를 받으려 하는 경우에는 다음의 서류를 시장·군수 또는 구청장에게 제출해야 한다(부동산 거래신고 등에 관한 법률 제9조 제1항, 부동산 거래신고 등에 관한 법률 시행령 제6조 제1항 및 부동산 거래신고 등에 관한 법률 시행규칙 제7조 제1항).

▶ 외국인 부동산등 취득·계속 보유 신고서

▶ 외국인 토지 취득 허가신청서

토지취득의 허가신청을 하는 경우 15일 이내에 허가 또는 불허가 처분을 받을 수 있으며 토지취득 허가를 받지 않고 체결한 토지취득 계약은 그 효력이 발생하지 않는다(부동산 거래신고 등에 관한 법률 제9조 제3항, 부동산 거래신고 등에 관한 법률 시행령 제6조 제3항).

(3) 벌칙

허가를 받지 않고 토지취득 계약을 체결하거나 부정한 방법으로 허가를 받아 토지취득 계약을 체결한 외국인 등은 2년 이하의 징역 또는 2천만 원 이하의 벌금에 처한다(부동산 거래신고 등에 관한 법률 제26조 제1항).

3. 학교법인의 부동산 매도

(1) 학교법인의 개념

학교법인은 사립학교의 설치·경영할 목적으로 사립학교법에 따라서 설립된 법인을 말한다(사립학교법 제2조 제2호). 학교법인은 사립학교법 제28조에 의하여 소속 학교와 회계가 별개이며 교육당국의 허가 없이 법인 또는 학교 재산을 임의로 처분할 수 없다. 따라서 채권자는 사립학교법이 규정하고 있는 기본재산에 대해서 압류하는 경우에도 교육당국의 허가가 필요하며, 다만 보통재산은 교육당국의 허가 없이 강제집행할 수 있다.

(2) 학교법인의 부동산 매도

학교법인이 부동산을 매도하는 경우에는 관할청의 허가를 받아야 하는데(사립학교법 제28조 제1항 및 사립학교법 시행령 제5조 제1항 제1호), 관할관청은 다음과 같다.

관할관청

관할관청	관할관청의 지도·감독을 받는 기관
해당 주소지를 관할하는 특별시·광역시·특별자치시·도 및 특별자치도 교육감	1. 사립의 초능학교·중학교·고등학교·고등기술학교·고등공민학교·특수학교·유치원 및 이들에 준하는 각종학교 2. 1.의 사립학교를 설치·경영하는 학교법인 또는 사립학교 경영자
교육부장관	1. 사립의 대학·산업대학·사이버대학·전문대학·기술대학 및 이들에 준하는 각종 학교 2. 1.의 사립학교를 설치·경영하는 학교법인 3. 1.의 사립학교와 그 밖의 사립학교를 설치·경영하는 학교법인

자료: 사립학교법 제4조.

학교법인이 부동산 매도 허가를 받으려는 경우에는 다음의 서류를 제출해야 한다(사립학교법 시행령 제11조 제1항).

▶ 기본재산매도·증여 또는 교환에 관한 허가신청서 또는 신고서

▶ 처분재산명세서

▶ 「감정평가 및 감정평가사에 관한 법률」에 따른 감정평가업자의 감정평가서 (교환의 경우에는 쌍방의 재산)

▶ 이사회 회의록사본

▶ 교환재산 또는 처분대금의 처리에 관한 사항을 기재한 서류

▶ 「사립학교법 시행령」 제12조 제2항에 해당하는 경우, 그 내용을 증명할 수 있는 서류

(3) 학교법인 부동산 매도의 불허

학교 교육에 직접 사용되는 학교법인의 재산 가운데 교지, 교사(강당 포함), 체육장(실내체육장 포함), 실습 또는 연구시설, 그 밖에 교육에 직접 사용되는 시설·설비 및 교재·교구는 매도할 수 없다(사립학교법 제28조 제2항 및 사립학교법 시행령 제12조 제1항).

(4) 벌칙

학교법인의 이사장 또는 사립학교경영자(법인의 경우에는 그 대표자 또는 이사)가 허가를 받지 않고 학교법인의 부동산을 매도한 경우에는 2년 이하의 징역 또는 2천만 원 이하의 벌금에 처해지게 된다(사립학교법 제73조 제1호).

제2절   부동산 거래에서의 권리관계

Ⅰ. 부동산 계약의 당사자

부동산 매매계약을 체결하는 경우 법률행위의 당사자는 부동산의 매도인과 매수인이 당사자가 된다. 그러나 타인의 이름을 임의로 사용하여 계약을 체결한 경우에 누가 그 계약의 당사자인가를 먼저 확정하여야 하는데, 행위자 또는 명의인 가운데 누구를 당사자로 할 것인지에 관하여 행위자와 상대방의 의사가 일치하는 경우에는 그 일치하는 의사대로 행위자의 행위 또는 명의자의 행위로서 확정하

여야 하고, 일치하는 의사를 확정할 수 없을 때는 계약의 성질, 내용, 계약체결의 경위 및 계약체결을 전후한 구체적인 제반 사정을 토대로 상대방이 합리적인 인간 이라면 행위자와 명의자 중 누구를 계약의 당사자로 이해할 것인가에 의하여 당사 자를 결정하고, 이에 의하여 계약의 성립 여부와 그 효력을 판단해야 한다.[28]

1. 부동산의 소유권자

부동산 매매계약을 체결하는 경우 매수인은 매도인이 부동산의 소유권자인지 를 확인하여야 한다. 매도인이 서류를 위조하여 다른 사람의 부동산을 본인 부동 산인 것처럼 매도하는 경우, 권한이 없는 자의 처분행위가 되므로 부동산 매매계 약은 성립하지 않는다. 따라서 매매계약을 체결하고 등기까지 이루어졌다고 하더 라도 매수인은 소유자로서 권리를 주장할 수 없게 된다.

2. 부동산 명의신탁의 금지

"명의신탁약정"(名義信託約定)이란 부동산의 소유권이나 그 밖의 물권을 보유 한 자 또는 사실상 취득하거나 취득하려고 하는 자가 타인과의 사이에서 대내적으 로는 실권리자가 부동산에 관한 물권을 보유하거나 보유하기로 하고 그에 관한 등 기(가등기 포함)는 그 타인의 명의로 하기로 하는 약정(위임·위탁매매의 형식에 의하거 나 追認에 의한 경우를 포함)을 말한다(부동산 실권리자명의 등기에 관한 법률 제2조 제1호).

부동산의 명의신탁약정은 금지되므로 매매계약 체결 시 매도인이 명의수탁자 라는 것을 매수인이 안 경우에는 매도인과 매수인이 매매계약을 체결하고 매수인 명의로 소유권이전등기가 이루어진 경우에도 매수인은 소유권을 취득하지 못하는 위험이 있다(부동산 실권리자명의 등기에 관한 법률 제3조 및 제4조).

3. 부동산 계약의 대리인

(1) 개념

대리는 타인이 본인의 이름으로 법률행위를 하거나 의사표시를 수령하여 그

---

28) 대법원 1995. 9. 25. 선고 94다4912 판결.

법률효과를 본인에게 귀속시키는 민법상 제도이다. 따라서 부동산 계약에서의 "대리인"이란 민법상 대리제도(민법 제114조 이하)에 의하여 본인의 이름으로 법률행위를 하고 법률행위의 효과를 본인에게 귀속시키는 자로서 대리인이 그 권한 내에서 본인을 위한 것임을 표시(현명)한 의사표시의 효과만이 직접 본인에게 귀속하게 된다(민법 제114조).

(2) 대리인의 선임

부동산매매의 당사자는 대리인을 선임할 수 있으며, 대리인을 선임하여 매매계약을 체결할 경우 매매계약에 따른 매매당사자의 법적인 권리·의무는 대리인이 아닌 매매당사자에게 귀속한다.

(3) 대리권의 확인

매매당사자가 선임한 대리인과 매매계약을 체결할 때에는, 대리인에게 대리권이 있는지 여부를 확인해야 한다. 계약상대방은 대리인이 법정대리인인 경우에는 인감증명서를 요구하고, 대리인이 위임대리인인 경우에는 위임장과 인감증명서를 함께 요구하여 이를 확인해야 한다. 위임장에는 부동산의 소재지와 소유자 이름 및 연락처, 계약의 목적, 대리인 이름·주소 및 주민등록번호, 계약의 모든 사항을 위임한다는 취지가 기재되고 연월일이 기재된 후 위임인의 인감이 날인되어 있어야 한다. 인감증명서는 위임장에 찍힌 위임인의 날인 및 매매계약서에 찍을 날인이 인감증명서의 날인과 같아야 한다.

II. 기타 권리관계

1. 임차권, 전세권 및 저당권설정 여부

(1) 임차권의 설정

"임차권"은 임차인이 임대인에게 차임을 지급할 것을 약정하고 임대인의 부동산을 사용, 수익할 수 있는 권리이다(민법 제618조). 임차인이 임대차 등기 등으로 대항력을 갖춘 경우에 매도인과 매수인은 임차인의 퇴거를 요구할 수 없다. 따라서 임차권이 설정된 부동산을 매매한 경우 매수인은 임대인의 지위를 승계한 것으로 간주되므로 임차보증금반환의무를 진다(주택임대차보호법 제3조 제4항).

(2) 전세권의 설정

"전세권"이란 전세권자가 전세권설정자에게 전세금을 지급하고 전세권설정자의 부동산을 점유하여 그 부동산을 용도에 맞게 사용·수익할 수 있는 권리로, 그 부동산 전부에 대하여 후순위권리자 그 밖에 채권자보다 전세금의 우선변제를 받을 수 있는 권리이다(민법 제303조). 이와 같이 전세권이 설정된 부동산을 사용·수익할 수 있는 권리는 전세권자에게 있으므로, 매도인과 매수인은 전세권자의 퇴거를 요구할 수 없다. 따라서 전세권이 설정된 부동산을 매매한 경우 매수인은 전세권자의 의사에 반하여 부동산을 이용할 수 없게 된다.

(3) 저당권의 설정

"저당권"은 채무자 또는 제3자가 점유를 이전하지 않고 채무의 담보로 제공한 부동산에 대해 다른 채권자보다 자기 채권의 우선변제를 받을 수 있는 권리이다(민법 제356조). 저당권자는 자신의 채권을 변제받기 위해 해당 부동산의 경매를 청구할 수 있으며, 따라서 저당권이 설정된 부동산을 매매한 경우에 매수인은 장래에 소유권을 잃을 위험이 있다. 저당권이 설정된 부동산의 매수인이 경매 등으로 소유권을 잃을 경우 매도인은 매수인에게 담보책임을 부담한다.

2. 가등기·가처분·가압류 등기의 설정 여부

(1) 가등기의 설정

"가등기"는 소유권 등의 설정, 이전, 변경 또는 소멸의 청구권을 보전하려는 경우 및 그 청구권이 시기부 또는 정지조건부일 경우나 그 밖에 장래에 확정될 것인 경우에 하는 등기이다(부동산등기법 제88조). 가등기가 행해진 후 본등기가 이뤄지면 본등기의 순위는 가등기의 순위로 소급되므로 부동산 소유권을 보전하기 위해 가등기가 설정된 경우에 본등기가 행해지면 가등기 이후 성립된 매매계약에 의한 매수인의 소유권은 모두 실효되거나 후순위가 되므로 가등기의 설정 여부를 사전에 확인할 필요가 있다.

(2) 가처분의 설정

"가처분"이란 부동산의 매매 등으로 현상이 바뀌면 당사자가 권리를 실행하지 못하거나 이를 실행하는 것이 매우 곤란할 염려가 있을 때 법원의 결정으로 상대방에게 어떠한 행위를 하거나 하지 말도록 명하는 민사집행절차이다(민사집행법 제300조 및 305조). 부동산처분금지가처분의 경우 가처분 등기가 유효하게 기입된 이후 그 가처분의 취소판결에 의하여 그 가처분등기가 말소되기까지 그 가처분 등기 이후에 해당 부동산의 소유권을 취득한 매수인은 가처분권자에게 대항할 수 없게 된다.[29]

(3) 가압류의 설정

"가압류"는 금전채권이나 금전으로 환산할 수 있는 채권에 대하여 동산 또는 부동산에 대한 강제집행을 보전하기 위하여 할 수 있는 민사집행절차이다(민사집행법 제276조). 따라서 가압류권자는 자신의 채권을 변제받기 위해 해당 부동산의 경매를 청구할 수 있으므로 가압류가 설정된 부동산을 매매한 경우 매수인은 장래 소유권을 잃을 수 있는 위험에 빠질 수 있다. 가압류가 설정된 부동산의 매수인이 경매 등으로 소유권을 잃을 경우에 매도인은 매수인에게 담보책임을 부담하게 된다.

Ⅲ. 부동산의 권리관계

1. 부동산 등기의 의의 및 종류

(1) 등기와 등기부

등기에 관한 실체법상의 정의는 국가기관인 등기관이 법률에 정해진 절차에 따라서 등기부라는 공적장부에 부동산의 일정한 권리관계를 기록하는 것을 말하며, "부동산 등기부"란 전산정보처리조직에 의해 입력·처리된 부동산 등기정보자료를 대법원규칙으로 정하는 바에 따라 편성한 것을 말한다(부동산등기법 제2조 제1호). 그러나 절차법상으로는 그 밖에 「부동산의 표시」에 관한 기록(등기부 표제부의

---

29) 대법원 1963. 4. 4. 선고 63다44 판결.

기록)까지 포함해서 등기라 하며, 따라서 등기는 국가기관이 법령으로 정하는 절차에 따라서 해야 하며, 부동산 등기에 관한 법령으로 가장 중요한 것은 「부동산등기법」과 「부동산 등기규칙」이다.

> ☑ **판례**
> 이미 동일한 부동산 소유권에 관하여 후순위 등기신청인에게 소유권이전등기가 경료되어 있으면 이 등기를 등기공무원이 직권으로 말소등기 할 수 있는 근거가 없는 현행법 하에서는 선순위등기신청인은 등기신청서류의 접수번호의 순서만을 내세워 이의를 할 수 없다. 위의 후순위신청에 기한 등기가 본법 제55조 제2호 에서 말하는 "사건이 등기할 것이 아닌 때"에 해당하지는 않는다(대법원 1971. 3. 24. 자 71마105 결정).

(2) 등기의 종류

1) 가등기와 본등기

가등기는 부동산물권(부동산등기법 제3조)에 해당하는 권리의 설정, 이전, 변경, 소멸의 청구권을 보전하기 위하여 예비로 하는 등기를 말하며(부동산등기법 제88조), 본등기란 가등기에 대응되는 개념으로서 가등기에 의해 그 순위가 보존되는 종국등기를 말한다. 종국등기는 등기의 본래의 효력, 즉 물권변동의 효력을 발생시키는 등기를 말한다.

2) 본등기 중 소유권에 관한 등기

부동산등기법 제3조 제1호에 의한 소유권 보존등기로 토지소유권 보존등기는 미등기 토지에 최초로 등기부를 개설하는 것을 말하며, 건물 소유권 보존등기는 미등기 건물에 최초로 등기부를 개설하는 것을 말한다. 또 직권에 의한 소유권 보존등기는 미등기 부동산에 소유권처분제한의 등기 촉탁이 있는 경우 등기관이 직권으로 보존등기를 실행하는 것을 말한다. 또 소유권 이전등기(부동산등기법 제3조 제1호)는 다음 두 가지가 있다.

▸ 법률행위를 원인으로 한 소유권 이전등기 : 매매, 증여, 사인증여, 재산분할, 양도담보, 교환, 계약의 해제, 현물출자, 대물변제 등을 원인으로 한 소유권 이전등기

▸ 법률규정에 의한 소유권 이전등기 : 「공익사업을 위한 토지 등의 취득 및 보상에 관한 법률」에 의한 토지 등의 수용, 「자산유동화에 관한 법률」에 의한 유동화자산의 양도 등의 설정, 상속, 판결, 경매를 원인으로 한 소유권 이전등기

3) 본등기 중 소유권 외의 권리에 관한 등기

가. 지상권(부동산등기법 제3조 제2호)

지상권이란 타인의 토지에 건물 기타 공작물이나 수목을 소유하기 위하여 그 토지를 사용하는 권리를 말하는데(민법 제279조), 토지 소유자와 지상권자의 지상권 설정계약과 등기에 의해 취득된다. 여기서 설정등기란 지상권을 설정하는 등기를 말하며, 변경등기란 지상권 설정의 목적(공작물 또는 수목), 존속기간, 지료, 지료의 지급시기 등을 변경할 경우에 하는 등기를 말하며, 말소등기는 존속기간의 만료, 혼동(민법 제191조), 소멸시효의 완성(민법 제162조 제2항), 선순위 담보권의 실행으로 인한 경매, 당사자 간의 약정소멸 사유 발생(부동산등기법 제54조), 지상권 설정자의 소멸청구(민법 제287조) 등으로 지상권이 소멸한 경우에 행하는 등기이다.

나. 지역권(부동산등기법 제3조의 제3호)

지역권은 일정한 목적을 위해 타인의 토지를 자기 토지의 편익에 이용하는 권리로(민법 제291조), 토지 소유자와 지역권자의 지역권 설정계약과 등기에 의해 취득한다. 여기서 설정등기는 지역권을 설정하는 등기이며, 변경등기는 지역권 설정의 목적(타인의 토지) 또는 범위의 변경, 임의적 기재사항(민법 제292조 제1항 후단)의 폐지 또는 시설 등의 변경이 있는 경우에 하는 등기를 말한다. 말소등기는 혼동(민법 제191조), 소멸시효의 완성(민법 제162조 제2항), 선순위 담보권의 실행으로 인한 경매, 당사자 간의 약정소멸 사유 발생(부동산등기법 제54조) 등으로 지역권이 소멸한 경우에 하는 등기이다.

다. 전세권(부동산등기법 제3조 제4호)

전세권이란 전세금을 지급하고 타인의 부동산을 점유해 그 부동산의 용도에 좇아 사용·수익하는 권리이다(민법 제303조 제1항). 전세권은 그 부동산 전부에 대

해 후순위권리자 기타 채권자보다 전세금을 우선 변제받을 권리가 있다(민법 제303조 제1항). 여기서 설정등기란 전세권을 설정하는 등기이며, 변경등기는 전세금의 증감, 존속기간의 변경, 위약금의 증감이나 폐지·신설 등의 변경이 있는 경우에 하는 등기이다. 말소등기는 혼동(민법 제191조), 소멸시효의 완성(민법 제162조 제2항), 당사자 간의 약정소멸 사유 발생(부동산등기법 제54조) 등으로 전세권이 소멸한 경우에 하는 등기를 말한다.

라. 저당권(부동산등기법 제3조 제5호)

저당권은 채무자 또는 제3자가 점유를 이전하지 않고 채무의 담보로 제공한 부동산에 대해 다른 채권자보다 자기 채권의 우선변제를 받을 권리이다(민법 제356조). 여기서 근저당권은 계속적 거래관계로부터 발생·소멸하는 불특정 다수의 장래 채권을 결산기에 계산한 후 잔존하는 채무를 일정한 한도액의 범위 내에서 담보하는 저당권을 말하며(민법 제357조), 설정등기란 저당권·근저당권을 설정하는 등기이며, 이전등기는 채권양도, 회사합병 등으로 저당권·근저당권의 이전이 있는 경우 하는 등기를 말하고, 변경등기는 채권최고액의 변경, 채무자의 변경, 근저당권자의 표시변경, 근저당권의 목적 변경 등이 있는 경우에 하는 등기이며, 말소등기는 혼동(민법 제191조), 소멸시효의 완성(민법 제162조 제2항), 당사자 간의 약정소멸 사유 발생(부동산등기법 제54조) 등으로 저당권·근저당권이 소멸한 경우에 하는 등기이다.

마. 권리질권(부동산등기법 제3조 제6호)

질권은 채권자가 그의 채권의 담보로서 채무자 또는 제3자(물상보증인)로부터 받은 동산 또는 재산권을 채무의 변제가 있을 때까지 유치하고 변제가 없는 경우 그 목적물로부터 우선 변제를 받을 수 있는 권리이다(민법 제329조, 345조). 질권은 저당권과 같이 담보물권으로 채권의 담보로 동산의 점유를 목적으로 하는 동산질권과 재산권을 목적으로 하는 권리질권(채권을 목적으로 하는 채권질권, 주식이나 무채재산권에 간한 질권 등)이 있다. 질권은 유치적 효력이 있다는 점에서 유치권과 같으나, 우선변제적 효력을 갖는다는 점에서 저당권과 같다.

권리질권의 설정은 법률에 다른 규정이 없으면 그 권리의 양도에 관한 방법에 따른다(민법 제346조). 따라서 지명채권이 질권의 목적인 때 채권증서가 있으면 그 증서를 질권자에게 교부해야 질권 설정의 효력이 생기며(민법 제450조), 지시채권의 입질은 증서에 배서하여 질권자에게 교부함으로써 효력이 생긴다(민법 제508조). 또 무기명채권의 입질은 증서를 질권자에게 교부함으로써 효력이 생긴다(민법 제523조).

지명채권의 입질을 가지고 제3채무자 또는 제3자에게 대항하기 위해서는 제3채무자에게 질권의 설정을 통지하거나, 제3채무자가 이를 승낙해야 하고, 이 통지나 승낙은 확정일자있는 증서로 이루어져야 제3채무자 이외의 제3자에게 대항할 수 있다(민법 제349조 1항, 제450조). 무기명주식은 무기명채권에 대한 질권의 설정방법에 의하므로(민법 제351조) 무기명주식의 질권설정은 주식을 질권자에게 교부함으로써 그 효력이 발생하며, 기명주식의 질권설정 방법 중 약식질은 주식을 계속 점유해야 하고, 등록질은 질권설정자의 청구에 따라서 질권자의 성명과 주소를 주주 명부에 부기하고 그 성명을 주식에 기재해야 한다.

바. 임차권(부동산등기법 제3조 제8호)

임대차란 당사자 일방이 상대방에게 목적물을 사용, 수익하게 할 것을 약정하고 상대방이 이에 대해 차임을 지급할 것을 약정함으로 성립하는 계약이다(민법 제618조). 임차권은 임차인이 목적물을 사용·수익할 수 있는 권리로(민법 제618조), 임차권을 등기해야 대항력을 갖출 수 있다.

2. 부동산등기부의 종류

"부동산등기부"는 전산정보처리조직에 의해 입력·처리된 부동산 등기정보자료를 대법원규칙으로 정하는 바에 따라서 편성한 것을 말하는데(부동산등기법 제2조 제1호), 부동산등기부에는 토지등기부와 건물등기부가 있다. 그 밖에 등기의 목적물로 되는 것은 입목에 관한 법률에 의한 입목, 공장저당법에 의한 공장재단, 광업재단 저당법에 의한 광업재단이 각각 등기의 목적물이 되며, 그에 따라 등기소에는 입목등기부·공장재단등기부·광업재단등기부가 비치되어 있다. 부동산등기부를 편성할 때는 1필의 토지 또는 1개의 건물에 1개의 등기기록을 두며 등기기록에는 표제부, 갑구(甲區), 을구(乙區)가 있다(부동산등기법 제14조 제1항 및 제15조).

3. 부동산등기부의 구조

(1) 토지등기기록과 건물등기기록

부동산등기부에는 토지등기부(土地登記簿)와 건물등기부(建物登記簿)가 있으며, 부동산등기부를 편성할 때는 1필의 토지 또는 1개의 건물에 1개의 등기기록을 두는데(부동산등기법 제15조 제1항 본문), 이를 「물적편성주의」 또는 「1부동산 1등기의 원칙」이라고 한다. 그러나 이에 대해서도 예외가 있다. 즉, 「집합건물의 소유 및 관리에 관한 법률」에 따라서 건물의 구분소유를 인정하여 특례를 인정하고 있다. 이에 대해서는 「건물구분등기」에서 설명하겠다. 등기기록에는 표제부, 갑구(甲區), 을구(乙區)가 있다(부동산등기법 제14조 제1항 및 제15조).

1) 토지등기기록의 표제부

토지등기기록의 표제부에는 표시번호란, 접수란, 소재지번란, 지목란, 면적란, 등기원인 및 기타사항란으로 구성되어 있다(부동산등기규칙 제13조 제1항).

[토지] 0000시 000구 000동   고유번호 0000-0000-00000

[표제부] 예시(토지의 표시)					
표시번호	접수	소재지번	지목	면적	등기원인 및 기타사항

2) 건물등기기록의 표제부

건물등기기록의 표제부에는 표시번호란, 접수란, 소재지번 및 건물번호란, 건물내역란, 등기원인 및 기타 사항란으로 구성되어 있다(부동산등기규칙 제13조 제1항). 건물의 종류, 구조와 면적(부속건물이 있는 경우에는 부속건물의 종류, 구조와 면적도 함께 기록한다), 등기원인, 도면의 번호(같은 지번 위에 여러 개의 건물이 있는 경우와 구분건물로 한정한다)를 기록한다(부동산등기법 제40조 제1항).

[건물] 0000시 000구 00동 00   고유번호 0000-0000-000000

[표제부] 예시(건물의 표시)				
표시번호	접수	소재지번 및 건물번호	건물내역	등기원인 및 기타사항

3) 갑구

갑구에는 순위번호란, 등기목적란, 접수란, 등기원인란, 권리자 및 기타사항란이 있다(부동산등기규칙 제13조 제2항). 갑구에는 소유권의 변동과 가등기, 압류등기, 가압류 등기, 경매 개시 결정 등기, 소유자의 처분을 금지하는 가처분등기 등이 기재된다.

갑구에는 소유권에 관한 사항을 기록하며(부동산등기법 제15조 제2항), 권리자에 관한 사항을 기록할 때에는 권리자의 성명 또는 명칭 외에 주민등록번호 또는 부동산등기용등록번호와 주소 및 주민등록번호를 함께 기록해야 한다.

[갑구] 예시(소유권에 관한 사항)				
순위번호	등기목적	접수	등기원인	권리자 및 기타사항

4) 을구

을구에는 순위번호란, 등기목적란, 접수란, 등기원인란, 권리자 및 기타사항란으로 구성된다(부동산등기규칙 제13조 제2항). 을구에는 소유권 이외의 권리인 저당권, 전세권 등이 기재되며, 저당권, 전세권 등의 설정 및 변경, 이전, 말소등기도 기재된다.

[을구] 예시(소유권 외의 권리에 관한 사항)				
순위번호	등기목적	접수	등기원인	권리자 및 기타사항

5) 구분건물등기기록

아파트, 연립주택, 다세대주택 등과 같이 등기할 건물이 구분건물인 경우에 등기관은 1동 건물의 등기기록의 표제부에 소재와 지번, 건물명칭 및 번호를 기록

하고 전유부분의 등기기록의 표제부에 건물번호를 기록한다(부동산등기법 제40조 제2항). 즉, 1동의 건물을 구분한 건물의 경우에는 부동산등기부의 편성 시 1동의 건물에 속하는 전부에 1개의 등기기록을 두며 등기기록에는 1동의 건물에 대한 표제부 및 전유부분마다 표제부, 갑구(甲區), 을구(乙區)로 구성하고 있다(부동산등기법 제15조 및 부동산등기규칙 제14조 제1항).

1동의 건물의 표제부에는 표시번호란, 접수란, 소재지번·건물명칭 및 번호란, 건물내역란, 등기원인 및 기타사항란이 있으며(부동산등기규칙 제14조 제2항), 구분한 각 건물 중 대지권이 있는 건물이 있는 경우 1동의 건물의 표제부에는 대지권의 목적인 토지의 표시를 위한 표시번호란, 소재지번란, 지목란, 면적란, 등기원인 및 기타사항란이 있다(부동산등기규칙 제14조 제2항).

「집합건물의 소유 및 관리에 관한 법률」은 구분소유권과 대지사용권의 분리처분을 금지하고 있으며, 대지사용권은 구분건물의 처분에 따르는 것이 원칙이다(부동산등기법 제20조). 이러한 구분건물과 대지사용권의 일체성을 등기부상 표시하는 방법으로서 부동산등기법은 대지권 등기를 하도록 하고 있는데, 대지권(구분건물과 일체성을 갖는 대지사용권)이 있는 경우에는 1동 건물의 표제부에 대지권의 목적인 토지의 표시를, 전유부분의 표제부에 대지권의 표시에 관한 사항을 기록하도록 하고 있다(부동산등기법 제40조 제3항, 4항).

[구분건물] 0000시 000구 00동 제0층 제00호 　　　　　　　　고유번호 0000-0000-0000

[표제부] 예시(1동의 건물의 표시)				
표시번호	접수	소재지번, 건물명칭 및 번호	건물내역	등기원인 및 기타사항
(대지권의 목적인 토지의 표시)				
표시번호	소재지번	지목	면적	등기원인 및 기타사항

6) 전유부분의 표제부

전유부분의 표제부에는 표시번호란, 접수란, 건물번호란, 건물내역란, 등기원인 및 기타사항란이 있으며(부동산등기규칙 제14조 제2항), 구분한 각 건물 중 대지권이 있는 건물이 있는 경우 전유부분의 표제부에는 대지권의 표시를 위한 표시번호란, 대지권 종류란, 대지권비율란, 등기원인 및 기타사항란이 있다.

[표제부] 예시(전유부분의 건물의 표시)				
표시번호	접수	건물번호	건물내역	등기원인 및 기타사항
(대지권의 표시)				
표시번호	대지권종류	대지권비율	등기원인 및 기타사항	

(2) 부동산등기사항의 열람

수수료를 지급하고 등기기록 사항의 전부 또는 일부를 등기소를 방문하여 서면으로 열람하거나 대법원 인터넷등기소(www.iros.go.kr)를 통하여 전자적 방법으로 열람할 수 있다(부동산등기법 제19조 제1항 및 부동산등기규칙 제26조 제1항, 제31조 제1항).

1) 등기소 방문하여 등기기록 열람하는 경우

등·초본 발급업무담당자에게 신청인의 성명, 주민등록번호 및 주소, 해당 부동산의 종류, 소재지 번, 열람하고자 하는 등기부의 종류 등을 기재한 신청서를 제출하고 주민등록증이나 운전면허증을 통해 본인과의 일치 여부를 확인받은 후 열람할 수 있다(부동산등기사항증명서 발급처리지침, 대법원등기예규 제1680호, 2020. 1. 14. 발령, 2020. 2. 21. 시행).

2) 대법원 인터넷등기소를 통해 등기기록을 열람하는 경우

대법원 인터넷등기소 홈페이지(www.iros.go.kr)를 통해 365일 24시간 등기기록의 사항을 열람할 수 있으며 최초 열람 후 1시간 이내에는 재열람할 수 있다(인터넷에 의한 등기기록의 열람 등에 관한 업무처리지침, 대법원등기예규 제1684호, 2020. 5. 13. 발령, 2020. 6. 5. 시행, 제4조 제1호 및 제10조 제1항). 등기사항전부증명서 형태로 열람하는 경우에는 등기기록에 기록되어 있는 모든 내용을 볼 수 있으나 열람 당시 효력이 있는 등기사항 및 그와 관련된 사항만을 볼 수 있다(인터넷에 의한 등기기록의 열람 등에 관한 업무처리지침, 제9조 제1호). 등기사항일부증명서 형태로 열람하는 경우는 특정인 지분·현재 소유현황·지분 취득이력 등 특정 부분의 내용만을 볼 수 있으며(인터넷에 의한 등기기록의 열람 등에 관한 업무처리지침 제9조 제2호), 등기기록에 대한 등기사항전부증명서 형태 또는 등기사항일부증명서 형태의 열람은 각 1건으로 보며 수수료 결제일로부터 3개월이 경과하면 해당 등기기록을 열람할 수 없다(인터넷에 의한 등기기록의 열람 등에 관한 업무처리지침, 제11조).

(3) 등기사항증명서의 발급

수수료를 내면 등기기록 사항의 전부 또는 일부를 등기소를 방문하거나 무인발급기 또는 대법원 인터넷등기소 홈페이지(www.iros.go.kr)를 통하여 발급받을 수 있다(부동산등기법 제19조 제1항 및 부동산등기규칙 제26조 제1항, 제27조 제1항, 제28조 제1항).

1) 등기소를 방문하여 등기사항증명서를 발급받는 경우

등기소를 방문하여 등기사항증명서를 발급받기 위해서는 해당 부동산의 종류, 소재지번, 신청통수, 발급받고자 하는 등기사항증명서의 종류 등을 신청서를 작성하여 제출해야 한다(부동산등기규칙 제26조 제1항 및 부동산등기사항증명서 발급처리지침 3. 가).

전국 시·도별 등기소 위치 및 정보에 대한 자세한 내용은 대법원 인터넷등기소-등기소소개-등기소 찾기에서 확인할 수 있다.

2) 무인발급기를 이용하여 등기사항증명서를 발급받는 경우

무인발급기를 이용하여 발급받을 수 있는 등기사항증명서는 등기사항전부증명서(말소사항포함)에 한하며 해당 부동산의 종류, 소재지번, 신청통수 등을 직접 입력해야 한다(부동산등기규칙 제27조 제1항 및 부동산등기사항증명서 발급처리지침 6. 가).

3) 대법원 인터넷등기소를 통해 등기사항증명서를 발급받는 경우

대법원 인터넷등기소 홈페이지(www.iros.go.kr)를 통하여 365일 24시간 등기사항증명서를 발급받을 수 있다(인터넷에 의한 등기기록의 열람 등에 관한 업무처리지침 제4조 제1호). 대법원 인터넷등기소 홈페이지를 통해 발급받을 수 있는 등기사항증명

서는 등기사항전부증명서(말소사항 포함)·등기사항전부증명서(현재 유효사항)·등기
사항일부증명서(특정인 지분)·등기사항일부증명서(현재 소유현황)·등기사항일부증명
서(지분취득 이력)에 한하며 발급받으려면 해당 부동산의 종류, 소재지번, 신청통
수, 발급받고자 하는 등기사항증명서의 종류 등을 직접 입력해야 한다(부동산등기규
칙 제28조 제1항, 부동산등기사항증명서 발급처리지침 7. 가 및 인터넷에 의한 등기기록의 열
람 등에 관한 업무처리지침 제5조, 제11조의2 제1항).

IV. 토지대장, 임야대장 및 건축물대장

1. 토지대장 및 임야대장의 확인

(1) 대장의 개념

"토지대장"은 모든 토지의 필지마다 그 소재·지번·지목·면적·경계 또는 좌
표 등을 조사·측량하여 조사된 토지의 표시와 해당 토지의 소유자 등을 기록한
대장을 말하며(공간정보의 구축 및 관리 등에 관한 법률 제2조 제19호 및 제64조 제1항),
"임야대장"은 토지의 지목이 임야인 경우에 그 토지의 필지마다 그 소재·지번·
지목·면적·경계 또는 좌표 등을 조사·측량하여 조사된 토지의 표시와 해당 토지
의 소유자 등을 기록한 대장이다(공간정보의 구축 및 관리 등에 관한 법률 제2조 제19호
및 제64조 제1항).

(2) 토지대장 및 임야대장의 열람 및 등본의 발급

1) 지적소관청 또는 읍·면·동사무소를 방문하여 열람 및 그 등본을 발급받는 경우

지적소관청 또는 읍·면·동사무소를 방문하여 토지대장 및 임야대장을 열람
하거나 그 등본을 교부 받으려면 지적공부 부동산종합공부열람·발급 신청서를 작
성하여 제출해야 한다(공간정보의 구축 및 관리 등에 관한 법률 제75조 제1항 및 공간정보
의 구축 및 관리 등에 관한 법률 시행규칙 제74조 제1항, 별지 제71호 서식). "지적소관청"
은 지적공부를 관리하는 특별자치시장, 시장(제주특별자치도의 시장 포함, 자치구가 아

닌 구를 두는 시의 시장은 제외)·군수 또는 구청장(자치구가 아닌 구의 구청장 포함)을 말
한다(공간정보의 구축 및 관리 등에 관한 법률 제2조 제18호).

2) 민원 24홈페이지(www.minwon.go.kr)를 통해 열람 및 그 등본 발급 받으려는 경우

민원24 홈페이지(www.minwon.go.kr)을 통해 토지대장 및 임야대장을 열람하
거나 등본을 교부받으려면 온라인 신청서를 작성하여 제출해야 한다(공간정보의 구
축 및 관리 등에 관한 법률 제75조 제1항).

2. 건축물대장

(1) 건축물대장의 개념

"건축물대장"은 건축물의 소유·이용 및 유지·관리 상태를 확인하거나 건축
정책의 기초 자료로 활용하기 위하여 건축물의 사용승인서를 내준 후에 건축물과
그 대지의 현황 및 지하수위, 기초형식, 설계지내력, 구조설계 해석법, 내진설계
적용 여부, 내진능력, 특수구조물 해당 여부, 특수구조건축물의 유형 등 건축물의
구조내력(構造耐力)에 관한 정보를 적어서 보관하는 대장으로 해당 건축물이 「집합
건물의 소유 및 관리에 관한 법률」의 적용을 받는지 여부에 따라서 일반건축물대
장과 집합건축물대장으로 나뉜다(건축법 제38조 제1항 및 건축물대장의 기재 및 관리 등
에 관한 규칙 제2조 제2호·제3호, 제4조, 제7조의3).

(2) 건축물대장의 열람 및 등·초본의 발급

1) 직접 방문하여 열람 및 등·초본을 발급받는 경우

직접 방문하여 건축물대장을 열람하거나 등·초본을 발급받으려면 건축물대
장의 표제부, 표제부의 전체면 또는 건물의 현황도 등에서 필요한 부분을 선택해
특별자치시장·특별자치도지사 또는 시장·군수·구청장 또는 읍·면·동장에게 신
청해야 한다(건축물대장의 기재 및 관리 등에 관한 규칙 제11조 제1항).

166 부동산계약법

2) 민원24 홈페이지(www.minwon.go.kr)를 통해 열람 및 등·초본을 발급받는 경우

민원24 홈페이지(www.minwon.go.kr)를 통해 건축물대장을 열람하거나 등·초본을 발급받으려면 건축물대장의 표제부, 표제부의 전체면 또는 건물의 현황도 등에서 필요한 부분을 선택해 온라인 신청서를 작성하여 제출해야 한다.

V. 토지이용계획확인서

1. 토지이용계획확인서의 개념

"토지이용계획확인서"는 지역·지구 등의 지정내용, 그 지역·지구 등 안에서의 행위 제한 내용 및 토지거래계약에 관한 허가구역 등이 기재되어 토지의 이용 및 도시계획 시설 결정 여부 등을 알 수 있는 서류로 토지이용계획확인서를 통하여 해당 부동산의 용도지역·용도지구, 향후 개발계획수립 여부 등을 확인할 수 있는데(토지이용규제 기본법 제10조 및 토지이용규제 기본법 시행규칙 제2조, 별지 제2호서식), 토지이용규제정보서비스 홈페이지(http://www.luris.kr/web/index.jsp)를 통해서도 토지이용계획을 열람할 수 있다.

2. 토지이용계획의 열람

토지이용규제정보서비스 홈페이지(http://www.luris.kr/web/index.jsp)를 통해 토지이용계획을 열람할 수 있다.

3. 토지이용계획확인서의 발급

1) 직접 방문하여 발급받는 경우

토지이용계획확인서를 직접 방문하여 발급받으려면 특별자치도지사, 시장·군수 또는 구청장에게 토지이용계획확인신청서(전자문서로 된 신청서 포함)를 작성하여 제출해야 한다(토지이용규제 기본법 시행령 제9조 제1항, 토지이용규제 기본법 시행규칙 제2

조 및 별지 제1호서식).

2) 민원24 홈페이지(www.minwon.go.kr)를 통해 발급받는 경우

민원24 홈페이지(www.minwon.go.kr)를 통해 토지이용계획확인신청을 하면 된다.

4. 현장조사

(1) 부동산과 등기부 등 기재 사실의 일치 여부

부동산등기부와 토지·임야·건축물대장의 일치 여부를 확인한 후에 실제 부동산이 등기부 등의 기재와 일치하는지 여부 등 다음의 사항을 확인해야 한다.

▶ 서류상의 지목과 실제로 사용되는 지목의 일치 여부
▶ 지적도상의 도로와 현황 도로의 일치 여부
▶ 도로와 해당 부지가 접하고 있는지 여부
▶ 지적상의 대지경계선과 현장의 부지경계선의 일치 여부
▶ 부동산의 방위가 지적도상의 방위와 일치하는지 여부
▶ 감가상각의 진행 정도

(2) 토지와 건물의 소유 일치 여부

우리나라는 토지와 건물은 별도의 부동산으로 취급하고 있으므로, 부동산을 매매할 때에는 토지와 건물의 소유가 일치하는지를 확인하고, 일치하지 않는 경우에는 정당하게 건물을 사용할 수 있는 권리(임차권, 지상권 등)가 있는지를 확인해야 한다.

(3) 계약목적물의 하자 확인

계약의 목적물이 주택일 때에는 난방기기, 계량기, 일조량 등에 하자가 있는지 여부와 「건축법」상 불법 사항이 있는지 여부를 반드시 확인해야 한다.

VI. 부동산종합공부 등

1. 개념

"부동산종합공부"는 토지의 표시와 소유자에 관한 사항, 건축물의 표시와 소유자에 관한 사항, 토지의 이용 및 규제에 관한 사항, 부동산의 가격에 관한 사항 등 부동산에 관한 종합정보를 정보관리체계를 통하여 기록·저장한 것을 말한다(공간정보의 구축 및 관리 등에 관한 법률 제2조 제19호의3). 여기서 "부동산종합증명서"란 부동산종합공부 기록사항의 전부 또는 일부에 관한 증명서를 말한다(공간정보의 구축 및 관리 등에 관한 법률 제76조의4 제1항).

2. 부동산종합공부의 등록사항

부동산종합공부에는 다음의 사항이 등록된다(공간정보의 구축 및 관리 등에 관한 법률 제76조의3).

부동산종합공부 등록사항

종류	내용
토지의 표시와 소유자에 관한 사항	지적공부의 내용(공간정보의 구축 및 관리 등에 관한 법률 제2조 제19호)
건축물의 표시와 소유자에 관한 사항(토지에 건축물이 있는 경우만 해당함)	건축물대장의 내용(건축법 제38조)
토지의 이용 및 규제에 관한 사항	토지이용계획확인서의 내용(토지이용규제 기본법 제10조)

3. 부동산종합공부의 열람 및 부동산종합증명서의 발급

지적소관청 또는 읍·면·동사무소를 방문하여 부동산종합공부를 열람하거나 부동산종합증명서를 발급받으려는 경우, 지적소관청 또는 읍·면·동사무소를 방문하여 부동산종합공부를 열람하거나 부동산종합증명서를 발급받으려면 지적공부·

부동산종합공부열람·발급 신청서를 작성하여 제출해야 한다(공간정보의 구축 및 관리 등에 관한 법률 제76조의4 제1항 및 공간정보의 구축 및 관리 등에 관한 법률 시행규칙 제74조 제2항, 별지 제71호 서식).

"지적소관청"이란 지적공부를 관리하는 특별자치시장, 시장(제주특별자치도의 시장 포함, 자치구가 아닌 구를 두는 시의 시장 제외)·군수 또는 구청장(자치구가 아닌 구의 구청장 포함)을 말한다(공간정보의 구축 및 관리 등에 관한 법률 제2조 제18호).

제3절 부동산 매매계약의 체결

I. 부동산 매매예약

1. 의의

부동산 매매예약은 당장 본계약인 매매계약을 체결하기 곤란한 경우 장래에 매매계약(본계약)을 체결할 것임을 확실하게 하기 위한 제도이다. 따라서 부동산 매매예약은 현재 부동산 매매계약을 체결하는 것이 곤란한 경우에 앞으로 매매계약을 체결할 것임을 확실하게 하기 위한 것으로 매도인과 매수인의 약정 등이 없으면 매매예약은 일방예약으로 추정된다(민법 제564조). 이같이 민법은 매매의 일방예약에 관한 규정을 두고, 매도인과 매수인의 약정이나 관습이 없으면 매매의 예약은 일방예약으로 추정하고 있으며, 예약은 채권계약으로 예약으로 당사자에게 채권·채무를 발생시키므로 본계약의 체결 유무에 따라서 법적책임의 문제가 발생할 수 있다.

예약의 본래 목적은 법률적 혹은 사실적인 이유로 아직 본계약을 체결할 수 있는 여건이 성숙되지 않은 상태에서 본계약 체결에 대해 사전에 예약당사자를 구속하여 본계약 체결 가능성을 확보하기 위한 것이며,[30] 한편으로 매매예약, 재매매의 예약, 대물변제의 예약 등이 채권담보의 목적으로 행해지고 있는 점을 고려하면 예약제도는 채권담보의 수단으로 활용할 수 있다.

---

30) Sorgel Lomm. BGB/Wolf, Bd. 2, 13 Aufl., Vor § 145, Rz. 60.

> ☑ **판례**
>
> 　매매의 일방예약에서 예약자의 상대방이 매매예약 완결의 의사표시를 하여 매매의 효력을 생기게 하는 권리, 즉 매매예약의 완결권은 일종의 형성권으로서 당사자 사이에 그 행사기간을 약정한 때에는 그 기간 내에, 그러한 약정이 없는 때에는 그 예약이 성립한 때로부터 10년 내에 이를 행사하여야 하고, 그 기간을 지난 때에는 예약완결권은 제척기간의 경과로 인하여 소멸한다(대법원 2003. 1. 10. 선고 2000다26425 판결).
>
> 　점포분양에 대한 매매예약완결권을 가지는 점포임차인들이 임대인과 사이에 새로운 점포임대차계약을 체결하면서 "임대차기간 만료 전이라도 임대인이 임대차 점포를 분양하고자 할 시는 임차인은 이에 응하여야 하고 임대인의 분양계약체결 요구일로부터 30일 내에 임차인이 분양계약을 체결하지 않을 시는 임대인이 임차인 이외의 자에게 분양할 수 있다"고 약정하여 종전의 계약서상의 분양에 관한 약정을 그대로 유지하고 있다면 임대차점포의 분양약정에 관한 위의 규정취지는 임차인이 매매예약에 따른 예약완결권을 가지는 것으로 약정이 되었음을 전제로 하여, 임대인이 임대차기간의 만료 전이라도 임차인에 대하여 매매예약완결권의 행사를 요구할 수 있는 권리가 있음을 나타낸 것으로서 임대인이 임차인에 대하여 매매예약완결권의 행사(즉 매매계약의 체결)를 요구한 경우, 임차인이 그로부터 30일 내에 매매예약완결권을 행사하지 아니하면 그 권리를 상실하고, 임대인은 다른 사람에게 그 임대차목적물을 분양할 수 있다는 취지를 규정한 것으로 해석하는 것이 상당하므로 위의 새로운 임대차계약의 체결에 의하여 기존의 매매예약완결권을 포기한 것으로는 볼 수 없다(대법원 1993. 12. 7. 선고 93다31931, 31948(반송), 31955 판결).

　따라서 부동산 매매예약을 체결한 당사자는 본계약을 체결해야 할 의무를 부담하며, 이를 위반하는 경우 예약상의 채무불이행으로 손해배상을 청구하거나 예약을 해제할 수 있다. 예약의 해제로 손해가 있는 경우에는 손해배상을 청구할 수 있다. 이같이 부동산 매매예약은 본 계약을 체결해야 할 채무를 발생케 하는 계약으로 그 자체는 언제나 채권계약이며, 그러나 예약으로 장차 체결될 본계약은 반드시 채권계약에 한하지 않으며 물권계약(저당권설정 계약)이나 가족법상의 계약(혼인)일 수도 있다.

2. 매매예약의 성립

당사자가 매매의 일방예약을 한 경우에 예약완결권을 가진 당사자가 매매를 완결할 의사를 표시하는 때에 매매의 효력이 생긴다(민법 제564조 제1항). 매매의 예약에서 의사표시의 기간을 정하지 않은 때에는 예약자는 상당한 기간을 정하여 매매완결 여부의 확답을 상대방에게 최고 할 수 있으며(민법 제564조 제2항), 예약자가 최고 기간 내에 확답을 받지 못한 때에 예약은 그 효력을 잃는다(민법 제564조 제3항). 또 계약서의 제목이 매매예약이라 해서 민법상 매매예약이 성립하는 것이 아니고 매매계약의 주요 내용이 기재되어야 매매예약이 성립한다.

예약의 본질상 본계약에 비해서 내용의 확정성은 어느 정도 완화될 수 있겠으나, 예약이 유효하게 성립하기 위해서는 앞으로 체결될 본계약의 본질적인 내용이 확정되어 있거나, 확정할 수 있는 것이어야 한다. 편무예약 내지 쌍무예약의 경우 예약권리자가 계약체결의사를 표시하고 상대방이 승낙의 의사표시를 하면 본계약이 성립하며, 상대방이 승낙을 거절하는 경우에도 법원의 판결을 통하여 본계약의 성립이 강제될 수 있으므로, 최소한 본계약의 본질적인 내용은 확정되거나 적어도 확정할 수 있어야 한다.

일방예약 내지 쌍방예약의 경우는 확정성의 요건이 더 강하게 요구되며, 매매의 예약은 당사자의 일방이 매매를 완결할 의사를 표시한 때에 매매의 효력이 생기며, 일방예약이 성립하려면 그 예약으로 체결될 본계약의 요소가 되는 매매목적물, 이전의 방법, 매매가액 및 지급방법 등의 내용이 확정되어 있거나 확정할 수 있어야 한다.[31]

본계약이 요식행위인 경우의 예약에서도 동일한 방식을 갖추어야 한다. 본계약이 법률상 일정한 방식을 요구하는 것은 법률관계의 명확성을 기함으로써 당사자들을 보호하기 위한 것으로 예약도 같은 방식을 갖추어야 구속력을 갖는다.

당사자들의 합의가 예약체결을 의도한 것인지, 조건부 혹은 기한부 본계약의 체결을 의도한 것인지 불분명한 경우에 의사표시를 해석함에 있어서 당사자들이 사용한 명칭에 구애됨이 없이 진정한 의도를 밝혀야 한다. 즉, 본계약 체결 여부에

---

31) 대법원 1993. 5. 27. 선고 93다4908, 4915, 4922 판결.

대한 선택권을 당사자 일방 또는 쌍방에 유보한 사정이 인정되는 예약으로 해석해야 하고, 본계약의 확정적 구속력 하에 단지 채무이행의 조건이나 기한을 붙인 것으로 인정되면 조건부 혹은 기한부 본계약으로 해석해야 한다. 단, 의심스러운 경우에는 본계약의 체결을 의도한 것으로 해석해야 한다.[32]

> ☑ **판례**
> 매매예약은 당사자 일방이 매매를 완결할 의사를 표시한 때에 매매의 효력이 생기는 것이므로 적어도 일방예약이 성립하려면 그 예약에 따라서 맺어질 본계약의 요소가 되는 매매목적물, 이전 방법, 매매가액 및 지급 방법 등의 내용이 확정되어 있거나 적어도 확정할 수 있어야 한다(대법원 1993. 5. 27. 선고 4098, 4915, 4922 판결).

3. 예약의 종류

민법은 일방예약에 관해서만 규정하고 있으나 통설은[33] 4개 유형을 인정하고 있는데 그 종류는 다음과 같다.

(1) 편무예약·쌍무예약

예약당사자 일방이 본 계약의 체결을 청약하면 상대방은 승낙을 하여 본계약을 성립시킬 의무를 부담하는 예약이 있는데, 이 경우 승낙의무를 예약당사자 중 일방만이 부담하면 편무예약이라 하고, 쌍방이 부담하면 쌍무예약이라 한다.

(2) 일방예약·쌍방예약

예약당사자 일방의 의사표시에 의하여 바로 본계약이 성립하는 예약이 있는데, 이러한 예약완결권을 예약당사자 중 일방만이 가지면 '일방예약'이라 하고, 쌍방이 가지면 '쌍방예약'이라 한다.

법원은 당사자들의 합의만으로 성립하지 않고 일정한 방식을 요하거나 급부가 있어야 하는 요물계약이나 요식계약에서 예약을 하는 경우, 일방예약이나 쌍방

---

32) 박준서, 윤달원, 주석민법(채권각칙2), 한국사법행정학회, 1999, 제3판, 398면.
33) 상게서(주1), 114면.

예약보다는 편무예약 또는 쌍무예약이 불가피하다[34]는 입장이다.

(3) 민법의 태도

민법 제564조는 예약의 종류 가운데 일방예약에 대해서만 규정하고 있으며, 일방예약에 관한 규정을 전형계약 가운데 매매부분에서 규정하고 이를 다른 유상계약에 준용(민법 제567조)하고 있다. 이 같은 입법 태도에 따라서 매매의 예약은 일방예약으로 추정되며, 다른 모든 유상계약도 일방예약으로 추정한다. 그러나 이 같은 추정은 본계약이 낙성계약인 경우에만 인정되며, 본계약이 유상계약이라도 요물계약이나 요식계약인 경우에는 성질상 적용되지 않는다.

(4) 예약의 법적성질

1) 학설

일방예약의 법적성질과 관련하여 ⅰ. 정지조건부매매설, ⅱ. 예약설, ⅲ. 청약계약설이 주장되고 있는데, 정지조건부매매설은 매매의 일방예약에 의하여 매매계약이 정지조건부로 성립하며, 예약완결권의 행사를 정지조건으로 매매계약의 효력이 발생한다는 견해이다.[35] 예약설은 매매의 일방예약을 일종의 예약으로 파악하면서, 다만 편무예약 내지 쌍무예약과 같은 본래 의미의 예약에서는 예약권리자가 본계약에 대해 청약의 의사표시를 하면 예약의무자가 승낙의 의사표시를 하여 본계약이 성립하는데 반하여, 매매의 일방예약에서는 예약권리자의 완결의 의사표시 즉 매매계약 체결의 의사표시만으로 매매계약이 성립한다는 견해이다.[36]

청약계약설은 매매의 일방예약은 일종의 청약계약이며, 예약의무자가 매매계약 체결에 관하여 일정기간 철회할 수 없는 청약의 의사표시를 하고, 그 기간 내에 예약권리자가 승낙의 의사표시를 하여 매매계약을 성립시키기로 하는 내용의

---

34) 대법원 2006. 6. 29. 선고 2005다41603 판결.
35) 김형배, 채권각론(계약법), 박영사, 2001, 신정판, 302면; 이은영, 채권각론, 박영사, 1999, 제3판, 300면.
36) 박준서, 윤달원, 전게서, 401면; 곽윤직, 심재돈, 전게서, 123면; 김증한, 김학동, 211면; 곽윤직, 채권각론, 박영사, 2000, 신정수정판, 155면; 송덕수, 신민법강의, 박영사, 2015, 제8판, 1373면; 지원림, 민법강의, 홍문사, 2015, 제13판, 1433면.

계약이라는 견해이다.37)

2) 법원의 입장

판례는 매매의 일방예약도 예약으로 파악하고 있다. 즉 " 민법 제564조의 일방예약은 상대방이 매매를 완결할 의사표시를 한 때에 매매의 효력이 생기는 것이므로 적어도 일방예약이 성립하려면 그 예약에 터잡아 맺어질 본계약의 요소가 되는 내용이 확정되어 있거나 적어도 확정될 수 있어야 하고,38) "매매의 예약은 당사자의 일방이 매매를 완결할 의사를 표시한 때에 매매의 효력이 생기는 것이므로 적어도 일방예약이 성립하려면 그 예약에 터잡아 맺어질 본계약의 요소가 되는 매매목적물, 이전방법, 매매가액 및 지급방법 등의 내용이 확정되어 있거나 확정할 수 있어야 한다."39)는 입장이다.

4. 예약완결권

(1) 의의 및 성질

매매의 일방예약 또는 쌍방예약에 의하여, 한쪽 또는 쌍방 당사자는 상대방에 대하여 매매완결의 의사표시를 할 수 있는 권리를 갖는데 이를 예약완결권이라 한다. 즉 예약완결권이란 일방예약에서 예약권리자가 예약완결의 의사표시를 함으로써 매매계약을 성립시키거나 효력을 발생시킬 수 있는 권리로서 이는 형성권이다. 반면 편무예약 내지 쌍무예약에서 예약권리자는 예약의무자에게 본계약의 체결을 요구할 수 있는 청구권을 가지며, 본계약은 예약의무자가 본계약 체결의무를 이행한 때, 즉 승낙의 의사표시를 할 때에 비로소 성립한다.

예약의무자는 예약권리자가 예약완결권을 행사하여 본계약을 성립시킬 권리를 침해해서는 안 되며,40) 따라서 매수인이 예약완결권을 행사하였으나 매도인이 이미 목적물을 제3자에게 양도한 경우, 매매계약은 원시적 불능으로 무효가 되며 (민법 제535조), 매수인은 매도인에 대하여 손해배상을 청구할 수 있다.

---

37) 오종근, 전계논문, 243면.
38) 대법원 1988. 2. 23. 선고 86다카2768 판결.
39) 대법원 1993. 5. 27. 선고 93다4908 판결.
40) Ferid/sonnenberger, Das Franzoesische Zivilrecht Bd. 1/1, 2Aufl. (1994), Rn. 1F256.

부동산물권을 이전하여야 할 본계약의 예약완결권은 가등기할 수 있으며(부동산등기법 제3조), 가등기를 한 때에는 그 예약완결권을 가지고 제3자에 대항할 수 있다. 그러나 가등기의 대상은 부동산물권변동을 목적으로 하는 청구권이므로(부동산등기법 제88조), 부동산 매매계약을 성립시키거나 효력을 발생시킬 수 있는 형성권인 예약완결권은 가등기의 대상이 아니다. 부동산 매매의 일방예약에서 예약완결권을 갖는 매수인이 가등기할 수 있는 것은 예약완결권이 아니라 자신이 예약완결권을 행사할 경우에 취득하게 될 장래의 부동산소유권이전청구권이다.[41]

(2) 예약완결권자

매매의 일방예약에서 예약완결권은 원칙적으로 예약당사자 중 일방이 갖지만, 제3자를 위한 일방예약도 가능하다.[42]

예약완결권은 양도성이 있으며,[43] 양도하는 경우 예약의무자의 승낙을 요하지 않으나 예약의무자에게 대항하기 위해서는 양도인인 예약권리자가 예약의무자에게 통지하거나 예약의무자의 승낙이 있어야 한다. 매매의 일방예약의 예약완결권자는 자신이 예약완결권을 행사하면 취득할 장래의 대금지급채권(매도인이 예약완결권자인 경우) 혹은 재산권이전채권(매수인이 예약완결권자인 경우)을 양도할 수 있다. 이는 통상적인 채권양도의 방식으로 가능하며 양도인의 통지 또는 예약의무자의 승낙에 의해 대항요건을 취득하게 된다.

부동산 매매의 일방예약의 경우, 예약완결권자인 매수인의 부동산소유권이전등기청구권을 보전하기 위하여 가등기를 경료한 경우, 부동산소유권이전채권을 양수한자 자는 가등기에 대한 부기등기를 함으로써 예약의무자에 대한 부동산소유권이전등기청구권을 보전할 수 있다. 그러나 부동산매매계약에 따른 소유권이전등기청구권은 물권의 이전을 목적으로 하는 매매의 효과로서 매도인이 부담하는 재산권이전의무의 한 내용을 이루므로, 매도인이 물권행위의 성립요건을 갖추도록 의무를 부담하는 경우에 발생하는 채권적 청구권으로 그 이행과정에 신뢰관계가 따르므로, 소유권이전등기 청구권을 매수인으로부터 양도받은 양수인은 매도인이

---

41) 오종근, 전게논문, 246면; Sorgel Komm. BGB/Wolf, Vor § 145, Rn. 72.
42) 박준서, 윤달원, 전게서, 403면.
43) 곽윤직, 채권각론 제6판, 박영사, 2013, 128면.

그 양도에 대하여 동의하지 않고 있다면 매도인에 대하여 채권양도를 원인으로 하여 소유권이전등기절차의 이행을 청구할 수 없으며, 따라서 매매로 인한 소유권이전등기청구권은 특별한 사정이 없는 이상 그 권리의 성질상 양도가 제한되고 그 양도에 채무자의 승낙이나 동의를 요한다고 할 것이므로 통상의 채권양도와 달리 양도인의 채무자에 대한 통지만으로는 채무자에 대한 대항력이 생기지 않으며 반드시 채무자의 동의나 승낙을 받아야 대항력이 생긴다.[44]

(3) 행사방법

매매의 일방예약에서 예약완결권은 예약권리자가 예약의무자를 상대로 완결의 의사표시로 행사한다. 완결의 의사표시로 매매계약이 성립하거나 효력이 발생하며, 편무예약이나 쌍무예약과 달리 예약의무자의 승낙을 요하지 않는다. 예약완결권의 행사에 따른 매매계약의 성립 내지 효력발생의 효과는 원칙적으로 소급하지 않으며,[45] 예약완결권이 일방예약 당사자의 지위를 이전하는 계약인수의 방식으로 종전 예약권리자로부터 제3자에게 양도된 경우에는 양수인이 예약의무자를 상대로 예약완결권을 행사해야 한다.

매매의 일방예약이 성립한 후 예약권리자인 매수인이 예약완결권을 행사하기 이전에 예약의무자가 매매목적물을 제3자에게 양도한 경우에 예약권리자는 예약의무자를 상대로 예약완결권을 행사할 수 있으며, 부동산 매매의 일방예약에서 예약권리자인 매수인이 장래 부동산소유권이전청구권 보전을 위한 가등기를 경료한 후에 예약의무자가 매매목적물인 부동산을 제3자에게 양도한 경우에도 예약권리자는 당초의 예약의무자를 상대로 예약완결권을 행사해야 한다. 그 후에 예약권리자가 예약의무자를 상대로 가등기에 기한 본등기를 청구하여 소유권이전등기를 경료한 경우, 가등기의 순위보전의 효력에 의하여 제3자 명의의 소유권이전등기는 직권말소된다.[46]

일방예약에서 예약권리자가 수인인 경우, 예약완결권을 준공유하는 것으로 보아 수인이 공동으로 예약완결권을 행사해야 한다는 견해가 있으며,[47] 이에 대하여

---

44) 대법원 2005. 3. 10. 선고 2004다67653, 67660 판결.
45) Ferid/sonnenberger, Rn. 2G 330.
46) 대법원(전) 1962. 12. 24. 선고 4294민재항675 판결.
47) 김증한, 김학동, 전게서, 214면; 곽윤직 전게서 156면.

예약완결권을 수인의 예약권리자가 공동으로 행사해야 하는지의 여부는 당사자의 의사에 달려있다고 하면서, 가령 수인이 부동산을 장차 공동으로 사용, 수익할 것을 목적으로 매매예약을 한 경우에는 예약완결권을 공동행사하기로 하는 의사이고, 채권담보의 목적으로 수인의 채권자와 채무자 사이에 채무자 소유의 부동산에 매매예약을 하는 경우에는 각 채권자가 각자의 지분에 관하여 단독으로 예약완결권을 행사하게 할 의사라고 추정함이 타당하다는 견해도 있다.[48]

이에 대하여 판례는 "매매예약 완결의 의사표시 및 이에 따른 목적물의 소유권이전의 본등기를 구하는 소의 제기는 매매예약 완결권의 처분행위로서, 복수채권자의 전부 아닌 일부로써도 할 수 있는 보존행위가 아니므로, 매매예약 완결의 의사표시 자체는 채무자에 대하여 복수채권자 전원이 행사하여야 하며, 채권자가 채무자에 대하여 예약이 완결된 매매목적물의 소유권이전의 본등기를 구하는 소는 필요적 공동소송으로서 매매예약완결권을 준공유하고 있던 복수채권자 전원이 제기하여야 한다"[49]는 입장이었으나, 이후 입장을 바꾸어 "수인의 채권자가 각기 채권을 담보하기 위하여 채무자와 채무자 소유의 부동산에 관하여 수인의 채권자를 공동매수인으로 하는 1개의 매매예약을 체결하고 그에 따라 수인의 채권자 공동명의로 그 부동산에 가등기를 마친 경우, 수인의 채권자가 공동으로 매매예약완결권을 가지는 관계인지 아니면 채권자 각자의 지분별로 별개의 독립적인 매매예약완결권을 가지는 관계인지는 매매예약의 내용에 따라야 하고, 매매예약에서 그러한 내용을 명시적으로 정하지 않은 경우에는 수인의 채권자가 공동으로 매매예약을 체결하게 된 동기 및 경위, 매매예약에 의하여 달성하려는 담보의 목적, 담보관련 권리를 공동 행사하려는 의사의 유무, 채권자별 구체적인 지분권의 표시 여부 및 지분권 비율과 피담보채권 비율의 일치 여부, 가등기담보권 설정의 관행 등을 종합적으로 고려하여 판단하여야 한다"[50]고 하여 수인의 채권자가 각자의 지분별로 별개의 독립적인 매매예약완결권을 갖는 것으로 보아, 각 채권자가 단독으로 자신의 지분에 대해 예약완결권을 행사할 수 있다는 입장이다.

---

48) 양승태, 공동명의로 가등기한 수인의 매매예약자의 법률관계, 민사판례연구, 박영사, 1985, 제7권 27면.
49) 대법원 1984. 6. 12. 선고 83다카2282 판결.
50) 대법원 2012. 2. 16. 선고 2010다82530 전원합의체 판결.

(4) 예약완결권의 소멸

1) 행사기간 도과에 의한 소멸

매매의 일방예약에서 당사자들이 예약완결권의 행사를 정한 경우, 그 기간 내에 예약권리자의 매매완결의 의사표시가 예약의무자에게 도달하지 않으면 예약완결권은 소멸한다.

2) 최고에 의한 소멸

예약완결권의 행사기간을 정하지 않은 경우, 예약의무자는 상당한 기간을 정하여 매매완결 여부의 확답을 예약완결권자에게 최고할 수 있고(민법 제564조 제2항), 예약의무자가 그 기간 내에 확답을 받지 못한 경우에는 예약의 효력을 잃는다(민법 제564조 제3항). 동조는 예약완결권의 행사기간에 관한 규정으로 쌍방예약의 예약완결권에 대해서도 준용되며, 그와 성질이 다른 편무예약 내지 쌍무예약의 계약체결청구권에 대해서는 적용되지 않는다.

3) 제척기간 도과에 의한 소멸

매매의 일방예약에서 예약자의 상대방이 매매예약완결의 의사표시를 하여 매매의 효력을 생기게 하는 권리, 즉 매매예약의 완결권은 일종의 형성권으로서 당사자 사이에 그 행사기간을 약정한 때에는 그 기간 내에, 그러한 약정이 없는 때에는 그 예약이 성립한 때로부터 10년 내에 이를 행사하여야 하고 그 기간이 지난 때에는 예약완결권은 제척기간의 경과로 인하여 소멸한다.[51]

매매예약완결권의 제척기간이 도과하였는지 여부는 법원의 직권조사 사항이며, 이에 대한 당사자의 주장이 없더라도 법원은 직권으로 조사하여 판단에 고려해야 하고, 따라서 상고법원은 매매예약완결권이 제척기간의 도과로 인하여 소멸되었다는 주장이 적법한 상고이유서 제출기간 경과 후에 주장되었다 할지라도 이를 판단하여야 한다.[52]

---

51) 대법원 2000. 10. 13. 선고 99다18725 판결.
52) 상게 판결.

4) 목적물의 멸실

매매의 일방예약에서 매도인의 책임이 있는 사유로 인하여 예약완결권이 행사되어 매매계약이 성립한 이후 목적물의 멸실 등으로 이행할 수 없게 된 경우에 매수인은 채무불이행책임을 물을 수 있다. 그러나 예약완결권의 행사 이전에 목적물이 멸실된 경우의 효과는 매매의 일방예약의 법적성질을 어떻게 이해하느냐에 따라서 그 내용이 달라진다.

매매의 일방예약의 법적성질을 예약설로 이해하는 경우에는 본계약은 원시적 불능이 되어 유효하게 성립할 수 없으므로 예약완결권은 소멸하며, 다만 목적물의 멸실이 예약의무자의 과실에 의한 경우에는 계약체결상의 과실책임의 문제가 된다(민법 제535조).[53] 이 같은 결과는 일방예약의 법적성질을 청약계약으로 이해하는 경우에도 같다.[54] 그러나 매매의 일방예약의 법적성질을 정지조건부매매설에 따르는 경우, 이미 매매계약은 성립하였으므로 목적물의 멸실로 후발적 불능이 되어 예약의무자에게 귀책사유가 있으면 예약권리자는 채무불이행책임을 물을 수 있다.

5) 사정의 변경

일방예약이 체결된 이후에 예약완결권이 행사되기 이전까지는 상당한 기간이 걸리는 경우가 있으며, 예약당시에 예정하였던 사정이 변경되는 경우를 생각할 수 있다. 이 경우 사정변경의 원칙을 적용하여 예약의 내용을 수정하거나 해제할 수 있는가가 문제가 되는데, 우리 민법상 계약의 구속력에서 벗어나는 방법으로 민법 제565조 제1항의 해약금 규정 등을 고려할 때 부정하는 것이 타당하다.

계약과 관련하여 판례는 계약 성립의 기초가 된 사정이 현저히 변경되고 당사자가 계약의 성립 당시 이를 예견할 수 없었고, 그로 인하여 계약을 그대로 유지하는 것이 당사자의 이해에 중대한 불균형을 초래하거나 계약을 체결함으로써 계약의 목적을 달성할 수 없는 경우에는 계약준수원칙의 예외로서 사정변경을 이유로 계약을 해제하거나 해지할 수 있다는 입장이다.[55] 여기에서 말하는 사정이란

---

53) 박준서, 윤달원, 전게서, 413면; 곽윤직, 심재돈, 전게서, 132면.
54) Sorgel Komm. BGB/Wolf, Vor § 145, Rn. 74.

당사자들에게 계약 성립의 기초가 된 사정을 가리키고, 당사자들이 계약의 기초로 삼지 않은 사정이나 어느 일방당사자가 변경에 따른 불이익이나 위험을 떠안기로 한 사정은 포함되지 않는다. 따라서 경제상황 등의 변동으로 당사자에게 손해가 생기더라도 합리적인 사람의 입장에서 사정변경을 예견할 수 있었다면 사정변경을 이유로 계약을 해제할 수 없으며, 특히 계속적 계약에서는 계약의 체결 시와 이행 시 사이에 간극이 크기 때문에 당사자들이 예상할 수 없었던 사정변경이 발생할 가능성이 높지만, 이러한 경우에도 위 계약을 해지하려면 경제적 상황의 변화로 당사자에게 불이익이 발생했다는 것만으로는 부족하고 위의 모든 요건을 충족하여야 한다.

이같이 판례는 계약의 체결과 관련하여 사정변경의 원칙을 인정하는 추세이나, 이를 확대해석하여 예약에도 적용하는 경우 법의 안정성 및 계약준수의 원칙을 깨뜨리는 결과가 된다.

> ☑ **판례**
> 소유권이전등기청구권은 채권적 청구권이므로 10년의 소멸시효에 걸리지만 매수인이 매매목적물인 부동산을 인도받아 점유하고 있는 이상 매매대금의 지급 여부와는 관계없이 그 소멸시효가 진행되지 않는다(대법원 1991. 3. 22. 선고 90다9797 판결).

매매예약에 따라 소유권을 이전받을 권리를 가진 사람은 매매예약을 원인으로 하는 소유권이전등기 보전을 위한 가등기를 설정할 수 있다. 그러나 소유자가 제3자에게 매매하는 것을 막을 수는 없으나 가등기에 기한 본등기를 경료한 경우, 본등기의 순위는 가등기의 순위에 의하므로(부동산등기법 제91조), 가등기 후 본등기가 있을 때까지의 일체의 처분행위에 의하여 생긴 권리 중 본등기된 권리와 저촉되는 것은 원칙적으로 실효되거나 후순위로 된다.

> ☑ **판례**
> 수인의 채권자가 각기 채권을 담보하기 위하여 채무자와 채무자 소유의 부동산에 관하여 수인의 채권자를 공동매수인으로 하는 1개의 매매예약을 체결하고 그에 따라 수인의 채권자 공동명의로 그 부동산에 가등기를 마친 경우, 수인의 채권자가 공동으

---

55) 대법원 2007. 3. 29. 선고 2004다31302 판결; 대법원 2013. 9. 26. 선고 2012다13637 전원합의체.

로 매매예약완결권을 가지는 관계인지 아니면 채권자 각자의 지분별로 별개의 독립적인 매매예약완결권을 가지는 관계인지는 매매예약의 내용에 따르고, 명시적으로 매매예약에서 그러한 내용을 정하지 않았을 때에는 수인의 채권자가 공동으로 매매예약을 체결하게 된 동기 및 경위, 매매예약에 의하여 달성하려는 담보의 목적, 담보 관련 권리를 공동 행사하려는 의사의 유무, 채권자별 구체적인 지분권의 표시 여부 및 지분권 비율과 피담보채권 비율의 일치 여부, 가등기담보권 설정의 관행 등을 종합적으로 고려하여 판단하여야 한다(대법원 2012. 2. 16. 선고 2010다82530 전원합의체 판결).

5. 부동산 매매예약의 효력

예약의 효력은 예약의 종류에 따라서 달라지며, 일방예약 또는 쌍방예약은 예약당사자의 일방 또는 쌍방에게 일방적 의사표시에 의하여 계약을 성립시킬 수 있는 예약완결권이 발생한다. 즉, 매매의 일방예약은 매도인이나 매수인이 매매를 완결할 의사를 표시하는 때에 매매의 효력이 생긴다(민법 제564조 제1항). 편무예약 또는 쌍무예약은 예약당사자 일방 또는 쌍방에게 계약체결을 요구할 수 있는 청구권이 발생하며, 이에 응하여 상대방은 계약체결의무를 부담한다. 따라서 예약권리자가 본계약 체결에 대해서 청약을 하면 예약의무자는 승낙할 의무를 부담한다.

예약의무자가 승낙을 거절하는 경우, 예약권리자는 소송을 통하여 승낙의 의사표시에 갈음하는 판결을 얻어 본계약의 체결을 강제할 수 있다(민법 제389조 제2항). 이때 예약권리자는 예약의무자를 상대로 승낙을 구하는 소와 본계약에 따른 채무의 이행을 구하는 소를 병합하여 제기할 수 있으며,[56] 이때에 채무불이행을 이유로 손해배상을 청구하는 것을 방해하지 않는다.[57] 손해배상은 이행지체를 이유로 한 지연손해의 배상과 이행에 갈음하는 전보손해 배상이다. 나아가 예약권리자는 채무불이행을 이유로 예약을 해제할 수도 있다.

계약청구권을 양도할 수 있는가의 문제는 편무예약 내지 쌍무예약에서 예약권리자의 계약청구권은 성질상 일반적인 채권양도의 방법으로 양도할 수 없다.[58]

---

56) 오종근, 매매예약완결권 행사기간, 민사법학, 한국민사법학회, 2006. 3, 제31호, 241면.
57) 오종근, 계약체결의무의 불이행에 따른 손해배상청구권의 소멸시효기간, 민사판례연구, 박영사, 2007, 제29권, 253면.
58) Erman Komm. BGB/Armbruester, 12 Aufl., Vor § 145, Rz. 46; Erman Komm. BGB/Westermann, 12 Aufl., § 399, Rz. 6; Sorgel Lomm. BGB/Wolf, Vor § 145, Rz. 67.

계약체결청구권은 본계약의 당사자가 될 수 있는 권리로, 양도가 유효하기 위해서는 계약 인수에 준하여 예약의무자의 동의를 요한다. 그러나 본계약이 성립하였을 경우에 발생할 장래의 급부청구권은 일반 채권양도의 방법으로 양도할 수 있다.

본계약이 부동산매매계약으로 부동산 물권변동을 목적으로 하는 계약인 경우 예약만 있고 아직 본계약이 체결되기 이전이라도 장래의 부동산물권변동청구권을 보전하는 가등기도 가능하다.

편무예약 내지 쌍무예약에 따른 계약체결청구권은 소멸시효의 대상이 되는데, 문제는 계약체결청구권의 소멸시효기간을 채권계약인 예약 자체의 원칙적인 소멸시효기간을 적용할 것인지(민사 10년, 상사 5년), 아니면 체결될 본계약의 급부청구권에 적용되는 소멸시효기간을 적용할 것인가 하는 점이다. 이에 대하여 법원은 "계약체결 의무의 채무불이행을 원인으로 하는 손해배상을 청구한 경우, 그 손해배상청구권은 계약이 체결되었을 경우에 취득하게 될 계약상의 이행청구권과 실질적이고 경제적으로 밀접한 관계가 형성되어 있기 때문에, 그 손해배상청구권의 소멸시효기간은 계약이 체결되었을 때 취득하게 될 이행청구권에 적용되는 소멸시효기간에 따른다."[59]는 입장이다.

II. 부동산 가계약

1. 개념

부동산 매매계약을 체결하는 경우 매매대금의 1할에 상당하는 계약금을 수수하는 것이 거래계의 일반적인 관행이다. 따라서 거래 규모가 크면 클수록 10%에 해당하는 계약금은 당사자들에게 큰 부담이 될 수 있으며, 실거래에서 당사자들은 여러 가지 이유로 바로 본계약을 체결하기 어려운 사정이 있을 때 잠정적인 문서 또는 구두로의 약정을 주로 가계약이라는 이름으로 체결하고 있다. 문제는 부동산 거래에서 일반적인 거래관행으로서 가계약 내지 가계약금을 지급하는 등의 법률행위가 널리 행해지고 있음에도 불구하고 그에 대한 법률상의 의미와 구속력에 대해서 정립된 법리는 없으며, 대법원 1992. 8. 18. 선고 92다629 판결에서 체결

---

59) 대법원 2005. 1. 14. 선고 2002다57119 판결.

된 계약이 '계약체결을 위한 준비단계인 이른바 가계약에 불과하고 법적 구속력이 있는 정식계약이 아니다'라고 하여 원고의 주장을 배척하였다. 그러나 가계약에서도 가계약금을 수수하는 것을 고려하면, 비록 소액이지만 법적 구속력이 있음을 추측할 수 있으나 가계약은 임시의 계약으로 본계약보다는 약한 구속력을 가졌거나 또 다른 면에서 볼 때에 불분명한 그 무엇일 수밖에 없는 것이 현실이다.

결국은 가계약에 관한 당사자들의 의사합치의 내용이 무엇인가에 관한 해석의 문제로 귀결될 수밖에 없으며 당사자들이 가계약에 이른 경위에 따라서 다양한 해석도 가능하다. 일반적으로 가계약은 본계약의 중요 부분에 대한 어느 정도의 합의가 이루어진 이후에 행해지는 것이 보통인데, 대부분의 경우 합의 내용에 대한 별도의 서면을 작성하지 아니한 채 빠른 시일 내에 본계약의 체결 여부를 결정하기로 하고, 본계약 체결 이전에 가계약을 체결하고, 가계약금을 수수함으로써 본계약을 체결할 의무를 어느 정도 부담하는 정도의 인식을 공유하는 정도에 그치고 있다.

이 같은 내용으로 볼 때, 우리 사회에 일반적으로 용인되고 있는 가계약금에 관한 인식은 당사자들 사이에 특별한 약정이 없는 한 다음과 같은 정도로 정리해 볼 수 있다. 매매계약의 경우를 예를 들어 매매의 가계약을 체결하고 가계약금을 수수하는 것은 매수인에게 다른 사람에 우선하여 본계약을 체결할 수 있는 우선적 선택권을 부여하는 것이 되고, 매도인은 이를 수인하는 데 본질적인 의미가 있으므로, 가계약제도는 매도인보다 매수인을 위한 장치로 볼 수 있다. 본계약을 체결할지의 여부를 결정할 수 있는 기간은 비교적 단기간으로 정해지게 되며, 매수인은 그 기간 안에 본계약의 체결을 요구할 권리를 갖고, 매도인은 매수인의 본계약 체결요구에 구속되므로, 매도인은 매수인의 매매계약의 체결요구를 거절할 수 없게 된다. 매수인은 일방적 매매계약 체결 요구권을 갖는 대신에 매수인이 매매계약의 체결을 포기하는 경우, 매수인은 가계약금의 반환요구를 포기해야 하며, 이는 매도인이 매수인에게 일방적인 계약체결 요구권을 부여한 것에 대한 부담으로서 법률적인 지위의 불안정성에 대한 보상의 의미를 갖는다고 본다. 매도인이 매매계약의 체결을 거부하더라도 매수인은 매매계약 체결권을 일방적으로 행사할 수 있으므로, 결국 매수인의 의사에 따라 매매계약이 체결되고, 이때 정해진 계약금은 해약금의 성질을 갖게 되므로, 매도인은 계약금의 배액을 상환해야 비로소

매매계약의 구속력에서 벗어날 수 있게 된다. 이 같은 내용은 우리 사회에 용인되고 있는 가계약에 관한 내용이며, 당사자들의 구체적인 의사에 따라서 다양한 내용으로 확장될 수도 있다.[60]

(1) 가계약과 계약

부동산 매매에 관한 가계약서 작성당시 매매목적물과 매매대금 등이 특정되고 중도금 지급방법에 관한 합의가 있는 경우, 그 가계약서에 잔금지급시기가 기재되지 않았고 후에 정식계약서가 작성되지 않았다 하더라도 매매계약은 성립한다는 것이 법원의 입장이다.[61] 즉, 부동산 매매계약에서 목적물, 대금 등 중요 사항만 정해져 있다면 당사자간 매매계약 합의가 된 것이고, 그것이 가계약서라는 명칭을 하고 있더라도 본계약과 차이가 없다는 점에서 가계약의 성립은 본계약과 차이가 없다.

이와 관련하여 가계약서의 작성이 없는 상황에서 매수인이 계약을 포기하고 가계약금 반환을 청구한 사건에서 법원은 "가계약금으로 지급된 1억 원에 대하여 위약금 약정을 하였다고 인정하기 위하여는 약정내용, 계약이 이루어지게 된 동기 및 경위, 당사자가 계약에 의하여 달성하려고 하는 목적과 진정한 의사, 거래의 관행 등에 비추어 원고와 피고 사이에 원고가 계약을 위반한 경우에 위 1억 원을 포기하기로 하였음이 명백하게 인정되어야 한다."[62]고 하여 가계약금이 위약금으로 바로 추정되는 것은 아니라는 입장으로 가계약과 계약을 동일하게 취급하고 있다.

(2) 가계약과 계약금계약

가계약을 가계약금의 명목으로 금전 기타 유가물을 수수하고 장래에 본계약을 체결할 것을 내용으로 하는 계약으로 정의할 경우에 가계약을 요물계약으로 이해할 수 있다. 민법 제565조 제1항에서 "매매의 당사자 일방이 계약당시에 금전 기타 물건을 계약금, 보증금등의 명목으로 상대방에게 교부한 때에는 당사자 간에 다른 약정이 없는 한 당사자 일방이 이행에 착수할 때까지 교부자는 이를 포기하

---

60) 대구지법 서부지원 2018. 12. 11. 선고 2018가소21928 판결.
61) 대법원 2006. 11. 24. 선고 2005다39594 판결.
62) 대법원 2007. 10. 25. 선고 2007다40765 판결.

고 수령자는 그 배액을 상환하여 매매계약을 해제할 수 있다"고 규정하여 계약금계약을 요물계약으로 파악하여 계약금의 실제교부가 있어야만 비로소 계약금계약이 성립하게 된다.[63]

　반면에 법원은 "계약이 일단 성립하면 당사자의 일방은 이를 마음대로 해제할 수 없는 것이 원칙이며, 다만 주된 계약과 더불어 계약금계약을 한 경우에는 민법 제565조 제1항에 따라서 임의 해제를 할 수 있기는 하지만, 계약금계약은 금전 기타 유가물의 교부를 요건으로 하므로 단지 계약금을 지급하기로 약정만 한 단계에서는 아직 계약금으로서의 효력, 즉 민법 제565조 제1항에 의하여 계약해제를 할 수 있는 권리는 발생하지 않으며," "당사자가 계약금의 일부만을 먼저 지급하고 잔액은 나중에 지급하기로 약정하거나 계약금 전부를 나중에 지급하기로 약정한 경우, 교부자가 계약금의 잔금이나 전부를 약정대로 지급하지 않으면 상대방은 계약금 지급의무의 이행을 청구하거나 채무불이행을 이유로 계약금약정을 해제할 수 있고, 나아가 위 약정이 없었더라면 주계약을 체결하지 않았을 것이라는 사정이 인정된다면 주계약도 해제할 수 있을 것이나, 교부자가 계약금의 잔금 또는 전부를 지급하지 아니하는 한 계약금계약은 성립하지 않으므로 당사자가 임의로 주계약을 해제할 수 없다"[64]하고 있다. 따라서 계약금계약에 의한 해제권의 행사를 위해서는 계약금 전부의 이행이 있어야 하고, 계약금 전부의 지급 없이 계약금계약은 성립하지 않으며, 당사자가 계약금의 일부만을 먼저 지급하고 잔액은 나중에 지급하기로 약정하였거나 계약금 전부를 나중에 지급하기로 약정한 경우에 교부자가 계약금의 잔금이나 전부를 약정대로 지급하지 않으면 상대방은 계약금지급의무의 이행을 청구하거나 채무불이행을 이유로 계약금약정을 해제할 수 있다는 점에서 계약금계약은 낙성계약이라고 할 수 있다.

(3) 가계약과 위약금계약

　민법은 위약금에 관한 별도의 규정이 없으며, 다만 민법 제398조 제4항에서 위약금의 약정은 손해배상액의 예정으로 추정한다는 기준을 제시하고 있을 뿐이다. 따라서 위약금은 채무불이행과 관련하여 당사자들이 약정한 금원으로서 손해

---

63) 곽윤직, 전게서, 217면; 김형배, 전게서, 297면.
64) 대법원 2008. 3. 13. 선고 2007다73611 판결.

배상액의 예정보다는 상위개념으로서 위약금은 채권관계의 당사자들 사이에서 일
방이 계약위반 내지 채무불이행의 경우 당사자가 상대방에게 지급하기로 약정한
금원을 말한다.

　유상계약에서 계약금이 수수된 경우 계약금은 해약금의 성질을 가지며, 이를
위약금으로 하는 특약이 없는 한 계약이 당사자 일방의 귀책사유로 인하여 해제되
었다 하더라도 상대방은 계약불이행으로 입은 실제 손해만을 배상받을 수 있을 뿐
계약금이 위약금으로서 상대방에게 당연히 귀속되는 것은 아니며,[65] 가계약금으
로 지급된 금원에 대하여 위약금 약정을 하였다고 인정하기 위해서는 약정내용,
계약이 이루어지게 된 동기 및 경위, 당사자가 계약에 의하여 달성하려고 하는 목
적과 진정한 의사, 거래의 관행 등을 고려하여 판단하여야 한다.[66] 당사자가 위약
금약정을 하였다 하더라도, 이 같은 위약금 약정은 민법 제398조 제1항의 손해배
상액의 예정의 성질을 가지며, 손해배상액이 부당하게 과다한 경우에 법원으로 하
여금 이를 감액할 수 있으며(민법 제398조 제2항), 이 같은 규정은 강행법규로 이 규
정에 기한 감액주장을 사전에 배제하는 약정은 허용되지 않는다.

　매매계약을 체결할 때 일정의 금전을 수수하면서 매수인이 위약하면 이의 반
환을 포기하고 매도인이 위약하면 그 배액을 반환하기로 약정한 경우에, 계약금은
해약금의 성질과 손해배상예정액의 성질을 가지지만, 계약금을 수수하면서 이의
위약시에는 계약금을 포기하거나 배액을 반환한다는 약정을 하지 않은 경우 그 계
약금은 해약금으로서의 성질을 갖는다는 것이 판례의 태도이다.[67] 따라서 가계약
의 경우에는 별도의 위약금약정이 존재해야 가계약금이 위약금으로 된다. 가계약
금이 수수된 경우 가계약금은 해약금의 성질만을 가지며, 이를 위약금으로 하기로
하는 특약이 없는 이상 가계약이 당사자 일방의 귀책사유로 해제되었다 하더라도
가계약금이 위약금으로서 상대방에 당연히 귀속되는 것은 아니다.[68]

---

　65) 대법원 1996. 6. 14. 선고 95다54693 판결.
　66) 대법원 2007. 10. 25. 선고 2007다40765 판결.
　67) 대법원 1990. 2. 13. 선고 89다카26250 판결; 대법원 1993. 4. 23. 선고 92다41719 판결; 대법원
　　　1994. 10. 25. 선고 94다18140 판결.
　68) 대법원 1987. 2. 24. 선고 86누438 판결; 대법원 1981. 7. 28. 선고 80다2499 판결; 대법원 1992.
　　　11. 27. 선고 92다23209 판결.

2. 가계약의 효력

부동산 거래와 관련하여 체결되는 가계약의 내용은 다양하므로 우선적으로 고려되어야 할 것은 의사표시의 해석을 통하여 나타나는 당사자들의 의사이다. 당사자들이 장차 계속되는 합의의 기초로서 작성한 것이고, 장래 합의에 의하여 수정할 것이 예정되어 있다면 법적 구속력을 인정할 수 없겠으나, 주된 급부에 관하여는 아직 확정하지 않았더라도 개별적인 부수적 합의에 의하여 수정될 것이 예상되어 있다면 법적 구속력을 인정하기 어렵다. 그러나 주된 급부에 관하여 아직 확정하지 않았더라도 개별적인 부수적 합의에 관하여는 독자적인 구속력 및 책임의 근거로서 인정해야 할 경우가 있다.

가계약에서 본계약체결의 보장을 명시적으로 한 경우, 이에 기초해 본계약체결에 협력할 의무가 있다고 볼 수 있으며, 명시적인 의사가 없더라도 가계약에서 본계약의 중요 부분에 대한 합의가 이루어진 경우에는 양당사자는 임의로 본계약체결을 파기할 수 없다고 본다. 나아가 일정한 조건의 성취 하에 본계약을 체결하기로 한 경우에 조건의 성취시에 양당사자는 본계약체결의무를 부담한다. 그러나 당사자들이 가계약서에 명시적으로 가계약의 구속력을 부인하거나 제한하는 등의 약정을 한 경우에 그것을 우선적으로 고려해야 한다.

가계약을 체결하고 매수인이 가계약금을 교부한 경우에 매수인은 다른 사람에 우선하여 계약을 체결할 수 있는 우선권을 가지며, 그 대가로 매수인은 실제 교부한 가계약금의 범위 내에서 손해를 감수할 의사가 있는 것으로 이해할 수 있으며, 계약이 체결되지 못하는 경우 소송을 통해서 구제받을 수 없는 점 등을 고려할 때, 이 경우에 양당사자는 가계약의 구속을 받지 않는다.

가계약에 대하여 법원은 ⅰ. 가계약을 체결하고 가계약금을 수수하는 경우, 매수인은 다른 사람에 우선하여 본계약을 체결할 수 있는 우선적 선택권이 있으며, 매도인은 이를 수인하는데 본질적인 의미가 있고, ⅱ. 가계약이라는 관행은 매도인보다 매수인을 위한 장치로서 본계약체결 여부를 결정할 기간은 비교적 단기간에 한하며, 매수인은 그 기간 내에 본계약을 체결할 권리가 있고, 따라서 매도인은 매수인의 본계약체결 요구에 구속되게 된다. ⅲ. 매수인이 일방적 매매계약 체결

요구권을 가지는 대신에 매수인이 매매계약의 체결을 포기하는 경우 매수인은 가계약금의 반환을 포기해야 하는데, 이는 매도인이 매수인에게 일방적인 계약체결 요구권을 부여함으로써 부담하는 법률적 지위의 불안정성에 대한 보상적 의미를 갖는다. iv. 매도인이 매매계약의 체결을 거부하더라도 매수인은 매매계약 체결권을 일방적으로 행사할 수 있으므로, 결국 매수인의 의사에 따라서 매매계약이 체결되고, 이때 정해진 계약금은 해약금의 성질을 가지며, 매도인은 계약금의 배액을 상환하고 매매계약의 구속력에서 벗어날 수 있다[69]는 입장이다.

III. 부동산 계약의 교섭과 법적책임

민법 제535조 제1항은 '목적이 불능한 계약을 체결할 때에 불능을 알았거나 알 수 있었을 자는 상대방이 그 계약의 유효를 믿었음으로 인하여 받은 손해를 배상하여야 한다'고 하여, 급부의 목적이 원시적 불능임에도 이를 모르고 계약을 체결한 상대방이 입은 손해를 상대방에게 물을 수 있도록 하였다. 즉, 계약체결을 위한 준비 내지 교섭의 과정에서 당사자 일방의 책임있는 사유로 인하여 상대방에게 손해가 발생한 경우에 상대방에 대하여 부담해야 하는 책임이 계약체결상의 과실책임(Verschulden bei Vertragsverhandlungen)이다.

민법 제535조는 '목적인 불능인 계약'을 체결한 경우에 한하여 불능인 사실을 알았거나 알 수 있었을 자로 하여금 상대방이 계약의 유효를 믿었음으로 인하여 입은 손해를 배상하도록 규정하고 있다. 이 규정의 적용대상은 계약체결과정에서 당사자의 일방이 급부가 불능인 사실을 알았거나 알 수 있었음에도 그 사실을 상대방에게 알리지 않고 계약을 체결한 경우로서, 계약체결과정에서 계약체결의 의사결정에 중요한 불이익 등의 사실을 고지하지 않고 계약을 체결한 경우이다. 이 규정은 계약의 목적이 원시적 불능인 때에는 계약이 성립할 수 없음을 전제로,[70] 계약이 유효하게 성립하지 않았음에도 불법행위의 법리에 의하지 않고 계약법리에 의하여 손해배상을 청구할 수 있도록 한 것이다.[71] 이 같은 논리에 대한 비판

---

69) 대구지법 서부지원 2018. 12. 11. 선고 2018가소21928 판결.
70) 양창수, 원시적 불능론, 민법연구 제3권, 1992, 159면 이하; 최홍섭, 원시적 불능론과 민법 제535조, 재산법연구 제9권 제1호, 1992, 99면 이하; 김대정, 계약법(상), 147면 이하; 이충훈, 원시적 불능론의 재검토, 법조 제56권 12호, 2007. 12, 186면 이하.

도 있으나, 최근에는 계약체결과정에서의 정보제공의무를 승인하고 이를 위반한 경우의 책임법리로서 상대방의 계약체결에 대한 의사결정의 자유를 보호하고자 하는 법리로 논의되고 있다.[72]

1. 계약체결상의 과실책임의 법적 성질

계약체결상의 과실책임은 계약상의 급부의무 위반의 문제가 아닌 계약체결을 위한 교섭과정에서의 작위의무를 위반한 것에 대한 책임으로 계약이 유효하게 성립하기 이전에 발생한 손해에 대한 책임이다. 이에 대하여 불법행위책임, 계약책임, 법정책임설이 대립하는 가운데 판례는 불법행위책임으로 이를 다루고 있다. 이 같은 견해의 대립은 계약성립 전 작위의무 위반으로 인한 계약체결상의 과실책임을 불법행위법상 주의의무 위반의 책임이 아닌 계약법상 의무 위반책임으로 파악할 것인가에 따른 것으로 계약이 성립하지 않은 상태에서 계약법상의 의무를 인정할 수 있는가에 있다.

계약의 구속력을 기준을 당사자의 의사에서 찾는 의사이론에 따르는 경우 계약책임으로 받아들이기 어려우며, 구속력의 근거를 당사자의 사회적 관계에서 찾는 관계 이론에 따를 경우, 계약체결에서 당사자의 의사뿐만 아니라 사회적 관계 내지 신뢰관계도 중요하므로 계약책임으로 파악하여 당사자의 의사와 무관하게 권리의무를 귀속시킬 수 있으며, 계약의 구속력의 근거를 상대방의 신뢰에서 찾는 관계이론에 따르는 경우에는 계약책임으로 파악할 수도 있다. 또 계약의 구속력의 근거를 당사자의 의사가 아닌 신뢰관계에서 찾는 신뢰이론을 따르는 경우에는 계약 유사의 법정책임으로 이해할 수 있다. 이 같은 행위의무는 신의칙에 근거를 두고,[73] 상대방의 인격이나 재산상 영향 가능성을 증대한다는 것을 실제적 이유로

---

71) 김대정, 계약체결상의 과실책임, 성균관법학 제11호, 1999. 12, 86면에서 이 규정에 대하여 입법론적 타당성에 의문을 제기하고 있다.

72) 박영복, 계약체결 전단계의 법규범 화, 외법논집 제10집, 2001, 94면 이하; 김동훈, 계약체결 전의 법률관계, 민사법학 제36호, 2007, 326면 이하; 김삼중, 계약체결 이전단계의 정보제공의무 -외국의 입법례와 비교에 의한 규정 신설의 제안을 중심으로, 고려법학 제56호, 2010. 3. 29면 이하.

73) 대법원 2006. 10. 12. 선고 2004다48515 판결; 대법원 2007. 6. 1. 선고 2005다5812, 5829, 5836 판결; 대법원 2009. 8. 20. 선고 2008다19355 판결.

한다. 이 같은 행위의무는 계약체결을 위한 교섭단계로[74]부터 계약 내용의 실현단계를 거쳐 계약관계가 소멸한 후에도 존속하며[75] 계약당사자 이외의 제3자도 행위의무의 당사자가 될 수 있다.[76]

계약체결을 위한 교섭과정에서 상대방의 계약체결을 결정하는 데 기초가 되는 사실에 대한 진실의무 및 설명의무 등 정보제공 의무가 계약체결상 행위의무에 해당하는가에 대해서 의문이 제기될 수 있으나 학설[77]과 판례[78]는 긍정적으로 받아들이고 있다.

☑ **판례**

어느 일방이 교섭단계에서 계약이 확실하게 체결되리라는 정당한 기대 내지 신뢰를 부여하여 상대방이 그 신뢰에 따라 행동하였음에도 상당한 이유 없이 계약의 체결을 거부하여 손해를 입혔다면 이는 신의성실의 원칙에 비추어 볼 때 계약자유 원칙의 한계를 넘는 위법한 행위로서 불법행위를 구성한다(대법원 2004. 5. 28. 선고 2002다32301판결).

아파트 최상층 분양에 있어 중요한 사항인 다락의 형상에 관하여 신의성실의 의무에 비추어 비난받을 정도로 허위·과장한 내용의 분양 광고의 경우, 분양자(시행사)뿐만 아니라 시공사도 공동불법행위로 인한 손해배상책임을 부담한다(대법원 2009. 4. 23. 선고 2009다1313 판결).

---

2. 계약체결상의 과실책임의 요건과 효과

(1) 요건

계약체결상의 과실책임을 인정하기 위해서는 당사자 사이에 ① 계약체결을

---

74) 지원림, 계약의 성립에 관한 입법론적 연구, 법조 제49권 8호, 2000. 8, 192면; 박영복, 계약체결 전단계의 법규범화, 외법논집 제10집, 2001, 94면.

75) 김민중, 사후효적 계약의무, 채권법에 있어서 자율화 책임, 김형배교수화갑기념논문집, 1994, 434면.

76) 김형배, 채권각론, 127−8면; 송호영, 새로운 독일채무불이행법의 체계, 232면.

77) 이상욱, 프랑스에서의 계약상 정보제공의무, 영남법학 제1권 1호, 1994, 95면; 최상호, 계약상의 정보제공의무에 관한 연구, 채권법에 있어서 자유와 책임, 김형배교수화갑기념논문집, 1994, 165면.

78) 대법원 2006. 10. 12. 선고 2004다48515 판결; 대법원 2007. 6. 1. 선고 2005다5812, 5829, 5836 판결; 대법원 2009. 8. 20. 선고 2008다19355 판결.

위한 교섭이 있어야 하고, ② 계약체결을 위한 교섭 및 계약체결 이전에 상대방에 대한 주의의무·배려의무·설명의무 등 부수의무를 위반해야 하고, ③ 계약의 성립 전에 고의 또는 과실로 당사자가 행위의무를 위반해야 하며, ④ 상대방에게 손해가 발생하여야 한다.

계약체결상의 과실책임은 적어도 당사자 사이에 계약체결을 위한 접촉 내지 교섭이 시작된 경우에 문제 된다. 이때 단순한 사회적 접촉만으로 부족하고 적어도 부동산 가격이라든지 인도 가능한 날짜 등과 같은 계약체결을 위한 접촉 내지 교섭이 있어야 한다.79) 또 계약체결상의 과실책임은 계약체결상 행위의무 위반에 대한 책임이므로, 상대방의 의사결정에 영향을 미치는 중요한 사항에 관하여 고지 및 설명을 하는 등 상대방의 신체·재산상의 손해가 발생하지 않도록 방지하는 등의 일정한 행위의무가 존재해야 하며, 계약이 원시적 불능으로 무효인 경우 계약체결상의 과실이 있는 당사자는 그로 인한 손해배상책임이 있으나, 이 경우에도 일방이 계약의 불능을 알았거나 알 수 있었을 때에는 상대방에게 계약체결상의 과실책임을 묻지 못한다.80)

부동산 거래에 있어서 거래 상대방이 일정한 사정에 관한 고지를 받았더라면 그 거래를 하지 않았을 것임이 경험칙상 명백한 경우에는 신의성실의 원칙상 사전에 상대방에게 그와 같은 사정을 고지해야 할 의무가 있으며, 그와 같은 고지의무의 대상이 되는 것은 직접적인 법령의 규정뿐 아니라 널리 계약상, 관습상 또는 조리상의 일반원칙에 의하여도 인정될 수 있다.81)

> ☑ **판례**
> 고지의무 위반은 부작위에 의한 기망행위에 해당하므로 원고들로서는 기망을 이유로 분양계약을 취소하고 분양대금의 반환을 구할 수도 있고 분양계약의 취소를 원하지 않을 경우 그로 인한 손해배상만을 청구할 수도 있다(대법원 2006. 10. 12. 선고 2004다48515 판결).

계약체결상의 과실책임이 성립하기 위해서는 계약이 성립하기 전에 고의 또

---

79) 송덕수, 신민법강의(제2판), 1139면; 양형우, 민법의 세계(제2판), 1033면.
80) 대구지법 1986. 6. 25. 선고 85나978, 제2민사부 판결.
81) 대법원 2006. 10. 12. 선고 2004다48515 판결.

는 과실로 당사자가 행위의무를 위반해야 하며, 이로 인하여 상대방에게 손해가 발생하여야 한다.

1) 계약체결을 위한 준비단계에서의 보호의무 위반

보호의무는 채무자가 채무의 이행과정에서 채무자가 부담하는 급부의무 외에 채권자의 생명, 신체, 건강, 소유권 기타 재산상의 이익을 침해하지 않도록 배려해야 할 주의의무이다.[82] 법원은 채무자의 의무를 급부의무와 신의칙에 의한 부수의무로 나누고, 숙박계약,[83] 입원계약, 근로계약,[84] 여행계약[85] 등의 계약에서 채무자의 보호의무 또는 안전배려의무를 인정하고 있다.[86] 따라서 계약체결을 위한 교섭단계에서 당사자는 상대방의 신체·생명·재산권과 같은 법익을 침해하지 않아야 할 보호의무를 내용으로 하는 부수의무를 부담하며, 이를 위반하여 손해가 발생하는 경우에는 배상책임이 인정된다.

2) 계약교섭의 부당파기

부동산 매매계약을 체결하기 위한 목적의 교섭 중 부당하게 파기한 경우, 계약자유의 원칙에 따라서 위법성이 인정되지 않는다. 그러나 계약교섭 중에 당사자 일방이 계약교섭단계에서 계약이 확실하게 체결되리라는 정당한 기대 내지 신뢰를 부여함으로써 상대방이 그 신뢰에 따라 행동하였음에도 상당한 이유 없이 계약의 체결을 거부하여 손해를 입혔을 때에는 신의성실의 원칙에 의하여 계약자유 원칙의 한계를 넘는 위법한 행위로서,[87] 배상책임이 인정된다.

이 경우의 손해는 일방이 신의에 반하여 상당한 이유 없이 계약교섭을 파기함으로써 계약체결을 신뢰한 상대방이 입게 된 상당인과관계 있는 손해가 되며, 계약이 유효하게 체결될 것으로 믿음으로 인한 손해 즉, 신뢰 손해에 한정된다. 여기서 신뢰 손해란 당해 계약의 성립을 기대하고 지출한 계약 준비 비용 등과 같이

---

82) 곽윤직, 채권총론(신정판), 박영사, 1994, 125면.
83) 대법원 1994. 1. 28. 선고 93다43590 판결.
84) 대법원 1999. 2. 23. 선고 97다12082 판결.
85) 대법원 2011. 5. 26. 선고 2011다1330 판결.
86) 대법원 2017. 5. 18. 선고 2012다86895, 86901 전원합의체 판결.
87) 대법원 2004. 5. 28. 선고 2002다32301 판결.

그러한 신뢰가 없었더라면 통상 지출하지 아니하였을 비용 상당의 손해에 한하며, 아직 계약체결에 관한 확고한 신뢰가 부여되기 이전 상태에서 계약교섭의 당사자가 계약체결이 좌절되더라도 어쩔 수 없다고 생각하고 지출한 비용, 즉, 경쟁입찰에 참가하기 위하여 지출한 제안서, 견적서 작성 비용 등은 포함되지 않는다.[88]

> ☑ **판례**
>
> 어느 일방이 교섭단계에서 계약이 확실하게 체결되리라는 정당한 기대 내지 신뢰를 부여하여 상대방이 그 신뢰에 따라 행동하였음에도 상당한 이유 없이 계약의 체결을 거부하여 손해를 입혔다면 이는 신의성실의 원칙에 비추어 볼 때 계약자유의 원칙의 한계를 넘는 위법한 행위로서 불법행위를 구성한다(대법원 2004. 5. 28. 선고 2002다32301 판결).
>
> 계약교섭의 부당한 중도파기가 불법행위를 구성하는 경우 그러한 불법행위로 인한 손해는 일방이 신의에 반하여 상당한 이유 없이 계약교섭을 파기함으로써 계약체결을 신뢰한 상대방이 입게 된 상당인과관계 있는 손해로서 계약이 유효하게 체결된다고 믿었던 것에 의하여 입었던 손해 즉 신뢰손해에 한정된다고 할 것이고, 이러한 신뢰손해란 예컨대, 그 계약의 성립을 기대하고 지출한 계약준비 비용과 같이 그러한 신뢰가 없었더라면 통상 지출하지 아니하였을 비용상당의 손해라고 할 것이며, 아직 계약체결에 관한 확고한 신뢰가 부여되기 이전 상태에서 계약교섭의 당사자가 계약체결이 좌절되더라도 어쩔 수 없다고 생각하고 지출한 비용, 예컨대 경쟁입찰에 참가하기 위하여 지출한 제안서, 견적서 작성비용 등은 여기에 포함되지 아니한다(대법원 2003. 4. 11. 선고 2001다53059 판결)

3) 부동산 계약체결 이전의 설명의무

계약을 체결하기 위하여 교섭하는 당사자는 계약체결을 위한 접촉의 개시로부터 계약체결 시까지 계약체결을 위한 준비 내지 협의기간 동안 상대방을 보호하고 서로에게 충실해야 할 의무가 있다. 따라서 구체적으로 계약체결에 필요한 사항을 충실하게 설명해야 하고,[89] 상대방에게 손해가 발생하지 않도록 설명을 하는 등의 주의의무가 있으며, 계약교섭의 당사자는 상대방에게 계약에 관련한 모든 사

---

88) 대법원 2003. 4. 11. 선고 2001다53059 판결.
89) 대법원 2009. 2. 26. 선고 2006다45688 판결.

정을 설명할 의무는 없으나, 신의칙상 상대방의 의사결정에 중대하다고 판단되는 사항에 대해서 설명함으로써 상대방이 오도되지 않도록 할 의무가 있다.

설명의무는 민법 제2조의 신의성실의 원칙이 그 근거가 되며,[90] 그러나 계약 체결 전 단계에서 설명의무에 대한 별도의 합의가 있을 때에는 당사자의 단순한 교섭이 아닌 구속력있는 합의가 이루어진 때로부터 본계약에 이르기까지 기간 동안 성립하는 설명의무는 부수적 의무가 아닌 독립된 계약상의 의무가 된다. 또 설명의무 자체에 대한 합의가 아니라 본계약을 체결하기 전의 예약 또는 가계약을 체결한 경우에는 일반적으로는 예약, 가계약에 의한 부수적 의무로서 설명의무가 성립하며, 독립된 계약이 체결된 것이 아니므로 계약상의 의무는 아니다.

이 같은 시각은 「공인중개사법」에서 "개업공인중개사는 중개를 의뢰받은 경우에는 중개가 완성되기 전에 다음 각 호의 사항을 확인하여 이를 당해 중개대상물에 관한 권리를 취득하고자 하는 중개의뢰인에게 성실·정확하게 설명하고, 토지대장 등본 또는 부동산종합증명서, 등기사항증명서 등 설명의 근거자료를 제시하여야 한다"[91]고 규정하고 있으며, '부동산중개업자와 중개의뢰인의 법률관계는 민법상 위임관계와 유사하므로 중개의뢰를 받은 중개업자는 선량한 관리자의 주의로 중개대상물의 권리관계 등을 조사·확인하여 중개의뢰인에게 설명할 의무가 있고, 이는 부동산중개업자나 중개보조원이 구 부동산중개업법(2005. 7. 29. 법률 제7638호로 전부 개정되기 전의 것)에서 정한 중개대상물의 범위 외의 물건이나 권리 또는 지위를 중개하는 경우에도 다르지 않다'[92]고 밝히고 있다.

☑ 판례
부동산 거래에서 거래 상대방이 일정한 사정에 관한 고지를 받았더라면 그 거래를 하지 않았을 것임이 경험칙상 명백한 경우, 신의성실의 원칙상 사전에 상대방에게 그와 같은 사정을 고지해야 할 의무가 있으며, 그와 같은 고지의무의 대상이 되는 것은 직접적인 법령의 규정뿐 아니라 널리 계약상, 관습상 또는 조리상의 일반원칙에 의하여도 인정될 수 있다(대법원 2006. 10. 12. 선고 2004다48515 판결).

---

[90] 대법원 2009. 2. 26. 선고 2006다45688 판결.
[91] 공인중개사법 제15조 제1항.
[92] 대법원 2015. 1. 29. 선고 2012다74342 판결.

공인중개사가 아파트 임대차계약을 중개하면서 등기부상 아파트의 표제부 중 '대지권의 표시'란에 대지권의 목적인 토지에 관하여 별도등기가 있다는 것을 간과하여 임차인에게 아무런 설명을 하지 않은 사안에서, 위 아파트에 관한 임의경매의 배당절차에서 토지의 근저당권보다 배당순위에서 밀려 배당을 적게 받는 재산상 손해를 입은 임차인에 대하여 공인중개사에게 중개대상물의 확인·설명의무 위반으로 인한 손해배상책임이 있다(서울동부지법 2010. 6. 18. 선고 2010나189 판결).

(2) 효과

계약체결상의 과실책임의 요건이 충족되면 상대방에게 발생한 손해를 배상해야 한다. 이 경우 배상의 범위는 원시적 불능으로 인한 계약체결상의 과실의 경우 상대방이 계약이 유효하게 성립할 것이라 믿음으로 인하여 발생한 손해, 즉 신뢰이익을 배상해야 하며, 이 경우 이행이익을 넘지 못한다(민법 제535조 제1항). 이때 다른 유형의 계약체결상의 과실책임의 문제가 발생하는데, 신뢰이익설은 민법 제535조를 유추적용하고,[93] 이행이익설[94]은 민법 제535조의 입법론적 타당성의 의문을 제기하면서 배상의무자는 원칙적으로 이행이익의 손해를 배상하여야 한다고 주장한다. 그러나 계약체결상의 과실책임의 요건으로 상대방의 선의·무과실을 요구할 경우 신뢰이익설이 타당하다고 본다.

제4절   부동산 매매계약의 성립

Ⅰ. 매매계약의 개념

부동산 매매계약은 매도인이 재산권을 상대방에게 이전할 것을 약정하고 매수인은 그 대금을 지급할 것을 약정함으로써 성립하는 낙성·쌍무·불요식의 계약으로(민법 제563조) 당사자의 의사표시의 합의만으로 유효하게 성립한다. 즉, 부동산 매매계약이 성립하기 위해서는 당사자 사이에 의사의 합치가 있을 것이 요구되고, 이러한 의사의 합치는 당해 계약의 내용을 이루는 모든 사항에 관하여 있어야

93) 송덕수, 신민법강의(제2판), 1140면.
94) 김형배, 채권각론(계약법), 132면.

하는 것은 아니지만 그 본질적인 사항이나 중요 사항에 관하여는 구체적으로 의사의 합치가 있거나 적어도 장래에 구체적으로 특정할 수 있는 기준과 방법 등에 관한 합의가 있어야 한다.[95]

부동산 매매계약은 매도인이 부동산 소유권을 이전할 것과 매수인이 그에 대한 대금을 지급하는 것에 대하여 쌍방의 합의가 있으면 성립하며, 이때의 합의는 구두에 의하든 서면에 의하든 방법과 방식은 문제가 되지 않는다. 나아가 매매목적물과 대금은 반드시 계약체결 당시에 구체적으로 특정할 필요는 없으며, 이후에 구체적으로 특정할 수 있는 방법과 기준을 정할 수 있으면 매매계약은 유효하게 성립한다. 그러나 당사자가 표시한 의사표시에 객관적인 의미가 명확하지 않은 때에는 표시의 내용과 법률행위가 이루어지게 된 동기와 경위, 당사자가 당해 법률행위로 달성하려 한 목적과 진정한 의사, 거래관행 등을 종합적으로 고찰하여 사회정의와 형평의 이념에 맞도록 논리와 경험칙, 그리고 사회 일반의 상식과 거래의 통념에 따라서 합리적으로 해석하여야 한다.[96]

당사자 사이에 계약을 체결하면서 일정한 사항에 관하여 장래의 합의를 유보한 경우, 당사자에게 계약에 구속되려는 의사가 있고 계약 내용을 나중에라도 구체적으로 특정할 수 있는 방법과 기준이 있다면 계약체결의 경위, 당사자의 인식, 조리, 경험칙에 비추어 당사자 의사의 내용을 정해야 하며, 매매대금의 확정을 장래에 유보하고 매매계약을 체결한 경우에도 마찬가지이다.[97]

또 부동산 매매에 관한 가계약서 작성 당시 매매목적물과 매매대금 등이 특정되고 중도금 지급방법에 관한 합의가 있었다면 그 가계약서에 잔금 지급시기가 기재되지 않았고 후에 정식계약서가 작성되지 않았다 하더라도 매매계약은 성립한다.[98]

---

95) 대법원 2001. 3. 23. 선고 2000다51650 판결.
96) 대법원 2011. 5. 26. 선고 2010다102991 판결.
97) 대법원 2020. 4. 9. 선고 2017다20371 판결.
98) 대법원 2006. 11. 24. 선고 2005다39594 판결.

II. 계약의 자유와 그 제한

1. 계약자유의 원칙

(1) 의의

부동산 매매계약은 매도인과 매수인 사이의 매매의 합의만으로도 체결할 수 있는 것이 원칙이며 이는 민법상 계약자유의 원칙으로 설명할 수 있다. 계약자유의 원칙이란 개인은 독립된 인격을 가진 권리주체로써 법률의 제한이 없는 한 당사자가 자유롭게 선택한 상대방과 법률관계의 내용을 자유롭게 합의하고 그 합의한 내용에 대해서 법적 구속력을 인정하는 원칙이다. 계약자유의 원칙은 사적 소유권 절대의 원칙 및 과실책임의 원칙과 더불어 근대사법의 기초를 이루고 있으나 현대사회에서 계약자유의 원칙은 사적자치나 계약의 자유는 신의칙에 따라 제한될 수 있으며 구체적 사안에 따라서 적용 범위에서 문제가 된다. 왜냐하면 계약자유의 무제한적인 허용은 경제적 약자를 부당하게 압박하여 가혹한 결과를 초래할 수 있으므로 국가는 당사자 사이의 실질적 불평등을 제거하고 공정성을 보장하기 위하여 계약의 체결 또는 그 내용에 간섭할 필요성이 제기되었기 때문이다. 특히 부동산 거래에서 이 같은 현상이 많이 나타나고 있는데, 개인은 재산을 소유하고 자유롭게 사용, 수익, 처분할 수 있으나, 재산권의 행사는 공공복리에 적합해야 하며, 특수 목적을 위하여 재산권은 제한할 수 있기 때문이다(헌법 제23조 제3항). 즉, 부동산 거래신고등에 관한 법률, 토지거래허가제, 토지이용의 규제, 토지 지정지역 규제, 주택 지정지역, 투기과열지구 규제, 공공임대주택의 매각 제한, 개발이익 및 재건축초과이익의 환수 등이 그것으로 이에 대해서 앞에서 설명하였다(제1장 II. 부동산 거래에 관한 규제).

헌법 제10조는 행복을 추구할 권리를 보장하고 있으며 행복추구권에는 일반적 행동자유권이 포함되는데, 행동자유권으로부터 계약자유의 원칙이 파생된다.[99] 따라서 계약자유의 원칙은 헌법이 보장하고 있으며, 민법상의 계약자유의 원칙도 이에 따르고 있다(민법 제105조). 특히 계약자유의 원칙은 채권 관계에서 중요한 의미가 있으며, 채권법 규정은 대부분 강행규정에 반하지 않는 한 민법 규정과 다른

---

99) 헌법재판소 1991. 6. 3. 선고 89헌마204; 헌법재판소 1998. 10. 29. 선고 97헌마345 판결.

내용의 법률행위를 자유롭게 정할 수 있는 임의규정성으로 규정하고 있으며, 당사자의 의사가 불명확한 경우에는 민법을 적용하여 의사표시를 해석하도록 하고 있다.

> ☑ 판례
>
> 민법 제398조 제2항에 의하여 법원이 예정액을 감액할 수 있는 "부당히 과다한 경우"라 함은 손해가 없다든가 손해액이 예정액보다 적다는 것만으로는 부족하고, 계약자의 경제적 지위, 계약의 목적, 손해배상액예정의 경위 및 거래관행 기타 제반사정을 고려하여 그와 같은 예정액의 지급이 경제적 약자의 지위에 있는 채무자에게 부당한 압박을 가하여 공정성을 잃는 결과를 초래한다고 인정되는 경우를 뜻한다(대법원 1991. 3. 27. 선고 90다14478 판결).

(2) 내용

계약자유의 원칙은 다음 네 가지의 내용을 포함한다. ① 계약을 체결할 것인가의 여부는 당사자가 자유롭게 택할 수 있으며(계약체결의 자유), ② 계약을 체결하는 경우 누구하고 계약을 체결할 것인가는 외부로부터 강요받지 않고 자유롭게 계약체결의 상대방을 선택할 수 있으며(상대방 선택의 자유), ③ 강행법규나 선량한 풍속 기타 사회질서에 반하지 않는 한 계약의 내용을 자유롭게 정할 수 있다(계약내용 결정의 자유). ④ 마지막으로, 당사자의 합의만이 계약성립의 본체로서 일정한 방식을 요하지 않는다(계약방식의 자유).

(3) 작용

계약자유의 원칙은 근대 시민사회에 들어서면서 개인을 봉건적·신분적인 구속으로부터 해방하고, 자유활동의 기회를 주기 위한 목적으로 성립되었다. 그러나 계약의 자유를 보장하는 자본주의 경제가 발전함에 따라서 경제주체 사이의 경제적 불평등이 심화되기 시작하였으며 강자가 약자를 지배하는 불합리한 경제체제가 형성되기도 하였다.

즉 계약자유의 원칙은 경제주체의 자유활동과 자유경쟁을 촉진함으로써 자본주의 경제발전의 근원이 되었지만, 반면에 자본과 기업의 집중화로 인하여 대기업 내지 그 결합이 경제사회에서 독점적 지위를 차지하는 현상이 나타나게 되었다.

결국 계약당사자 사이의 경제적·사회적 힘의 격차로 경제적 약자는 강자의 힘에 눌려 계약상 의사결정의 자유를 박탈당하게 되었고 그 결과 계약의 부자유 현상이 나타나게 되었는데 결과적으로 계약의 자유는 추상적·형식적 자유에 지나지 않게 되었다.

계약자유의 원칙이 사회경제적으로 불평등을 야기함에 따라서 사회 존립의 유지를 위한 조치가 필요하게 되었으며, 오늘날 약자를 보호하고, 실질적 평등을 보장하기 위하여 공권력이 계약의 자유에 개입하게 되었는데 이것이 계약자유의 원칙의 제한이다.

2. 계약자유 원칙의 제한

헌법 제10조에 포함하는 계약의 자유는 헌법 제37조 제2항에 따라 공공복리 등의 목적으로 제한될 수 있다.[100] 특히 계약자유의 제한 원리에 따라 사업자가 그 거래상의 지위를 남용하여 불공정한 내용의 약관을 작성하여 통용하는 것을 방지하고 불공정한 내용의 약관을 규제하여 건전한 거래질서를 확립하기 위하여 「약관규제에 관한 법률」을 제정하여 시행하고 있다.

(1) 계약체결의 자유와 제한

매매계약은 당사자의 합의에 따라서 성립하는 것이 원칙이지만 토지와 건물과 같이 경제적 가치가 높은 중요한 재산에 대한 매매계약을 체결하는 경우 일정한 방식을 요구하는 등의 제한을 가하고 있다. 즉, 계약당사자의 일방이 상대방에 대하여 특정 내용의 계약을 체결하여야 할 법률적 의무를 부담하는 경우에, 일방당사자의 계약체결의 자유는 제한되고 계약체결이 강제된다. 이 같은 계약체결 의무 내지 계약체결의 강제는 공법상에서 발생할 수 있으며 사법에 의해서도 발생할 수 있다.

1) 공법상 계약체결의 강제(체약강제)

국민의 일상생활에 있어 중요한 사업이나 재화를 공급하는 공익적 독점기업

---

100) 헌법재판소 1999. 7. 22. 선고 98헌가3.

으로 철도·자동차 운송·우편 등의 서비스 제공자는 수요자에 대한 급부의 제공을 거절할 수 없다. 따라서 그에게 부과된 계약체결 의무를 이행하지 않으면 법령이 정한 바에 따라 제재를 받게 되고 나아가 불법행위에 의한 손해배상 의무가 발생한다. 집행관(집행관법 제14조), 공증인(공증인법 제4조), 법무사(법무사법 제20조) 등과 같이 공적, 공익적 직무에 관하여 정당한 이유 없이 직무의 집행을 거절할 수 없으며, 의사·간호사(의료법 제15조)·약사(약사법 제24조) 등 공익적 직무를 수행하는 자는 정당한 이유 없이 계약체결을 거절하거나 급부를 거절할 수 없다.

2) 사법상 계약체결의 강제(체약강제)

일정한 자가 청약을 한 경우, 상대방은 이를 거절하지 못하는 것으로 하여 계약이 성립한 것으로 다루는 경우가 있다. 즉, 지상권설정자가 지상물의 매수를 청구한 때에 지상권자는 정당한 이유 없이 이를 거절하지 못하며(민법 제285조 제2항), 전세권설정자가 부속물의 매수를 청구한 때에 전세권자는 정당한 이유 없이 이를 거절하지 못한다(민법 제316조 제1항). 그러나 지상권자가 지상물의 매수를 청구하거나(민법 제283조 제2항) 전세권자가 부속물의 매수를 청구하는 경우(민법 제316조 제2항)에 매수청구권은 형성권으로 계약이 아닌 단독행위로서 승낙 의무는 문제가 되지 않는다.

(2) 계약내용 결정의 자유와 제한

1) 강행법규에 의한 제한

법률행위 당사자의 의사 여부와 관계없이 적용되는 법규가 강행법규이다. 일반적으로 공공질서에 관한 사항을 정한 법규는 강행법규이며, 사회의 기본윤리관을 반영하거나 가족관계의 질서유지에 관한 법규, 법률질서의 기본구조에 관한 법규(권리능력·행위능력·법인 제도 등), 제3자나 사회 일반의 이해에 중요한 영향을 미치는 법규(물권법 등), 거래의 안전을 위한 법규(유가증권 제도 등), 경제적 약자 보호를 위한 사회 정책적 법규 등이 강행규정이다.

강행법규에 반하는 행위는 그것이 효력규정에 위반할 때 무효가 되며, 단순히 단속규정에 위반하는 때에는 그 위반행위의 사법상의 효과는 유효하고 다만 처벌

을 받을 뿐이다. 행정법규, 특히 경찰법규는 단순한 단속규정인 경우가 많은데, 무
허가 음식점의 음식 판매행위 등은 그 행위 자체는 무효가 되지 않으며 다만 판매
자가 처벌을 받는다. 강행법규에 간접적으로 위반되는 탈법행위도 무효이다.

2) 사회질서에 의한 제한

선량한 풍속 기타 사회질서에 반하는 사항을 내용으로 하는 계약은 무효이다
(민법 제103조·제104조). 계약당사자의 계약체결의 자유는 보장되지만, 그 계약의
내용·목적이 사회 일반의 이익에 반하거나 국민의 도의관념에 반하는 경우에 무
효가 된다. 즉, 허위 진술의 대가로 작성된 각서에 기한 급부의 약정,[101] 부동산의
이중 매매에서 매도인이 배임행위에 제2 매수인이 적극적으로 가담하여 이루어진
2중 매매행위[102] 등은 무효이다.

3) 규제된 계약과 계약내용의 제한

경제적 위기 또는 전쟁이 발발한 경우 경제통제법에 의하여 특정한 재화에 관
한 계약체결은 강제된다. 또 계약의 내용이 법률에 의하여 규제되어 있어서, 당사
자가 계약체결을 위해서는 반드시 그 법규가 정하는 내용의 계약을 체결해야만 하
는 계약이 규제된 계약(normierter Vertrag)이다. 이 같은 규제된 계약은 계약내용
결정의 자유에 대한 중대한 제한이다.

(3) 상대방 선택의 자유에 대한 제한

사업주는 노동조합의 조합원이라는 이유로 고용을 거부하거나(노동조합 및 노동
관계조정법 제81조 2호), 근로자의 모집과 채용에 있어서 여성에 대하여 차별할 수
없다(남녀고용평등법 제7조). 기타 국가유공자 예우 등에 관한 법률 제32조에 기한
고용명령 등이 있다.

(4) 계약방식에 대한 제한

민법상의 계약은 원칙적으로 불요식·낙성계약으로 특정한 방식을 요하지 않

---

101) 대법원 2001. 4. 24. 선고 2000다71999 판결.
102) 대법원 1994. 3. 11. 선고 93다55289 판결.

는다. 그러나 법률관계를 명확히 하기 위하여 서면 작성을 요구하는 경우가 있으며, 계약내용을 명확하게 함으로써 당사자 사이에서 분쟁의 가능성을 방지하기 위하여 일정한 방식을 요구하는 경우(농지법 제24조, 건설산업기본법 제22조 이하, 할부거래법 제6조, 방문판매법 제7조2항)가 있으며, 증여에 관한 서면 표시 규정(민법 제1060조), 국가의 인허가 및 증명을 요하는 경우에는 일정한 서면이 있어야 한다(외국인토지법 제4조, 농지법 제8조, 사립학교법 제28조 등).

III. 부동산 매매계약의 성립과 효력

1. 매매계약의 성립

매매는 당사자 일방이 재산권을 상대방에게 이전할 것을 약정하고 상대방이 그 대금을 지급할 것을 약정함으로써 그 효력이 생긴다(민법 제563조). 따라서 부동산 매매계약은 매도인이 재산권을 이전(소유권의 이전)할 것을 약정하고 매수인이 대금을 지급할 것을 약정함으로써 성립한다. 그러나 매매목적물과 대금의 지급은 반드시 계약체결 당시에 구체적으로 특정되어 있을 필요는 없으며 사후에 구체적으로 특정 할 수 있는 방법과 기준이 정하여져 있으면 족하다.[103] 따라서 부동산 매매에 관한 가계약서 작성 당시 매매목적물과 매매대금 등이 특정되고 중도금 지급 방법에 관한 합의가 있었다면 그 가계약서에 잔금 지급시기가 기재되지 않았고 후에 정식계약서가 작성되지 않았다 하더라도 매매계약은 성립한다.[104]

또 당사자 사이에 계약을 체결하면서 일정한 사항에 관하여 장래의 합의를 유보한 경우, 당사자에게 계약에 구속되려는 의사가 있고 계약내용을 나중에라도 구체적으로 특정할 수 있는 방법과 기준이 있다면 계약체결의 경위, 당사자의 인식, 조리, 경험칙 등에 비추어 당사자의 의사를 탐구하여 계약내용을 정해야 한다.[105] 매매대금의 확정을 장래에 유보하고 매매계약을 체결한 경우에도 이러한 법리가 적용된다.

---

103) 대법원 1986. 2. 11. 선고 84다카2454 판결; 대법원 1996. 4. 26. 선고 94다34432 판결.
104) 대법원 2006. 11. 24. 선고 2005다39594 판결.
105) 대법원 2007. 2. 22. 선고 2004다70420, 70437 판결.

(1) 법률행위와 의사표시

1) 의사표시의 개념

의사표시란 일정한 법률효과를 발생시키려는 의사를 외부에 표시하는 것으로 법률행위의 본질적 구성부분을 말한다. 의사표시는 일정한 법률효과의 발생을 원하는 내심의 의사와 외부에 표시하는 행위로 나눌 수 있으며, 법률행위가 유효하기 위해서는 의사와 표시가 일치하고 의사표시에 하자가 없어야 한다(민법 제107조~제110조). 하나 또는 두 개 이상의 의사표시가 하나의 법률행위를 형성하며 의사를 표시하는 자가 원하는 대로 법률효과가 발생한다. 의사표시는 일정한 법률효과의 발생을 원하는 주관적 요소와 의사를 외부에 표시하는 외부적 요소로 구성된다.

가. 주관적 요소

의사표시의 주관적 요소는 행위의사·표시의사·내심의 효과의사로 나눌 수 있다. 행위의사는 의사표시를 구성하는 필수요소로 의사를 표시하는 자는 자기가 어떤 행위를 한다는 인식(Bewußtsein)을 가지고 있어야 한다. 즉, 침묵·손짓 등에는 행위의사가 존재하지만, 수면·의식불명·항거불능 상태에서는 행위의사가 존재할 수 없다. 표시의사는 의사를 표시하는 자가 그 행위에 법적인 의미가 있는 의사표시임을 의욕 내지 인식하는 것을 말하며, 내심의 효과의사란 일정한 법률효과의 발생을 의욕하는 의사이다.

나. 외부적 요소

의사표시의 외부적 요소는 의사표시를 외부에 표시하는 행위 즉, 표시행위 자체를 말한다. 표시행위는 효과의사를 외부에 표시해야 효과의사의 내용대로 법률효과를 발생시키는 행위이므로 표시를 통하여 의사표시를 수령하는 자에게 의사표시자의 의사가 일정한 법률효과를 야기하는 것임을 인식하여야 한다.

표시행위에는 명시적·묵시적 표시가 있는데, 명시적 표시는 표의자가 의사나 언어나 문자 등으로 분명하게 표현한 것을 말하며, 묵시적 표시는 거동에 의한 표시, 추단된 의사표시, 침묵 등으로 청약에 대한 승낙의 뜻으로 고개를 끄덕이는 경우(거동에 의한 표시), 매도인이 청약과 함께 보내온 상품을 뜯어서 사용한 경우(추단된 의사표시)이다. 침묵은 원칙적으로 당사자의 약정이나 거래 관행상 일정한 의사표시로 평가될 수 있는 특별한 사정이 있는 때에는 표시기호로 인정될 수 있다.

> ☑ **판례**
> 청약이 상시거래관계에 있는 자 사이에 그 영업부류에 속한 계약에 관하여 이루어진 것이어서 상법 제53조가 적용될 수 있는 경우가 아니라면, 청약의 상대방에게 청약을 받아들일 것인지 여부에 관하여 회답할 의무가 있는 것은 아니므로, 청약자가 미리 정한 기간 내에 이의를 하지 아니하면 승낙한 것으로 간주한다는 뜻을 청약시 표시하였다고 하더라도 이는 상대방을 구속하지 아니하고 그 기간은 경우에 따라 단지 승낙기간을 정하는 의미를 가질 수 있을 뿐이다(대법원 1999. 1. 29. 선고 98다48903 판결).

다. 민법상 의사표시의 의제

(가) 침묵

제한능력자의 상대방이 추인 여부의 확답을 촉구하였음에도 제한능력자측이 이에 대해 침묵한 때에는 추인 또는 취소한 것으로 보고(민법 제15조), 무권대리인의 상대방이 본인에게 최고를 하였음에도 본인이 침묵한 때에는 그 추인을 거절한 것으로 본다(민법 제131조).

(나) 법정추인

취소할 수 있는 법률행위에 관하여 추인할 수 있는 후에 일정한 사유(이행·이행의 청구·경개·담보의 제공·양도·강제집행)가 있으면 추인한 것으로 본다(민법 제145조).

(다) 의사실현

청약자의 의사표시나 관습에 의해 승낙의 통지가 필요하지 아니한 경우에는 계약은 승낙의 의사표시로 인정되는 사정이 있는 때에 성립한다(민법 제532조).

일반적으로 계약은 서로 대립하는 두 개 이상의 의사표시의 합치로 성립하는데 예외적으로 청약만으로써 계약이 성립하는 경우가 있는데, 이를 의사실현이라고 한다(호텔의 예약 등). 즉, 청약자의 의사표시나 관습에 의하여 승낙의 통지가 필요하지 아니한 경우의 계약으로, 이 경우 계약은 승낙의 의사표시로 인정되는 사실이 있는 때에 성립한다.

☑ 판례

예금계약은 예금자가 예금의 의사를 표시하면서 금융기관에 돈을 제공하고 금융기관이 그 의사에 따라 그 돈을 받아 확인하면 그로써 성립하며 금융기관의 직원이 그 받은 돈을 금융기관에 입금하지 아니하고 이를 횡령하였다고 하더라도 예금계약의 성립에는 아무런 소장이 없으며(대법원 1984. 8. 14. 선고 84도1139 판결; 대법원 1975. 11. 11. 선고 75다1224 판결 등 참조), 예금주가 예금에 있어 그 대가로 은행 소정 금리 외에 예금유치인을 통하여 추가금리를 지급받기로 하였다 하더라도 그것이 은행직원과 예금유치인들 간에 은행의 예금고를 높임으로써 그 은행직원의 실적을 올리는 방편으로 이루어진 것으로서 예금주에게 통장까지 전달된 것이라면 예금주와 은행 간 예금계약의 성립을 부인할 수는 없다(대법원 1996. 1. 26. 선고 95다26919 판결).

(라) 묵시의 갱신

임대차 기간이 만료한 후 임차인이 임차물의 사용, 수익을 계속하는 경우에 임대인이 상당한 기간 내에 이의를 하지 아니한 때에는 전임대차와 동일한 조건으로 다시 임대차한 것으로 본다(민법 제639조 제1항 본문).

2) 의사주의와 표시주의의 대립

부동산 매매계약을 체결하는 경우 당사자가 계약을 체결하면서 100만 원의 영수증을 교부하려 했으나 잘못하여 1,000만 원의 영수증을 교부한 경우, 그 법률효과는 어떻게 해석하여야 하는가.

앞에서 살펴본 바와 같이 의사표시는 의사와 표시라는 두 구성요소로 되어 있으며, 따라서 의사표시에 의사적 요소가 존재하지 않거나 있더라도 표시한 의사에 흠이 있는 경우에 그 표시의 효력을 어떻게 해석할 것인가를 둘러싸고 오래전부터 의사주의와 표시주의의 대립이 있었다.

가. 의사주의

법률행위는 개인의 의사에 따라서 법률효과가 발생하므로, 행위자의 진실한 의사가 현실적으로 있어야 한다. 따라서 표시행위만 존재하고 그에 대응하는 효과의사가 없는 때에는 그 의사표시는 무효 또는 성립하지 않는다. 이에 대하여 의사표시를 법률상 어떻게 다룰 것인가에 관하여 표의자의 의사, 즉 내심적 효과의사를 최고·절대의 것으로 간주하는 것이 의사주의로서 표시행위가 아니라 내심의 효과의사를 의사표시의 본체로 이해하는 입장이다. 따라서 위의 경우 비록 1,000만 원의 영수증을 발행해 주었더라도 100만 원 영수증을 발행하려는 의사에 따라 발행했으므로 법률효과는 100만 원으로 해석하게 된다.

나. 표시주의

법률행위는 표의자의 의사를 바탕으로 하므로 그것이 외부에 표시되지 않으면 법률적인 의미가 없다. 이와 같이 의사표시를 법률상 다룰 때 표의자의 의사보다 표시행위에 중점을 두는 것이 표시주의이다. 표시주의를 따르는 경우 100만 원의 영수증을 발행하려 했으나 실수로 1,000만 원의 영수증을 발행하더라도 법률적효과는 1,000만 원이 된다.

다. 절충주의

의사주의와 표시주의는 모두 정당한 이유가 있으나, 두 주의 모두 따르는 것은 현실적으로 쉬운 일이 아니다. 그렇다고 그 어느 한쪽을 관철하는 것도 비현실적이기 때문에 모든 입법례는 정도의 차이는 있으나 절충주의를 따르고 있다. 절충주의는 표의자를 보호할 필요가 있는 때에는 의사주의를, 상대방을 보호할 필요가 있는 때에는 표시주의를 따르는 것이 타당하다는 이론이다.

라. 민법의 태도

민법은 다른 입법례와 마찬가지로 절충주의를 취한다. 다만 표시주의가 행위의 외형을 신뢰한 상대방을 보호하고 거래의 안전을 꾀하기 위한 것이므로 주로 재산법관계에서 문제가 되며, 당사자의 진의가 절대적으로 존중되는 가족법 관계에서 표시주의 이론은 원칙적으로 적용될 여지는 없다.

(2) 의사와 표시의 불일치

법률행위는 사적자치를 달성하기 위한 수단으로서 인정되는 것이므로 법률행위의 요소가 되는 의사표시는 의사와 표시가 일치하는 때에 비로소 법률효과가 발생하게 된다. 그럼에도 실제 거래계에서는 여러 사정으로 표의자의 내심적 효과의사(진의)가 표시행위로부터 추측·판단되는 것(표시상의 효과의사)과 부합하거나 일치하지 않는 경우가 있다. 이와 같이 의사와 표시, 즉 내심적 효과의사와 표시상의 효과의사가 일치하지 않는 경우를 '의사와 표시의 불일치' 또는 '흠 있는 의사표시'라고 한다.

의사와 표시가 일치하지 않는 경우 그 의사표시의 효력을 어떻게 할 것인가가 문제가 되는데, 의사주의에 따르는 경우 그 효력을 인정할 수 없으며, 표시주의이론을 따르는 경우에는 표시된 대로 효력이 생긴다. 그러나 민법은 절충주의를 취하여 거래의 안정을 해치지 않는 범위에서 표의자의 진의를 존중하면서, 표의자의 이익과 사회 일반 이익의 조화를 꾀하고 있는데 이하에서 설명하겠다.

1) 진의 아닌 의사표시(비진의 표시)

가. 의의

의사표시는 표의자가 진의 아님을 알고 한 것이라도 그 효력이 있다. 그러나 상대방이 표의자의 진의 아님을 알았거나 이를 알 수 있었을 경우에는 무효로 한다(민법 제107조 제1항). 즉 진의 아닌 의사표시란 의사(내심적 효과의사)와 표시(표시상의 효과의사)가 일치하지 않는 것을 표의자 스스로 알면서 하는 의사표시로서 비진의표시(非眞意表示)라도 한다.

민법 제107조 제1항은 표의자의 내심의 의사와 표시된 의사가 일치하지 아니한 경우에는 표의자의 진의가 어떠한 것이든 표시된 대로의 효력을 생기게 하여 거짓의 표의자를 보호하지 않는 반면에 만약 그 표의자의 상대방이 표의자의 진의 아님에 대하여 악의 또는 과실이 있는 경우에는 그 상대방을 보호할 필요 없이 표의자의 진의를 존중하여 그 진의 아닌 의사표시를 무효로 하려는데 있다.[106]

여기서의 진의는 특정한 내용의 의사표시를 하고자 하는 표의자의 생각을 말하며, 표의자가 진정으로 마음속에서 바라는 사항을 뜻하는 것은 아니다.[107] 즉, 비진의표시는 농담이나 거짓말과 같이 표의자가 진의와 다른 의사표시를 스스로 알면서 하는 것을 말하며, 진의 아닌 의사표시의 여부는 효과의사에 대응하는 내심의 의사가 있는지 여부에 따라 결정된다. 따라서 근로자가 사용자의 지시에 좇아 일괄하여 사직서를 작성 제출할 당시 그 사직서에 기하여 의원면직이 처리될지 모른다는 점을 인식하였다 하더라도 이것만으로 그의 내심에 사직의 의사가 있는

---

106) 대법원 1987. 7. 7. 선고 86다카1004 판결.
107) 대법원 1993. 7. 16. 선고 92다41528, 41535 판결.

것이라고 할 수 없다.[108]

> ☑ **비진의 표시에 해당하지 않는다고 한 사례**
>
> 학교법인이 사립학교법상의 제한 규정 때문에 그 학교의 교직원들인 소외인들의 명의를 빌려서 피고로부터 금원을 차용한 경우에 피고 역시 그러한 사정을 알고 있었다고 하더라도 위 소외인들의 의사는 위 금전의 대차에 관하여 그들이 주채무자로서 채무를 부담하겠다는 뜻이라고 해석함이 상당하므로 이를 진의 아닌 의사표시라고 볼 수 없다(대법원 1980. 7. 8. 선고 80다639 판결).

나. 요건

(가) 의사표시

일정한 효과의사를 추측하여 판단할 만한 의사표시가 있어야 한다. 따라서 사교적인 농담과 같이 법률관계의 발생을 원하지 않는 것이 명백한 경우에는 의사표시가 있는 것이 아니므로 비진의표시의 문제는 발생하지 않는다.

(나) 표시와 진의의 불일치

내심적 효과의사가 표시상의 효과의사와 객관적으로 부합하지 않아야 한다. 비진의 의사표시의 진의는 특정한 내용의 의사표시를 하고자 하는 표의자의 생각을 말하는 것이며 표의자가 진정으로 마음속에서 바라는 사항을 뜻하는 것은 아니다.[109] 그러나 재산을 강제로 뺏긴다는 것이 표의자의 본심으로 잠재되어 있었다 하여도 표의자가 강박에 의하여서나마 증여를 하기로 하고 그에 따른 증여의 의사표시를 한 이상 증여의 내심의 효과의사가 결여된 것이라고 할 수는 없다.[110]

(다) 표의자가 스스로 이와 같은 불일치를 알고 있어야 한다.

(라) 그 같은 행위를 하는 이유나 동기는 묻지 않으며, 의사를 표시하는 자가 상대방이나 제3자를 속이기 위한 것 이든, 상대방이 진의 아님을 모를 것으로 생각하든 모두 비진의표시이다.

---

108) 대법원 1991. 7. 12. 선고 90다11554 판결.
109) 대법원 1997. 12. 20. 선고 95누16059 판결; 대법원 2000. 4. 25. 선고 99다34475 판결.
110) 대법원 1993. 7. 16. 선고 92다41528, 92다41535 판결.

다. 효과

의사표시는 표의자가 진의 아님을 알고 한 것이라도 그 효력이 있다(민법 제107조 1항 본문). 그러나 상대방이 표의자의 진의 아님을 알았거나 이를 알 수 있었을 경우에는 그 비진의표시는 무효이다(민법 제107조 1항 단서). 이 같은 의사표시의 무효는 선의의 제3자에게 대항하지 못하며(민법 제107조 제1항 및 제2항), 어떠한 의사표시가 비진의 의사표시로서 무효를 주장하는 경우, 그의 입증책임은 주장자에게 있다.111)

라. 적용 범위

민법 제107조는 상대방이 있는 의사표시에 한하지 않으며, 상대방이 없는 의사표시에도 적용된다. 그러나 상대방 없는 의사표시의 경우 동조 1항 단서는 적용될 여지가 없으며, 이러한 경우 비진의표시는 언제나 유효하다.

가족법상의 법률행위는 당사자의 진의를 절대적으로 필요로 하므로 제107조가 적용될 여지는 없으며, 진의 아닌 의사표시가 대리인에 의하여 이루어지고 그 대리인의 진의가 본인의 이익이나 의사에 반하여 자기 또는 제3자의 이익을 위한 배임적인 것임을 그 상대방이 알거나 알 수 있었을 경우에는 민법 제107조 제1항 단서의 유추 해석상 그 대리인의 행위는 본인의 대리행위로 성립할 수 없다.112)

2) 통정한 허위의 의사표시

가. 의의

통정한 허위의 의사표시란 표의자가 상대방과 통정(通情)하여 행한 진의와 다른 의사표시로서, 상대방과 통정한 허위 의사표시는 무효로 누구든지 그 무효를 주장할 수 있는 것이 원칙이다. 그러나 허위표시의 당사자와 포괄승계인 이외의 자로서 허위표시에 의하여 외형상 형성된 법률관계를 토대로 실질적으로 새로운 법률관계를 맺은 선의의 제3자에 대해서는 허위표시의 당사자뿐만 아니라 그 누구도 허위표시의 무효로 대항하지 못한다(민법 제108조). 선의의 제3자에게 대항하

---

111) 대법원 1992. 5. 22. 선고 92다2295 판결.
112) 대법원 1987. 7. 7. 선고 86다카1004 판결.

지 못하게 한 취지는 이를 기초로 하여 별개의 법률원인에 의하여 고유한 법률상의 이익을 갖는 법률관계에 들어간 자를 보호하기 위한 것으로 제3자의 범위는 권리관계에 기초하여 형식적으로만 파악할 것이 아니라 허위표시행위를 기초로 하여 새로운 법률상 이해관계를 맺었는지 여부에 따라 실질적으로 판단하여야 한다.[113)]

　　허위표시 자체는 불법이 아니며, 따라서 불법원인급여 규정인 민법 제746조가 적용되지 않으며, 통정허위표시로 무효인 채무자의 행위에 대해서 사해행위임을 이유로 채권자취소권을 행사할 수 있다. 선의의 제3자가 보호받는 경우 당사자뿐만 아니라 그 누구도 허위표시의 무효를 주장할 수 없으나 선의의 제3자 스스로 허위표시의 무효를 주장할 수 있다.

　☑ **판례**
▶ 임대차는 임차인으로 하여금 목적물을 사용·수익하게 하는 것이 계약의 기본 내용이므로, 채권자가 주택임대차보호법상의 대항력을 취득하는 방법으로 기존 채권을 우선변제 받을 목적으로 주택임대차계약의 형식을 빌려 기존 채권을 임대차보증금으로 하기로 하고 주택의 인도와 주민등록을 마침으로써 주택임대차로서의 대항력을 취득한 것처럼 외관을 만들었을 뿐 실제 주택을 주거용으로 사용·수익할 목적을 갖지 아니한 계약은 주택임대차계약으로서는 통정허위표시에 해당되어 무효라고 할 것이므로 이에 주택임대차보호법이 정하고 있는 대항력을 부여할 수는 없다(대법원 2002. 3. 12. 선고 20000다24185, 24191 판결).

▶ 토지 매도 후에도 계속 수익·관리·처분하는 경우
토지를 매도하여 등기까지 넘겨준 훨씬 후에도 매도인이 그 토지에 대한 임료를 수령하고 관리인을 임명하여 그 관리인으로부터 동 토지로부터 나오는 수익을 직접받을 뿐 아니라 소외인에게 동 토지의 매각의뢰까지 한 사실이 있다면 위 매매는 가장매매로 볼 여지가 있다.

나. 요건

　통정허위표시가 성립하려면 의사표시가 있어야 하며, 의사와 표시가 일치하지 않아야 한다. 표의자 스스로가 그 불일치를 알고 있어야 할 뿐만 아니라 그 의사

---

113) 대법원 2000. 7. 6. 선고 99다51258 판결.

표시를 하는데 상대방과 서로 통정을 해야 하며, 이때 허위표시의 이유나 동기는 묻지 않는다.

(가) 의사표시가 있을 것

통정한 허위의 의사표시가 인정되기 위해서는 증서의 작성 또는 등기 등과 같이 제3자가 의사표시가 있다고 인정할 만한 유효한 의사표시가 있다고 인정할 만한 외관이 있어야 한다.

(나) 진의와 표시가 일치하지 않을 것

표시로부터 추측·판단되는 의사(표시상의 효과의사)와 진의(내심적 효과의사)가 일치하지 않아야 한다. 따라서 명의신탁 부동산을 명의수탁자가 임의로 처분할 경우를 대비하여 명의신탁자가 명의수탁자와 합의하여 자신 혹은 명의신탁자 이외의 다른 사람의 명의로 소유권이전등기 청구권 보전을 위한 가등기를 경료한 경우, 비록 그 가등기의 등기원인을 매매예약으로 하고 명의신탁자와 명의수탁자 사이에 그와 같은 매매예약이 체결된 바 없다 하더라도 그와 같은 가등기를 하기로 하는 명의신탁자와 명의수탁자의 합의는 통정허위표시로서 무효라고 할 수 없다.114)

(다) 상대방과 통정하였을 것

표의자가 진의 아닌 의사표시를 하는 것을 알고 상대방과 통정하였어야 한다. 통정허위표시가 성립하기 위해서는 의사표시의 진의와 표시가 일치하지 아니하고 그 불일치에 관하여 상대방 사이에 합의가 있어야 한다.

☑ 판례

임대차는 등기가 없는 경우에도 임차인이 주택의 인도와 주민등록을 마친 때에는 익일부터 제3자에 대하여 효력이 생기고, 여기에 더하여 법 제3조의2 제2항에서 제3조 제1항의 대항요건과 임대차계약서상의 확정일자를 갖춘 임차인에게 경매나 공매 시 후순위권리자 기타 채권자보다 우선변제를 받을 수 있도록 한 것은, 사회적 약자인 임차인을 보호하려는 사회보장적 고려이며 민법의 일반규정에 대한 예외 규정이므로 입법목적과 제도의 취지 등을 고려할 때, 채권자가 채무자 소유의 주택에 관하여 채무

---

114) 대법원 1997. 9. 30. 선고 95다39527 판결.

자와 임대차계약을 체결하고 전입신고를 마친 다음 그곳에 거주하여 형식적으로 주택임대차로서의 대항력을 취득한 외관을 갖추었다고 하더라도 임대차계약의 주된 목적이 주택을 사용 수익하려는 것에 있는 것이 아니고, 실제적으로는 대항력 있는 임차인으로 보호받아 후순위권리자 기타 채권자보다 더 우선하여 채권을 회수하기 위한 것이면, 그러한 임차인에게 주택임대차보호법이 정하고 있는 대항력을 부여할 수 없다(대법원 2001. 5. 8. 선고 2001다14733 판결; 대법원 2003. 7. 22. 선고 2003다21445 판결).

다. 효과

(가) 원칙

허위표시를 한 당사자 사이에서는 언제나 무효이나 선의의 제3자에게 대항하지 못한다(민법 제108조). 선의의 제3자로부터 다시 전득한 자에 대해서는 그가 전득시에 악의가 있더라도 허위표시의 무효를 가지고 대항하지 못한다. 허위표시는 당사자 사이에 이를 철회할 수 있지만 이것 또한 선의의 제3자에게 대항하지 못한다.

(나) 예외

채무자의 법률행위가 통정허위표시인 경우에도 채권자취소권의 대상이 된다. 그러나 강제집행을 면할 목적으로 부동산에 허위의 근저당권설정 등기를 경료하는 행위는 민법 제103조의 선량한 풍속 기타 사회질서에 위반한 사항을 내용으로 하는 법률행위로 볼 수 없으며,[115] 허위의 근저당권에 대하여 배당이 이루어진 경우, 통정허위의 의사표시는 당사자 사이에서는 물론 제3자에 대하여도 무효이고 다만, 선의의 제3자에 대하여만 이를 대항하지 못하므로, 배당채권자는 채권자 취소의 소로써 통정허위표시를 취소하지 않았다 하더라도 그 무효를 주장하여 그에 기한 채권의 존부, 범위, 순위에 관한 배당이의의 소를 제기할 수 있다.[116]

(다) 제3자에 대한 효력

상대방과 통정한 허위의 의사표시는 무효이며 누구든지 그 무효를 주장할 수 있는 것이 원칙이다. 그러나 허위표시의 당사자와 포괄승계인 이외의 자로서 허위표시에 의하여 외형상 형성된 법률관계를 토대로 실질적으로 새로운 법률상 이해

---

115) 대법원 2004. 5. 28. 선고 2003다70041 판결.
116) 대법원 2001. 5. 8. 선고 2000다9611 판결.

관계를 맺은 선의의 제3자에 대하여는 허위표시의 당사자뿐만 아니라 그 누구도 허위표시의 무효를 가지고 대항하지 못한다. 이 같은 취지는 이를 기초로 하여 별개의 법률 원인에 의하여 고유한 법률상의 이익을 갖는 법률관계를 형성한 자를 보호하기 위한 것이며, 제3자의 범위는 권리관계에 기초하여 형식적으로만 파악할 것이 아니라 허위표시행위를 기초로 하여 새로운 법률상 이해관계를 맺었는지에 따른 실질적으로 판단하여야 한다.117)

> ☑ 판례
> ▶ 제3자에 해당하는 경우
> 보증인이 주채무자의 기망행위에 의하여 주채무가 있는 것으로 믿고 주채무자와 보증계약을 체결한 다음 그에 따라 보증채무자로서 그 채무까지 이행한 경우, 그 보증인은 주채무자에 대한 구상권 취득에 관하여 법률상의 이해관계를 가지게 되었고 그 구상권 취득에는 보증의 부종성으로 인하여 주채무가 유효하게 존재할 것을 필요로 한다는 이유로 결국 그 보증인은 주채무자의 채권자에 대한 채무 부담행위라는 허위표시에 기초하여 구상권 취득에 관한 법률상 이해관계를 가지게 되었다고 보아 민법 제108조 제2항 소정의 '제3자'에 해당한다(대법원 2000. 7. 6. 선고 99다51258 판결).
>
> ▶ 제3자의 선의
> 파산관재인이 민법 제108조 제2항의 경우 등에 있어 제3자에 해당하는 것은 파산관재인은 파산채권자 전체의 공동의 이익을 위하여 선량한 관리자의 주의로써 그 직무를 행하여야 하는 지위에 있기 때문이므로, 그 선의·악의도 파산관재인 개인의 선의·악의를 기준으로 할 수는 없고 총파산채권자를 기준으로 하여 파산채권자 모두가 악의로 되지 않는 한 파산관재인은 선의의 제3자라고 할 수밖에 없다(대법원 2006. 11. 10. 선고 2004다10299 판결).

라. 적용범위

민법 제108조의 통정허위의 의사표시는 상대방과 통정하여 이루어지므로 상대방 없는 단독행위에는 적용될 여지가 없으며, 상대방 있는 법률행위에 적용되며, 상대방 없는 단독행위, 합동행위에는 적용되지 않는다. 또 당사자의 진의가 절대적으로 필요한 가족법상의 법률행위에는 적용되지 않는다.

---

117) 대법원 2000. 7. 6. 선고 99다51258 판결.

☑ 판례

어음행위에 민법 제108조가 적용됨을 전제로, 실제로 어음상의 권리를 취득하게 할 의사는 없이 단지 채권자들에 의한 채권의 추심이나 강제집행을 피하기 위한 약속어음 발행행위가 통정허위 표시로 무효이다(대법원 2005. 4. 15. 선고 2004다70024 판결).

3) 착오에 의한 의사표시

가. 의의

착오에 의한 의사표시란 의사와 표시가 불일치하고 이러한 불일치를 표의자가 인식하지 못한 채 행하여진 의사표시를 말한다. 의사표시는 법률행위 내용의 중요 부분에 착오가 있는 때에는 취소할 수 있으나, 그 착오가 표의자의 중대한 과실로 인한 때에는 취소할 수 없다(민법 제109조 제1항). 여기에서 취소할 수 없는 표의자의 '중대한 과실'은 표의자의 직업, 법률행위의 종류, 목적 등에 비추어 보통 요구되는 주의를 현저히 결여한 것을 의미하며,[118] 착오에 의한 의사표시의 취소는 선의의 제3자에게 대항하지 못한다.

의사표시에 착오가 있다고 하기 위해서는 법률행위를 할 당시에 실제로 없는 사실을 있는 사실로 잘못 깨닫거나 실제로 있는 사실을 없는 것으로 잘못 생각하는 것과 같이 표의자의 인식과 그 대조 사실이 어긋나는 경우로 표의자가 행위를 할 당시 장래 있을 어떤 사항의 발생이 미필적임을 알아 그 발생을 예기한 데 지나지 않는 경우에는 표의자의 심리상태에 인식과 대조의 불일치가 있다고 할 수 없으므로 이는 착오라 할 수 없다.[119]

나. 요건

착오에 의한 의사표시로서 법률행위를 취소하기 위해서는 ① 착오에 의한 의사표시가 있어여 하고, ② 법률행위의 중요 부분에 착오가 있어야 하며, ③ 표의자에게 중대한 과실이 없어야 한다.

(가) 착오에 의한 의사표시일 것

착오에 의한 의사표시가 행해져야 하며, 착오는 행위의 착오와 동기의 착오로

---

118) 대법원 2000. 5. 12. 선고 2000다12259 판결.
119) 대법원 2012. 2. 13. 선고 2012 다65317 판결.

구분되는데, 행위의 착오는 표시의 착오와 내용의 착오로 구분된다. 표시의 착오는 표시행위를 잘못하여 내심적 효과의사와 표시상의 의사가 일치하지 않는 것으로 오기·오담 등이 이에 속하며, 내용의 착오는 표시행위 자체에는 착오가 없으나 표시행위가 갖는 의미를 잘못 이해한 경우로 홍콩달러를 미국 달러로 이해하는 경우가 그 예이다. 동기의 착오는 의사표시를 하게 된 동기에 착오가 있는 경우로 표의자가 동기를 상대방에게 표시하여 의사표시의 내용으로 삼았을 때에 한하여 착오의 문제가 된다.[120] 동기의 착오가 법률행위 내용의 중요 부분의 착오에 해당함을 이유로 표의자가 법률행위를 취소하려면 그 동기를 당해 의사표시의 내용으로 삼을 것을 상대방에게 표시하고 의사표시의 해석상 법률행위의 내용으로 인정되면 충분하며 당사자 사이에 별도로 그 동기를 의사표시의 내용으로 삼기로 하는 합의는 필요 없지만, 법률행위 내용의 착오는 보통 일반인이 표의자의 입장에서 그와 같은 의사표시를 하지 아니하였으리라고 여겨질 정도로 그 착오가 중요한 부분에 관한 것이어야 한다.[121]

부동산 인근부지 개발로 인하여 부동산 가격이 오를 거라는 말을 믿고 고가로 매수하겠다고 의사표시를 한 경우 이는 동기의 착오에 해당하며, 이러한 동기의 착오는 의사표시의 내용이 아니므로 원칙적으로 동기의 착오를 이유로 의사표시를 취소할 수 없다. 그러나 착오가 상대방으로부터 유발되었거나 제공된 경우에는 중요부분의 착오로서 취소가 가능하며, 동기의 착오로 동기가 표시되고 「민법」 제109조의 요건을 갖추면 취소가 가능하다[122].

> ☑ **판례**
> '머지 않아서 철도가 부설될 것으로 오해하여 토지를 고가로 매수한 경우와 같이 의사표시를 하게 된 동기에 착오가 있는 경우'를 동기의 착오라고 하며, 이러한 동기의 착오는 의사표시의 내용이 아니므로 원칙적으로 동기의 착오를 이유로 의사표시를 취소할 수 없지만, 동기가 표시되고 「민법」 제109조의 요건을 갖추면 취소가 가능하다 (대법원 1998. 2. 10. 선고 97다44737 판결).

---

120) 대법원 1989. 1. 17. 선고 87다카1271 판결.
121) 대법원 1998. 2. 10. 선고 97다44737 판결.
122) 대법원 1998. 2. 10. 선고 97다44737 판결.

또 착오가 상대방으로부터 유발되었거나 제공된 경우, 동기의 착오라도 중요 부분의 착오로서 취소가 가능하며,[123] 착오로 인한 의사표시는 법률행위 내용의 중요 부분에 착오가 있는 때에는 취소할 수 있으나, 그 착오가 표의자의 중대한 과실로 인한 때에는 취소할 수 없다. 다만, 이러한 의사표시의 취소는 선의의 제3자에게 대항하지 못한다.

착오의 존재 여부는 의사표시 당시를 기준으로 판단하며, 착오의 대상에는 현재의 사실뿐만 아니라 장래의 불확실한 사실을 포함하나,[124] 단순히 장래의 미필적 사실의 발생에 대한 기대나 예상이 빗나간 것에 불과한 것은 착오가 아니다.[125]

매매대상 토지 가운데 20~30평 가량만 도로에 편입될 것이라는 중개인의 말을 믿고 주택 신축을 위하여 토지를 매수하였고, 그와 같은 사정이 계약체결 과정에서 현출되어 매도인도 이를 알고 있었으나 실제는 전체 면적의 약 30%에 해당하는 197평이 도로에 편입된 경우에는 동기의 착오를 이유로 매매계약을 취소할 수 있다(대법원 2000. 5. 12. 선고 2000다12259 판결).

(나) 법률행위의 중요 부분에 착오가 있을 것

법률행위의 중요 부분의 착오란 의사표시에 의하여 달성하려고 한 사실적 효과의 중요 부분에 착오가 있는 것을 말한다. 법률행위 내용의 중요 부분의 착오를 이유로 표의자가 법률행위를 취소하려면 그 동기를 당해 의사표시의 내용으로 삼을 것을 상대방에게 표시하고 의사표시의 해석상 법률행위의 내용으로 되어 있다고 인정되면 충분하며 당사자들 사이에 별도로 그 동기를 의사표시의 내용으로 삼기로 하는 합의까지 이루어질 필요는 없지만, 그 법률행위 내용의 착오는 보통 일반인이 표의자의 입장에 섰더라면 그와 같은 의사표시를 하지 아니하였으리라고 여겨질 정도로 그 착오가 중요한 부분에 관한 것이어야 한다.[126]

따라서 법률행위의 중요 부분의 착오는 표의자가 그러한 착오가 없었더라면 그 의사표시를 하지 않았으리라고 생각될 정도로 중요한 것이어야 하고, 보통 일반인도 표의자의 처지에 있었더라면 그러한 의사표시를 하지 않았으리라고 생각될 정도로 중요한 것이어야 하며,[127] 법률행위 내용의 중요 부분에 착오가 있는

---

123) 대법원 1992. 2. 25. 선고 91다38419 판결.
124) 대법원 1994. 6. 10. 선고 93다24810 판결.
125) 대법원 2013. 11. 28. 선고 2013다202922 판결.
126) 대법원 2000. 5. 12. 선고 2000다12259 판결.
127) 대법원 2020. 3. 26. 선고 2019다288232 판결.

때에는 그 의사표시를 취소할 수 있으나 착오가 표의자의 중대한 과실로 인한 때에는 그러하지 아니하다.

> ☑ **판례**
> 가령 토지의 현황과 경계에 착오가 있어 계약을 체결하기 전에 이를 알았다면 계약의 목적을 달성할 수 없음이 명백하여 계약을 체결하지 않았을 것으로 평가할 수 있을 경우에 계약의 중요 부분에 관한 착오가 인정된다(대법원 2020. 3. 26. 선고 2019다288232 판결).

(다) 표시자에게 중대한 과실이 없을 것

민법 제109조는 의사표시에 착오가 있는 경우 이를 취소할 수 있도록 함으로써 표의자를 보호하면서도, 착오가 법률행위 내용의 중요 부분에 관한 것이 아니거나 표의자의 중대한 과실로 인한 경우에는 취소권의 행사를 제한하는 한편, 표의자가 의사표시를 취소하는 경우에도 취소로 선의의 제3자에게 대항하지 못하도록 하여 거래의 안전과 상대방의 신뢰를 아울러 보호하고 있다. 여기서 '중대한 과실'이란 표의자의 직업, 행위의 종류, 목적 등에 비추어 보통 요구되는 주의를 현저히 게을리한 것을 의미하며,[128] 상대방이 표의자의 착오를 알고 이를 이용한 경우에는 착오가 표의자의 중대한 과실로 인한 것이라고 하더라도 표의자는 의사표시를 취소할 수 있다.[129]

다. 효과

의사표시는 법률행위의 내용의 중요 부분에 착오가 있는 때에는 취소할 수 있다. 그러나 그 착오가 피의자의 중대한 과실로 인한 때에는 취소하지 못한다(민법 제109조 제1항). 또 착오에 의한 의사표시의 취소는 선의의 제3자에게 대항하지 못한다(민법 제109조 제2항). 착오를 이유로 의사표시를 취소하는 자는 법률행위의 내용에 착오가 있었다는 사실과 함께 그 착오가 의사표시에 결정적인 영향을 미쳤다는 점, 즉 만약 그 착오가 없었더라면 의사표시를 하지 않았을 것이라는 점을 증명하여야 한다.[130]

---

128) 대법원 2020. 3. 26, 선고 2019다288232판결.
129) 대법원 2014. 11. 27, 선고 2013다49794판결.

의사표시를 취소하면 그 법률행위는 소급하여 무효가 되며(민법 제141조), 매도인이 매수인의 중도금 지급채무 불이행을 이유로 매매계약을 적법하게 해제한 후라도 매수인으로서는 상대방이 한 계약해제의 효과로서 발생하는 손해배상책임을 지거나 매매계약에 따른 계약금의 반환을 받을 수 없는 불이익을 면하기 위하여 착오를 이유로 한 취소권을 행사하여 매매계약 전체를 무효로 돌리게 할 수 있다.131)

라. 적용범위

민법 제109조의 착오에 의한 의사표시 규정은 원칙적으로 모든 의사표시에 적용된다. 그러나 가족법상의 법률행위에는 적용되지 않는다. 왜냐하면 가족법상의 법률행위에서 당사자의 의사는 절대적 의의가 있기 때문이다.

4) 사기·강박에 의한 의사표시

가. 의의

의사표시가 유효하기 위해서는 표의자의 자유로운 결정에 따른 의사여야 한다. 따라서 자유롭게 결정되어야 할 의사가 타인의 간섭 및 방해 등으로 의사결정의 자유를 침해받았음에도 그의 효력을 그대로 인정한다면 거래의 안전을 해하게 되며 표의자에게 가혹한 결과가 된다. 이에 따라 민법은 표의자가 타인의 부당한 간섭 등으로 자유롭지 못한 상태에서 의사표시를 한 경우 그 의사표시를 취소할 수 있도록 규정하고 있다(민법 제110조). 민법이 인정하고 있는 의사표시의 부당한 간섭으로는 사기와 강박 두 가지가 있으며, 사기·강박에 의한 의사표시는 내심의 효과의사는 있으나, 자유로운 의사결정이 아니므로 의사표시의 성립에 하자가 있는 것으로 취소할 수 있는 의사표시이다.

「사기」는 고의로 사람을 기망하여 착오에 빠지게 하는 위법행위를 말하며, 「강박」은 고의로 해악을 주겠다 위협하여 공포심을 일으키는 위법행위이다. 사기·강박의 위법행위에 대한 피해자 구제 수단은 형사책임과 민사책임이 있으며, 형법은 사기·강박자를 처벌하여 피해자를 구제하고 민법은 사기·강박이 불법행위 책임

---

130) 대법원 2008. 1. 17, 선고 2007다74188판결.
131) 대법원 1996. 12. 6. 선고 95다24982, 24999 판결.

이 성립하는 경우 피해자에게 손해배상청구권과 사기·강박에 의한 의사표시를 취소할 수 있도록 함으로써 의사표시의 법적 구속력으로부터 해방하도록 하고 있다(민법 제110조).

(가) 사기에 의한 의사표시

가) 의의

사기에 의한 의사표시란 타인의 기망행위로 착오에 빠지고, 그러한 상태에서 행한 의사표시로서 의사와 표시의 불일치가 있을 수 없으며, 단지 의사의 형성과정 즉, 의사표시의 동기에 착오가 있는 경우로서,[132] 이 점에 고유한 의미의 착오에 의한 의사표시와 구분된다.

> ☑ **판례**
>
> 민법 제569조가 타인의 권리의 매매를 유효로 규정한 것은 선의의 매수인의 신뢰이익을 보호하기 위한 것이므로, 매수인이 매도인의 기망에 의하여 타인의 물건을 매도인의 것으로 알고 매수한다는 의사표시를 한 것은 만일 타인의 물건인줄 알았더라면 매수하지 아니하였을 사정이 있는 경우에는 매수인은 민법 제110조에 의하여 매수의 의사표시를 취소할 수 있다고 해석해야 할 것이다(대법원 1973. 10. 23. 선고 73다268 판결).

따라서 사기에 의한 의사표시는 타인의 사기행위에 의하여 착오에 빠진 상태에서의 의사표시로서 법률행위의 중요 부분에 착오가 없더라도 사기에 의한 표의자는 보호된다.[133]

나) 요건

ㄱ. 사기자의 고의

표의자를 속여 착오에 빠지게 하려는 고의와 그 착오에 빠진 상태에서 일정한 의사표시를 하게 하려는 이중의 고의가 있어야 한다. 이때 고의의 증명은 상대방이 거짓 진술을 한 사실을 증명하는 것으로는 충분하지 않으며, 그 밖에 그 진술을 표의자의 의사표시의 수단으로 한 사실도 증명해야 한다.

---

132) 대법원 2005. 5. 27. 선고 2004다43824 판결.
133) 대법원 1969. 6. 24. 선고 68다1749 판결.

ㄴ. 기망행위

표의자에게 그릇된 관념이나 판단을 가지게 하거나, 그러한 관념을 강화하거
나 유지하려는 모든 용태(容態)가 기망행위이다. 기망행위는 거래에 있어서 중요
한 사항에 관하여 구체적 사실을 신의성실 의무에 비추어 비난받을 정도의 방법
으로 허위로 고지한 경우로서, 토지 매매계약서에 매수인의 매수목적 즉 건물건
축의 목적으로 매수한다는 내용이 표시되지 않았다고 하여도 매도인이 그러한
매수인의 매수목적을 알면서 건축이 가능한 것처럼 가장하여 이를 오신한 매수
인과 사이에 매매계약을 체결한 경우 매도인의 행위는 사기죄의 구성요건인 기
망행위에 해당한다.134) 따라서 거래상대방에게 일정한 사정을 고지하였다면 그
상대방이 거래하지 않았을 것임이 경험칙상 명백한 경우에는 그 사정을 고지할
의무가 있다.135)

ㄷ. 위법성

거래상 요구되는 신의성실의 원칙에 반하는 것일 때 위법한 기망행위가 인정
된다. 기망은 널리 재산상의 거래관계에서 서로 지켜야 할 신의와 성실의 의무를
저버리는 모든 적극적·소극적 행위를 말하며, 반드시 법률행위의 중요 부분에 관
한 허위표시를 해야 하는 것은 아니고, 상대방을 착오에 빠뜨려 행위자가 희망하
는 재산적 처분행위를 하도록 하기 위한 판단의 기초가 되는 사실에 관한 것이면
충분하다.136)

> ☑ **판례**
> 토지의 매매계약서에 매수인의 매수목적 즉 건물건축의 목적으로 매수한다는 내용
> 이 표시되지 않았다고 하여도 매도인이 그러한 매수인의 매수목적을 알면서 건축이 가
> 능한 것처럼 가장하여 이를 오신한 매수인과 사이에 매매계약이 성립된 것이라면 위와
> 같은 매도인의 행위는 사기죄의 구성요건인 기망행위에 해당한다(대법원 1985. 4. 9. 선
> 고 85도167 판결).

---

134) 대법원 1985. 4. 9. 선고 85도167 판결.
135) 대법원 2006. 10. 12. 선고 2004다48515 판결.
136) 대법원 2018. 8. 1. 선고 2017도20682 판결.

ㄹ. 착오와 의사표시 사이에 인과관계가 있을 것

즉, 표의자가 착오에 빠지고 그 착오에 기하여 의사표시를 하였어야 한다. 인과관계는 표의자의 주관적인 것에 지나지 않아도 무방하며, 따라서 그러한 착오가 없었더라면 보통 일반인도 그 의사표시를 하지 않았으리라 인정할 만한 객관적인 것일 필요는 없다.

(나) 강박에 의한 의사표시

가) 의의

표의자가 상대방 또는 제3자의 강박행위에 의하여 공포심을 갖고, 그 해악을 피하기 위하여 마음에 없이 한 진의아닌 의사표시이다. 의사 외 표시가 일치하지 않는다는 것을 표의자 스스로 깨닫고 있는 점에서 착오나 사기의 경우와 다르고 비진의표시 또는 허위표시와 비슷하다.

나) 요건

요건은 사기에 의한 의사표시의 경우와 유사하다.

① 강박자에게 고의가 있어야 한다.

표의자에게 공포심을 일으키려는 고의와 공포심에 의하여 의사표시를 하게 하려는 고의 즉, 이중의 고의가 있어야 한다는 점에서 사기의 경우와 같다.

② 강박행위가 있어야 한다.

강박행위의 방법이나 해악의 종류는 공포심을 그것이 공포심을 일으키는 것이면 그 무엇이든 묻지 않으며, 상대방 또는 제3자의 강박에 의하여 의사결정의 자유가 완전히 박탈된 상태에서 이루어진 의사표시는 효과의사에 대응하는 내심의 의사가 결여된 것으로서 무효가 되지만, 강박이 의사결정의 자유를 완전히 박탈하는 정도에 이르지 않고 제한하는 정도에 그친 경우 그 의사표시는 취소할 수 있다.[137]

해악의 고지는 구체적이어야 하며, 따라서 단순히 서명, 각서, 날인할 것을 강력히 요구한 것만으로 강박행위가 되지 않으며, 의사의 자유가 완전히 박탈당한 상태에서의 행위는 행위의사가 없고 효과의사의 존재를 인정할 수 없으므로 이 경우에는 취소가 아닌 무효가 된다.

---

137) 대법원 1984. 12. 11. 선고 84다카1402 판결.

③ 강박행위가 위법한 것이어야 한다.

강박행위가 위법하기 위해서는 강박행위 당시의 거래관념 및 제반사정에 비추어 해악의 고지로서 추구하는 이익이 정당하지 아니하거나 강박의 수단으로 상대방에게 고지하는 해악의 내용이 법질서에 위배된 경우 또는 어떤 해악의 고지가 거래관념상 그 해악의 고지로서 추구하는 이익의 달성을 위한 수단으로 부적당해야 한다.[138] 따라서 부정행위에 대한 고소·고발 및 언론에 제보하는 등의 경우, 그것이 부정한 이익을 목적으로 하는 것이 아닌 때에는 정당한 권리행사가 되어 위법하다 할 수 없으나, 부정한 이익의 취득을 목적으로 하거나 그 목적이 정당하더라도 행위나 수단 등이 부당한 때에는 위법성을 인정할 수 있을 것이다.[139]

④ 공포심을 가지고 의사표시를 할 것

강박에 의한 의사표시가 되기 위해서는 강박행위와 의사표시 사이에 인과관계가 있어야 하며, 인과관계는 주관적으로 존재하는 것으로 충분하다.[140] 여기서 인과관계는 사기의 경우와 같이 표의자를 중심으로 주관적으로 판단하며, 강박행위에 의하여 발생한 공포심이 표의자가 의사표시를 하게 된 유일한 동기일 필요는 없으며, 표의자에게 의사표시를 할 의무가 있는 경우에도 인과관계가 인정될 수 있다.

나. 사기·강박에 의한 의사표시의 효과

(가) 상대방의 사기·강박의 경우

표의자가 상대방의 사기·강박에 의하여 의사를 표시한 경우에는 그 의사표시를 취소할 수 있다(민법 제110조 제1항). 이 경우 표의자가 사기·강박에 의한 의사표시를 취소하지 않는 한 그 의사표시는 유효하다.

(나) 제3자의 사기·강박의 경우

제3자의 사기·강박으로 표의자가 「상대방 없는 의사표시」를 한 경우, 표의자는 언제든지 그 의사표시를 취소할 수 있으며(민법 제110조 제1항·제2항), 상대방 있

---

138) 대법원 2010. 2. 11. 선고 2009다72643 판결.
139) 대법원 2008. 9. 11. 선고 2008다27301 판결.
140) 대법원 1975. 3. 25. 선고 73다1048 판결.

는 의사표시에 관하여 제3자가 사기나 강박을 한 경우에는 상대방이 그 사실을 알았거나 알 수 있었을 경우에 한하여 그 의사표시를 취소할 수 있다.[141]

선의·악의나 과실의 유무는 행위 당시를 기준으로 판단하며, 상대방의 대리인 등 상대방과 동일시 할 수 있는 자의 사기나 강박은 여기서 말하는 제3자의 사기·강박에 해당하지 않는다.[142]

다. 제3자에 대한 효력

사기·강박에 의하여 의사표시를 취소한 경우 선의의 제3자에게 대항하지 못한다(민법 제110조 제3항). 사기의 의사표시로 매수인으로부터 부동산의 권리를 취득한 제3자는 특별한 사정이 없는 한 선의로 추정되며, 사기로 인하여 의사표시를 한 부동산의 양도인이 제3자에 대하여 사기에 의한 의사표시의 취소를 주장하려면 제3자의 악의를 입증해야 한다.[143]

라. 적용범위

가족법상의 법률행위에 대해서는 민법상의 특칙(816조·823·838·854·861)을 두고 있으므로 사기·강박에 의한 의사표시 규정인 민법 제110조가 적용되지 않는다.

제5절 계약서의 작성과 소유권의 이전

1. 계약의 자유와 제한

(1) 계약의 자유

당사자는 자유롭게 선택한 상대방과 법률관계의 내용을 자유롭게 합의할 수 있으며 그 합의에 법적 구속력을 승인한다는 것이 계약자유의 원칙이다. 계약자유의 원칙은 사법의 기본원리로서 개인은 독립된 자율적 인격을 가진 권리주체로서

---

141) 대법원 1999. 2. 23. 선고 98다60828, 60835 판결.
142) 대법원 1998. 1. 23. 선고 96다41496 판결.
143) 대법원 1970. 11. 24. 선고 70다2155 판결.

타인과의 법률행위를 함에 있어서 법률이 허용하는 범위에서 계약에 의한 법률관계의 형성은 각자의 자유에 맡겨지며, 국가와 법률도 그 같은 결과를 승인한다는 원칙으로 소유권 절대의 원칙·과실책임의 원칙과 함께 근대민법의 3대 원칙을 이루며, 현대민법의 기본원리도 근대민법의 3대 원칙에 근거하고 있다.

계약자유의 원칙은 ① 계약체결의 자유, ② 상대방 선택의 자유, ③ 내용 결정의 자유, ④ 계약방식의 자유를 포함하며, 계약을 체결할 것인가는 당사자의 자유이며, 계약을 체결할 때에 누구하고 계약을 체결할 것인가를 강요받지 않으며, 강행법규나 선량한 풍속 기타 사회질서에 반하지 않는 한 계약의 내용은 당사자의 합의로 자유롭게 결정할 수 있으며, 당사자의 합의만이 계약성립의 본체로서 일정한 방식을 요하지 않는다는 원칙이다. 그러나 이 원칙은 현대사회에서는 여러 제한을 받고 있는데 특히 재화로서의 부동산 거래의 경우에 특히 그러하다. 이에 대해서는 제2장 제2관에서 설명하였다.

(2) 부동산 거래의 제한

계약자유의 원칙의 제한으로 토지거래 및 이용에 관한 규제와 주택거래 및 이용에 관한 규제가 있다. 이에 대해서는 앞에서 기술하였다(제1장 제2절 제2관 이하 참조).

2. 계약서의 작성과 매매대금 교부

(1) 계약당사자의 매매계약서의 작성

1) 매매계약 합의 표시

부동산 매매계약서를 작성하는 경우 계약의 내용으로 매매계약임을 명시하여야 하며, 일반적으로 "매도인과 매수인은 다음과 같은 내용으로 매매계약을 체결한다"는 내용을 기재한다.

2) 부동산의 표시

계약의 목적물을 특정하기 위한 목적으로 매매계약서에 부동산의 소재지, 지목과 면적 및 건물 내역과 같은 부동산의 표시를 기재해야 하는데, 부동산등기부의 표제부 중 표시란에 기재된 것과 동일하게 기재하여야 한다.

3) 당사자의 표시

매도인(등기부상의 소유자)과 매수인을 매매계약서에 기재해야 하는데 이때 상대방의 주민등록증을 직접 확인하여 본인임을 확인해야 한다. 매도인이나 매수인 중 대리인을 선임한 경우에 대리인의 명의로 매매계약서를 작성해도 그 매매계약은 유효하다. 매도인 또는 매수인이 법인인 경우에는 먼저 계약상대방인 법인의 법인등기부등본을 확인하고, 계약을 체결하는 자가 법인을 대표할 권한이 있는 자인지의 여부를 확인한 후에 반드시 그 법인의 이름과 대표자의 이름을 매매계약서에 기재해야 한다.

4) 매매대금

매매대금과 그 지급날짜를 정확히 기재해야 한다. 매매대금은 일반적으로 그 총액과 계약금, 중도금, 잔금의 순서로 기재한다.

5) 소유권의 이전과 목적물의 인도

계약당사자 간에 특별한 약정이 없는 한 매도인은 매수인으로부터 매매대금의 잔금을 받음과 동시에 소유권이전등기에 필요한 모든 서류를 교부해야 한다.

6) 계약의 해제

부동산 매매의 당사자 일방이 계약 당시에 금전 기타 물건을 계약금, 보증금 등의 명목으로 상대방에게 교부한 때에는 당사자 간에 다른 약정이 없는 한 당사자의 일방이 이행에 착수할 때까지 교부자는 이를 포기하고 수령자는 그 배액을 상환하여 매매계약을 해제할 수 있다(민법 제565조 제1항).

7) 기타 특약

기타 계약당사자 간에 특별히 정할 사항이 있는 경우에는 특약에 관한 내용을 구체적이며 자세하게 기재해야 한다.

8) 날짜 및 서명날인

계약을 체결한 날짜를 기재하고, 계약당사자 명의의 서명을 날인해야 한다. 계약서는 당사자의 수만큼 작성하여 계약당사자가 각각 원본을 보관한다.

(2) 부동산 중개업체를 통한 매매계약서의 작성

부동산 중개업체를 통하여 매매계약서를 작성할 때에는 다음 사항을 기재하여야 한다(공인중개사법 제26조 제1항 및 공인중개사법 시행령 제22조 제1항).

▸ 거래당사자의 인적 사항
▸ 물건의 표시
▸ 계약일
▸ 거래금액·계약금액 및 그 지급에 관한 사항
▸ 물건의 인도일시
▸ 권리이전의 내용
▸ 계약의 조건이나 기한이 있는 경우 그 조건 또는 기한
▸ 중개대상물 확인·설명서 교부 일자
▸ 기타 약정의 내용

매매계약서에는 부동산 개업공인중개사(법인인 경우에는 대표자, 법인에 분사무소가 설치되어 있는 경우에는 분사무소의 책임자)가 서명 및 날인하고, 해당 중개행위를 한 소속공인중개사가 있는 경우에는 소속 공인중개사가 함께 서명 및 날인해야 한다(공인중개사법 제26조 제2항 및 제25조 제4항).

(3) 매매대금의 교부

1) 부동산 매매계약금의 교부

가. 의의

"매매계약금"은 부동산 매매계약을 체결하는 경우 일반적으로 계약당사자의 일방이 상대방에게 교부하는 금전 등으로 일반적으로 매수인은 매매대금의 10%를 계약금으로 매도인에게 교부하며 이는 매매대금에 포함된다.

나. 법적성질

매매계약에 있어서 계약금은 당사자 일방이 이행에 착수할 때까지 매수인은 이를 포기하고 매도인은 그 배액을 상환하여 계약을 해제할 수 있는 해약금의 성질을 가지고 있으며, 다만 당사자의 일방이 위약한 경우 그 계약금을 위약금으로 하기로 하는 특약이 있는 경우에는 손해배상액의 예정으로서의 성질을 갖는다.[144] 따라서 위약금으로 하기로 하는 특약이 없는 이상 계약이 당사자 일방의 귀책사유로 인하여 해제되었다 하더라도 상대방은 계약불이행으로 입은 실제 손해만을 배상받을 수 있으며 계약금이 위약금으로서 상대방에게 당연히 귀속되지 않는다.[145]

다. 계약금교부 후 계약의 해제

매매계약금을 매도인에게 교부한 경우 계약당사자 간에 다른 약정이 없는 한 매수인은 매도인이 계약이행에 착수할 때까지 매매계약금을 포기하고 매매계약을 해제할 수 있으며(민법 제565조 제1항), 매매계약금이 매도인에게 교부된 경우 계약당사자 간에 다른 약정이 없는 한 매도인은 매수인이 계약이행에 착수할 때까지 매매계약금의 배액을 상환하고 매매계약을 해제할 수 있다(민법 제565조 제1항).

> ☑ **판례**
> "대금불입 불이행시 계약은 자동 무효가 되고 이미 불입된 금액은 일체 반환하지 않는다."고 되어 있는 매매계약에 기하여 계약금이 지급되었으나, 매수인이 중도금을 지급기일에 지급하지 아니한 채 이미 지급한 계약금 중 과다한 손해배상의 예정으로 감액되어야 할 부분을 제외한 나머지 금액을 포기하고 해약금으로서의 성질에 기하여 계약을 해제한다는 의사표시를 하면서 감액되어야 할 금액에 해당하는 금원의 반환을 구한 경우, 그 계약금은 해약금으로서의 성질과 손해배상 예정으로서의 성질을 겸하고 있어, 매수인의 주장취지에는 매수인의 채무불이행을 이유로 매도인이 몰취한 계약금은 손해배상 예정액으로서는 부당히 과다하므로 감액되어야 하고 그 감액 부분은 부당이득으로서 반환하여야 한다는 취지도 포함되어 있다고 해석함이 상당하며 계약금이 손해배상 예정액으로서 과다하다면 감액 부분은 반환되어야 한다(대법원 1996. 10. 25. 선고 95다33726 판결).

---

144) 대법원 1977. 2. 24.. 선고 86누438 판결.
145) 대법원 1992. 11. 27. 선고 92다23209 판결.

2) 매매대금의 교부

가. 교부 시기

매수인의 매매대금 지급과 매도인의 계약목적 부동산의 인도는 동시이행 관계에 있으므로 계약당사자 일방은 상대방이 채무를 이행할 때까지 자기의 채무이행을 거절할 수 있다(민법 제536조 제1항 및 제583조). 따라서 부동산 매매에서 당사자 사이에 다른 특약이 없는 등 특별한 사정이 없다면 매매부동산의 인도 및 명도의무도 그 잔대금지급 의무와 동시이행의 관계에 있으므로 매도인이 그 명도의무의 이행을 제공하고 또 이를 상대방에게 통지한 후 그 이행을 수령할 것을 최고한 사실의 인정도 없이 피고의 잔대금지급 채무불이행만을 이유로 매도인의 매매계약의 해제를 인정하는 것은 잘못이다.[146)]

나. 교부장소

매매의 목적물이 인도와 동시에 대금을 지급할 경우에는 그 인도 장소에서 이를 지급하여야 한다(민법 제586조).

3. 부동산 소유권이전등기

(1) 의의

부동산에 관한 법률행위로 인한 물권의 득실변경은 등기하여야 그 효력이 생긴다(민법 제186조). 여기서의 등기는 소유권보존등기를 포함하는데 부동산 소유권이전등기란 부동산의 소유권에 변동이 생기는 경우에 이를 부동산등기부에 등기하는 것을 말하며, 따라서 미등기 부동산을 적법하게 매수한 자가 자기명의로 소유권보존등기를 하였을 경우에 그 보존등기도 민법 제186조의 등기에 해당되어 소유권취득의 효력이 생긴다.[147)]

---

146) 대법원 1980. 7. 8. 선고 80다725 판결.
147) 대법원 1963. 4. 25. 선고 62아19 판결.

(2) 소유권이전등기 신청 및 기간

부동산 매매계약이 체결되면 매도인은 매수인에게 부동산의 소유권을 이전해야 할 의무를 지게 된다. 부동산 소유권이전등기는 매도인과 매수인이 서로의 채무를 모두 이행한 60일 이내에 등기의무자인 매도인과 등기권리자인 매수인이 함께 등기소에 신청해야 한다(부동산등기법 제23조 제1항 및 부동산등기 특별조치법 제2조 제1항).

그러나 부동산소유권 이전등기는 대리에 의해서도 신청할 수 있는데, 부동산 소유권이전등기를 신청할 수 있는 대리인은 변호사(법무법인, 법무법인(유한) 및 법무조합을 포함) 및 법무사(법무사법인·법무사법인(유한)을 포함)의 사무원 중 자격자대리인의 사무소 소재지를 관할하는 지방법원장이 허가하는 1명이다(부동산등기법 제24조 제1항 제1호 단서 및 부동산등기규칙 제58조 제1항 본문).

(3) 소유권이전등기의 신청

부동산 소유권이전등기를 신청하는 경우 신청인 또는 그 대리인이 등기소에 출석하여 신청정보 및 첨부정보를 적은 서면을 제출하는 방법과 대법원 인터넷등기소(www.iros.go.kr)를 이용하여 신청정보 및 첨부정보를 보내는 방법(법원행정처장이 지정하는 등기유형으로 한정함)이 있다(부동산등기법 제24조 제1항).

등기소에 방문하여 부동산 소유권이전등기를 신청을 하는 경우에는 등기신청서에 다음의 신청정보를 적어 신청인 또는 그 대리인이 기명날인하거나 서명하고 다음의 첨부정보를 담고 있는 서면을 첨부해야 한다(부동산등기규칙 제43조, 제46조 및 제56조 제1항, 제3항).

소유권이전등기시 필요한 정보

정보의 종류	제공할 정보
신청정보	1. 토지의 표시에 관한 사항 ▶ 소재와 지번(地番) ▶ 지목(地目) ▶ 면적

	2. 건물의 표시에 관한 사항 ▸ 소재, 지번 및 건물번호(같은 지번 위에 1개의 건물만 있는 경우에는 건물번호는 기록하지 않음) ▸ 건물의 종류, 구조와 면적(부속건물이 있는 경우에는 부속건물의 종류, 구조와 면적도 함께 기록함) 3. 구분건물의 표시에 관한 사항 ▸ 1동 건물의 표시로서 소재지번·건물명칭 및 번호·구조·종류·면적(1동 건물의 구조·종류·면적은 건물의 표시에 관한 등기나 소유권보존등기를 신청하는 경우로 한정함) ▸ 전유부분의 건물의 표시로서 건물번호·구조·면적 ▸ 대지권이 있는 경우 그 권리의 표시, 신청인의 성명(또는 명칭), 주소(또는 사무소 소재지) 및 주민등록번호(또는 부동산등기용등록번호) 4. 신청인이 법인인 경우: 그 대표자의 성명과 주소 5. 대리인이 등기를 신청하는 경우: 그 성명과 주소 6. 등기원인과 그 연월일 7. 등기의 목적 8. 등기필정보(공동신청 또는 승소한 등기의무자의 단독신청에 의해 권리에 관한 등기를 신청하는 경우로 한정함) 9. 등기소의 표시 10. 신청연월일
첨부정보	1. 등기원인을 증명하는 정보 2. 등기원인에 대해 제3자의 허가, 동의 또는 승낙이 필요한 경우 : 이를 증명하는 정보 3. 등기상 이해관계 있는 제3자의 승낙이 필요한 경우 : 이를 증명하는 정보 또는 이에 대항할 수 있는 재판이 있음을 증명하는 정보 4. 신청인이 법인인 경우 : 그 대표자의 자격을 증명하는 정보 5. 대리인이 등기를 신청하는 경우 : 그 권한을 증명하는 정보 6. 등기권리자(새로 등기명의인이 되는 경우로 한정)의 주소(또는 사무소 소재지) 및 주민등록번호(또는 부동산등기용등록번호)를 증명하는 정보 7. 소유권이전등기를 신청하는 경우 : 등기의무자의 주소(또는 사무소 소재지)를 증명하는 정보 8. 소유권이전등기를 신청하는 경우 : 토지대장·임야대장·건축물대장 정보나 그 밖에 부동산의 표시를 증명하는 정보

1) 방문신청

방문 신청하는 경우 다음의 인감증명 중 발행일로부터 3개월 이내의 것을 제출해야 하며, 이 경우 해당 등기신청서(위임에 의한 대리인이 신청하는 경우에는 위임장)나 첨부서면에는 그 인감을 날인해야 한다(부동산등기규칙 제60조 제1항 및 제62조).

- ▶ 소유권의 등기명의인이 등기의무자로서 등기를 신청하는 경우 : 등기의무자의 인감증명
- ▶ 소유권에 관한 가등기 명의인이 가등기의 말소등기를 신청하는 경우 : 가등기 명의인의 인감증명
- ▶ 등기신청서에 제3자의 동의 또는 승낙을 증명하는 서면을 첨부하는 경우 : 그 제3자의 인감증명
- ▶ 법인 아닌 사단이나 재단의 등기신청에서 대법원예규로 정한 경우

방문 신청하는 경우 매도인 및 매수인 또는 법인 아닌 사단이나 재단이 직접 등기신청을 하거나 자격자대리인이 아닌 사람에게 위임하여 등기신청을 하는 경우에는 도면을 서면으로 작성하여 등기소에 제출할 수 있다(부동산등기규칙 제63조).

2) 전자신청

대법원 인터넷등기소(www.iros.go.kr)를 이용하여 부동산 소유권이전등기를 신청하는 경우에는 신청인이 직접 신청하거나 자격자대리인이 신청인을 대리하여 신청할 수 있으나 법인 아닌 사단이나 재단은 신청할 수 없다. 외국인의 경우에는 외국인등록을 하거나 국내거소신고를 한 경우에만 신청할 수 있다(부동산등기규칙 제67조 제1항). 전자신청을 하는 경우에는 위의 신청정보와 첨부정보를 사용자등록번호와 다음의 전자서명정보를 함께 전자문서로 등기소에 송신해야 한다(부동산등기규칙 제67조 제2항, 제3항 및 제4항).

- ▶ 개인 : 인증서(서명자의 실지명의를 확인할 수 있는 것을 말함)
- ▶ 법인 : 전자증명서
- ▶ 관공서 : 전자인증서

  전자신청을 하기 위해서는 부동산 소유권이전등기를 신청하는 신청인 또는 자격자대리인이 최초의 등기신청 전에 사용자등록을 해야 하는데(부동산등기규칙 제68조 제1항), 그 내용은 다음과 같다.

▶ 사용자등록을 신청하는 신청인 또는 자격자대리인은 등기소에 출석하여 사용자등록 신청서 제출(부동산등기규칙 제68조 제2항).

▶ 사용자등록 신청서에는 신고한 인감을 날인하고, 그 인감증명과 함께 주소를 증명하는 서면을 첨부해야 하며, 신청인이 자격대리인인 경우에는 그 자격을 증명하는 서면의 사본도 첨부(부동산등기규칙 제68조 제3항 및 제4항).

(4) 수수료

부동산 소유권이전등기를 하는 경우 신청인은 매 부동산마다 15,000원의 수수료를 내야 한다(부동산등기법 제22조 제3항 및 등기사항증명서 등 수수료규칙 제5조의2 제1항 제2호). 부동산 소유권이전등기의 신청 수수료에 대한 자세한 내용은 대법원 인터넷등기소-자료센터-등기비용 안내에서 확인할 수 있다.

(5) 등기의 관할

1) 의의

"등기소"는 부동산등기, 상업등기, 선박등기 등 등기사무를 관장하는 지방법원이 그 관할구역 내에서 등기사무의 일부를 처리하기 위해 마련된 기관이다(부동산등기법 제7조 제1항 및 대법원 인터넷등기소).

2) 등기소 관할

등기사무는 부동산의 소재지를 관할하는 지방법원, 그 지원(支院) 또는 등기소에서 담당(부동산등기법 제7조 제1항)하며, 관할 등기소 위치 및 관련 정보는 대법원 인터넷등기소-등기소소개-등기소찾기에서 확인할 수 있다.

4. 부동산 거래신고 등에 관한 법률에 따른 신고

(1) 부동산 거래의 신고

1) 의의

부동산 거래 이후에 양도소득세 및 취득세 신고와 등기신청을 위해 받아야 하던 거래계약서 검인 신청시 실거래 금액보다 낮은 금액으로 이중계약서를 작성·제출하던 그릇된 관행을 바로잡기 위한 목적으로 2020년 7월 8일부터 「부동산 거래신고 등에 관한 법률」을 시행하고 있다. 부동산 시장에서의 정보의 비공개성에 의한 가격정보의 불균형을 제거하여 부동산 거래의 투명성을 높이고, 부동산 거래의 전자화를 통하여 국민 편의를 제공함과 동시에 정보활용의 촉진 및 행정능률의 향상, 부동산 실거래가격에 의한 공정성을 통한 부동산 시장의 안정화를 위한 목적이다.

즉, 부동산 거래신고제도는 부동산 또는 부동산을 취득할 수 있는 권리의 매매계약을 체결한 경우 실거래가격보다 더 낮게 계약서를 작성하는 이중계약의 관행을 막고 투명한 부동산 거래를 위하여 실제 거래가격 등 일정한 사항을 신고하도록 하는 제도이다.

2) 부동산 거래신고 의무자 및 기간

부동산의 매수인 및 매도인이 다음의 부동산 또는 부동산을 취득할 수 있는 권리에 관한 매매계약을 체결한 때에는 일정한 사항을 거래계약의 체결일부터 30일 이내에 매매대상 부동산(권리에 관한 매매계약의 경우에는 그 권리의 대상인 부동산) 소재지의 관할 시장·군수 또는 구청장에게 공동으로 신고하거나 국토교통부 부동산거래관리시스템(http://rtms.molit.go.kr)을 통해 신고해야 한다(부동산 거래신고 등에 관한 법률 제3조 제1항).

- ▶ 부동산의 매매계약
- ▶ 「택지개발촉진법」, 「주택법」 등 대통령령으로 정하는 법률에 따른 부동산에 대한 공급계약
- ▶ 부동산 공급계약을 통해 부동산을 공급받는 자로 선정된 지위의 매매계약
- ▶ 「도시 및 주거환경정비법」 제74조에 따른 관리처분 계획의 인가 및 「빈집 및 소규모 주택 정비에 관한 특례법」 제29조에 따른 사업 시행계획 인가로 취득한 입주자로 선정된 지위의 매매계약

부동산 개업공인중개사가 매매거래계약서를 작성·교부한 때에는 해당 부동산 개업공인중개사가 위에 따른 신고(공동으로 중개하는 경우에는 공동으로 신고)를 해

야 한다(부동산 거래신고 등에 관한 법률 제3조 제3항).

3) 신고의 내용

부동산 거래를 신고하는 경우에 다음의 사항을 신고해야 한다(부동산 거래신고 등에 관한 법률 제3조 제1항, 부동산 거래신고 등에 관한 법률 시행령 제3조 제1항 본문, 별표1 및 부동산 거래신고 등에 관한 법률 시행규칙 제2조 제7항).

■ 부동산 거래신고 등에 관한 법률 시행령 [별표1]〈신설 2020. 10. 27〉

구분	신고사항
1. 공통	▶ 거래당사자의 인적사항 ▶ 계약 체결일, 중도금 지급일 및 잔금 지급일 ▶ 거래대상 부동산 등(부동산을 취득할 수 있는 권리에 관한 계약의 경우에는 그 권리의 대상인 부동산을 말함)의 소재지·지번·지목 및 면적 ▶ 거래대상 부동산 등의 종류(부동산을 취득할 수 있는 권리에 관한 계약의 경우에는 그 권리의 종류를 말함) ▶ 실제 거래가격 ▶ 계약의 조건이나 기한이 있는 경우에는 그 조건 또는 기한 ▶ 개업공인중개사가 거래계약서를 작성·교부한 경우에는 다음의 사항 　① 개업공인중개사의 인적 사항 　② 개업공인중개사가 「공인중개사법」 제9조에 따라 개설등록한 　　중개사무소의 상호·전화번호 및 소재지
2. 법인이 주택의 거래계약을 체결하는 경우	▶ 법인의 현황에 관한 다음의 사항(거래당사자 중 국가 등이 포함되어 있거나 거래계약이 「부동산 거래신고 등에 관한 법률」 제3조 제1항 제2호 또는 같은 항 제3호 가목에 해당하는 경우는 제외) 　① 법인의 등기 현황 　② 법인과 거래상대방 간의 관계가 다음의 어느 하나에 해당하는지 　　여부 ▶ 거래상대방이 개인인 경우: 그 개인이 해당 법인의 임원이거나 법인의 임원과 친족관계가 있는 경우 ▶ 거래상대방이 법인인 경우: 거래당사자인 매도법인과 매수법인의 임원 중 같은 사람이 있거나 거래당사자인 매도법인과 매수법인의 임원 간 친족관계가 있는 경우 ■ 주택 취득 목적 및 취득 자금 등에 관한 다음의 사항(법인이 주택의 매수자인 경우만 해당) 　① 거래대상인 주택의 취득목적 　② 거래대상 주택의 취득에 필요한 자금의 조달계획 및 지급방식. 이 　　경우 투기과열지구에 소재하는 주택의 거래계약을 체결한 경우에는

	자금의 조달계획을 증명하는 다음의 서류를 첨부해야 함(자금조달·입주계획서의 제출일을 기준으로 주택취득에 필요한 자금의 대출이 실행되지 않았거나 본인 소유 부동산의 매매계약이 체결되지 않은 경우 등 항목별 금액 증명이 어려운 경우에는 그 사유서를 첨부해야 함) 1) 자금조달·입주계획서에 금융기관 예금액 항목을 적은 경우: 예금잔액증명서 등 예금 금액을 증명할 수 있는 서류 2) 자금조달·입주계획서에 주식·채권 매각대금 항목을 적은 경우: 주식거래내역서 또는 예금잔액증명서 등 주식·채권 매각 금액을 증명할 수 있는 서류 3) 자금조달·입주계획서에 증여·상속 항목을 적은 경우: 증여세·상속세 신고서 또는 납세증명서 등 증여 또는 상속받은 금액을 증명할 수 있는 서류 4) 자금조달·입주계획서에 현금 등 그 밖의 자금 항목을 적은 경우: 소득금액증명원 또는 근로소득 원천징수영수증 등 소득을 증명할 수 있는 서류 5) 자금조달·입주계획서에 부동산 처분대금 등 항목을 적은 경우: 부동산 매매계약서 또는 부동산 임대차계약서 등 부동산 처분 등에 따른 금액을 증명할 수 있는 서류 6) 자금조달·입주계획서에 금융기관 대출액 합계 항목을 적은 경우: 금융거래확인서, 부채증명서 또는 금융기관 대출신청서 등 금융기관으로부터 대출받은 금액을 증명할 수 있는 서류 7) 자금조달·입주계획서에 임대보증금 항목을 적은 경우: 부동산 임대차계약서 8) 자금조달·입주계획서에 회사지원금·사채 또는 그 밖의 차입금 항목을 적은 경우: 금전을 빌린 사실과 그 금액을 확인할 수 있는 서류 ③ 임대 등 거래대상 주택의 이용계획
3. 법인 외의 자가 실제 거래가격이 6억원 이상인 주택을 매수하거나 투기과열지구 또는 조정대상지역에 소재하는 주택을 매수하는 경우(거래당사자 중 국가등이 포함되어 있는 경우는 제외)	▶ 거래대상 주택의 취득에 필요한 자금의 조달계획 및 지급방식. 이 경우 투기과열지구에 소재하는 주택의 거래계약을 체결한 경우 매수자는 자금의 조달계획을 증명하는 서류로서 위 1)부터 8)까지의 서류를 첨부해야 함 ▶ 거래대상 주택에 매수자 본인이 입주할지 여부, 입주 예정 시기 등 거래대상 주택의 이용계획

비고
1. "개업공인중개사"란 「공인중개사법」 제2조 제4호의 개업공인중개사를 말한다.
2. "법인"이란 「부동산등기법」 제49조 제1항 제2호의 부동산등기용등록번호를 부여 받은 법인으로 「상법」에 따른 법인을 말한다.
3. "주택"이란 「건축법 시행령」 별표1 제1호 또는 제2호의 단독주택 또는 공동주택(공관 및 기숙사는 제외한다)을 말하며, 단독주택 또는 공동주택을 취득할 수 있는 권리에 관한 계약의 경우에는 그 권리를 포함한다.
4. "국가등"이란 법 제3조 제1항 단서의 국가 등을 말한다.
5. "친족관계"란 「국세기본법」 제2조 제20호 가목의 친족관계를 말한다.
6. "투기과열지구"란 「주택법」 제63조에 따라 지정된 투기과열지구를 말한다.
7. "조정대상지역"이란 「주택법」 제63조의2에 따라 지정된 조정대상지역을 말한다.

주택법 제63조에 의하여 지정된 투기과열지구에 소재하는 주택(주택법 제2조 제1호의 주택)으로서 실제 거래가격이 3억 원 이상인 주택의 거래계약을 체결한 경우(거래당사자 중 매수인이 법 제3조 제1항 단서에 따른 국가 등인 경우는 제외), 다음 사항을 추가로 신고해야 한다(부동산 거래신고 등에 관한 법률 시행령 제3조 제1항 단서).

  ▶ 거래대상 주택의 취득에 필요한 자금의 조달계획
  ▶ 거래대상 주택에 매수자 본인이 입주할지 여부 및 입주 예정 시기

4) 신고할 때의 제출서류

부동산 거래를 신고하는 경우 부동산 거래계약 신고서에 거래당사자가 공동으로 서명 또는 날인(전자인증 방법 포함)하여 거래당사자 중 1명이 시장(구가 설치되지 않은 시의 시장 및 특별자치시장과 특별자치도 행정시의 시장)·군수 또는 구청장에게 제출(전자문서 제출 포함)해야 한다(부동산 거래신고 등에 관한 법률 제3조 제1항 및 부동산 거래신고 등에 관한 법률 시행규칙 제2조 제1항, 별지 제1호 서식). 부동산 거래를 신고하지 않은 경우에는 과태료가 부과되며(부동산 거래신고 등에 관한 법률 제28조 제2항 및 제3항), 그 내용은 다음과 같다.

■ 부동산 거래신고 등에 관한 법률 시행령 [별표3] 〈개정 2021. 1. 5.〉

과태료의 부과기준(제20조 관련)

1. 일반기준

　신고관청은 위반행위의 동기·결과 및 횟수 등을 고려하여 제2호의 개별기준에 따른 과태료의 2분의 1(법 제28조 제1항 및 제3항을 위반한 경우에는 5분의 1) 범위에서 그 금액을 늘리거나 줄일 수 있다. 다만, 늘리는 경우에도 과태료의 총액은 법 제28조 제1항부터 제5항까지에서 규정한 과태료의 상한을 초과할 수 없다.

2. 개별기준

　가. 법 제28조 제1항 관련

위반행위	과태료
1) 법 제4조 제4호를 위반하여 거짓으로 법 제3조에 따라 신고한 경우	3,000만 원
2) 법 제4조 제5호를 위반하여 거짓으로 법 제3조의2에 따라 신고한 경우	3,000만 원
3) 법 제6조를 위반하여 거래대금 지급을 증명할 수 있는 자료를 제출하지 않거나 거짓으로 제출한 경우 또는 그 밖의 필요한 조치를 이행하지 않은 경우	
가) 신고가격이 1억 5천만 원 이하인 경우	500만 원
나) 신고가격이 1억 5천만 원 초과 2억 원 이하인 경우	700만 원
다) 신고가격이 2억 원 초과 2억5천만 원 이하인 경우	900만 원
라) 신고가격이 2억 5천만 원 초과 3억 원 이히인 경우	1,100만 원
마) 신고가격이 3억 원 초과 3억5천만 원 이하인 경우	1,300만 원
바) 신고가격이 3억 5천만 원 초과 4억 원 이하인 경우	1,500만 원
사) 신고가격이 4억 원 초과 4억5천만 원 이하인 경우	1,700만 원
아) 신고가격이 4억 5천만 원 초과 5억 원 이하인 경우	1,900만 원
자) 신고가격이 5억 원 초과 6억 원 이하인 경우	2,100만 원
차) 신고가격이 6억 원 초과 7억 원 이하인 경우	2,300만 원
카) 신고가격이 7억 원 초과 8억 원 이하인 경우	2,500만 원
타) 신고가격이 8억 원 초과 9억 원 이하인 경우	2,700만 원
파) 신고가격이 9억 원 초과 10억 원 이하인 경우	2,900만 원
하) 신고가격이 10억 원을 초과한 경우	3,000만 원

비고
 1) 부동산 매매계약의 신고가격이 시가표준액(「지방세법」 제4조에 따른 신고사유 발생연도의 시가표준액을 말한다) 미만인 경우에는 그 시가표준액을 신고가격으로 한다.
 2) 부동산에 대한 공급계약 및 부동산을 취득할 수 있는 권리에 관한 계약의 신고가격이 해당 부동산등의 분양가격 미만인 경우에는 그 분양가격을 신고가격으로 한다.

나. 법 제28조 제2항 관련

위반행위	근거 법조문	과태료
1) 법 제3조 제1항부터 제4항까지 또는 제3조의2 제1항을 위반하여 같은 항에 따른 신고를 하지 않은 경우(공동신고를 거부한 경우를 포함한다) 　가) 신고 해태기간이 3개월 이하인 경우	법 제28조 제2항 제1호 및 제1호의2	
(1) 실제 거래가격이 1억 원 미만인 경우		10만 원
(2) 실제 거래가격이 1억 원 이상 5억 원 미만인 경우		25만 원
(3) 실제 거래가격이 5억 원 이상인 경우		50만 원
나) 신고 해태기간이 3개월을 초과하는 경우 또는 공동신고를 거부한 경우		
(1) 실제 거래가격이 1억 원 미만인 경우		50만 원
(2) 실제 거래가격이 1억 원 이상 5억 원 미만인 경우		200만 원
(3) 실제 거래가격이 5억 원 이상인 경우		300만 원
2) 법 제4조 제1호를 위반하여 개업공인중개사에게 법 제3조에 따른 신고를 하지 않게 하거나 거짓으로 신고하도록 요구한 경우	법 제28조 제2항 제2호	400만 원
3) 법 제4조 제3호를 위반하여 거짓으로 법 제3조에 따른 신고를 하는 행위를 조장하거나 방조한 경우	법 제28조 제2항 제3호	400만 원
4) 법 제6조를 위반하여 거래대금 지급을 증명할 수 있는 자료 외의 자료를 제출하지 않거나 거짓으로 제출한 경우	법 제28조 제2항 제4호	500만 원
비고 "신고 해태기간"이란 신고기간 만료일의 다음 날부터 기산하여 신고를 하지 않은 기간을 말한다. 다만, 다음의 사유가 있는 기간은 신고 해태기간에 산입하지 아니할 수 있다. 　1) 천재지변 등 불가항력적인 경우 　2) 천재지변 등에 준하는 그 밖의 사유로 신고의무를 이행하지 못한 상당한 사유가 있다고 인정되는 경우		

다. 법 제28조 제3항 관련

위반행위	과태료
법 제3조 제1항부터 제4항까지 또는 제4조 제2호를 위반하여 그 신고를 거짓으로 한 경우	
1) 부동산 등의 실제 거래가격 외의 사항을 거짓으로 신고한 경우	취득가액(실제 거래가격을 말한다. 이하 이 목에서 같다)의 100분의 2
2) 부동산등의 실제 거래가격을 거짓으로 신고한 경우	
가) 실제 거래가격과 신고가격의 차액이 실제 거래가격의 10퍼센트 미만인 경우	취득가액의 100분의 2
나) 실제 거래가격과 신고가격의 차액이 실제 거래가격의 10퍼센트 이상 20퍼센트 미만인 경우	취득가액의 100분의4
다) 실제 거래가격과 신고가격의 차액이 실제 거래가격의 20퍼센트 이상인 경우	취득가액의 100분의5

라. 법 제28조 제4항 관련

위반행위	과태료
법 제8조 제1항에 따른 부동산 등의 취득신고를 하지 않거나 거짓으로 신고한 경우	
1) 신고 해태기간이 3개월 이하인 경우	
가) 취득가액이 1억 원 미만인 경우	10만 원
나) 취득가액이 1억 원 이상 5억 원 미만인 경우	25만 원
다) 취득가액이 5억 원 이상인 경우	50만 원
2) 신고 해태기간이 3개월을 초과하는 경우	
가) 취득가액이 1억 원 미만인 경우	50만 원
나) 취득가액이 1억 원 이상 5억 원 미만인 경우	200만 원
다) 취득가액이 5억 원 이상인 경우	300만 원
3) 거짓으로 신고한 경우	300만 원

비고
1) "신고 해태기간"이란 신고기간 만료일의 다음 날부터 기산하여 신고를 하지 않은 기간을 말한다. 다만, 다음의 사유가 기간은 신고 해태기간에 산입하지 아니할 수 있다.
　가) 천재지변 등 불가항력적인 경우
　나) 천재지변 등에 준하는 그 밖의 사유로 신고의무를 이행하지 못한 상당한 사유가 있다

    고 인정되는 경우
2) 취득가액은 신고서에 기재된 취득가액을 기준으로 한다. 다만, 취득가액이 시가표준액(「지
   방세법」 제4조에 따른 신고사유 발생연도의 시가표준액을 말한다) 미만인 경우 또는 신고
   서에 취득가액을 기재하지 않은 경우에는 그 시가표준액을 취득가액으로 한다.

마. 법 제28조 제5항 관련

위반행위	과태료
법 제8조 제2항에 따른 부동산등의 취득신고 또는 법 제8조제3항에 따른 부동산등의 계속보유신고를 하지 않거나 거짓으로 신고한 경우	
1) 신고 해태기간이 3개월 이하인 경우	
가) 취득가액이 1억 원 미만인 경우	5만 원
나) 취득가액이 1억 원 이상 5억 원 미만인 경우	10만 원
다) 취득가액이 5억 원 이상인 경우	15만 원
2) 신고 해태기간이 3개월 초과 6개월 이하인 경우	
가) 취득가액이 1억 원 미만인 경우	15만 원
나) 취득가액이 1억 원 이상 5억 원 미만인 경우	30만 원
다) 취득가액이 5억 원 이상인 경우	45만 원
3) 신고 해태기간이 6개월 초과 1년 이하인 경우	
가) 취득가액이 1억 원 미만인 경우	30만 원
나) 취득가액이 1억 원 이상 5억 원 미만인 경우	50만 원
다) 취득가액이 5억 원 이상인 경우	70만 원
4) 신고 해태기간이 1년 초과 3년 이하인 경우	
가) 취득가액이 1억 원 미만인 경우	40만 원
나) 취득가액이 1억 원 이상 5억 원 미만인 경우	60만 원
다) 취득가액이 5억 원 이상인 경우	80만 원
5) 신고 해태기간이 3년 초과한 경우	
가) 취득가액이 1억 원 미만인 경우	50만 원
나) 취득가액이 1억 원 이상 5억 원 미만인 경우	80만 원
다) 취득가액이 5억 원 이상인 경우	100만 원
6) 거짓으로 신고한 경우	100만 원

비고
1) "신고 해태기간"이란 신고기간 만료일의 다음 날부터 기산하여 신고를 하지 않은 기간을
   말한다. 다만, 다음의 사유가 기간은 신고 해태기간에 산입하지 아니할 수 있다.
   가) 천재지변 등 불가항력적인 경우
   나) 천재지변 등에 준하는 그 밖의 사유로 신고의무를 이행하지 못한 상당한 사유가 있다
       고 인정되는 경우
2) 취득가액은 신고서에 기재된 취득가액을 기준으로 한다. 다만, 취득가액이 시가표준액(「지
   방세법」 제4조에 따른 신고사유 발생 연도의 시가표준액을 말한다) 미만인 경우 또는 신
   고서에 취득가액을 기재하지 않은 경우에는 그 시가표준액을 취득 가액으로 한다.

(2) 외국인의 부동산 매매

1) 외국인의 개념

부동산 거래신고 등에 관한 법률에 따른 외국인은 다음의 개인·법인 또는 단체를 말한다(부동산 거래신고 등에 관한 법률 제2조 제4호).

- ▶ 대한민국의 국적을 보유하고 있지 않은 개인
- ▶ 외국의 법령에 따라 설립된 법인 또는 단체
- ▶ 사원 또는 구성원의 1/2 이상이 대한민국의 국적을 보유하지 않은 개인인 법인 또는 단체
- ▶ 업무를 집행하는 사원이나 이사 등 임원의 1/2 이상이 대한민국의 국적을 보유하지 않은 개인인 법인 또는 단체
- ▶ 대한민국의 국적을 보유하지 않은 개인이나 외국의 법령에 따라 설립된 법인 또는 단체가 자본금의 1/2 이상이나 의결권의 1/2 이상을 가지고 있는 법인 또는 단체
- ▶ 외국정부
- ▶ 대통령령으로 정하는 국제기구

2) 부동산 등 취득신고

외국인 등이 대한민국 내의 부동산 등을 취득하는 계약(부동산 거래신고 등에 관한 법률 제3조 제1항 각 호에 따른 계약 제외)을 체결한 경우에는 계약 체결일로부터 30일 이내에, 외국인 등이 상속·경매, 그 밖에 「부동산 거래신고 등에 관한 법률 시행령」 제5조 제2항에 따른 계약 외의 원인으로 대한민국 내의 부동산 등을 취득한 때에는 부동산 등을 취득한 날부터 6개월 이내에 다음의 서류를 갖추어 신고관청에 신고해야 한다(부동산 거래신고 등에 관한 법률 제8조 제1항, 제2항, 부동산 거래신고 등에 관한 법률 시행령 제5조 제1항 및 부동산 거래신고 등에 관한 법률 시행규칙 제7조 제1항 제1호).

- ▶ 외국인 부동산 등 취득신고서
- ▶ 증여의 경우 증여계약서

▶ 상속의 경우 상속인임을 증명할 수 있는 서류

▶ 경매의 경우 경락결정서

▶ 환매권 행사의 경우 환매임을 증명할 수 있는 서류

▶ 법원 확정판결인 경우 확정판결문

▶ 법인 합병의 경우 합병사실을 증명할 수 있는 서류

3) 부동산 등 계속 보유신고

대한민국 내에 부동산 등을 가지고 있는 대한민국 국민이나 대한민국의 법령
에 따라 설립된 법인 또는 단체가 외국인 등으로 변경된 경우, 그 외국인 등이 해
당 부동산 등을 계속 보유하려면 외국인 등으로 변경된 날부터 6개월 이내에 다음
의 서류를 갖추어 신고관청에 신고해야 한다(부동산 거래신고 등에 관한 법률 제8조 제
3항, 부동산 거래신고 등에 관한 법률 시행령 제5조 제1항 및 부동산 거래신고 등에 관한 법률
시행 규칙 제7조 제1항 제2호).

▶ 외국인 부동산 등 계속 보유신고서

▶ 대한민국 국민이나 대한민국의 법령에 따라 설립된 법인 또는 단체가 외국
　 인 등으로 변경되었음을 증명할 수 있는 서류

토지취득신고를 하지 않거나 거짓으로 신고한 경우에는 300만 원 이하의 과
태료가 부과되며(부동산 거래신고 등에 관한 법률 제28조 제4항), 취득신고를 하지 않거
나 거짓으로 신고하거나 토지의 계속 보유신고를 하지 않거나 거짓으로 신고한 경
우에는 100만 원 이하의 과태료가 부과된다(부동산 거래신고 등에 관한 법률 제28조
제5항).

4) 외국인 등의 토지취득 허가

외국인 등이 취득하려는 토지가 다음의 어느 하나에 해당하는 구역·지역 등
에 있는 경우에는 토지를 취득하는 계약을 체결하기 이전에 신고관청으로부터 토
지취득의 허가를 받아야 한다. 다만, 「부동산 거래신고 등에 관한 법률」 제11조에
따라서 토지거래계약에 관한 허가를 받은 경우에는 그러하지 아니하다(부동산 거래
신고 등에 관한 법률 제9조).

▶ 「군사기지 및 군사시설 보호법」에 따른 군사기지 및 군사시설 보호구역, 그 밖에 국방목적을 위하여 외국인 등의 토지취득을 특별히 제한할 필요가 있는 지역

▶ 「문화재보호법」에 따른 지정문화재와 이를 위한 보호물 또는 보호구역

▶ 「자연환경보전법」에 따른 생태·경관 보전 지역

▶ 「야생생물 보호 및 관리에 관한 법률」에 따른 야생생물 특별 보호 구역 토지취득의 허가를 받으려는 외국인 등은 신청서에 다음의 서류를 첨부하여 신고관청에 제출해야 한다(부동산 거래신고 등에 관한 법률 시행령 제6조 제1항 및 부동산 거래신고 등에 관한 법률 시행규칙 제1항 제3호).

▶ 외국인 토지취득 허가신청서

▶ 토지 거래계약 당사자 간의 합의서

(3) 학교법인의 부동산 매도

1) 학교법인의 기본재산의 매매

학교법인이란 사립학교만을 설치·경영할 목적으로 「사립학교법」에 따라 설립된 법인으로(사립학교법 제2조 제2호), 학교법인은 그가 설치·경영하는 사립학교에 필요한 시설·설비와 그 학교의 경영에 필요한 재산을 갖추어야 한다(사립학교법 제5조).

학교법인이 그 기본재산에 매도·증여·교환·용도변경하거나 담보로 제공하거나 의무를 부담하거나 권리를 포기하려는 경우에는 관할관청의 허가를 받아야 한다(사립학교법 제28조 제1항 전단).

> ☑ 판례
> 구 사립학교법(1990. 4. 7. 법률 제4226호로 개정되기 전의 것) 제28조 제1항의 취지는 학교법인의 기본재산에 관한 거래계약 자체를 규제하려는 것이 아니라 사립학교를 설치·운영하는 학교법인의 재정적 기초가 되는 기본재산을 유지·보전하기 위하여 감독청의 허가 없이 그 기본재산에 관하여 타인 앞으로 권리 이전되거나 담보권·임차권이 설정되는 것을 규제하려는 것이라고 할 것이므로, 반드시 기본재산의 매매 등 계약 성

립 전에 감독청의 허가를 받아야만 하는 것은 아니고, 매매 등 계약 성립 후에라도 감독청의 허가를 받으면 그 매매 등 계약이 유효하게 된다(대법원 1998. 7. 24. 선고 96다27988 판결).

2) 학교법인의 부동산 매도 등

학교법인이 매도하거나 담보로 제공할 수 없는 재산은 해당 학교법인이 설치·경영하는 사립학교의 교육에 직접 사용되는 재산으로서 다음과 같다.

▶ 교지

▶ 교사(강당 포함)

▶ 실습실 또는 연구시설

▶ 기타 교육에 직접 사용되는 시설·설비 및 교재·교구

그러나 학교법인이 그 기본재산인 부동산을 매도하려는 경우에는 관할청의 허가를 받아야 한다(사립학교법 제28조 제1항 및 사립학교법 시행령 제11조 제5항).

▶ 「대학설립·운영 규정」 및 「사이버대학 설립·운영 규정」에 따른 수익용 기본재산을 확보한 대학, 산업대학 또는 사이버대학을 경영하는 학교법인이 수익증대를 목적으로 다른 수익용 기본재산으로 대체 취득하기 위하여 수익용기본재산을 매도 또는 교환하는 경우(사립학교법 시행령 제11조 제5항 제1호).

▶ 「공익사업을 위한 토지 등의 취득 및 보상에 관한 법률」의 규정에 의한 협의 또는 수용에 의하여 기본재산인 부동산을 처분하는 경우(손실보상금을 해당 재산의 용도와 동일하게 사용하는 경우에 한한다)(사립학교법 시행령 제11조 제5항 제2호).

▶ 위에 해당하지 않는 경우로서 기본재산인 부동산의 매도가액이 5천만 원 미만(대학 또는 산업대학을 경영하는 학교법인의 경우는 3억 원 미만)인 경우(사립학교법 시행령 제11조 제5항 제3호)

본 법에서의 관할관청은 다음과 같다.

관할청	관할청의 지도 · 감독을 받는 기관
해당 주소지를 관할하는 특별시·광역시·특별자치시· 도 및 특별자치도 교육감	1. 사립의 초등학교·중학교·고등학교·고등기술학교·고등공민 학교·특수학교·유치원 및 이들에 준하는 각종 학교 2. 1.의 사립학교를 설치·경영하는 학교법인 또는 사립학교경 영자
교육부장관	1. 사립의 대학·산업대학·사이버대학·전문대학·기술대학 및 이들에 준하는 각종 학교 2. 1.의 사립학교를 설치·경영하는 학교법인 3. 1.의 사립학교와 그 밖의 사립학교를 설치·경영하는 학교법인

학교법인의 부동산 매도를 신고하는 경우에 다음의 서류를 제출해야 한다(사립학교법 시행령 제11조 제1항).

▶ 기본재산매도·증여 또는 교환에 관한 허가신청서 또는 신고서

▶ 처분재산명세서

▶ 감정평가업자의 감정평가서(교환의 경우에는 쌍방 재산)

▶ 이사회회의록 사본

▶ 교환재산 또는 처분대금의 처리에 관한 사항을 기재한 서류

▶ 예외적으로 처분할 수 없는 재산의 범위에서 제외된 재산이 있는 경우 그 내용을 증명할 수 있는 서류(사립학교법 시행령 제12조 제2항)

3) 벌칙

학교법인의 이사장 또는 사립학교경영자(법인의 경우에는 그 대표자 또는 이사)가 학교법인의 부동산을 매도하고 신고하지 않았을 때에는 2년 이하의 징역 또는 2천만 원 이하의 벌금에 처해 진다(사립학교법 제73조 제1호).

5. 전입신고 및 자동차 주소지 변경 등록

(1) 전입신고

1) 신고의무자

하나의 세대에 속하는 사람의 전원 또는 그 일부가 거주지를 이동한 경우, 다

음의 신고의무자는 새로운 거주지에 전입한 날부터 14일 이내에 새로운 거주지의 시장·군수 또는 구청장에게 전입신고(轉入申告)를 해야 한다(주민등록법 제16조 제1항).

  ▶ 세대주
  ▶ 세대를 관리하는 사람
  ▶ 본인
  ▶ 세대주의 위임을 받은 세대주의 배우자
  ▶ 세대주의 위임을 받은 세대주의 직계혈족
  ▶ 세대주의 위임을 받은 세대주의 배우자의 직계혈족
  ▶ 세대주의 위임을 받은 세대주의 직계혈족의 배우자
  ▶ 기숙사나 여러 사람이 동거하는 숙소의 관리자
  ▶ 기숙사나 여러 사람이 동거하는 숙소의 거주민

주민의 거주지 이동에 따른 주민등록의 전입신고가 있으면, 병역의무자의 거주지 이동신고, 인감의 변경신고, 기초생활 수급자의 거주지 변경신고, 국민건강보험 가입자의 거주지 변경신고 및 장애인의 전출신고와 전입신고를 한 것으로 본다(주민등록법 제17조).

2) 전입신고 제출 서류

전입신고를 하는 경우 전입신고서를 작성하여 새로운 거주지의 시장·군수 또는 구청장에게 제출해야 한다(주민등록법 제16조 제1항 및 주민등록법 시행령 제23조 제1항, 별지 제15호서식, 별지 제15호의2 및 별지 제15호의3 서식). 전입신고를 하는 경우, 전입지의 세대주 또는 세대를 관리하는 사람과 전(前) 거주지의 세대주 또는 세대를 관리하는 사람이 다른 경우에는 전 거주지의 세대주, 세대를 관리하는 사람 또는 전입자의 확인을 받아야 한다(주민등록법 시행령 제23조 제2항 본문). 전 거주지의 세대주, 세대를 관리하는 사람 또는 전입자의 확인을 받기 어려운 경우에는 읍·면·동장 또는 출장소장의 사실조사로 대신할 수 있다(주민등록법 시행령 제23조 제2항 단서).

정당한 사유 없이 14일 이내에 전입신고를 하지 않으면 5만 원 이하의 과태료가 부과되게 된다(주민등록법 제40조 제4항).

(2) 자동차 변경등록

1) 자동차 사용 본거지 변경등록

자동차 소유자가 매수한 주택으로 거주지를 이동하여 자동차 사용본거지가 변경된 경우는 30일 이내에 시·도지사에게 변경등록을 신청해야 한다(자동차관리법 제11조 제1항 본문 및 자동차등록령 제22조 제1항). 여기서 "자동차의 사용본거지"란 자동차의 소유자가 자동차를 주로 보관·관리 또는 이용하는 곳으로서 자동차 소유자가 개인인 경우에는 그 소유자의 주민등록지, 자동차 소유자가 법인 또는 법인이 아닌 사단 또는 재단인 경우에는 그 법인 등의 주사무소 소재지가 자동차의 사용본거지가 된다(자동차등록령 제2조 제2호 및 자동차등록규칙 제3조 제1항).

주민등록지가 해당 자동차의 사용본거지인 자동차 소유자가 ① 전입신고를 한 경우, ② 자동차 소유자가 해당 자동차의 사용본거지인 국내체류지 또는 국내거소에 전입신고를 한 경우, ③ 재외동포가 국내거소 변경신고를 한 경우에는 변경등록을 신청한 것으로 보며(자동차등록령 제22조 제2항 제2호 및 제3호), 주민등록지·국내체류지 또는 국내거소가 해당 자동차의 사용본거지가 아닌 자동차 소유자가 자동차의 사용본거지를 다른 시·도로 변경한 때에는 변경한 날부터 30일 이내에 시·도지사에게 변경등록을 신청해야 한다(자동차등록령 제25조).

2) 제출서류

자동차 변경등록을 신청하는 경우 다음의 서류를 제출해야 한다(자동차등록령 제22조 제1항 및 자동차등록규칙 제29조 제1항).

- ▶ 자동차변경등록신청서(자동차등록규칙 별지 제11호 서식)
- ▶ 변경등록 신청 사유(변경 명세)를 증명하는 서류(사업용 자동차는 「여객자동차 운수사업법」 또는 「화물자동차 운수사업법」에 따른 사업계획의 변경을 증명하는 서류 포함)
- ▶ 자동차 등록번호판(등록번호가 변경되는 경우만 해당)
- ▶ 대리인이 신청하는 경우에는 위임장 및 위임한 자의 신분을 확인할 수 있는 신분증명서 사본(법인인 경우 법인인감증명서. 다만, 해당 법인이 제출한 사용인감계

를 등록관청이 대조·확인할 수 있는 경우에는 제출하지 않을 수 있음)

6. 세금의 납부

(1) 매도인이 납부해야 하는 세금

1) 양도소득세

가. 의의

양도소득세란 개인이 토지, 건물 등 부동산이나 주식 등과 파생상품의 양도 또는 분양권과 같은 부동산에 관한 권리를 양도함으로 인하여 발생하는 소득(이득)을 과세대상으로 하여 부과하는 세금을 말한다(소득세법 제4조 제1항 제3호 및 제88조 제1항).

과세되는 자산의 범위

부동산	토지, 건물(무허가, 미등기 건물도 과세대상 포함)
부동산에 관한 권리	부동산을 취득할 수 있는 권리, 지상권, 전세권, 등기된 부동산임차권
주식 등	상장법인의 주식 등으로서 대주주가 양도하는 주식 등과 소액주주가 증권시장 밖에서 양도하는 주식 등, 비상장주식 등 * 주식 등 : 주식 또는 출자지분, 신주인수권, 증권예탁증권
기타 자산	사업용 고정자산과 함께 양도하는 영업권, 특정시설물 이용권·회원권, 특정주식, 부동산과다보유법인 주식 등, 부동산과 함께 양도하는 이축권
파생상품	▶ (국내) 모든 주가지수 관련 파생상품('19.4.1. 이후) * 코스피200선물·옵션(미니포함), 코스피200 주식워런트증권(ELW), 코스닥150 선물·옵션 등 ▶ (국외) 장내 및 일부 장외상품 등
신탁 수익권	신탁의 이익을 받을 권리(「자본시장과 금융투자업에 관한 법률」 제110조에 따른 수익증권 및 같은 법 제189조에 따른 투자신탁의 수익권 등 대통령령으로 정하는 수익권은 제외)의 양도로 발생하는 소득

양도소득세 과세대상이되는 양도의 범위

양도로 보는 경우	▶ 양도란 자산의 소유권 이전을 위한 등기 등록에 관계없이 매매, 교환, 법인에 현물출자 등으로 자산이 유상(대가성)으로 사실상 소유권 이전되는 경우를 말한다. ▶ 증여자의 부동산에 설정된 채무를 부담하면서 증여가 이루어지는 부담부증여에 있어서 수증자가 인수하는 채무상당액은 그 자산이 사실상 유상양도되는 결과와 같으므로 양도에 해당한다.
양도로 보지 않는 경우	▶ 신탁해지를 원인으로 소유권 원상회복 되는 경우, 공동소유 토지를 소유자별로 단순 분할 등기하는 경우, 도시개발법에 의한 환지처분으로 지목 또는 지번이 변경되는 경우 등을 말한다 ▶ 또한, 배우자 또는 직계존비속간 매매로 양도한 경우에는 증여한 것으로 추정되어 양도소득세가 과세되지 않고 증여세가 과세된다.

비과세 및 감면

비과세되는 경우	▶ 1세대가 양도일 현재 국내에 1주택을 보유하고 있는 경우로서 2년 이상 보유한 경우에는 양도소득세가 과세되지 않는다. ‑ 양도 당시 실지거래가액이 9억원 초과하는 고가주택 제외 ‑ '17.08.03. 이후 취득한 조정대상지역의 주택은 2년 거주요건 있음. ‑ 주택에 딸린 토지가 도시지역 안에 있으면 주택정착 면적의 5배까지, 도시지역 밖에 있으면 10배까지를 양도소득세가 과세되지 않는 1세대 1주택의 범위로 본다.
감면되는 경우	▶ 장기임대주택, 신축주택 취득, 공공사업용 토지, 8년 이상 사성농지 등의 경우 감면요건을 충족한 때에는 양도소득세 감면

나. 양도소득세의 산정

양도소득세는 양도소득과세표준에 양도소득세율을 곱하여 산정(소득세법 제93조 제1호)하는데 다음과 같다.

양도소득세 = ① 양도소득 과세표준 × ② 양도소득세율

↓

[③ 양도소득금액 ④ 양도소득 기본공제(연간 250만 원)]

↓

(⑤ 양도차익 ⑥ 장기보유특별공제액)

↓ ↓

[양도가액 (취득가액 + 그 밖의 필요경비)] (양도차익 × 장기보유특별공제율)

① 양도소득 과세표준: 양도소득금액에서 양도소득 기본공제를 한 금액(소득세법 제92조 제2항)

② 양도소득세율: 「소득세법」 제104조에 따른 세율

③ 양도소득금액: 양도차익에서 장기보유특별공제액을 공제한 금액(소득세법 제95조 제1항)

④ 양도소득 기본공제: 양도소득이 있는 거주자에 대해 양도소득별로 해당 과세기간의 양도소득금액에서 각각 연 250만 원을 공제(소득세법 제103조 제1항)

⑤ 양도차익: 해당 자산의 양도 당시의 양도자와 양수자 간에 실지거래 가격에서 취득에 소요된 실지취득가액과 그 밖의 필요경비를 합한 금액을 공제한 금액(소득세법 제100조 및 소득세법 시행령 제166조)

⑥ 장기보유 특별공제액: 보유기간이 3년 이상인 것 및 부동산을 취득할 수 있는 권리 중 조합원 입주권(조합원으로부터 취득한 것 제외)에 대해 그 자산의 양도차익(조합원 입주권을 양도하는 경우에는 관리처분 계획인가 전 토지분 또는 건물분의 양도차익으로 한정)에 보유기간별 공제율을 곱하여 계산한 금액(소득세법 제95조 제2항)

다. 양도소득세 과세표준의 예정신고 및 납부

(가) 양도소득과 과세표준의 확정신고

해당 과세기간의 양도소득금액이 있는 거주자는 그 양도소득 과세표준을 그 과세기간의 다음 연도 5월 1일부터 5월 31일까지[제105조 제1항 제1호 단서에 해당하는 경우 토지거래계약에 관한 허가일(토지거래계약허가를 받기 전에 허가구역의 지정이 해제된 경우에는 그 해제일을 말함)이 속하는 과세기간의 다음 연도 5월 1일부터 5월 31일까지] 납세지 관할 세무서장에게 신고해야 한다(소득세법 제110조 제1항, 소득세법 시행령 제173조 제1항 및 제2항).

▶ 양도소득 과세표준확정신고 및 납부계산서
▶「소득세법 시행령」 제169조에 따른 환지예정지증명원·잠정등급확인원 및 관리처분 내용을 확인할 수 있는 서류 등
▶「소득세법 시행령」 제169조에 따른 해당 자산의 매도 및 매입에 관한 계약

서 사본

▸ 자본적 지출액·양도비 등의 명세서

▸ 감가상각비명세서

▸ 「소득세법 시행령」 제177조에 양도소득세 납세고지서 사본(예정신고를 하지 않은 경우 양도소득금액 계산명세서 첨부)

▸ 「소득세법」 제101조에 따라 양도소득세를 내야 하는 거주자의 행위 또는 계산이 조세 부담을 부당하게 감소시킨 것으로 인정되어 그 거주자의 행위 또는 계산과 관계없이 소득금액을 계산하는 경우 필요경비불산입 명세서

(나) 양도소득 과세표준의 확정신고 납부

매도인은 해당 과세기간의 과세표준에 대한 양도소득 산출세액에서 감면세액과 세액공제액을 공제한 금액을 확정신고 기한까지 납세지 관할세무서, 한국은행 또는 체신관서에 확정신고납부를 해야 한다(소득세법 제111조 제1항 및 소득세법 시행령 제174조 제1항).

라. 가산세

부동산을 양도한 매도인이 법정 신고기한까지 예정신고 및 중간신고를 포함하여 양도소득 과세표준 신고를 하지 않았을 때는 신고로 납부하여야 할 세액(국세기본법 및 세법에 따른 가산세와 세법에 따라 가산하여 납부해야 할 이자 상당 가산액이 있는 경우 그 금액은 제외하며, 이하 "무신고납부세액"이라 함)의 20%가 가산세로 부과되며(국세기본법 제47조의2 제1항 제2호), 부동산을 양도한 매도인이 부정행위로 법정 신고기한까지 양도소득 과세표준 신고를 하지 않았을 때에는 무신고 납부세액의 40%가 가산세로 부과된다(국세기본법 제47조의2 제1항 제1호).

양도소득세를 납부해야 할 매도인이 양도소득세 납부기한까지 납부(중간예납·예정신고납부·중간신고납부 포함)를 하지 않거나 납부해야 할 세액보다 적게 납부하거나, 환급받아야 할 세액보다 많이 환급받은 경우에는 다음의 금액을 합한 금액이 가산세가 된다(국세기본법 제47조의4 제1항 및 국세기본법 시행령 제27조의4).

▸ 납부하지 않은 세액 또는 과소납부분 세액(세법에 따라 가산하여 납부해야 할 이

자 상당 가산액이 있는 경우에는 그 금액을 더함) × 법정납부기한의 다음 날부터 납부일까지의 기간(납부고지일부터 납부고지서에 따른 납부기한까지의 기간은 제외함) × 1일 10만분의 25

▶ 초과 환급받은 세액(세법에 따라 가산하여 납부해야 할 이자 상당 가산액이 있는 경우에는 그 금액을 더함) × 환급받은 날의 다음 날부터 자진 납부일 또는 납세고지일까지의 기간(납부고지일부터 납부고지서에 따른 납부기한까지의 기간은 제외함) × 1일 10만분의 25

▶ 법정납부기한까지 납부해야 할 세액(세법에 따라 가산해 납부해야 할 이자 상당 가산액이 있는 경우에는 그 금액을 더함) 중 납부고지서에 따른 납부기한까지 납부하지 않은 세액 또는 과소납부분 세액 × 100분의 3(국세를 납부고지서에 따른 납부기한까지 완납하지 않은 경우에 한정함)

마. 양도소득세 비과세

(가) 1세대 1주택의 비과세

다음의 경우 보유기간이 2년 이상인 1세대 1주택 등의 경우에 양도로 발생하는 소득에 대해서 양도소득세가 부과되지 않는다(소득세법 제89조 제1항 제3호 및 소득세법 시행령 제154조 제1항 본문).

▶ 거주자 및 그 배우자가 그들과 동일한 주소 또는 거소에서 생계를 같이 하는 가족과 함께 구성하는 1세대인 경우

▶ 양도일 현재 국내에 1주택을 보유하고 있는 경우

▶ 해당 주택의 보유기간이 2년 이상인 경우[취득 당시에 「주택법」 제63조의2 제1항 제1호에 따른 조정대상지역에 있는 주택의 경우에는 해당 주택의 보유기간이 2년(비거주자가 해당 주택을 3년 이상 계속 보유하고 그 주택에서 거주한 상태로 거주자로 전환된 경우에는 해당 주택에 대한 거주기간 및 보유기간이 3년) 이상이고 그 보유기간 중 거주기간이 2년 이상인 것]

단, 1세대가 양도일 현재에 다음의 1.부터 5.까지 어느 하나에 해당하는 경우 보유기간 및 거주기간의 제한을 받지 않으며, 제6.에 해당하는 경우에는 거주기간의 제한을 받지 않으므로 양도소득세가 부과되지 않는다(소득세법 시행령 제154조 제

1항 단서).

1. 민간건설임대주택 또는 공공건설임대주택을 취득해 양도하는 경우로서 해당 건설임대주택의 임차일부터 해당 주택의 양도일까지의 기간 중 세대전원이 거주(취학, 근무상의 형편, 질병의 요양, 그 밖에 부득이한 사유로 세대의 구성원 중 일부가 거주하지 못하는 경우 포함)한 기간이 5년 이상인 경우

2. 주택 및 그 부수토지(사업인정 고시일 전에 취득한 주택 및 그 부수토지에 한함)의 전부 또는 일부가 공익사업을 위해 협의매수·수용 및 그 밖의 법률에 따라 수용되는 경우(이 경우 그 양도일 또는 수용일로부터 2년 이내에 양도하는 그 잔존 주택 및 그 부수 토지 포함)

3. 세대전원이 해외이주를 이유로 출국하는 경우(출국일 현재 1주택을 보유하고 있고 출국일부터 2년 이내에 양도하는 경우에 한함)

4. 세대전원이 취학 또는 근무상의 형편으로 1년 이상 계속해 국외에 거주하기 위해 출국하는 경우(출국일 현재 1주택을 보유하고 있고 출국일부터 2년 이내에 양도하는 경우에 한함)

5. 1년 이상 거주한 주택을 취학, 근무상의 형편, 질병의 요양 그 밖에 부득이한 사유로 양도하는 경우

6. 거주자가 조정대상지역의 공고가 있은 날 이전에 매매계약을 체결하고 계약금을 지급한 사실이 증빙서류에 의하여 확인되는 경우로서 해당 거주자가 속한 1세대가 계약금지급일 현재 주택을 보유하지 않는 경우

1세대가 1주택을 양도하기 전에 다른 주택을 대체 취득하거나 상속, 동거 봉양, 혼인 등으로 2주택 이상을 보유하는 경우로서 주택양도로 인해 발생하는 소득에 대해서는 양도소득세가 부과되지 않는다(소득세법 제89조 제1항 제3호).

(나) 양도소득세 비과세 예외
미등기양도 부동산에 대해서는 양도소득세율이 70%로 일반적인 양도소득세의 세율보다 높게 적용되며 양도소득에 대한 비과세에 관한 규정이 적용되지 않는다(소득세법 제91조 제1항 및 제104조 제1항 제10호).

바. 양도소득세 감면

(가) 자경농지의 감면

농지 소재지에 거주하는 거주자가 8년 이상 [대통령령으로 정하는 경영 이양 직접 지불 보조금의 지급대상이 되는 농지를 「한국농어촌공사 및 농지관리기금법」에 따른 한국농어촌공사 또는 농업을 주업으로 하는 법인으로서 대통령령으로 정하는 법인(이하 이 조에서 "농업법인"이라 한다)에 2021년 12월 31일까지 양도하는 경우에는 3년 이상] 직접 경작한 토지로서 농업소득세의 과세 대상이 되는 토지 중 일정한 토지의 양도로 발생하는 소득에 대해서는 양도소득세가 면제된다(조세특례제한법 제69조 제1항 본문).

"농지소재지에 거주하는 거주자"는 8년 [경영이양보조금의 지급대상이 되는 농지를 「한국농어촌공사 및 농지관리기금법」에 따른 한국농어촌공사(이하 이 조에서 "한국농어촌공사"라 한다) 또는 제2항의 규정에 따른 법인에게 양도하는 경우에는 3년] 이상 다음 지역에 거주하면서 경작한 사람으로서 농지 양도일 현재 국내에 주소를 두거나 183일 이상의 거소를 둔 개인(비거주자가 된 날부터 2년 이내인 사람 포함)을 말한다(조세특례제한법 시행령 제66조 제1항).

▶ 농지가 소재하는 시(특별자치시와 제주특별자치도 행정시 포함)·군·구(자치구인 구) 안의 지역

▶ 농지가 소재하는 시·군·구 안의 지역과 연접한 시·군·구 안의 지역

▶ 해당 농지로부터 직선거리 30㎞ 이내의 지역

직접 경작은 다음 중 어느 하나에 해당하는 것을 말한다(조세특례제한법 시행령 제66조 제13항).

▶ 거주자가 그 소유농지에서 농작물의 경작 또는 다년생식물의 재배에 상시 종사하는 것(조세특례제한법 시행령 제66조 제13항 제1호)

▶ 거주자가 그 소유농지에서 농작업의 2분의 1 이상을 자기의 노동력으로 경작 또는 재배하는 것(조세특례제한법 시행령 제66조 제13항 제2호)

(나) 축사 용지의 감면

축산에 사용하는 축사와 이에 딸린 토지(이하 "축사용지"라 함) 소재지에 거주하

는 자가 8년 이상 직접 축산에 사용한 축사 용지(1명당 1,650㎡ 한도)를 폐업을 위하여 2022년 12월 31일까지 양도함에 따라 발생하는 소득에 대하여는 양도소득세가 면제된다(조세특례제한법 제69조의2 제1항 본문). 다만, 해당 토지가 주거지역 등에 편입되거나 그 밖의 법률에 따라 환지예정지 지정을 받은 날까지 발생한 소득에 대해서만 양도소득세가 면제된다(조세특례제한법 제69조의2 제1항 후단).

거주자는 8년 이상 다음 지역(축산 개시 당시에는 그 지역에 해당하였으나 행정구역의 개편 등으로 이에 해당하지 않게 된 지역 포함)에 거주한 사람으로서 축사 용지 양도일 현재 국내에 주소를 두거나 183일 이상의 거소를 둔 개인(비거주자가 된 날부터 2년 이내인 사람 포함)을 말한다(조세특례제한법 시행령 제66조의2 제1항).

1. 축사 용지가 소재하는 시(특별자치시와 제주특별자치도 행정시) · 군 · 구(자치구인 구) 안의 지역
2. 축사 용지가 소재하는 시 · 군 · 구 안의 지역과 연접한 시 · 군 · 구 안의 지역
3. 해당 축사 용지로부터 직선거리 30㎞ 이내의 지역

사. 신축주택 등 취득자에 대한 양도소득세 과세특례

거주자 또는 비거주자가 일정한 신축주택, 미분양주택 또는 1세대 1주택자의 주택으로서 취득가액이 6억 원 이하이거나 주택의 연면적(공동주택의 경우에는 전용면적) 85㎡ 이하인 주택을 2013년 4월 1일부터 2013년 12월 31일까지 취득(2013년 12월 31일까지 매매계약을 체결하고 계약금을 지급한 경우 포함)한 때에는 해당 주택을 취득일로부터 5년 이내에 양도하여 발생하는 양도소득세액의 100분의 100에 상당하는 세액을 감면하고, 취득일로부터 5년간 발생한 양도소득금액을 해당 주택의 양도소득세 과세대상소득금액에서 공제한다 (조세특례제한법 제99조의2 제1항 본문).

이 경우 공제하는 금액이 과세대상소득금액을 초과하는 경우 그 초과금액은 없는 것으로 한다(조세특례제한법 제99조의2 제1항 단서). 이 법에서 말하는 "신축주택, 미분양주택"이란 다음의 주택(이하 '신축주택 등'이라 함)을 말한다(조세특례제한법 시행령 제99조의2 제1항).

1. 주택을 공급하는 사업주체(이하 '사업주체'라 함)가 입주자모집공고에 따른 입주자의 계약일이 지난 주택단지에서 2013년 3월 31일까지 분양계약이 체결되지 않아 2013년 4월 1일 이후 선착순의 방법으로 공급하는 주택(조세

특례제한법 시행령 제99조의2 제1항 제1호).

2. 사업계획승인(건축허가 포함)을 받아 해당 사업계획과 사업주체가 공급하는 주택(입주자모집공고에 따른 입주자의 계약일이 2013년 4월 1일 이후 도래하는 주택으로 한정함)(조세특례제한법 시행령 제99조의2 제1항 제2호).

3. 주택건설사업자(30호 미만의 주택을 공급하는 자를 말하며, 1.과 2.에 해당하는 사업주체 제외)가 공급하는 주택(조세특례제한법 시행령 제99조의2 제1항 제3호).

4. 주택도시보증공사가 매입하여 공급하는 주택(조세특례제한법 시행령 제99조의2 제1항 제4호).

5. 주택의 시공자가 해당 주택의 공사대금으로 받아 공급하는 주택(조세특례제한법 시행령 제99조의2 제1항 제5호).

6. 기업구조조정부동산투자회사 등이 취득하여 공급하는 주택(조세특례제한법 시행령 제99조의2 제1항 제6호).

7. 신탁업자가 취득한 주택으로서 해당 신탁업자가 공급하는 주택(조세특례제한법 시행령제99조의2 제1항 제7호).

8. 자기가 건설한 주택으로서 2013년 4월 1일부터 2013년 12월 31일까지의 기간(이하 '과세특례 취득기간'이라 함) 중에 사용승인 또는 사용검사(임시사용승인 포함)를 받은 주택(다음의 주택 제외)(조세특례제한법 시행령 제99조의2 제1항 제8호).

　　가. 「도시 및 주거환경정비법」에 따른 재개발사업, 재건축사업 또는 「빈집 및 소규모주택 정비에 관한 특례법」에 따른 소규모주택정비사업을 시행하는 정비사업조합의 조합원이 해당 관리처분계획(소규모주택정비사업의 경우에는 사업시행계획을 말함)에 따라 취득하는 주택

　　나. 거주하거나 보유하는 중에 소실·붕괴·노후 등으로 인하여 멸실되어 재건축한 주택

9. 오피스텔 중 건축허가를 받아 분양사업자가 공급(분양 광고에 따른 입주예정일이 지나고 2013년 3월 31일까지 분양계약이 체결되지 않아 수의계약으로 공급하는 경우 포함)하거나 건축물의 사용승인을 받아 공급하는 오피스텔(4.부터 8.까지의 방법으로 공급 등을 하는 오피스텔 포함)(조세특례제한법 시행령 제99조의2 제1항 제9호).

다음의 신축주택은 제외한다(조세특례제한법 시행령 제99조의2 제2항)

1. 사업 주체와 양수자 간에 실제로 거래한 가액이 6억 원을 초과하고 연면적 (공동주택 및 오피스텔의 경우에는 전용면적)이 85㎡를 초과하는 신축주택 등(이 경우 양수자가 부담하는 취득세 및 그 밖의 부대비용 불포함)

2. 2013년 3월 31일 이전에 사업주체 등과 체결한 매매계약이 과세특례 취득 기간 중에 해제된 신축주택 등

3. 2.에 따른 매매계약을 해제한 계약자가 과세특례 취득기간 중에 계약을 체결하여 취득한 신축주택 및 해당 계약자의 배우자[계약자 또는 그 배우자의 직계존비속(배우자 포함) 및 형제자매 포함]가 과세특례 취득기간 중에 원래 매매계약을 체결하였던 사업주체등과 계약을 체결하여 취득한 신축주택 등

4. 위의 9.에 따른 오피스텔을 취득한 사람이 다음에 해당하지 않게 된 경우의 해당 오피스텔

    가. 취득일부터 60일이 지난 날부터 양도일까지 해당 오피스텔의 주소지에 취득자 또는 임차인의 주민등록이 되어 있는 경우(이 경우 기존 임차인의 퇴거일부터 취득자 또는 다음 임차인의 주민등록을 이전하는 날까지의 기간으로서 6개월 이내의 기간은 기존 임차인의 주민등록이 되어 있는 것으로 봄)

    나. 공공주택사업자 또는 임대사업자(취득 후 임대사업자로 등록한 경우 포함)가 취득한 경우로서 취득일부터 60일 이내에 임대용 주택으로 등록한 경우

이 법에서 말하는 "1세대 1주택자의 주택"이란 다음의 주택[주택에 부수되는 토지로서 건물이 정착된 면적에 지역별로 정하는 배율(도시지역 안의 토지 : 5배, 도시지역 밖의 토지 : 10배)을 곱하여 산정한 면적 이내의 토지를 포함하며, 이하 '감면대상기존주택'이라 함]을 말한다(조세특례제한법 시행령 제99조의2 제3항 전단 및 제4항).

1. 2013년 4월 1일 현재 「주민등록법」상 1세대(부부가 각각 세대를 구성하고 있는 경우에는 이를 1세대라 함)가 매매계약일 현재 국내에 1주택(주택을 소유하지 않고 2013년 4월 1일 현재 주민등록이 되어 있는 오피스텔을 소유하고 있는 경우에는 그 1오피스텔을 1주택으로 봄)을 보유하고 있는 경우로서 해당 주택의 취득 등기일부터 매매계약일까지의 기간이 2년 이상인 주택

2. 국내에 1주택을 보유한 1세대가 그 주택(이하 '종전의 주택'이라 함)을 양도하기 전에 다른 주택을 취득함으로써 일시적으로 2주택이 된 경우(1.에 따라 1주택으로 보는 오피스텔을 소유하고 있는 사람이 다른 주택을 취득하는 경우 포함)로서, 종전의 주택의 취득 등기일부터 1년 이상이 지난 후 다른 주택을 취득하고 그 다른 주택을 취득한 날(등기일)부터 3년 이내에 매매계약을 체결하고 양도하는 종전의 주택. 다만, 취득 등기일부터 매매계약일까지의 기간이 2년 이상인 종전의 주택으로 한정한다.

다음의 감면대상기존주택은 제외한다(조세특례제한법 시행령 제99조의2 제5항).
1. 감면대상기존주택 양도자와 양수자 간에 실제로 거래한 가액이 6억 원을 초과하고 연면적(공동주택 및 오피스텔의 경우에는 전용면적)이 85㎡를 초과하는 감면대상기존주택(이 경우 양수자가 부담하는 취득세 및 그 밖의 부대비용 불포함)
2. 2013년 3월 31일 이전에 체결한 매매계약을 과세특례 취득기간 중에 해제한 매매계약자 또는 그 배우자[매매계약자 또는 그 배우자의 직계존비속(그 배우자 포함) 및 형제자매 포함]가 과세특례 취득기간 중에 계약을 체결하여 취득한 원래 매매계약을 체결하였던 감면대상기존주택
3. 감면대상기존주택 중 오피스텔을 취득하는 자가 취득 후 앞의 4.에 해당하지 않게 된 경우의 해당 오피스텔

"「조세특례제한법 시행령」으로 정하는 자"는 다음과 같다(조세특례제한법 시행령 제99조의2 제6항).
1. "신축주택 등"에 해당하는 주택 : 주택을 공급하는 사업주체, 주택건설사업자, 주택도시보증공사, 주택의 시공자, 기업구조조정부동산투자회사 등, 신탁업자, 주택을 건설한 자 및 분양사업자 또는 건축주
2. "1세대 1주택자의 주택"에 해당하는 주택 : 감면대상기존주택 양도자
해당 주택의 취득일부터 5년간 발생한 양도소득금액은 양도소득금액 또는 양도차익 중 다음 산식에 따라 계산한 금액을 말한다(조세특례제한법 제99조의2 제5항, 조세특례제한법 시행령 제99조의2 제7항 및 제40조 제1항).

$$양도소득금액 \times \left(\frac{취득일부터 5년이 되는 날의 기준시가 - 취득당시 기준시가}{양도당시 기준시가 - 취득당시 기준시가} \right)$$

양도소득세의 과세특례를 적용받으려면 해당 주택의 양도소득 과세표준예정 신고 또는 과세표준확정신고와 함께 신축주택 등 또는 감면대상기존주택임을 확인하는 날인을 받아 교부받은 매매계약서 사본을 납세지 관할세무서장에게 제출해야 한다(조세특례제한법 제99조의2 제4항 및 조세특례제한법 시행령 제99조의2 제8항).

감면대상기존주택 양도자는 2014년 3월 31일까지 2부의 매매계약서에 시장·군수·구청장으로부터 감면대상기존주택임을 확인하는 날인을 받아 그 중 1부를 해당 매매계약자에게 교부하여야 한다(조세특례제한법 시행령 제99조의2 제12항).

2) 지방소득세

가. 의의

지방소득세는 지방자치단체의 소득분(소득세분 및 법인세분)에 대해 부과되는 세금을 말하며(지방세법 제85조 참조), 소득분은 지방자치단체에서 소득세 및 법인세의 납세의무가 있는 자는 지방소득세를 납부해야 한다(지방세법 제86조 제1항).

나. 지방소득세액

거주자의 양도소득에 대한 개인지방소득세는 해당 과세기간의 양도소득과세표준에 다음의 표준세율을 적용하여 계산한 금액을 그 세액으로 한다. 이 경우 하나의 자산이 다음에 따른 세율 중 둘 이상에 해당할 때에는 해당 세율을 적용하여 계산한 양도소득에 대한 개인지방소득세 산출세액 중 큰 것을 그 세액으로 한다 (지방세법 제103조의3 제1항, 제92조 제1항 및 지방세법 시행령 제100조 제2항·제6항).

"양도소득에 대한 개인지방소득세 과세표준"은 「소득세법」 제92조에 따라 계산한 소득세의 과세표준(조세특례제한법 및 다른 법률에 따라 과세표준 산정과 관련된 조세감면 또는 중과세 등의 조세특례가 적용되는 경우에는 이에 따라 계산한 소득세의 과세표준)과 동일한 금액으로 한다(지방세법 제103조 제2항).

지방소득세액

구 분	개인지방소득세의 표준세율	
보유기간 1년 미만	양도소득에 대한 개인지방소득세 과세표준의 5% (주택 및 조합원입주권의 경우에는 4%)	
보유기간 1년 이상 2년 미만 [주택(소득세법 제89조 제1항 제3호에 따른 주택부수토지 포함) 및 조합원입주권 제외]	양도소득에 대한 개인지방소득세 과세표준의 4%	
보유기간 2년 이상	1천 200만 원 이하	과세표준의 0.6%
	1천 200만 원 초과 4천 600만 원 이하	7만 2천 원＋(1천 200만 원을 초과하는 금액의 1.5%)
	4천 600만 원 초과 8천 800만 원 이하	58만 2천 원＋(4천 600만 원을 초과하는 금액의 2.4%)
	8천 800만 원 초과 1억 5천만 원 이하	159만 원＋(8천 800만 원을 초과하는 금액의 3.5%)
	1억 5천만 원 초과 3억 원 이하	376만 원＋(1억 5천만 원을 초과하는 금액의 3.8%)
	3억 원 초과 5억 원 이하	946만 원＋(3억 원을 초과하는 금액의 4%)
	5억 원 초과	1,746만 원＋(5억 원을 초과하는 금액의 4.2%)
조정대상지역에서 공급하는 주택의 입주자로 선정된 지위(조합원입주권 제외)	양도소득에 대한 개인지방소득세 과세표준의 1천분의 50 (다만, 1세대가 보유하고 있는 주택이 없는 경우로서 「소득세법 시행령」 제167조의6에 따른 경우는 적용하지 않음)	
비사업용 토지 [다만, 지정지역의 공고가 있는 날 이전에 토지를 양도하기 위하여 매매계약을 체결하고 계약금을 지급받은 사실이 증명서류에 의하여 확인되는 경우는 제외(지방세법 제	1천 200만 원 이하	과세표준의 1.6%
	1천 200만 원 초과 4천 600만 원 이하	19만 2천 원＋(1천 200만 원을 초과하는 금액의 2.5%)
	4천 600만 원 초과 8천 800만 원 이하	104만 2천 원＋(4천 600만 원을 초과하는 금액의 3.4%)
	8천 800만 원 초과 1억 5천만 원 이하	247만 원＋(8천 800만 원을 초과하는 금액의 4.5%)
	1억 5천만 원 초과 3억 원 이하	526만 원＋(1억 5천만 원을 초과하는 금액의 4.8%)
	3억 원 초과	1,246만 원(3억 원을 초과하는 금액의 5%)

103조의3 제5항	5억 원 이하	
제3호)	5억 원 초과	2,246만 원＋(5억 원을 초과하는 금액의 5.2%)
미등기 양도	양도소득에 대한 개인지방소득세 과세표준의 7%	

다음의 어느 하나에 해당하는 주택(이에 딸린 토지 포함)을 양도하는 경우「지방세법」제92조 제1항에 따른 세율에 1%(이하 3. 또는 4.에 해당하는 주택의 경우 2%)를 더한 세율을 적용하고, 이 경우 해당 주택 보유기간이 1년 미만인 경우에는「지방세법」제92조 제1항에 따른 세율에 1%(이하 3. 또는 4.에 해당하는 주택은 2%)를 더한 세율을 적용하여 계산한 양도소득에 대한 개인지방소득세 산출세액과「지방세법」제103조의3 제1항 제3호의 세율을 적용하여 계산한 양도소득에 대한 개인지방소득세 산출세액 중 큰 세액을 양도소득에 대한 개인지방소득세 산출세액으로 한다(지방세법 제103조의3 제10항 및 지방세법 시행령 제100조 제13항·제14항·제15항·제16항).

1. 조정대상지역에 있는「소득세법 시행령」제167조의10에 따른 주택
2. 조정대상지역에 있는 주택으로서 1세대가 1주택과 조합원 입주권 또는 분양권을 1개 보유한 경우의 해당 주택(다만, 소득세법 시행령 제167조의11에 따른 주택은 제외)
3. 조정대상지역에 있는「소득세법 시행령」제167조의3에 따른 주택
4. 조정대상지역에 있는 주택으로서 1세대가 주택과 조합원 입주권 또는 분양권을 보유한 경우로서 그 수의 합이 3 이상인 경우 해당 주택(다만, 소득세법 시행령 제167조의4에 따른 주택은 제외함)

3) 농어촌특별세

가. 의의

"농어촌특별세"는 농어업의 경쟁력 강화와 농어촌산업기반시설의 확충 및 농어촌지역 개발사업을 위하여 필요한 재원을 확보하기 위하여 부과되는 세금으로(농어촌특별세법 제1조),「조세특례제한법」에 따라서 양도소득세의 감면받은 자는 농어촌특별세를 납부해야 한다(농어촌특별세법 제3조 제1호).

나. 농어촌특별세액

농어촌특별세액은 과세표준에 세율을 곱한 금액으로 매도인은 「조세특례제한법」에 따라서 감면받는 양도소득세의 감면세액의 20%를 농어촌특별세로 납부해야 한다(농어촌특별세법 제2조 제2항 및 제5조 제1항 제1호). 매도인은 감면받은 양도소득세를 신고·납부하는 때에 농어촌특별세를 함께 신고·납부해야 한다(농어촌특별세법 제7조 제1항).

(2) 매수인이 납부해야 하는 세금

1) 취득세

가. 의의

취득세는 토지 및 건축물의 취득에 대해 해당 부동산 소재지의 특별시·광역시·도에서 그 취득자에게 부과하는 지방세이다(지방세기본법 제8조 및 지방세법 제3조, 제7조 제1항, 제8조 제1항 제1호). 따라서 취득세 과세물건을 취득한 자는 부동산을 취득한 날(토지거래계약에 관한 허가구역에 있는 토지를 취득하는 경우로서 토지거래계약에 관한 허가를 받기 전에 거래대금을 완납한 경우에는 그 허가일이나 허가구역의 지정 해제일 또는 축소일)부터 60일 이내에 취득세 신고서(지방세법 시행규칙 별지 제3호 서식)에 취득 물건·취득 일자 및 용도 등을 적어 납세지를 관할하는 시장·군수 또는 자치구의 구청장에게 신고·납부하거나 지방세 위텍스(www.wetax.go.kr)를 통하여 신고·납부해야 한다(지방세법 제20조 제1항, 지방세법 시행령 제33조 제1항 및 지방세법 시행규칙 제9조 제1항).

나. 취득세의 산정

취득세는 과세표준(부동산의 취득당시의 가액)에 취득세의 표준세율을 곱하여 산정하는데(지방세법 제10조 제1항 및 제11조 제1항), 취득세의 과세표준은 취득당시의 가액을 기준으로 취득자가 신고한 가액으로 한다(지방세법 제10조 제1항 본문 및 제2항 본문). 그러나 취득자의 신고 또는 신고가액의 표시가 없거나 그 신고가액이 다음의 시가표준액보다 적을 때에는 그 시가표준액으로 한다(지방세법 제4조, 제10조 제2항 단서 및 지방세법 시행령 제2조, 제3조, 제4조).

취득세의 산정

부동산의 종류	시가표준액
토지 및 주택	1. 「지방세기본법」에 따른 세목별 납세의무의 성립시기 당시에 공시된 개별공시지가, 개별주택가격 또는 공동주택가격 2. 개별공시지가 또는 개별주택가격이 공시되지 않은 경우 : 시장·군수 또는 구청장이 국토교통부장관이 제공한 토지가격비준표 또는 주택가격비준표를 사용하여 산정한 가액 3. 공동주택가격이 공시되지 않은 경우 : 지역별·단지별·면적별·층별 특성 및 거래가격 등을 고려하여 행정안전부장관이 정하는 기준을 시장·군수 또는 구청장이 산정한 가액
위의 토지와 주택을 제외한 건축물 (새로 건축하여 건축 당시 개별주택가격 또는 공동주택가격이 공시되지 않은 주택으로서 토지부분을 제외한 건축물 포함함)	1. 거래가격, 수입가격, 신축·건조·제조가격 등을 고려하여 정한 기준가격에 종류, 구조, 용도, 경과연수 등 과세대상별 특성을 고려해 다음의 기준에 따라 지방자치단체의 장이 결정한 가액 ▶ 건축물 : 건물의 구조별·용도별·위치별 지수, 건물의 경과연수별 잔존가치율 및 건물의 규모·형태·특수한 부대설비 등의 유무 및 그 밖의 여건에 따른 가감산율(加減算率)을 적용하여 산정·고시한 건물신축가격기준액 ▶ 토지에 정착하거나 지하 또는 다른 구조물에 설치하는 시설 : 종류별 신축가격 등을 고려해 정한 기준가격에 시설의 용도·구조 및 규모 등을 고려한 가액을 산출한 후, 그 가액에 다시 시설의 경과연수별 잔존가치율을 적용함 ▶ 건축물에 딸린 시설물 : 종류별 제조가격(또는 수입가격), 거래가격 및 설치가격 등을 고려해 정한 기준가격에 시설물의 용도·형태·성능 및 규모 등을 고려한 가액을 산출한 후, 그 가액에 다시 시설물의 경과연수별 잔존가치율을 적용함

취득세의 표준세율(지방세법 제11조 제1항 및 제4항)

취득 원인	표준세율
무상취득(상속으로 인한 취득은 제외함)	3.5%(「지방세법 시행령」 제22조에 따른 비영리사업자인 경우: 2.8%)
원시취득	2.8%
그 밖의 원인으로 인한 취득	① 농지: 3% ② 농지 외의 것: 4% 위 ②에도 불구하고 유상거래를 원인으로 「주택법」 제2조 제1호에 따른 주택으로서 「건축법」에 따른 건축물대장·사용승인서·임시사

> 용승인서 또는 「부동산등기법」에 따른 등기부에 주택으로 기재{「건축법」(법률 제7696호로 개정되기 전의 것)에 따라 건축허가 또는 건축신고 없이 건축이 가능하였던 주택(법률 제7696호 건축법 일부 개정법률 부칙 제3조에 따라 건축허가를 받거나 건축신고가 있는 것으로 보는 경우를 포함한다)으로서 건축물대장에 기재되어 있지 않은 주택의 경우에도 건축물대장에 주택으로 기재된 것으로 봄}된 주거용 건축물과 그 부속토지를 말함]을 취득하는 경우 다음의 세율을 적용함
> ▶ 취득당시 가액이 6억 원 이하인 주택: 1%
> ▶ 취득당시 가액이 6억 원 초과 9억 원 이하인 주택: (해당 주택의 취득당시 가액 × 2/3억 원) × 1/100
> ▶ 취득당시 가액이 9억 원 초과하는 주택: 3%
> ※ 주택을 신축 또는 증축한 이후 해당 주거용 건축물의 소유자(배우자 및 직계존비속 포함)가 해당 주택의 부속토지를 취득하는 경우는 제외함

다음의 고급주택을 취득하는 경우 취득세율은 위의 표준세율에 1000분의 80[중과기준세율(1000분의 20) × 100분의 400]을 합한 세율을 적용한다(지방세법 제13조 제1항, 제5항 및 지방세법 시행령 제28조 제4항).

1. 1구(1세대가 독립하여 구분 사용할 수 있도록 구획된 부분을 말한다)의 건축물의 연면적(주차장면적 제외)이 331㎡를 초과하는 주거용 건축물과 그 부속 토지(취득 당시의 시가표준액이 9억 원을 초과하는 경우만 해당)

2. 1구의 건축물의 대지면적이 662㎡를 초과하는 주거용 건축물과 그 부속 토지(취득당시의 시가표준액이 9억 원을 초과하는 경우만 해당)

3. 1구의 건축물에 엘리베이터(적재하중 200kg 이하의 소형엘리베이터 제외)가 설치된 주거용 건축물과 그 부속토지(공동주택과 그 부속토지 제외)[취득당시의 시가표준액이 9억 원을 초과하는 경우만 해당]

4. 1구의 건축물에 에스컬레이터 또는 67㎡ 이상의 수영장 중 1개 이상의 시설이 설치된 주거용 건축물과 그 부속 토지(공동주택과 그 부속 토지 제외)

5. 1구의 공동주택(여러 가구가 한 건축물에 거주할 수 있도록 건축된 다가구용 주택 포함, 이 경우 한 가구가 독립하여 거주할 수 있도록 구획된 부분을 각각 1구의 건축물로 봄)의 건축물 연면적(공용면적 제외)이 245㎡(복층형은 274㎡로 하되, 한 층의 면적이 245㎡를 초과하는 것 제외)를 초과하는 공동주택과 그 부속토지(취득 당시의 시가표준액이 9억 원을 초과하는 경우만 해당)

주택(지방세법 제11조 제1항 제8호에 따른 주택을 말하며, 이 경우 주택의 공유지분이나 부속 토지만을 소유하거나 취득하는 경우에도 주택을 소유하거나 취득한 것으로 본다)을 유상거래를 원인으로 취득하는 경우로서 다음에 해당하는 경우는 다음과 같은 세율을 적용한다(지방세법 제13조의2 제1항).

1. 법인(국세기본법 제13조에 따른 법인으로 보는 단체, 부동산등기법 제49조 제1항 제3호에 따른 법인 아닌 사단·재단 등 개인이 아닌 자를 포함)이 주택을 취득하는 경우: 「지방세법」 제11조 제1항 제7호 나목의 세율을 표준세율로 하여 해당 세율에 중과기준세율의 100분의 400을 합한 세율

2. 1세대 2주택(지방세법 시행령 제28조의5 제1항에 따른 일시적 2주택은 제외)에 해당하는 주택으로서 조정대상지역(주택법 제63조의2 제1항 제1호)에 있는 주택을 취득하는 경우 또는 1세대 3주택에 해당하는 주택으로서 조정대상지역 외의 지역에 있는 주택을 취득하는 경우 : 지방세법 제11조 제1항 제7호나목의 세율을 표준세율로 하여 해당 세율에 중과기준세율의 100분의 200을 합한 세율

3. 1세대 3주택 이상에 해당하는 주택으로서 조정대상지역에 있는 주택을 취득하는 경우 또는 1세대 4주택 이상에 해당하는 주택으로서 조정대상지역 외의 지역에 있는 주택을 취득하는 경우 : 지방세법 제11조 제1항 제7호나목의 세율을 표준세율로 하여 해당 세율에 중과기준세율의 100분의 400을 합한 세율

다. 취득세 신고 및 납부

취득세 과세물건을 취득한 자는 그 취득한 날(토지거래계약에 관한 허가구역에 있는 토지를 취득하는 경우로서 토지거래계약에 관한 허가를 받기 전에 거래대금을 완납한 경우에는 그 허가일이나 허가구역의 지정 해제일 또는 축소일)로부터 60일 [상속으로 인한 경우는 상속개시일이 속하는 달의 말일부터, 실종으로 인한 경우는 실종선고일이 속하는 달의 말일부터 각각 6개월(외국에 주소를 둔 상속인이 있는 경우에는 각각 9개월)] 이내에 취득세 신고서(지방세법 시행규칙 별지 제3호 서식)에 취득 물건·취득 일자 및 용도 등을 기재하여 납세지를 관할하는 시장·군수 또는 자치구의 구청장에게 신고·납부하거나, 지방세 위텍스(www.wetax.go.kr)를 통하여 신고·납부해야 한다(지

방세법 제20조 제1항, 지방세법 시행령 제33조 제1항 및 지방세법 시행규칙 제9조 제1항).

라. 가산세

그러나 다음의 어느 하나에 해당할 경우는 다음과 같은 가산세를 부담해야 한다(지방세법 제21조 제1항 및 지방세법 시행령 제36조의3).

1. 취득세 납세의무자가 「지방세법」 제20조에 따른 신고 또는 납부의무를 다하지 아니한 경우
2. 「지방세법」 제10조 제5항부터 제7항까지의 규정에 따른 과세표준이 확인된 경우
3. 일시적 2주택(지방세법 제13조의2 제1항 제2호)으로 신고하였으나 그 취득일로부터 신규 주택(종전 주택 등이 조합원 입주권 또는 주택분양권인 경우에는 해당 입주권 또는 주택분양권에 의한 주택)을 취득한 날부터 3년(종전 주택 등과 신규 주택이 모두 「주택법」 제63조의2 제1항 제1호에 따른 조정대상지역에 있는 경우에는 1년) 내에 종전 주택(이 경우 신규 주택이 조합원 입주권 또는 주택분양권에 의한 주택이거나 종전 주택 등이 조합원 입주권 또는 주택분양권인 경우에는 신규 주택을 포함)을 처분하지 못하여 1주택으로 되지 아니한 경우

또, 납세의무자가 법정신고기한까지 과세표준 신고를 하지 않은 경우 그 신고로 납부해야 할 세액에 대한 가산세를 부과하며(지방세기본법 제53조 제1항), 납세의무자가 법정신고 기한까지 과세표준 신고를 한 경우로서 신고하여야 할 납부세액보다 납부세액을 적게 신고하거나 지방소득세 과세표준 신고를 하면서 환급받을 세액을 신고하여야 할 금액보다 많이 신고한 경우에는 과소신고한 납부세액과 초과환급신고한 환급세액을 합한 금액(지방세기본법과 지방세관계법에 따른 가산세와 가산하여 납부하여야 할 이자 상당액이 있는 경우 그 금액은 제외)에 대한 가산세를 부과하며(지방세기본법 제54조 제1항), 납세의무자(연대납세의무자, 제2차 납세의무자 및 보증인을 포함)가 납부기한까지 지방세를 납부하지 않거나 납부하여야 할 세액보다 적게 납부한 경우 또는 환급받아야 할 세액보다 많이 환급받은 경우에는 「지방세기본법」 제55조 제1항 각 호에 따라 산출한 금액에 대한 가산세 부과한다(지방세기본법 제55조 제1항).

마. 취득세 감면

(가) 부동산 취득세 과세표준 및 세율

부동산에 대한 취득세는 ① 과세표준에 ② 표준세율을 적용하여 계산한 금액을 그 세액으로 한다(지방세법 제11조 제1항). 취득세의 과세표준은 취득당시의 가액으로 하며, 취득당시의 가액은 취득자가 신고한 가액으로 하며(지방세법 제10조 제1항 본문 및 제2항 본문), 매매 등을 원인으로 한 부동산 취득에 대한 표준세율은 4%이다(지방세법 제11조 제1항 제7호 나목).

위의 규정에도 불구하고 유상거래를 원인으로 한 주택의 취득세율은 다음과 같이 적용된다(지방세법 제11조 제1항 제8호).

▶ 취득당시의 가액이 6억 원 이하인 주택[주택법 제2조 제1호에 따른 주택으로서 「건축법」에 따른 건축물대장·사용승인서·임시사용승인서 또는 「부동산등기법」에 따른 등기부에 주택으로 기재되고, 건축물의 용도가 주거용으로 사용하는 건축물과 그 부속 토지를 말함]: 1%

▶ 취득당시의 가액이 6억 원 초과 9억 원 이하의 주택: 다음 계산식에 따라 산출한 세율(이 경우 소수점 이하 다섯째 자리에서 반올림하여 소수점 넷째 자리까지 계산)

$$\left(해당주택의 취득당시가액 \times \frac{2}{3억\ 원} - 3\right) \times \frac{1}{100}$$

▶ 취득당시의 가액이 9억 원 초과 주택: 3%

(나) 임대주택의 취득세 감면

「공공주택 특별법」에 따른 공공주택사업자 및 「민간임대주택에 관한 특별법」에 따른 임대사업자(임대용 부동산 취득일부터 60일 이내에 해당 임대용 부동산을 임대목적물로 하여 임대사업자로 등록한 경우를 말함. 이하에서 "임대사업자"라 함)가 임대할 목적으로 공동주택(해당 공동주택의 부대시설 및 임대수익금 전액을 임대주택관리비로 충당하는 임대용 복리시설을 포함. 이하에서 같음)을 건축하는 경우 그 공동주택에 대해서는 다음에서 정하는 바에 따라 지방세를 2021년 12월 31일까지 취득세를 감면받을 수 있다(지방세특례제한법 제31조 제1항).

1. 전용면적 60㎡ 이하인 공동주택을 취득하는 경우: 취득세 면제
2. 10년 이상의 장기임대 목적으로 전용면적 60㎡ 초과 85㎡ 이하인 임대주택(이하 "장기임대주택"이라 함)을 20호(戶) 이상 취득하거나, 20호 이상의 장기임대주택을 보유한 임대사업자가 추가로 장기임대주택을 취득하는 경우(추가로 취득한 결과로 20호 이상을 보유하게 되었을 때에는 그 20호부터 초과분까지를 포함): 취득세의 50%를 경감

토지를 취득한 날부터 정당한 사유 없이 2년 이내에 공동주택을 착공하지 않았을 때에는 취득세가 감면되지 않으며(지방세특례제한법 제31조 제1항), 임대사업자가 임대할 목적으로 건축주로부터 공동주택 또는 「민간임대주택에 관한 특별법」 제2조 제1호에 따른 준주택 중 오피스텔(그 부속토지를 포함. 이하에서 "오피스텔"이라 함)을 최초로 분양 받은 경우 그 공동주택 또는 오피스텔에 대해서는 다음에서 정하는 바에 따라 지방세를 2021년 12월 31일까지 감면한다(지방세특례제한법 제31조 제2항).

1. 전용면적 60제곱미터 이하인 공동주택 또는 오피스텔을 취득하는 경우: 취득세 면제
2. 장기임대주택을 20호(戶) 이상 취득하거나, 20호 이상의 장기임대주택을 보유한 임대사업자가 추가로 장기임대주택을 취득하는 경우(추가로 취득한 결과로 20호 이상을 보유하게 되었을 때에는 그 20호부터 초과분까지를 포함): 취득세의 50%를 경감
   다만, 「지방세법」 제10조에 따른 취득 당시의 가액이 3억 원(수도권정비계획법 제2조 제1호에 따른 수도권은 6억 원으로 한다)을 초과하는 경우에는 감면되지 않는다(지방세특례제한법 제31조 제2항 단서).

2) 인지세

가. 개념

"인지세"는 국내에서 재산에 관한 권리 등의 창설·이전 또는 변경에 관한 계약서나 이를 증명하는 그 밖의 문서를 작성하는 경우에 인지세법에 따라 납부하는

세금으로 부동산 소유권이전과 관련한 계약서 및 이를 증명하는 증서를 작성하는 경우 인지세를 납부해야 한다(인지세법 제1조). 부동산 소유권이전에 관한 증서에 종이문서용 전자수입인지를 붙여 납부해야 하며(인지세법 제8조 제1항), 인지세액에 해당하는 금액을 납부하고 부동산 소유권이전에 관한 증서에 인지세를 납부한 사실을 표시함으로써 종이문서용 전자수입인지를 붙이는 것을 대신할 수 있다(인지세법 제8조 제1항 단서).

나. 인지세액

부동산 소유권이전에 관한 증서의 기재금액별(이전의 대가액. 이전과 관련된 비용 불포함) 인지세액은 다음과 같다(인지세법 제3조 제1항 및 인지세법 시행규칙 제3조).

인지세액

기재금액	세액
1천만 원 초과~3천만 원 이하	2만 원
3천만 원 초과~5천만 원 이하	4만 원
5천만 원 초과~1억 원 이하	7만 원
1억 원 초과~10억 원 이하	15만 원
10억 원 초과	35만 원

기재금액이 1억 원 이하인 주택의 소유권이전에 관한 증서의 경우에는 인지세가 부과되지 않는다(인지세법 제6조 제5호).

3) 농어촌특별세

가. 개념

농어촌특별세는 농어업의 경쟁력 강화와 농어촌산업기반시설의 확충 및 농어촌지역 개발사업을 위해 필요한 재원을 확보하기 위한 목적으로 부과되는 세금이다(농어촌특별세법 제1조). 따라서 「지방세법」, 「지방세특례제한법」에 따라 취득세를 감면받은 자는 농어촌특별세를 납부해야 한다(농어촌특별세법 제3조 제1호).

나. 농어촌특별세액

농어촌특별세액은 과세표준에 세율을 곱한 금액으로 매수인이 납부해야 할 농어촌특별세의 과세표준과 세율은 다음과 같다(농어촌특별세법 제5조 제1항 제1호 및 제6호).

농어촌특별세액

과세표준	세율
「조세특례제한법」·「관세법」·「지방세법」 또는 「지방세특례제한법」에 따라 감면받는 취득세액의 감면세액	20%
「지방세법」 제11조의 표준세율을 2%로 적용하여 「조세특례제한법」·「지방세법」 및 「지방세특례제한법」에 따라 산출한 취득세액	10%

전용면적 85㎡ 이하인 주택의 매수인에게는 농어촌특별세가 부과되지 않으며 (농어촌특별세법 제4조 제11호 및 농어촌특별세법 시행령 제4조 제4항), 매수인은 감면받은 취득세 또는 취득세를 신고·납부하는 때에 농어촌특별세를 함께 신고·납부해야 한다(농어촌특별세법 제7조 제1항 및 제4항).

4) 지방교육세

가. 개념

지방교육세는 지방교육의 질적 향상에 필요한 지방교육재정의 확충에 드는 재원을 확보하기 위하여 부과되는 세금으로(지방세법 제149조), 부동산 취득에 대한 취득세의 납세의무자는 지방교육세를 납부해야 한다(지방세법 제150조 제1호).

나. 지방교육세액

지방교육세는 과세표준에 세율을 곱한 금액으로 매수인이 납부해야 하는 지방교육세는 다음과 같다(지방세법 제151조 제1항 제1호).

지방교육세액

취득세 감면 여부	지방교육세 산정
취득세를 감면하지 않은 경우	1. [취득세의 과세표준 × (취득세의 세율-20/1000)] × 20/100 2. 「지방세법」 제11조 제1항 제8호의 경우에는 해당 세율에 50/100을 곱한 세율을 적용하여 산출한 금액 × 20/100 3. 「지방세법」 제13조 제2항·제3항·제6항 또는 제7항에 해당하는 경우: 위 1.의 계산 방법으로 산출한 지방교육세액 × 100분의 300 (다만, 법인이 「지방세법」 제11조 제1항 제8호에 따른 주택을 취득하는 경우에는 아래 4.를 적용) 4. 「지방세법」 제13조의2에 해당하는 경우: 「지방세법」 제11조 제1항 제7호 나목의 세율에서 중과기준세율을 뺀 세율을 적용하여 산출한 금액 × 100분의 20
취득세를 감면한 경우	1. 지방세감면법령에서 취득세의 감면율을 정하는 경우: 위의 계산방법으로 산출한 지방교육세액을 해당 취득세 감면율로 감면하고 남은 금액 2. 지방세감면법령에서 「지방세법」과 다른 취득세율을 정하는 경우: 위의 계산 방법으로 산출한 지방교육세 3. 위 1.과 2. 외에 지방세감면법령에서 「지방세법」과 다른 취득세율을 정하는 경우: 해당 취득세율에도 불구하고 위 "취득세를 감면하지 않은 경우"의 1.의 계산방법으로 산출한 지방교육세액(다만, 세율을 1천분의 20으로 정하는 경우에는 과세 대상에서 제외)

매수인은 취득세를 신고·납부하는 때에 지방교육세를 함께 신고·납부해야 하며(지방세법 제152조 제1항), 지방교육세 납세의무자(연대납세의무자, 제2차 납세의무자와 보증인 포함)가 납부의무를 다하지 않은 경우 다음 방법으로 산정한 가산세를 부담해야 한다(지방세법 제153조 제2항, 지방세기본법 제55조 및 지방세기본법 시행령 제33조).

1. 납세고지서에 따른 납부기한까지 납부하지 않은 세액 또는 과소납부분 세액(지방세관계법에 따라 가산해 납부해야 할 이자상당액이 있는 경우 그 금액을 더하고, 가산세는 제외함) × 100분의 3

2. 다음 계산식에 따라 납세고지서에 따른 납부기한이 지난 날부터 1개월이 지날 때마다 계산한 금액: 납부하지 않은 세액 또는 과소납부분 세액(지방세관계법에 따라 가산해 납부해야 할 이자상당액이 있는 경우 그 금액을 더하고, 가산세는 제외함) × 1일 1십만분의 25의 이자율

이 경우 가산세는 납부하지 않은 세액 또는 과소납부분(납부해야 할 금액에 미달하는 금액) 세액의 75%에 해당하는 금액을 한도로 한다(지방세기본법 제55조).

제6절 계약의 해제

I. 개관

유효하게 성립한 계약의 효력을 당사자 일방의 의사표시로 해소하게 하는 것이 계약의 해제이다. 계약의 해제는 당사자 일방의 의사표시로 계약을 해소시키는 것이므로 이를 위하여 해제권이 있어야 하며, 계약의 해제는 해제권자의 일방적 의사표시로 성립하는 형성권이다. 계약의 해제는 소급효가 있으며, 따라서 아직 이행하지 않은 채무는 소멸하고 이미 이행한 채무는 법률상 원인을 잃게 되므로 당사자는 원상회복의무를 지게 된다(민법 제548조 제1항). 이 같이 해제는 소급효가 있으나 임대차·고용·위임·조합 등의 계속적 계약의 경우에는 불이행부분에 한하여 계약관계를 장래에 향하여 소멸케 하는 것으로 충분하며, 이와 같이 소급효 없이 장래에 향하여 계약관계를 소멸케 하는 것을 민법은 해지(解止)라고 한다.

해제권은 계약을 처음부터 존재하지 않았던 것과 같은 효과를 발생하게 하는 권리로서 계약당사자 또는 계약당사자의 지위를 승계한 자만이 계약을 해제할 수 있으며, 합의해제는 계약자유의 원칙상 당연히 유효하며, 따라서 그 요건과 효력도 합의에 의해서 결정되고 민법 제543조 이하의 규정은 적용되지 않으며,148) 당사자 사이의 법률관계는 계약해제의 내용과 부당이득에 관한 내용에 따라서 정해지게 된다.149)

---

148) 대법원 1997. 11. 14. 선고 97다6193 판결.
149) 대법원 1960. 10. 6. 선고 4293민상275 판결.

II. 해제할 수 있는 계약의 범위

계약의 해제는 법정해제와 약정해제로 나눌 수 있는데, 따라서 해제가 인정되는 계약도 나누어 살펴보아야 한다.

1. 법정해제권의 발생

(1) 발생원인

법정해제권의 발생 원인은 채무불이행이다. 채무불이행에는 이행지체·이행불능·불완전이행 및 수령지체가 있는데, 이 가운데 민법이 해제권의 발생원인으로 규정하고 있는 것은 이행지체(민법 제544조·민법 제545조)와 이행불능(민법546조)이며, 이행지체는 보통의 이행지체와 정기행위의 이행지체(민법 제545조)를 규정하고 있다. 보통의 이행지체로 인한 계약의 해제는 최고를 필요로 하지만 정기행위의 이행지체의 경우는 최고를 요하지 않는 것이 차이점이다.

(2) 이행지체에 의한 해제권의 발생

1) 보통의 이행지체

매매계약의 일방 당사자가 계약의 내용에 따른 채무를 이행하지 않을 때에 상대방은 상당한 기간을 정하여 이행을 최고(催告)하고, 최고한 기간 내에도 이행을 하지 않을 경우에는 계약을 해제할 수 있다(민법 제544조 본문). 이 경우 해제권의 발생 사유는 (ⅰ) 채무자의 책임있는 사유로 이행이 지체되었을 것, (ⅱ) 채권자가 상당한 기간을 정하여 최고하였을 것, (ⅲ) 최고의 기간 내에 이행 또는 이행의 제공이 없어야 한다.

계약해제를 위한 이행최고를 하는 경우 최고되는 채무가 소유권이전등기를 하는 채무와 같이 그 채무의 성질상 채권자에게도 단순히 수령 이상의 행위를 하여야 이행이 완료되는 경우에 채권자는 이행의 완료를 위하여 필요한 행위를 할 수 있는 일시·장소 등을 채무자에게 알리는 최고해야 하며, 이 같은 채무의 이행은 채권자와 채무자의 협력에 의하여 이루어져야 하므로 채권자가 이 같은 내용을 알리는 최고를 하지 아니하고, 단지 언제까지 이행하여야 한다는 최고만 하였다고 하여 곧바로 그 이행최고를 계약해제를 위한 이행최고로 볼 수 없다. 따라서 채권자가 이와 같은 최고를 한 경우에는 채무자로서도 채권자에게 문의를 하는 등의 방법으로 확정적인 이행일시 및 장소의 결정에 협력해야 하며, 채무자가 이와 같이 하지 아니하고 만연히 최고기간을 도과한 때에는, 그에 이르기까지의 채권자와 채무자의 계약이행을 위한 성의, 채권자가 채무자에게 구두로 연락을 취하여 이행일시와 장소를 채무자에게 문의한 적이 있는지 등 기타 사정을 고려하여 이 같은 최고의 유효성을 판단하여야 한다.150)

2) 정기행위의 경우

매매계약의 성질 또는 당사자의 의사표시에 따라 일정한 시일 또는 일정한 기간 내에 이행하지 않으면 계약의 목적을 달성할 수 없는 경우에 당사자가 그 시기 동안 이행을 하지 않는 경우에는 상대방은 최고를 하지 않고 계약을 해제할 수 있다(민법 제545조). 이를 정기행위라 하는데, 계약의 성질 또는 당사자의 의사표시에 의하여 일정한 시일 또는 일정한 기간 내에 이행하지 않으면 계약을 체결할 목적을 달성할 수 없는 계약을 말한다.

그러나 부동산 매매계약에 있어서 매수인이 잔대금 지급기일까지 그 대금을 지급하지 못하면 그 계약이 자동적으로 해제된다는 취지의 약정이 있더라도 특단의 사정이 없는 한 매수인의 잔대금지급의무와 매도인의 소유권이전등기의무는 동시이행의 관계에 있으므로 매도인이 잔대금지급기일에 소유권이전등기에 필요한 서류를 준비하여 매수인에게 알리는 등 이행의 제공을 하여 매수인으로 하여금 이행지체에 빠지게 하였을 때에 비로소 자동적으로 매매계약이 해제된다고 보아야 하고 매수인이 그 약정기한을 초과하였더라도 이행지체에 빠진 것이 아니라면 대금 미지급으로 계약이 자동 해제된다고는 볼 수 없다.151)

(3) 이행불능에 의한 해제권의 발생

채무자의 책임 있는 사유로 이행이 불능하게 된 때에는 채권자는 계약을 해제

---

150) 대법원 2002. 4. 26. 선고 2000다13083 판결.
151) 대법원 1989. 7. 25. 선고 88다카28891 판결.

할 수 있다(민법 제546조). 이 경우 보통의 이행지체와 달리 최고를 필요로 하지 않는다.[152) 채무의 이행이 불능이라는 것은 단순히 절대적·물리적으로 불능인 경우가 아니라 사회생활에 있어서의 경험법칙 또는 거래상의 관념에 비추어 볼 때 채권자가 채무자의 이행의 실현을 기대할 수 없는 경우를 말하며, 매도인의 매매계약상의 소유권이전등기의무가 이행불능이 되어 이를 이유로 매매계약을 해제함에 있어서는 상대방의 잔대금지급의무가 매도인의 소유권이전등기의무와 동시이행관계에 있다고 하더라도 그 이행의 제공을 필요로 하는 것은 아니다.[153)

이행불능을 이유로 계약을 해제하기 위해서는 그 이행불능이 채무자의 귀책사유에 의한 경우여야만 하며(민법 제546조), 따라서 매도인의 매매목적물에 관한 소유권이전의무가 이행불능이 되었다고 할지라도, 그 이행불능이 매수인의 귀책사유에 의한 경우에는 매수인은 그 이행불능을 이유로 계약을 해제할 수 없다.[154)

(4) 법정해제의 효과

1) 원상회복 의무

당사자 일방이 계약을 해제한 때에는 각 당사자는 그 상대방에 대하여 원상회복의 의무가 있다. 그러나 제3자의 권리를 해하지 못한다. 이 경우 반환할 금전에는 그 받은 날로부터 이자를 가산하여 계산하여야 한다(민법 제548조).

가. 내용

계약에 따른 채무의 이행으로 이미 등기나 인도를 한 경우에 그 원인행위인 채권계약이 해제됨으로써 원상회복된다고 하는 경우에 그 이론구성과 관련하여 소위 채권적 효과설과 물권 효과설이 대립하고 있으나, 우리의 법제가 물권행위의 독자성과 무인성을 인정하고 있지 않는 점, 민법 548조 1항 단서가 거래안정을 위한 특별규정이란 점을 고려할 때 계약이 해제되면 그 계약의 이행으로 변동되었던 물권은 당연히 그 계약이 없었던 원상태로 복귀하게 된다.[155)

또, 매매계약이 합의해제 된 경우에도 매수인에게 이전되었던 소유권은 당연

---

152) 대법원 1967. 6. 22. 선고 76다473 판결.
153) 대법원 2003. 1. 24. 선고 2000다22850 판결.
154) 대법원 2002. 4. 26. 선고 2000다50497 판결.
155) 대법원 1977. 5. 24. 선고 75다1394 판결.

히 매도인에게 복귀하므로 합의해제에 따른 매도인의 원상회복청구권은 소유권에 기한 물권적청구권으로 이는 소멸시효의 대상이 되지 않는다.156)

매도인으로부터 매매 목적물의 소유권을 이전받은 매수인이 매도인의 계약해제 이전에 제3자에게 목적물을 처분하여 계약해제에 따른 원물반환이 불가능하게 된 경우, 매수인은 원상회복의무로서 가액을 반환하여야 하며, 이때에 반환할 금액은 특별한 사정이 없는 한 그 처분당시의 목적물의 대가 또는 그 시가 상당액과 처분으로 얻은 이익에 대하여 그 이득일부터의 법정이자를 가산한 금액이 된다.157)

나. 선의의 제3자 보호

계약당사자의 일방이 계약을 해제한 경우에 계약은 소급하여 소멸하여 해약당사자는 각 원상회복의 의무를 지게 되나 이 경우 계약해제로 인한 원상회복등기 등이 이루어지기 이전에 계약의 해제를 주장하는 자와 양립되지 아니하는 법률관계를 가지게 되었고 계약해제 사실을 몰랐던 제3자에 대해서는 계약해제를 주장할 수 없으며,158) 소유권을 취득하였다가 계약해제로 인하여 소유권을 상실하게 된 임대인으로부터 그 계약이 해제되기 전에 주택을 임차받아 주택의 인도와 주민등록을 마침으로써 같은 법 소정의 대항요건을 갖춘 임차인은 등기된 임차권자와 마찬가지로 민법 제548조 제1항 단서 소정의 제3자에 해당 된다고 봄이 상당하고, 그렇다면 그 계약해제 당시 이미 주택임대차보호법 소정의 대항요건을 갖춘 임차인은 임대인의 임대권원의 바탕이 되는 계약의 해제에도 불구하고 자신의 임차권을 새로운 소유자에게 대항할 수 있다.159)

2) 동시이행의 항변권

가. 취지

동시이행의 항변권은 공평의 관념과 신의칙에 의하여 각 당사자가 부담하는 채무가 서로 대가적 의미를 갖는 관계가 있을 때 그 이행에 있어서 견련관계를 인

---

156) 대법원 1982. 7. 27. 선고 80다2968 판결.
157) 대법원 2013. 12. 12. 선고 2013다14675 판결.
158) 대법원 1985. 4. 9. 선고 84다카130, 84다카 131 판결.
159) 대법원 1996. 8. 20. 선고 96다17653 판결.

정하여 당사자 일방은 상대방이 채무를 이행하거나 이행의 제공을 하지 아니한 채, 당사자 일방의 채무의 이행을 청구할 때에는 자기 채무의 이행을 거절할 수 있도록 하는 제도이다. 따라서 당사자가 부담하는 각 채무가 쌍무계약에 있어 고유의 대가관계가 있는 채무가 아니라고 하더라도 구체적인 계약관계에서 각 당사자가 부담하는 채무에 관한 약정 내용에 따라서 그것이 대가적 의미가 있어 이행상의 견련관계를 인정해야 할 사정이 있는 경우에는 동시이행의 항변권을 인정할 수 있다.160)

즉, 부동산 계약의 상대방이 계약의 내용에 따른 이행을 하지 않은 경우에는 계약을 해제하거나 지체에 따른 손해배상을 청구할 수 있으며, 동시이행의 관계에 있는 쌍무계약에 있어서 상대방의 채무불이행을 이유로 계약을 해제하려는 경우 동시이행관계에 있는 자기 채무의 이행을 제공하여야 하고, 그 채무를 이행함에 있어 상대방의 행위를 필요로 할 때에는 언제든지 현실로 이행할 수 있는 준비를 완료하고 그 뜻을 상대방에 통지하여 그 수령을 최고해야 상대방으로 하여금 이행지체에 빠지게 할 수 있으며, 단순히 이행의 준비태세를 갖추고 있는 것만으로는 안 된다.161)

이 같이 동시이행의 항변권은 쌍무계약에서 당사자의 일방은 상대방의 채무이행이 없음을 이유로 자신의 채무이행을 거절할 수 있는 권능이며 이를 불안의 항변권이라고도 하는데 동시이행의 항변권은 채무가 동일한 쌍무계약으로부터 발생하며, 변제기가 도래하였으나 상대방이 채무의 이행 또는 이행의 제공이 없을 때에 발생하는 항변권이다.

나. 성립요건

부동산 매매계약은 쌍무계약으로 매도인은 매수인에게 목적물을 인도해야 할 채무를 부담하며, 매수인은 매도인에게 대금을 지급해야 하는 채무를 부담한다. 따라서 매수인이 매도인에게 목적물 인도를 청구한 경우, 매도인은 매수인의 대금지급 채무의 이행과 동시에 또는 적어도 이행의 준비 완료가 있기까지 목적물의 인도를 거절할 수 있는 것이 동시이행의 항변권이다. 그러나 상대방의 채무가 변

---

160) 대법원 1992. 8. 18. 선고 91다30927 판결. 공 1992. 10. 15.(930), 2737.
161) 대법원 2008. 4. 24. 선고 2008다3053, 3060 판결.

제기에 있지 아니한 때에는 그러하지 아니하다(민법 제536조 제2항 후단). 그러나 쌍무계약에서도 차임·노임·위임의 보수, 보관료 등의 경우에는 후급의 규정이 있으므로(민법 제633조, 민법 제656조, 민법 제665조, 민법 제686조 2항, 민법 제701조) 동시이행의 항변과 관련한 문제는 발생하지 않는다. 또 매도인의 선이행 특약이 있는 경우에도 동시이행의 항변에 관한 문제는 발생할 여지가 없다. 그러나 계약을 체결한 이후 매수인의 자산상태가 악화되어 매수인의 이행을 기대할 수 없거나, 목적물의 소실 등으로 매도인의 이행불능이 확실한 경우에는 동시이행의 항변만이 아니라 계약의 해제를 통하여 문제를 해결 할 수도 있다(민법 제546조).

다. 내용

동시이행의 항변권은 공평의 관념과 신의칙에 입각하여 각 당사자가 부담하는 채무가 서로 대가적 의미를 가지고 관련되어 있을 때(견련성) 그 이행에 있어서 견련관계를 인정하여 당사자 일방은 상대방이 채무를 이행하거나 이행의 제공을 하지 아니한 채 당사자 일방의 채무의 이행을 청구할 때에는 자기의 채무이행을 거절할 수 있도록 하는 제도이다.

부동산 매매계약에서 대가적 의미가 있는 매도인의 소유권이전의무와 매수인의 대금지급의무는 다른 약정이 없는 한 동시이행의 관계에 서며, 나아가 어느 의무가 선이행의무라 하더라도 이행기가 도과된 경우에는 이행기 도과에 불구하고 여전히 선이행하기로 약정하는 등의 특별한 사정이 없는 한 그 의무를 포함하여 매도인과 매수인 쌍방의 의무는 동시이행관계에 있다.[162]

부동산 매매에서 매도인과 매수인이 부담하는 채무는 서로 대가적 의미(부동산 계약에서 목적물 인도의무와 대금지급의무)를 가지고 관련되어 있으므로, 이행에 있어서 자기의 채무를 이행하지 않고 상대방의 이행만을 청구하는 것은 공평과 신의칙에 반한다. 이에 민법은 "쌍무계약의 당사자 일방은 상대방이 그 채무이행을 제공할 때까지 자기의 채무이행을 거절할 수 있다"고 규정하여(민법 제536조 제1항), 상대방은 반대급부가 아직 행하여져 있지 않음을 이유로 이행을 거절할 수 있는 항변권을 인정하고 있다. 따라서 쌍무계약에서 쌍방의 채무가 동시이행관계에 있는 경우 일방 채무의 이행기가 도래하더라도 상대방 채무의 이행이 제공할 때까지

---

162) 대법원 2013. 6. 13. 선고 2011다73472 판결.

는 그 채무를 이행하지 않아도 이행지체가 되지 않는다.[163] 즉, 매수인이 선이행 의무가 있는 중도금을 지급하지 않았다 하더라도 계약이 해제되지 않은 상태에서 잔대금 지급기일이 도래하여 그 때까지 중도금과 잔대금이 지급되지 아니하고 잔 대금과 동시이행관계에 있는 매도인의 소유권이전등기 소요 서류가 제공되지 않 고 그 기일이 도과한 경우, 특별한 사정이 없는 한 매수인의 중도금 및 잔대금의 지급과 매도인의 소유권이전등기 소요 서류의 제공은 동시이행관계에 있으므로 그 때부터는 매수인은 중도금을 지급하지 아니한데 대한 이행지체의 책임이 없다. 또 쌍무계약의 당사자 일방이 먼저 한번 현실의 제공을 하고 상대방을 수령지체에 빠지게 하였다 하더라도 그 이행의 제공이 계속되지 않는 경우에는 과거에 한번 이행의 제공이 있었다는 사실만으로 상대방이 가진 동시이행의 항변권이 소멸되 는 것은 아니다.[164]

전술한 바와 같이 민법에서 동시이행의 항변권을 인정하는 것은 쌍무계약에 서 발생하는 대가관계에 있는 채무는 동시에 이행하는 것이 공평하고 신의칙에도 부합하기 때문인데, 그렇다고 반드시 두 채무가 쌍무계약에서 생긴 것이어야 하는 것은 아니며, 일정한 경우에 민법 제536조를 준용하여 동시이행의 항변권을 인정 하고 있다(민법 제549조, 민법 제561조, 민법 제583조, 민법 제667조, 민법 제728조 등). 나 아가 다른 법률에서도 인정하고 있다(주택임대차보호법 제3조, 상가건물임대차보호법 제 3조, 가등기담보 등에 관한 법률 제4조 등). 그러나 동시이행의 항변권에 관한 민법 제 536조 제1항의 규정은 임의규정으로 약정에 의하여 포기할 수 있다.

3) 손해배상의 청구

가. 손해배상 의무의 성질

계약의 해제는 손해배상의 청구에 영향을 미치지 않는다(민법 제551조). 계약당 사자의 일방이 계약해제와 아울러 하는 손해배상의 청구도 채무불이행으로 인한 손해배상과 다를 것이 없으며, 따라서 전보배상으로서 그 계약의 이행으로 인하여 채권자가 얻을 이익 즉 이행이익을 손해로서 청구하여야 하고, 그 계약이 해제되 지 아니하였을 경우 채권자가 그 채무의 이행으로 소요하게 된 비용 즉 신뢰이익

---

163) 대법원 1998. 3. 13. 선고 97다54604 판결.
164) 대법원 1966. 9. 20. 선고 66다1174 판결.

의 배상은 청구할 수 없다.[165]

나. 손해배상의 범위

민법 제551조의 손해배상을 채무불이행으로 인한 손해배상으로 이해하는 경우, 그 배상의 범위는 민법 제390조 이하의 통칙, 특히 민법 제393조에 의하여 정하여야 한다. 그러나 채무불이행을 이유로 계약을 해제한 경우에는 이행에 갈음하는 손해배상액으로부터 해제자가 채무를 면하였거나 급부한 것의 반환을 청구함으로써 얻는 이익을 뺀 나머지 금액이 배상액이 되며, 이행지체를 이유로 해제한 경우의 손해배상액은 지연배상을 전보배상으로 변경하고, 그것으로부터 해제자가 자기채무를 면하고 또는 급부한 것의 반환을 청구함으로써 얻은 이익을 뺀 나머지 금액이 된다.

특약으로 손해배상액이 예정된 때에는 해제가 있더라도 그 특약은 그대로 유효하므로 해제에 의한 손해배상의 기준이 된다.

2. 약정해제권의 발생

(1) 발생요건

부동산 매매계약을 체결하는 당사자 쌍방은 이를 해제할 수 있는 것을 약정할 수 있다. 그러나 매도인이 위약 시에는 계약금의 배액을 배상하고 매수인이 위약 시에는 지급한 계약금을 매도인이 취득하고 계약은 자동적으로 해제된다는 조항은 위약당사자가 상대방에 대하여 계약금을 포기하거나 그 배액을 배상하여 계약을 해제할 수 있다는 해제권 유보조항이라 할 수 있으며, 최고나 통지없이 해제할 수 있다는 특약이라고 할 수 없다.[166]

(2) 약정해제의 효과

당사자들은 매매계약을 체결하면서 계약해제 시 그 효과에 대해 약정할 수 있다. 그러나 계약 조항상의 부수적 의무위반을 이유로 한 약정해제권의 행사의 경

---

165) 대법원 1983. 5. 24. 선고 82다카1667 판결.
166) 대법원 1982. 4. 27. 선고 80다851 판결.

우에는 법정해제의 경우와는 달리 그 해제의 효과로서 손해배상의 청구를 할 수 없다.[167]

III. 부동산 매도인의 담보책임

1. 의의

매매계약이 성립하면 매도인은 매수인에게 매매의 목적인 재산권을 매수인에게 이전해야 할 의무를 부담한다. 그러나 재산권에 하자가 있어서 그 재산권의 전부나 일부를 이전할 수 없거나 그 재산권의 객체인 물건에 하자가 있는 것을 급부한 경우에 민법은 매도인에게 일정한 책임을 인정하고 있다(민법 제570조 이하). 즉, 매도인의 담보책임이란 매매계약이 유효하게 성립하고 이행이 완료되어 매수인에게 소유권이 이전된 경우라도, 매매의 목적인 권리나 물건에 흠결(欠缺)이 있는 때에 매도인이 매수인에 대해 부담하는 책임이다.

매수인이 매도인에 대해서 담보책임을 묻는 경우에 매수인도 목적물을 반환하는 등의 채무를 부담하며, 공평의 원칙에 따라 이는 동시에 이행해야 한다(민법 제583조 및 제536조). 매도인과 매수인이「민법」에 따른 매도인의 담보책임을 면하는 특약을 한 경우에도 매도인이 부동산의 흠결을 알고 매수인에게 알리지 않았거나 제3자에게 권리를 설정 또는 양도한 경우에 매도인은 담보책임을 지게 된다(민법 제584조).

2. 부동산 소유권에 하자가 있는 경우

(1) 소유권의 전부가 타인에 귀속한 경우

매매 목적물의 소유권이 타인에게 속한 경우 매도인은 그 권리를 취득하여 매수인에게 이전해야 한다(민법 제569조). 이에 대해서 매수인이 매매계약 당시에 소유권이 매도인에게 속하지 않았음을 모른 경우, 매도인이 소유권을 취득하여 매수인에게 이전할 수 없는 때에는 매수인은 계약을 해제하고 손해배상을 청구할 수

---

167) 대법원 1983. 1. 18. 선고 81다89 판결.

있다(민법 제570조). 또, 매도인이 계약당시에 소유권이 자기에게 속하지 않았음을 알지 못한 경우, 그 소유권을 취득하여 매수인에게 이전할 수 없는 때에는 매도인은 손해를 배상하고 계약을 해제할 수 있다(민법 제571조 제1항).

매수인이 매매계약당시 소유권이 매도인에게 속하지 않았음을 안 경우, 매도인이 소유권을 취득하여 매수인에게 이전할 수 없는 때에는 매수인은 계약을 해제할 수 있으나 손해배상은 청구할 수 없다(민법 제570조). 또, 매도인이 계약당시에 소유권이 자기에게 속하지 않았음을 알지 못한 경우, 매도인은 매수인에 대해 그 권리를 이전할 수 없음을 통지하고 계약을 해제할 수 있다(민법 제571조 제2항).

(2) 소유권의 일부가 타인에 속한 경우

매수인이 매매계약당시 소유권의 일부가 매도인에게 속하지 않음을 모른 경우, 매매의 목적이 된 소유권의 일부가 타인에게 속함으로 인하여 매도인이 소유권을 취득하여 매수인에게 이전할 수 없는 때에는 매수인은 그 부분의 비율에 대한 대금의 감액과 손해배상을 청구할 수 있으며(민법 제572조 제1항 및 제3항), 잔존 부분만으로 매수인이 매수하지 않았을 때에는 계약을 해제하고 손해배상을 청구할 수 있다(민법 제572조 제2항 및 제3항). 매수인의 대금 감액의 청구, 계약의 해제 또는 손해배상의 청구는 사실을 안 날부터 1년 이내에 행사해야 한다(민법 제573조).

매수인이 매매계약당시 소유권의 일부가 매도인에게 속하지 않았음을 안 경우, 매매의 목적이 된 소유권의 일부가 타인에게 속함으로 인하여 매도인이 소유권을 취득하여 매수인에게 이전할 수 없는 때에는 매수인은 그 비율에 대해서 대금 감액을 청구할 수 있으며(민법 제572조 제1항), 매수인의 대금 감액의 청구는 계약한 날부터 1년 이내에 행사해야 한다(민법 제573조).

(3) 부동산 소유권이 부동산을 사용·수익할 다른 권리에 의하여 제한받는 경우

즉, 매매목적의 부동산이 지상권, 지역권, 전세권 또는 유치권의 목적이 되거나 그 부동산을 위한 지역권이 없거나 그 부동산에 등기된 임대차 계약이 있는 등의 경우에 매수인이 이로 인하여 계약의 목적을 달성할 수 없는 경우에 한하여 계약을 해제할 수 있다(민법 제575조 제1항 및 제2항). 또, 매매의 목적물이 지상권, 지역권, 전세권 또는 유치권의 목적이 되었거나, 그 부동산을 위해 존재할 지역권이 없거나 그 부동산에 등기된 임대차 계약이 있는 경우 매수인이 이로 인하여 계약의 목적을 달성할 수 있을 때에는 손해배상만을 청구할 수 있다(민법 제575조 제1항 및 제2항). 이 경우 매수인의 계약해제 또는 손해배상청구권은 매수인이 그 사실을 안 날부터 1년 이내에 행사하여야 한다(민법 제575조 제3항).

매매의 목적물이 지상권, 지역권, 전세권 또는 유치권의 목적이 된 경우 또는 그 부동산을 위해 존재할 지역권이 없거나 그 부동산에 등기된 임대차 계약이 있는 경우라 하더라도 계약을 해제할 수 없으며 손해배상도 청구할 수 없다(민법 제575조 제1항 및 제2항).

(4) 저당권·전세권의 행사로 소유권을 잃는 경우

매매의 목적이 된 부동산에 설정된 저당권 또는 전세권의 행사로 매수인이 그 소유권을 취득할 수 없거나 취득한 소유권을 잃을 염려가 있는 경우에 매수인은 계약을 해제할 수 있다(민법 제576조 제1항). 즉, 가등기의 목적이 된 부동산을 매수한 사람이 그 뒤 가등기에 기한 본등기가 경료됨으로써 그 부동산의 소유권을 상실하게 된 때에는 매매의 목적 부동산에 설정된 저당권 또는 전세권의 행사로 인하여 매수인이 취득한 소유권을 상실한 경우와 유사하므로, 민법 제576조의 규정을 준용하여 소정의 담보책임을 부담한다.[168]

매매의 목적이 된 부동산에 설정된 저당권 또는 전세권의 행사로 인하여 소유권을 취득할 수 없거나 취득한 소유권을 잃게 되는 때에는 매수인의 재산을 출연하여 그 소유권을 보존한 때에 매도인에 대해 그 상환을 청구할 수 있다(민법 제576조 제2항). 또 매수인이 손해를 받은 때에는 그 배상을 청구할 수 있다(민법 제576조 제3항).

---

168) 대법원 1992. 10. 27. 선고 92다21784 판결.

3. 부동산의 흠결

(1) 부동산에 흠결이 있는 경우

매매의 목적인 부동산에 흠결이 있는 경우 매수인이 이로 인하여 계약의 목적을 달성할 수 없을 때에는 계약을 해제할 수 있으며(민법 제580조 제1항 및 제575조 제1항 전단), 매매의 목적 부동산에 흠결이 있더라도 매수인이 계약의 목적을 달성할 수 있는 경우에는 손해배상만을 청구할 수 있다(민법 제580조 제1항 및 제575조 제1항 후단). 이 경우 매수인의 계약의 해제 또는 손해배상청구권은 매수인이 그 사실을 안 날부터 6월 이내에 행사해야 한다(민법 제582조).

매수인이 매매계약을 체결할 당시에 목적물에 흠결이 있음을 알았거나 과실로 알지 못한 경우, 매매목적인 부동산에 흠결이 있는 경우라도 계약을 해제할 수 없으며 손해배상도 청구할 수 없다(민법 제580조 제1항, 제575조 제1항 및 제2항).

(2) 부동산을 종류로 지정하고 특정된 부동산에 흠결이 있는 경우

매수인이 매매계약 당시에 종류를 지정한 부동산에 흠결이 있음을 모른 경우, 매매계약당시 종류를 지정한 부동산에 흠결이 있는 경우에 매수인이 이로 인하여 계약의 목적을 달성할 수 없을 때에는 계약을 해제할 수 있으며(민법 제581조 제1항), 매매계약당시 종류를 지정한 부동산에 흠결이 있다 하더라도 매수인이 이로 인하여 계약의 목적을 달성할 수 있을 때에는 손해배상만을 청구할 수 있다(민법 제581조 제1항 및 제2항). 이 경우 매수인의 계약해제 또는 손해배상청구권은 매수인이 그 사실을 안 날부터 6월 이내에 행사해야 한다(민법 제582조). 그러나 매수인은 계약의 해제 또는 손해배상을 청구하지 않고 흠이 없는 부동산을 청구할 수도 있다(민법 제581조 제2항).

매수인이 매매계약당시 종류를 지정한 부동산에 흠결이 있음을 알았거나 과실로 알지 못한 경우, 매매계약당시 종류를 지정한 부동산에 흠결이 있는 경우라 하더라도 계약을 해제할 수 없으며 손해배상도 청구할 수 없다(민법 제581조 제1항, 제580조 제1항 및 제575조 제1항).

부동산 임대차계약

부동산 임대차계약

제1절 민법상의 임대차제도

I. 서설

　　산업의 발전에 따른 도시 집중화가 가속화되면서 한정된 재화로 인하여 부동산의 소유와 이용이 분리되는 현상이 나타나게 되었으며, 그 결과 타인의 건물 등을 자신의 주거 및 각종 경제활동의 공간으로 이용할 수 있는 부동산 임대차제도가 보편적인 법률관계로 발전하였다. 타인의 부동산의 이용관계에 대응하기 위한 법 제도적인 수단으로는 임대차 일반에 관한 민법 규정과 경제적 약자의 생존을 보호하기 위한 기본적 요건으로서 주거 안정을 목적으로 하는 「주택임대차보호법」과 공정한 거래질서를 확립하고 영세 상인들이 안정적으로 생업에 종사할 수 있도록 하기 위한 목적으로 상가건물임대차에 관하여 민법에 대한 특례를 규정한 「상가건물임대차보호법」이 있다.

임대차는 당사자 일방이 상대방에게 목적물을 사용, 수익하게 할 것을 약정하고 상대방은 이에 대해서 차임을 지급할 것을 약정함으로써 그 효력이 생기는(민법 제618조) 유상·낙성·쌍무·계속적 계약으로, 타인의 물건을 사용·수익한다는 점에서 소비대차(민법 제598조) 및 사용대차(민법 제609조)와 같으나 임차인이 임차물을 반환해야 하고, 그의 소유권을 취득하지 못한다는 점에서는 소비대차와 다르며, 사용·수익의 대가로서 차임을 지급해야 하는 점에서 사용대차와 다르다.

임대차 관계가 종료된 후 임차인이 목적물을 임대인에게 반환하면 임대인은 보증금을 반환해야 하며, 임차인으로부터 목적물의 인도를 받는 것과의 상환이행을 주장할 수 없으며, 이는 종전의 임차인이 임대인으로부터 새로 목적물을 임차한 사람에게 그 목적물을 임대인의 동의하에 직접 넘긴 경우에도 다르지 않다. 이 경우 임차인의 그 행위는 임대인이 임차인으로부터 목적물을 인도받아 이를 새로운 임차인에게 다시 인도하는 것을 사실적인 실행의 면에서 간략하게 한 것으로서, 법적으로는 두 번의 인도가 행하여진 것으로 보아야 하므로, 역시 임대차 관계 종료로 인한 임차인의 임대인에 대한 목적물 반환의무는 이로써 제대로 이행되었다고 할 수 있기 때문이다.[169]

타인의 물건을 사용·수익하기 위한 계약을 규율하는 방식은 각국의 입법례에 따라서 다양하게 나타나고 있는데, 크게 물권을 설정하여 이용하는 방식과 채권계약에 의하여 이용하는 방식으로 구분할 수 있으며, 우리 민법은 지료나 차임 또는 그에 준하는 것을 매개로 하는 물권 설정에 의하는 경우와 채권의 효력으로서 타인의 물건을 이용 또는 사용·수익하게 하는 경우로 나누어 살펴볼 수 있다.

나아가 입법례에 따라서 임대차 목적물의 유형에 의하여 임대차 모습을 다양하게 세분화하기도 하는데, 우리나라는 주거 목적으로 하는 임대차와 영업목적의 상가건물의 임대차를 세분화하여 민법 이외의 특별법으로 규율하고 있다. 따라서 우리나라의 임대차법을 살펴보기 위해서는 민법상의 임대차 관련 규정 이외에 주택임대차보호법과 상가건물임대차보호법 및 농지법상의 임대차 규정의 내용을 살펴볼 필요가 있다.

---

169) 대법원 2009. 6. 25. 선고 2008다55634 판결.

II. 민법상 임대차의 규율

민법상 임대차에 관한 규정은 민법 제609조에서 제654조까지이다. 임대차는 당사자 일방이 상대방에게 목적물을 사용, 수익하게 할 것을 약정하고 상대방이 이에 대하여 차임을 지급할 것을 약정함으로써 그 효력이 발생한다(민법 제618조). 이같이 민법이 규율하고 있는 임대차는 동산의 임대차와 농지 이외 일반 토지 임대차, 주택이 아닌 일반 건물을 그 대상으로, 물건을 사용·수익하고 그 대가로 차임을 지급하는 것을 그 근거로 한다. 따라서 민법상 임대차의 대상은 물건이며 물건을 사용·수익한 후에 임차물을 반환해야 하므로 전기 기타 관리할 수 없는 자연력은 물건이지만(민법 제98조) 임대차의 객체가 되지 못한다. 이와 같이 임대차는 목적물을 사용·수익할 수 있는 것을 그 내용으로 하며 그 대가로 차임을 지급하는 것을 그 요소로 한다.

따라서 시설대여(리스)는 시설대여회사가 대여시설 이용자가 선정한 특정물건을 새로이 취득하거나 대여받아 그 물건에 대한 직접적인 유지, 관리책임을지지 않으면서 대여시설 이용자에게 일정기간 사용하게 하고 그 기간에 걸쳐 일정한 대가를 정기적으로 분할하여 지급받으며 그 기간 종료 후의 물건의 처분에 관해서는 당사자 간의 약정으로 정하는 계약으로서, 형식에시는 임대차계약과 유사하나 그 실질은 물적금융으로 임대차계약과 다른 특질이 있으므로 시설대여(리스)계약은 비전형계약으로 민법의 임대차에 관한 규정이 적용되지 않는다.[170]

1. 임대차의 성립

임대차는 임대인과 임차인의 합의로써 성립하며, 목적물의 소유권을 이전하지 않는 점에서 임대인이 임대물에 대한 소유권이나 처분할 권한을 그 요건으로 하지 않는다.[171] 따라서 임대차계약이 유효하게 성립하고 임대인이 목적물을 인도하여 임차인이 이를 사용·수익하고 있는 경우 그 후에 임대인의 목적물에 대한 사용수익권의 상실 등으로 계약의 목적을 달성할 수 없더라도 특별한 사정이 없는 한 그

---

170) 대법원 1986. 8. 19. 선고 84다카503 판결.
171) 대법원 1996. 3. 8. 선고 95다15087 판결; 대법원 1991. 3. 27. 선고 88다카30702 판결.

계약은 소급하여 무효로 되지 않으며 이 같은 사정으로 임대차계약이 종료되면 임차인은 임대인이 목적물에 대한 소유권 기타 사용수익권이 있는지 여부와 관계없이 점유하고 있는 임차물을 임대인에게 반환해야 할 의무가 있다.[172]

2. 임대차 관계의 존속

(1) 원칙

헌법재판소는 임대차 존속기간을 20년으로 제한하는 민법 제651조 제1항이 "임대차계약을 통하여 합리적이고 효과적인 임차물 관리 및 개량방식의 설정이 가능함에도 불구하고, 임대인 또는 소유자가 임차물의 가장 적절한 관리자라는 전제하에 임대차의 존속기간을 제한함으로써 임차물 관리 및 개량의 목적을 이루고자 하는 것은 임차물의 관리 소홀 및 개량 미비로 인한 가치하락 방지라는 목적을 달성하기 위한 필요 최소한의 수단이라고 볼 수 없다"[173]는 이유로 위헌결정을 함으로써 본 조항은 2016년 1월 16일 삭제되었다. 그러나 처분의 능력 또는 권한 없는 자가 임대차하는 경우에 그 임대차는 다음 기간을 넘지 못한다(민법 제619조).

- ▶ 식목, 채염 또는 석조, 석탄조, 연와조 및 이와 유사한 건축을 목적으로 하는 토지의 임대차는 10년
- ▶ 기타 토지의 임대차는 5년
- ▶ 건물 기타 공작물의 임대차는 3년
- ▶ 동산의 임대차는 6월

(2) 임대차 관계의 갱신

1) 계약에 의한 갱신

처분 권한이 없고 관리 권한만이 있는 자가 하는 단기임대차의 경우 민법 제619조의 법정기간을 초과하지 않는 범위에서 그 기간을 갱신할 수 있다(민법 제620조 본문). 그러나 이 경우 기간만료 전 토지에 대하여는 1년, 건물 기타 공작물에 대하여는 3월, 동산에 대하여는 1월 이내에 갱신하여야 한다(민법 제620조 단서).

---

172) 대법원 1991. 3. 27. 선고 88다카30702 판결.
173) 헌법재판소 전원재판부 2011헌바24, 2013. 12. 26.

건물 기타 공작물의 소유 또는 수목, 채염, 목축을 목적으로 하는 토지 임대차 기간이 만료하였을 때 건물, 수목 기타 지상 시설이 현존하는 때에는 민법 제282조의 규정을 준용하며(민법 제643조), 건물 기타 공작물의 소유 또는 식목·채염·목축을 목적으로 한 토지 임대차에서, 임대차 기간이 만료한 경우에 건물·수목 기타 지상시설이 현존하는 때에는 임차인은 계약의 갱신을 청구할 수 있다(민법 제643조·민법 제283조 제1항). 임차인의 갱신청구에 임대인은 거절할 수 있으나, 이 경우 임차인은 그 지상 시설의 매수를 임대인에게 청구할 수 있다. 본조는 강행규정으로 이에 위반하는 약정으로 임차인에게 불리한 것은 효력이 없다(민법 제652조). 따라서 토지 임대인과 임차인 사이에 임대차 기간 만료 후 임차인이 지상의 건물을 철거하여 토지를 인도하고 만약 지상 건물을 철거하지 아니 할 경우에는 그 소유권을 임대인에게 이전하기로 하는 약정은 민법 제643조 소정의 임차인의 지상물 매수청구권을 배제하도록 하는 약정으로서 임차인에게 불리한 것이므로 민법 제652조의 규정에 의하여 무효가 되며,[174] 임대차에 있어서 임차인의 채무불이행 등의 사유로 인하여 임대차계약이 해지되었을 때에는 임차인에게 계약갱신권이나 매수청구권이 발생하지 않는다.[175]

2) 묵시의 갱신(법정갱신)

임대차 기간이 만료한 후 임차인이 임차물을 사용, 수익을 계속하는 경우에 임대인이 상당한 기간 내에 이의를 하지 아니한 때에는 전임대차와 동일한 조건으로 다시 임대차한 것으로 본다(민법 제639조 제1항 본문). 이 경우 이전의 임대차와 달리 기간의 약정이 없는 임대차로서 당사자는 언제든지 계약해지의 통고를 할 수 있으며(민법 제635조 제1항), 일정한 기간이 경과하면 해지의 효력이 생긴다(민법 제635조 제1항).

묵시의 갱신이 인정되는 경우에 전임대차에 대하여 제3자가 제공한 담보는 기간의 만료로 소멸하는데(민법 제639조 제2항), 여기서의 담보란 질권, 저당권 그 밖의 보증 등을 포함하여 건물의 임차보증금채권이 양도된 경우까지도 포함한다.[176] 그러나 묵시의 갱신은 임차인의 신뢰를 보호하기 위한 것으로 제3자가 제

---

174) 대법원 1991. 4. 23. 선고 90다19695 판결.
175) 대법원 1972. 12. 26. 선고 72다2013 판결.

공한 담보는 소멸한다고 규정한 것은 담보 제공자의 예상하지 못한 불이익을 방지하기 위한 것으로 당사자들의 합의에 따른 임대차 기간 연장의 경우에는 적용되지 않는다.177)

3) 기간의 약정이 없는 임대차

임대차 기간의 약정이 없는 때에는 당사자는 언제든지 계약해지를 통고할 수 있으며(민법 제635조 제1항), 상대방은 통고를 받은 날로부터 다음의 기간이 경과하면 해지의 효력이 생긴다(민법 제635조 제2항).

- ▶ 토지, 건물 기타 공작물에 대해서는 임대인이 해지를 통고한 경우에는 6월, 임차인이 해지를 통고한 경우에는 1월
- ▶ 동산에 대하여는 5일

  임대차 기간의 약정이 있는 경우에도, 당사자 일방 또는 쌍방이 그 기간 내에 해지할 권리를 유보한 때에는 민법 제635조가 준용된다(민법 제636조). 민법 제635조는 강행규정으로 이에 위반하는 약정으로 임차인에게 불리한 것은 그 효력이 없다(민법 제652조).

III. 임대차의 효력

1. 임대인의 권리와 의무

(1) 임대인의 권리

1) 차임지급청구권

임대인은 임차인에게 차임을 지급할 것을 청구할 수 있다(민법 제618조). 임대차계약이 유효하게 성립하면 임대인에게 임대차계약에 기한 임료채권이 발생하며, 임료 지급에 관한 입증책임은 임차인에게 있다.178)

---

176) 대법원 1977. 6. 7. 선고 76다951 판결.
177) 대법원 2005. 4. 14. 선고 2004다63293 판결.
178) 대법원 2001. 8. 24. 선고 2001다28176 판결.

2) 차임증액청구권

임대인은 임대차계약이 존속 중에 약정한 차임이나 보증금이 임대주택에 대한 조세, 공과금, 그 밖의 부담의 증가나 경제사정의 변동 등으로 적절하지 않게 된 때에는 장래에 대하여 그 증액을 청구할 수 있다(주택임대차보호법 제7조 제1항 전단). 그러나 당사자 사이에 차임 증액을 금지하는 특약이 있는 경우에는 차임증액 청구를 할 수 없다. 반면에 차임불증액의 특약이 있더라도 그 약정 후 그 특약을 그대로 유지시키는 것이 신의칙에 반하는 정도의 사정변경이 있는 경우에는 차임 증액청구를 할 수 있다.[179]

3) 임대물반환청구권

임대차계약이 종료하면 임대인은 임차인에게 임대물의 반환을 청구할 수 있으며, 이 경우 임차인에게 임대물의 원상회복을 요구할 수 있다(민법 제615조, 제618조 및 제654조).

4) 기타 임대물의 보존에 필요한 행위를 할 권리

임대인이 임대물의 보존에 필요한 행위를 하는 때에는 임차인이 이를 거절하지 못한다(민법 제624조).

(2) 임대인의 의무

1) 사용·수익하게 할 의무

임대인은 임차인이 목적물인 주택을 사용·수익할 수 있도록 할 의무가 있다(민법 제618조). 이를 위해서 임대인은 주택을 임차인에게 인도해야 하며, 임차인이 임대차 기간 중 그 주택을 사용·수익하는 데 필요한 상태를 유지해야 할 수선의무를 진다(민법 제623조). 그러나 임대인은 주택의 파손·장해의 정도가 임차인이 별 비용을 들이지 않고 손쉽게 고칠 수 있을 정도의 사소한 것으로 임차인의 사용·수익을 방해할 정도의 것이 아닌 경우에는 그 수선의무를 부담하지 않는다.

---

179) 대법원 1996. 11. 12. 선고 96다34061 판결.

다만, 그것을 수선하지 않아 임차인이 정해진 목적에 따라서 사용·수익할 수 없는 상태로 될 정도의 것이라면 임대인은 그에 대한 수선의무를 부담한다.[180]

임대인의 수선의무는 특약으로 이를 면제하거나 임차인의 부담으로 할 수 있다. 그러나 특별한 사정이 없는 한 건물의 주요 구성부분에 대한 대수선, 기본적 설비 부분의 교체 등과 같은 대규모의 수선에 대해서는 임대인이 그 수선의무를 부담한다.[181]

임차인은 임대인이 주택을 수선해주지 않는 경우 손해배상을 청구할 수 있고, 수선이 끝날 때까지 차임의 전부 또는 일부의 지급을 거절할 수 있으며, 사용·수익할 수 없는 부분의 비율에 따른 차임의 감액을 청구하거나, 나머지 부분만으로 임차의 목적을 달성할 수 없는 경우에는 임대차계약을 해지할 수 있다(민법 제627조).[182]

☑ 판례

시설대여(리스)는 시설대여회사가 대여시설 이용자가 선정한 특정한 물건을 새로이 취득하거나 대여받아 그 물건에 대한 직접적인 유지, 관리책임을 지지 아니하면서 대여시설 이용자에게 일정 기간 사용하게 하고 그 기간에 걸쳐 일정대가를 정기적으로 분할하여 지급받으며 그 기간 종료 후의 물건의 처분에 관하여는 당사자간의 약정으로 정하는 계약으로서, 형식에서는 임대차계약과 유사하나 그 실질은 물적금융이고 임대차계약과는 여러 가지 특질이 있기 때문에 시설대여(리스)계약은 비전형계약(무명계약)이고 따라서 이에 대하여는 민법의 임대차에 관한 규정이 바로 적용되지 아니한다(대법원 1986. 8. 19. 선고 84다카503, 504 판결).

---

2) 방해제거의무

주택임대차계약을 체결한 후 임대인이 주택을 임차인에게 인도하였으나, 여전히 종전의 임차인 등 제3자가 주택을 계속 사용·수익하는 등 새로운 임차인의 주택 사용과 수익을 방해하는 경우 임대인은 그 방해 제거를 위해 노력해야 한다(민법 제214조 및 제623조 참조).

---

180) 대법원 2004. 6. 10. 선고 2004다2151, 2168 판결.
181) 대법원 1994. 12. 9. 선고 94다34692, 94다34708 판결.
182) 대법원 1997. 4. 25. 선고 96다44778, 44785 판결.

3) 임차보증금 반환의무

임대인은 임대차기간의 만료 등으로 임대차가 종료된 때에는 임차인에게 보증금을 반환해야 한다.183) 임대인의 임차보증금의 반환의무는 임차인의 임차목적물의 반환의무와 동시이행의 관계에 있다.184)

4) 임대인의 수선의무

임대인은 임대차계약 기간 동안 임차인이 목적물을 사용·수익할 수 있도록 필요한 상태를 유지하도록 할 수선의무가 있다(민법 제623조). 그러나 임대차계약 당시 예상하지 못한 임차인의 특별한 용도로의 사용·수익에 대해서는 임대인이 그에 적합한 상태를 유지해야 할 의무는 없다.185) 임차목적물이 파손 또는 장애가 생긴 경우 그것이 임차인이 큰 비용을 들이지 않고 손쉽게 고칠 수 있는 사소한 것이어서 임차인의 사용·수익을 방해할 정도의 것이 아닌 경우에는 임대인의 수선의무를 부담하지 않으며, 그러나 그것이 수선하지 않으면 임차인이 계약으로 정해진 목적에 따라 사용·수익할 수 없는 상태로 될 정도의 것이라면 임대인은 수선의무를 부담한다.186)

임대인의 수선의무는 특약으로 이를 면제하거나 임차인의 의무로 할 수 있으며, 특약으로 수선의무의 범위를 명시하고 있는 등의 특별한 사정이 없는한 그러한 특약에 의하여 임대인이 수선의무를 부담하게 되는 것은 통상 생길 수 있는 파손의 수선 등 소규모의 수선에 한하며, 대파손의 수리, 건물의 주요 구성 부분에 대한 대수선, 기본적 설비부분의 교체 등과 같이 대규모의 수선은 이에 포함하지 않고, 임대인이 그 수선의무를 부담한다.187)

---

183) 대법원 1988. 1. 19. 선고 87다카1315 판결.
184) 대법원 1977. 9. 28. 선고 77다1241, 1242 판결.
185) 대법원 1996. 11. 26. 선고 96다28172 판결; 임대차계약에서 특별히 임대차의 목적을 단란주점 영업용으로 정한 것이 아니었을 뿐 아니라 계약 당시에는 별도의 단란주점영업허가 시설기준조차 제정되어 있지 아니하였던 경우, 임대인으로서는 그 목적물이 통상의 사용수익에 필요한 상태를 유지하여 주면 족하고 임차인의 특별한 용도인 단란주점영업을 위한 사용수익에 적합한 구조나 성상 기타 상태를 유지하게 할 의무까지 있다고 할 수는 없다는 입장이다.
186) 대법원 1994. 12. 9. 선고 94다34692, 94다34708 판결.
187) 대법원 1994. 12. 9. 선고 94다34692, 94다34708 판결.

이 같이 임대인은 임대차 목적물을, 계약 존속 중 그 사용·수익에 필요한 상태를 유지하게 할 의무를 부담하며, 목적물의 파손이나 장해가 생긴 경우 그것이 임차인이 큰 비용을 들이지 않고 손쉽게 고칠 수 있을 정도의 사소한 것이고 임차인의 사용·수익을 방해할 정도의 것이 아닌 경우에는 임대인은 수선의무를 부담하지 않으며, 그것을 수선하지 않으면 임차인이 계약의 목적에 따라 사용·수익할 수 없는 것인 때에는 임대인은 수선의무를 부담하며, 이는 자신에게 귀책사유가 있는 임대차 목적물의 훼손의 경우에는 물론 자신에게 귀책사유가 없는 훼손의 경우에도 마찬가지다.[188]

5) 임대인의 담보책임

임대차는 유상계약으로 매매에 관한 규정이 준용되며(민법 제567조), 따라서 임대인은 매도인과 같은 담보책임을 부담한다. 따라서 임대차 목적물에 하자가 있거나 그에 대한 권리에 하자가 있어 계약의 목적을 달성할 수 없는 때에는 계약을 해제·해지 할 수 있으며, 목적물의 수량이 부족한 때에는 차임의 감액을 청구할 수 있고,[189] 그 밖의 손해배상을 청구할 수 있다.

2. 임차인의 권리와 의무

(1) 임차인의 권리

1) 목적물의 사용·수익권

임차인은 임대차계약이 유효하게 성립하면 임차목적물을 사용·수익할 수 있는 임차권을 갖는다(민법 제618조). 사용·수익의 범위는 계약 또는 목적물의 성질에 따라서 정해진 용법으로 사용·수익하는 것을 전제로 한다(민법 제654조·민법 제610조 제1항).

임차권은 임차인이 임대인에 대하여 주장할 수 있는 채권으로 임대인이 목적물을 제3자에게 양도한 경우에 임차인은 제3자에 대해서 그 권리를 주장할 수 없다. 따라서 민법은 임차인 보호를 위한 규정을 마련하여 부동산임차인은 당사자

---

188) 대법원 2010. 4. 29. 선고 2009다96984 판결.
189) 대법원 1995. 7. 14. 선고 94다38342 판결.

간에 반대 약정이 없으면 임대인에 대해서 그 임대등기 절차에 협력할 것을 청구할 수 있고, 등기한 때로부터 제3자에 대하여 효력이 생긴다(민법 제621조).

부동산등기법(제74조)에서도 차임 및 그 지급시기·존속기간·임차보증금·임차권의 양도 및 전대에 대한 임대인의 동의 등을 등기사항으로 정하고 있다. 문제는 임대인이 임차권에 협조하지 않는 것이 보통이므로 본조가 적용되는 예는 그리 많지 않다.

또, 건물의 소유를 목적으로 한 토지 임대차는 이를 등기하지 아니한 경우에도 임차인이 그 지상물을 등기한 때에는 제3자에 대하여 임대차의 효력이 생긴다. 그러나 건물이 임대차기간 만료 전에 멸실 또는 후폐한 때에는 전항의 효력을 잃는다(민법 제622조). 임대차 등기가 없이도 임차권의 대항력을 인정한다는 점에서 의미가 있으나, 현실적으로 건물의 소유를 목적으로 타인 소유의 토지를 임차하는 경우가 많지 않다는 점을 고려하면 현실성이 없어 보인다. 본조의 '지상 건물의 등기'는 보존등기에 한하지 않고 이전등기를 포함하며, 따라서 그 토지에 대한 권리를 취득한 제3자에 대해서도 토지의 임차권을 주장할 수 있다. 그러나 민법 제622조 제1항은 건물의 소유를 목적으로 한 토지 임대차는 이를 등기하지 아니한 경우에도 임차인이 그 지상 건물을 등기한 때에는 토지에 관하여 권리를 취득한 제3자에 대하여 임대차의 효력을 주장할 수 있음을 규정한 것에 불과할 뿐, 임차인으로부터 건물의 소유권과 함께 건물의 소유를 목적으로 한 토지의 임차권을 취득한 사람이 토지의 임대인에 대한 관계에서 임차권의 양도에 관한 그의 동의가 없어도 임차권의 취득을 대항할 수 있다는 것까지 규정한 것은 아니라는 점[190]에서 문제가 있다.

> ☑ **판례**
> 갑이 대지와 건물의 소유자였던 을로부터 이를 임차하였는데 그 후 갑이 그 건물을 강제경매 절차에서 경락받아 그 대지에 관한 위 임차권은 등기하지 아니한 채 그 건물에 관하여 갑 명의의 소유권이전등기를 경료하였다면, 갑과 을 사이에 체결된 대지에 관한 임대차계약은 건물의 소유를 목적으로 한 토지임대차 계약이 아님이 명백하므로, 그 대지에 관한 갑의 임차권은 민법 제622조에 따른 대항력을 갖추지 못하였다고 할 것이다(대법원 1994. 11. 22. 선고 94다5458 판결).

---

190) 대법원 1996. 2. 27. 선고 95다29345 판결.

민법 제622조 제1항은 '건물의 소유를 목적으로 하는 토지임대차는 이를 등기하지 아니한 경우에도 임차인이 그 지상 건물을 등기한 때에는 제3자에 대하여 임대차의 효력이 생긴다'고 규정하고 있는데, 이는 건물을 소유하는 토지임차인의 보호를 위하여 건물의 등기로써 토지 임대차 등기에 갈음하는 효력을 부여하는 것일 뿐, 임차인이 그 지상 건물을 등기하기 전에 제3자가 그 토지에 관하여 물권취득의 등기를 한 때에는 임차인이 그 지상 건물을 등기하더라도 그 제3자에 대하여 임대차의 효력이 생기지 않는다.191) 이 대항력은 임대차 존속기간 동안 그리고 지상 건물이 존재하는 경우에 한해서 인정되는 것이며, 따라서 지상 건물이 임대차 기간 만료 전에 멸실 또는 후폐(朽廢)한 때에는 토지임차인을 보호할 필요가 없으므로 토지 임대차는 대항력을 잃게 된다(민법 제622조 제2항).

2) 임대차 등기 협력 청구권

임대인과 임차인은 당사자 간의 반대약정이 없으면 임대인에 대하여 그 임대차등기절차에 협력할 것을 청구할 수 있다(민법 제621조 제1항 및 주택임대차보호법 제3조의4). 다만, 임차인은 임대인에게 임대차등기절차에 협력해 줄 것을 청구할 수 있을 뿐이며, 등기청구권까지 주어지는 것은 아니므로 임대인이 협력하지 않으면 임차인은 '임차권설정등기절차를 이행하라'는 취지의 이행판결을 받아 단독으로 등기를 신청하거나 법원의 임차권등기명령제도를 이용하여 임대차 등기를 할 수 있다(민법 제621조, 주택임대차보호법 제3조의3 제1항, 부동산등기법 제23조 제4항).

등기된 임차권에는 용익권적 권능 외에 임차보증금반환채권에 대한 담보권적 권능이 있으며, 임대차 기간이 종료되면 용익권적 권능은 임차권 등기의 말소등기 없이도 곧 소멸하나 담보권적 권능은 곧바로 소멸하지 않으며, 임차권자는 임대차 기간이 종료한 후에도 임차보증금을 반환받기까지는 임대차 기간이 종료한 후에도 임차보증금을 반환받기까지는 임대인이나 그 승계인에 대하여 임차권 등기의 말소를 거부할 수 있다. 따라서 임차권 등기가 원인 없이 말소된 때에는 그 방해를 배제하기 위한 청구를 할 수 있다.192)

---

191) 대법원 2003. 2. 28. 선고 2000다65802, 65819 판결.
192) 대법원 2002. 2. 26. 선고 99다67079 판결.

3) 차임감액청구권

임차인은 임대차계약의 존속 중에 약정한 차임이나 보증금이 임대주택에 대한 조세, 공과금, 그 밖의 부담의 증가나 경제사정의 변동으로 적절하지 않게 된 때에는 장래에 대하여 그 감액을 청구할 수 있다(민법 제628조, 주택임대차보호법 제7조 제1항 전단). 차임감액을 금지하는 특약은 임차인에게 불리한 것으로 그 효력이 없으며(민법 제652조, 주택임대차보호법 제7조 제1항 전단), 따라서 임차인은 차임감액을 금지하는 특약을 하였더라도 경제사정의 변경 등을 원인으로 차임감액청구를 할 수 있다.

또, 임차물의 일부가 임차인의 과실없이 멸실 기타 사유로 인하여 사용, 수익할 수 없는 때에는 임차인은 그 부분의 비율에 의한 차임의 감액을 청구할 수 있으며, 그 잔존부분으로 차임의 목적을 달성할 수 없는 때에는 임차인은 계약을 해지할 수 있다(민법 제627조).

4) 부속물매수청구권

가. 개념

임차인이 임차한 주택 사용의 편익을 위해 임대인의 동의를 얻어서 그 주택에 부속한 물건이 있거나 임대인으로부터 매수한 부속물이 있는 때에는 임대차 종료 시에 임대인에게 그 부속물의 매수를 청구할 수 있다(민법 제646조). 나아가 임차인이 임차주택을 적법하게 전대한 경우, 전차인이 그 사용의 편익을 위하여 임대인의 동의를 얻어서 이에 부속한 물건이 있는 때에는 전대차의 종료 시에 임대인에게 그 부속물의 매수를 청구할 수 있으며, 임대인으로부터 매수하였거나 그 동의를 얻어 임차인으로부터 매수한 부속물에 대해서도 매수를 청구할 수 있다(민법 제647조).

여기서 부속물이란 건물에 부속된 물건으로 임차인의 소유에 속하고, 건물의 구성부분으로는 되지 아니한 것으로서 건물의 사용에 객관적인 편익을 가져오게 하는 물건을 말한다. 따라서 부속된 물건이 오로지 건물임차인의 특수한 목적에 사용하기 위하여 부속된 것일 때에는 부속물매수청구권의 대상이 되지 않는다.[193]

---

193) 대법원 1991. 10. 8. 선고 91다8029 판결.

또 부속물인지 아닌지는 해당 건물 자체의 구조와 임대차계약 당시 당사자 사이에 합의된 사용 목적, 그 밖에 건물의 위치, 주위 환경 등 제반 사정을 참작하여 판단해야 하며,194) 따라서 임차인이 비디오테이프 대여점을 운영하면서 임대인측의 묵시적 동의하에 유리 출입문, 새시 등 영업에 필요한 시설을 부속시킨 경우에 이는 부속물에 해당하며,195) 임차인이 카페영업을 위하여 시설공사를 하고, 카페의 규모를 확장하면서 내부 시설공사를 하거나 창고 지붕의 보수공사를 한 경우 이는 부속물이 아니다.196)

나. 부속물매수청구권의 행사

부속물매수청구권은 임대차 관계가 종료한 이후 행사 시기에는 제한이 없다. 따라서 임대차가 종료하여 임차주택을 반환한 이후에도 매수청구권을 포기하지 않은 경우에는 부속물의 매수청구권을 행사할 수 있다. 임차인은 부속물의 부속에 동의한 임대인은 물론, 임차권이 대항력이 있는 경우에는 그 임대인으로부터 임대인의 지위를 승계한 사람에게도 청구할 수 있다. 그러나 임차인이 차임을 지급하지 않는 등 채무를 이행하지 않은 경우에는 임차인에게 부속물매수청구권을 행사할 수 없다.197)

다. 부속물매수청구권 행사의 효과

임차인이 서면이나 구두로 부속물의 매수를 청구하면 곧바로 매매계약이 성립하며, 이 경우 부속물의 매매대금은 그 매수청구권 행사당시의 시가를 기준으로 산정된다.198) 부속물매수청구권에 관한 규정을 위반하는 약정으로서 임차인에게 불리한 것은 무효이다(민법 제652조).

5) 임차인의 유익비상환청구권

가. 개념

유익비상환청구권이란 임차인이 임대차 관계로 임차주택을 사용·수익하던

194) 대법원 1993. 10. 8. 선고 93다25738, 93다25745 판결.
195) 대법원 1995. 6. 30. 선고 95다12927 판결.
196) 대법원 1991. 10. 8. 선고 91다8029 판결.
197) 대법원 1990. 1. 23. 선고 88다카7245, 88다카7252 판결.
198) 대법원 1995. 6. 30. 선고 95다12927 판결.

중 그 객관적 가치를 증가시키기 위해 투입한 비용이 있는 경우에는 임대차 종료 시에 그 가액의 증가가 현존하는 때에 한하여 임대인에게 임대인의 선택에 따라서 임차인이 지출한 금액이나 그 증가액의 상환을 청구할 수 있는 권리이다(민법 제626조 제2항).[199] 따라서, 유익비의 상환은 임차인이 임차기간 중에 지출한 유익비에 한해서 인정되며, 임차인이 유익비를 지출하여 증가된 가액이 임대차 종료 시에 현존하는 경우에 청구할 수 있다.

유익비상환청구의 범위는 임차인이 유익비로 지출한 비용과 현존하는 증가액 중 임대인이 선택한 것을 상환 받을 수 있으며(민법 제626조 제2항 전단), 따라서 유익비상환의무자인 임대인의 선택권을 위해 유익비는 실제로 지출한 비용과 현존하는 증가액을 모두 산정해야 한다.[200]

나. 유익비상환청구의 시기와 기간

임차인이 유익비를 지출한 경우에는 필요비를 지출한 경우와는 달리 즉시 그 상환을 청구할 수는 없으며, 임대차가 종료하여야 비로소 청구할 수 있다(민법 제626조 제2항 전단). 임차인이 유익비의 상환을 청구하면, 임대인은 이에 응하여야 하나, 과다한 유익비의 일시적인 상환의무로 어려움에 처할 수도 있기 때문에 법원은 임대인의 청구에 따라 상당기간 상환의 유예를 허여할 수 있다(민법 제626조 제2항 후단). 유익비의 상환청구는 임대인이 임차주택을 반환을 받은 날부터 6개월 이내에 청구해야 하는데(민법 제654조에 따른 제617조의 준용), 법원이 상당기간 상환의 유예를 허락한 경우에는 그 기간이 경과한 때로부터 6개월의 기간을 기산하여야 한다.

다. 유익비상환청구권의 포기

임차인의 유익비상환청구권에 관한 규정은 강행규정이 아니므로 당사자 사이의 특약으로 유익비의 상환청구를 포기하거나 제한할 수 있다(민법 제652조). 따라서 임차인이 임대차계약을 체결할 때 임차주택을 임대인에게 명도할 때에 일체 비용을 부담하여 원상복구를 하기로 약정한 경우에는 유익비의 상환을 청구

할 수 없다.[201]

라. 유익비상환청구의 효과

임차인은 임차주택에 대한 유익비의 상환을 받을 때까지 그 주택을 점유할 권리가 있다(민법 제320조 제1항). 따라서 임차인은 종전과 같이 임차주택을 점유하면서 사용·수익할 수 있으나, 이때의 점유기간 동안의 차임상당액은 부당이득으로 임대인에게 반환해야 한다.

> ☑ **판례**
>
> 임야 상태의 토지를 임차하여 대지로 조성한 후 건물을 건축하여 음식점을 경영할 목적으로 임대차계약을 체결한 경우, 비록 임대차계약서에서는 필요비 및 유익비의 상환청구권은 그 비용의 용도를 묻지 않고 이를 전부 포기하는 것으로 기재되었다고 하더라도 계약당사자의 의사는 임대차 목적 토지를 대지로 조성한 후 이를 임차 목적에 따라 사용할 수 있는 상태에서 새로이 투입한 비용에 한정하여 임차인이 그 상환청구권을 포기한 것이고 대지조성비는 그 상환청구권 포기의 대상으로 삼지 아니한 취지로 약정한 것이라고 해석하는 것이 합리적이다(대법원 1998. 10. 20. 선고 98다31462 판결).

6) 계약갱신청구권과 지상물매수청구권

건물 기타 공작물의 소유 또는 식목, 採鹽, 목축을 목적으로 한 토지의 임대차 기간이 만료하였을 때에는 건물, 수목 기타 지상 시설이 현존한 때에는 민법 제283조가 준용된다(민법 제643조). 따라서 토지임차인은 일차적으로 임대인에 대해서 계약의 갱신을 청구할 수 있으며(민법 제283조 제1항), 임대인이 이를 거절한 때에는 이차적으로 상당한 가액으로 그 지상물의 매수를 청구할 수 있다(민법 제283조 제2항). 그러나 임대차에 있어서 임차인의 채무불이행 등의 사유로 임대차계약이 해지된 경우에는 임차인에게 계약갱신권이나 매수청구권, 민법 제646조에 의한 부속물매수청구권은 발생하지 않는다.[202]

토지임차인 소유의 건물에 근저당권이 설정되어 있는 경우에도 매수청구권은 인정되며,[203] 이 경우 매수청구권을 행사한 지상 건물의 소유자가 위와 같은 근저

---

201) 대법원 2002. 11. 22. 선고 2001다40381 판결.
202) 대법원 1972. 12. 26. 선고 72다2013 판결.
203) 대법원 1972. 5. 23. 선고 72다341 판결.

당권을 말소하지 않는 경우 토지소유자는 민법 제588조에 의하여 위 근저당권이 말소될 때까지 그 채권최고액에 상당한 대금의 지급을 거절할 수 있다.[204]

　　민법 제643조가 정하는 건물의 소유를 목적으로 하는 토지 임대차에서 임차인이 가지는 지상물매수청구권은 건물의 소유를 목적으로 하는 토지 임대차계약이 종료되었음에도 그 지상 건물이 현존하는 경우, 임대차계약을 성실하게 지켜온 임차인이 임대인에게 상당한 가액으로 그 지상 건물의 매수를 청구할 수 있는 권리로서 국민경제적 관점에서 지상 건물의 잔존 가치를 보존하고, 토지소유자의 배타적인 소유권 행사로 인하여 희생당하기 쉬운 임차인을 보호하기 위한 제도로서, 특별한 사정이 없는 한 행정관청의 허가를 받은 적법한 건물이 아니더라도 임차인의 지상물매수청구권의 대상이 될 수 있다. 그리고 건물을 매수하여 점유하고 있는 사람은 소유자로서의 등기명의가 없다 하더라도 그 권리의 범위 내에서는 그 점유 중인 건물에 대하여 법률상 또는 사실상의 처분권이 있으며, 지상물 매수청구 청구권 제도의 목적, 미등기 매수인의 법적 지위 등에 비추어, 종전 임차인으로부터 미등기 무허가건물을 매수하여 점유하고 있는 임차인은 특별한 사정이 없으면 비록 소유자로서의 등기명의가 없어 소유권을 취득하지 못하였다 하더라도 임대인에 대하여 지상물매수청구권을 행사할 수 있다.[205]

7) 장기수선충당금 반환청구권

가. 개념

　　장기수선충당금이란 300세대 이상의 아파트, 승강기가 설치된 아파트 또는 중앙집중식 난방방식의 아파트 등의 관리자가 장기수선계획에 따라 주요 시설의 교체 및 보수에 필요한 금액을 해당 주택의 소유자로부터 징수해 적립하는 것을 말한다(공동주택관리법 제29조 제1항 및 제30조 제1항).

나. 장기수선충당금의 부담 주체

　　장기수선충당금은 아파트 등 공동주택의 주요시설의 보수 등을 위해 부과하는 관리비로서, 그 부담은 아파트 등 공동주택의 소유자가 부담해야 하나, 공동주

---

204) 대법원 2008. 5. 29. 선고 2007다4356 판결.
205) 대법원 2013. 11. 28. 선고 2013다48364, 48371 판결.

택의 관리규약에 따라 임차인이 관리비와 함께 납부하는 것이 일반적이다(공동주택관리법 제30조 제1항). 따라서 임차인이 아파트 등 공동주택을 사용·수익하는 동안에 납부한 장기수선충당금은 임대차가 종료하는 때에 그 공동주택의 소유자에게 반환을 청구할 수 있다(공동주택관리법 시행령 제31조 제7항).

(2) 임차인의 권리와 의무

1) 임차인의 권리

가. 사용·수익권

임차인은 임대차계약으로 임차주택을 사용·수익할 수 있는 임차권을 취득한다(민법 제618조). 따라서 임대인에게 임차주택의 인도를 청구할 수 있고, 그 임차기간 중 사용·수익에 필요한 상태를 유지해 줄 것을 청구할 수 있다. 임차인이 제3자에 대해서 임차권을 주장하려면, 대항력을 취득하거나 임대차 등기를 해야 한다(주택임대차보호법 제3조 및 민법 제621조 제2항).

나. 임대차 등기 협력 청구권

임대인과 임차인은 당사자 간에 반대약정이 없으면, 임차인은 임대인에게 주택임대차 등기에 협력할 것을 청구할 수 있다(민법 제621조 제1항 및 주택임대차보호법 제3조의4). 다만, 임차인은 임대인에게 임대차 등기절차에 협력해 줄 것을 청구할 수 있을 뿐, 등기청구권까지 주어지는 것은 아니므로, 임대인이 협력하지 않으면 임차인은 '임차권설정등기절차를 이행하라'는 취지의 이행판결을 받아 단독으로 등기를 신청하거나 법원의 임차권등기명령제도를 이용하여 임대차 등기를 할 수 있다(주택임대차보호법 제3조의3 제1항, 민법 제621조 제1항 및 부동산등기법 제23조 제4항 참조).

다. 차임감액청구권

임차인은 임대차계약의 존속 중에 약정한 차임이나 보증금이 임대주택에 대한 조세, 공과금, 그 밖의 부담의 증가나 경제사정의 변동으로 적절하지 않게 된 때에는 장래에 대하여 그 감액을 청구할 수 있다(주택임대차보호법 제7조 제1항 전단). 차임 감액금지의 특약은 임차인에게 불리한 것으로 그 효력이 없다(주택임대차보호법 제10조, 민법 제652조 및 제628조). 따라서 임차인은 차임감액금지특약을 하였더라도 경제 사정의 변경 등을 원인으로 차임감액을 청구를 할 수 있다.

임차인은 임차주택 일부가 임차인의 과실 없이 멸실, 그 밖의 사유로 사용·수익할 수 없는 때에는 그 부분의 비율에 의한 차임의 감액을 청구할 수 있다. 이 경우 그 잔존부분으로 임차의 목적을 달성할 수 없는 때에는 임차인은 계약을 해지할 수 있다(민법 제627조).

라. 부속물매수청구권 또는 철거권

임차인은 임차주택의 사용 편익을 위해 임대인의 동의를 얻어서 부속한 물건이 있는 때에는 임대차의 종료 시에 임대인에게 그 부속물의 매수를 청구할 수 있으며, 임대인으로부터 매수한 부속물에 대해서도 그 매수를 청구할 수 있다(민법 제646조). 임차인은 부속물에 대해서 임대인이 매수를 원하지 않는 경우 임차주택을 반환할 때 부속물을 철거할 수 있다(민법 제654조 및 제615조).

마. 필요비상환청구권

임차인은 임차주택의 보존에 관해서 필요비를 지출한 때에는 비용이 발생한 즉시 임대인에게 그 비용을 청구할 수 있다(민법 제626조 제1항). 필요비란 임대차계약의 목적에 따라 임차주택을 사용·수익하는데 적당한 상태를 보존, 유지하기 위해 필요한 모든 비용을 말하며, 임대인의 동의 없이 지출한 비용을 포함한다(민법 제203조 제1항 및 제618조 참조).

바. 유익비상환청구권

임차인이 유익비를 지출한 경우에 임대인은 임대차 종료 시에 그 가액의 증가가 현존하는 한 임차인이 지출한 금액이나 그 증가액을 상환해야 한다(민법 제626조 제2항). 여기서 유익비란 임차인이 임차물의 객관적 가치를 증가시키기 위하여 투입한 비용을 말한다(민법 제203조 제2항).[206]

---

206) 대법원 1991. 8. 27. 선고 91다15591, 15607 반소 판결.

2) 임차인의 의무

가. 차임지급의무

임차인은 임차물의 사용·수익의 대가로서 임대인에게 차임을 지급할 의무가 있다(민법 제618조). 차임은 반드시 금전이어야 할 필요는 없으며 물건으로 지급하여도 무방하다. 따라서 임차물의 일부가 임차인의 과실 없이 멸실 기타 사유로 인하여 사용·수익할 수 없을 때에는 임차인은 그 부분의 비율에 의한 차임의 감액을 청구할 수 있으며(민법 제627조 제1항), 그 잔존 부분으로 임차의 목적을 달성할 수 없는 때에는 임차인은 계약을 해지할 수 있다(민법 제627조 제2항). 민법 제627조는 강행규정이며, 따라서 이에 위반하는 약정으로 임차인에게 불리한 것은 무효이다(민법 제652조).

나. 임차주택의 사용·수익 의무

임차인은 계약 또는 그 목적물의 성질에 따라서 정해진 용법으로 이를 사용·수익하여야 한다(민법 제654조·민법 제610조 제1항). 임차인은 계약기간이 종료함과 동시에 임차물을 반환해야 하는 특정물 인도 채무를 부담하므로 반환할 때까지 선량한 관리자의 주의로 이를 보존해야 한다(민법 제374조). 또 임차물의 수리를 요하거나 임차물에 대하여 권리를 주장하는 자가 있는 때에는 임차인은 지체없이 임대인에게 이를 통지해야 하며(민법 제634조 본문), 그러나 임대인이 이미 이를 안 때에는 통지할 필요가 없다(민법 제634조 단서). 임차인이 이 의무를 위반하더라도 임대인은 손해배상을 청구할 수 있을 뿐, 계약을 해지하지 못한다. 임차인은 목적물에 대한 보존의무가 있으므로, 임대인이 임대물의 보존에 필요한 행위를 할 때에는 임차인은 이를 거절하지 못한다(민법 제624조). 다만 임대인이 임차인의 의사에 반하여 보존행위를 하는 경우에 임차인이 이로 인하여 임차의 목적을 달성할 수 없는 때에는 계약을 해지할 수 있다(민법 제625조).

다. 임차물 반환의무와 원상회복의무

임차인은 주택임대차가 종료한 때에는 임대인에게 목적물을 반환해야 한다. 반환하는 경우 목적물은 원래의 상태로 회복하여 반환해야 한다(민법 제615조 및 제

654조). 임차인이 임차목적물을 수리하거나 변경한 때에는 원칙적으로 수리·변경 부분을 철거하여 임대 당시의 상태로 사용할 수 있도록 해야 한다. 다만, 원상회복 의무의 내용과 범위는 임대차계약의 체결 경위와 내용, 임대당시 목적물의 상태, 임차인이 수리하거나 변경한 내용 등을 고려하여 구체적·개별적으로 정해야 한다.[207]

임대차는 당사자 일방이 상대방에게 목적물을 사용·수익하게 할 것을 약정하고 상대방이 이에 대하여 차임을 지급할 것을 약정하면 성립하고, 임대인이 그 목적물에 대한 소유권 기타 이를 임대할 권한이 있을 것을 성립요건으로 하지 않는다. 그러나 임대차가 종료된 경우 임대목적물이 타인 소유라 하더라도 그 타인이 목적물의 반환청구나 차임 내지 그 해당액의 지급을 요구하는 등 특별한 사정이 없는 한 임차인은 임대인에게 목적물을 반환해야 하고 임대차 종료일까지의 연체 차임을 지급할 의무가 있으며, 임대차 종료일 이후부터 부동산 명도 완료일까지 그 부동산을 점유·사용함에 따른 차임 상당의 부당이득금을 반환해야 한다.[208]

임차인의 과실로 임차물을 반환할 수 없는 경우 임차인은 채무불이행 책임을 부담한다. 따라서 건물의 규모와 구조로 볼 때 그 건물 중 임차한 부분과 그 밖의 부분이 상호 유지·존립함에 있어서 구조상 불가분의 일체를 이루는 관계에 있고, 그 임차 부분에서 화재가 발생하여 건물의 방화 구조상 건물의 다른 부분에까지 연소되어 피해가 발생한 경우, 임차인은 임차 부분에 한하지 않고 그 건물의 유지·존립과 불가분의 일체관계가 있는 다른 부분이 소실되어 임대인이 입게 된 손해에 대해서도 배상할 의무가 있다.[209]

3. 임차권의 양도, 전대의 제한

(1) 의의

임차인은 임대인의 동의없이 그 권리를 양도하거나 임차물을 전대하지 못한다(민법 제629조 제1항). 여기서 임차권의 양도란 임차인이 임차권을 제3자에게 양

---

207) 대법원 2019. 8. 30. 선고 2017다268142 판결.
208) 대법원 2001. 6. 29. 선고 2000다68290 판결; 대법원 2007. 8. 23. 선고 2007다21856, 21863 판결.
209) 대법원 2004. 2. 27. 선고 2002다39456 판결.

도하는 것으로 임차인이 임대차 계약에 따른 모든 권리와 의무를 제3자에게 이전하는 것을 말하는데 채무의 인수를 포함하여 채권자의 승낙이 있어야 그 효력이 발생한다(민법 제454조).

　　임차물의 전대는 임차인이 임대차계약에 따른 그의 지위를 그대로 가지면서 임차물을 제3자로 하여금 사용·수익하게 하는 것으로 임차인과 제3자와의 관계는 임대차인 것이 보통이지만 사용대차여도 무방하며, 임차물의 전부 또는 일부에 대해서도 전대가 이루어질 수 있다. 그러나 건물 소유를 목적으로 한 대지 임차권을 가지고 있는 자가 위 대지상의 자기소유 건물에 대하여 제3자에 대한 채권담보의 목적으로 제3자 명의의 소유권이전등기를 경료한 이른바 양도담보의 경우, 채권담보를 위하여 신탁적으로 양도담보권자에게 건물의 소유권이 이전될 뿐 확정적·종국적으로 이전되는 것은 아니며 특별한 사정이 없는 한 양도담보권자가 건물의 사용·수익권을 갖게 되는 것도 아니며, 이러한 경우 위 건물의 부지에 관하여 민법 제629조 소정의 해지의 원인인 임차권의 양도 또는 전대가 이루어졌다고 볼 수 없다.210) 임차인이 임대인으로부터 별도의 승낙을 얻지 않고 제3자에게 임차물을 사용·수익하도록 한 경우에 임차인의 당해 행위가 임대인에 대한 배신적인 행위라고 인정할 수 없는 특별한 사정이 있는 경우에 해지권은 발생하지 않으며, 임차권의 양수인이 임차인과 부부로서 임차건물에 동거하면서 함께 가구점을 경영하고 있는 등의 사정은 "특별한 사정"에 해당하며,211) 임차권의 양도가 금지된다고 하더라도 임차보증금반환채권의 양도마저 금지되는 것은 아니며 양도인은 양수인에 대하여 그 채권의 양도에 관하여 임대인에게 통지를 하거나 그에 대한 승낙을 받아 주어야 할 의무를 부담한다.212)

(2) 임대인의 동의 없는 양도·전대

　　임차인이 임대인의 동의 없이 그 권리를 양도하거나 임차물을 전대한 때에 임대인은 계약을 해지할 수 있다(민법 제629조 제2항). 임차인이 임대인의 동의 없이 그 권리를 양도하거나 임차물을 전대한 경우 임대인이 계약을 해지할 수 있도록

---

210) 대법원 1995. 7. 25. 선고 94다46428 판결.
211) 대법원 1993. 4. 27. 선고 92다 45308 판결.
212) 대법원 1993. 6. 25. 선고 93다13131 판결.

한 것은 임대차계약이 원래 당사자의 개인적 신뢰를 기초로 하는 계속적 법률관계임을 고려하여 임대인의 인적신뢰나 경제적 이익을 보호하여 이를 해치지 않게 하고자 함에 있으므로, 임차인이 비록 임대인으로부터 별도의 승낙을 얻지 않고 제3자에게 임차물을 사용·수익하도록 한 경우에 있어서도, 임차인의 당해 행위가 임대인에 대한 배신적 행위라 할 수 없는 특별한 사정이 인정되는 경우에는 임대인은 자신의 동의 없이 전대차가 이루어졌다는 것만을 이유로 임대차계약을 해지할 수 없으며, 임차권 양수인이나 전차인은 임차권의 양수나 전대차 및 그에 따른 사용·수익을 임대인에게 주장할 수 있다.[213)

임대인의 동의 없이 임차권을 양도한 계약은 이로써 임대인에게 대항할 수 있을 뿐 임차인과 양수인 사이에는 유효하며, 이 경우 임차인은 양수인을 위하여 임대인의 동의를 받아 줄 의무가 있으며,[214) 임차인이 임대인의 동의를 받지 않고 제3자에게 임차권을 양도하거나 전대하는 등의 방법으로 임차물을 사용·수익하게 한 경우, 임대인이 이를 이유로 임대차계약을 해지하거나 그 밖의 다른 사유로 임대차계약이 적법하게 종료되지 않는 한 임대인은 임차인에 대하여 차임청구권을 가지므로, 임대차계약이 존속하는 한 제3자에게 불법점유를 이유로 차임 상당의 손해배상청구나 부당이득반환청구를 할 수 없다.[215) 전대인과 전차인의 관계, 임대인과 전차인의 관계, 임대인과 임차인의 관계도 위와 같다.

(3) 임대인의 동의에 따른 양도·전대

1) 임차권의 양도

임대차계약에 의하여 생기는 임차인의 권리와 의무는 포괄적으로 양수인에게 이전된다. 다만 임차권의 양도에 대한 임대인의 동의가 있기 전에 이미 발생한 임차인의 연체차임채무 기타 손해배상채무 등은 별도의 특약이 없는 한 양수인에게 이전하지 않는다.

---

213) 대법원 2010. 6. 10. 선고 2009다101275 판결.
214) 대법원 1986. 2. 25. 선고 85다카1812 판결.
215) 대법원 2008. 2. 28. 선고 2006다10323 판결.

2) 임차물의 전대

임차인이 임대인의 동의를 얻어 임차물을 전대한 때에는 전차인은 직접 임대인에 대하여 의무를 부담한다. 이 경우 전차인은 전대인에 대한 차임의 지급으로써 임대인에게 대항하지 못한다(민법 제630조 제1항). 즉 임차인과 전차인의 관계는 전대차계약에 따르며, 임대인과 임차인의 관계는 전대차의 성립으로 아무런 영향을 받지 않는다(민법 제630조 제2항). 전차인은 직접 임대인에 대한 의무를 부담하기도 하지만(민법 제630조 제1항), 그렇다고 임대인의 임차인에 대한 권리행사에 영향을 미치는 것은 아니다(민법 제630조 제2항).

전차인의 과실로 목적물이 멸실한 경우에 전차인은 목적물반환채무의 이행불능으로 인한 손해배상책임이 있다. 이 경우 임차인의 책임이 문제가 되는데 전차인의 권리와 의무는 법률상 임차인의 임차권과 독립하여 인정되며(민법 제630조·민법 제631조), 임차인은 전차에 대한 임대인의 동의를 요하는 점(민법 제630조)에서 임대인은 전차인의 선임·감독에 관하여 귀책사유가 있는 경우에 한해서 책임이 있다(통설).

또 임대인과 전차인 사이에 직접적인 임대차 관계는 없지만, 민법은 임대인을 보호하기 위하여 "전차인은 직접 임내인에 대하여 의무를 부담한다"고 규정하고 있다(민법 제630조 제1항 1문). 그러나 임대인에 대해서 직접 권리는 갖지 못한다. 전차인이 직접 임대인에 대해서 부담하는 의무는 전대차계약과 임대차계약상의 의무를 그 한도로 한다.

전차인이 직접 임대인에 대해서 부담하는 의무 가운데 '차임'에 관하여 민법은 "전차인은 전대인에 대한 차임의 지급으로써 임대인에게 대항하지 못한다(민법 제630조 제1항 2문). 임대인의 동의를 얻어 전대를 한 경우, 민법은 전차인을 보호하기 위한 규정을 두고 있다. 즉 ① 임대차관계가 소멸하면 전대차관계도 소멸하나, 임대인과 임차인의 합의로 계약을 종료한 때에도 전차인의 권리는 소멸하지 않으며(민법 제631조), ② 임대차계약이 해지의 통고로 종료된 경우에는 임대인이 전차인에 대해 그 사유를 통지하지 않으면 해지로써 전차인에게 대항하지 못하며(민법 제638조 제1항), 전차인이 통지를 받은 때에는 민법 제635조 제2항의 규정을 준용하여, 일정 기간이 경과한 때에 해지의 효력이 생긴다(민법 제638조 제2항). ③ 건물 기타 공작물의 소유 또는 식목·채염·목축을 목적으로 한 토지임차인이 적법하게 그 토지를 전대한 경우, 임대차 및 전대차의 기간이 동시에 만료되고 또 건물 등 지상시설이 현존한 때에는, 전차인은 임대인에 대하여 종전의 전대차와 동일한 조건으로 임대할 것을 청구할 수 있다(민법 제644조 제1항). 전차인의 임대청구에 대하여 임대인이 원하지 않을 때에는, 전차인은 임대인에 대해 상당한 가액으로 그 지상시설의 매수를 청구할 수 있다(민법 제644조 제2항). 또 건물 기타 공작물의 임차인이 적법하게 전대한 경우, 전차인이 그 사용의 편익을 위하여 임대인의 동의를 얻어 임차인으로부터 매수한 부속물은 전대차 종료 시에 임대인에 대하여 그 부속물의 매수를 청구할 수 있다(민법 제647조).

전대의 경우, 임대인의 동의를 얻어야 하는 것(민법 제629조), 전차인이 직접 임대인에 대해 의무를 부담하는 것(민법 제630조), 임대인과 임차인의 합의로 계약을 종료하지 못하는 것(민법 제631조)은 임차인이 그 건물의 일부를 타인에게 사용하게 하는 경우에는 적용하지 않는다(민법 제632조).

4. 임차보증금

(1) 의의

임대차계약이 유효하게 성립하면 임차인은 차임을 지급하고, 계약의 내용 또는 목적물의 성질에 따른 용법으로 목적물을 사용해야 하며, 목적물을 반환할 때까지 선량한 관리자의 주의로 목적물을 보존해야 하며, 임대차 관계가 종료된 때에는 임차물을 원상회복하여 반환해야 한다. 임차인이 부담하는 이 같은 채무를 담보하기 위하여 약정에 의하여 임차인 또는 제3자가 임대인에게 일정의 금전을 교부하게 되는데 이것이 임대차보증금이다. 민법은 임대차에서 보증금에 관한 규정을 명문으로 두고 있지 않으나 임대차계약에 부수하여 보증금약정을 맺는 것이 거래의 관행이다.

(2) 효과

임차인이 임대인에게 지급하는 보증금은 임대차 관계가 종료되어 목적물을 반환할 때까지 임대차 관계에서 발생하는 임차인의 모든 채무를 담보하는 것으로,

임차인의 채무불이행이 없으면 그 전액을 반환하고, 임차인이 차임을 지급하지 않거나 목적물을 멸실·훼손하여 부담하는 손해배상 채무 또는 임대차 종료 후 목적물 반환 시까지 목적물의 사용으로 인한 손해배상 내지 부당이득 반환채무 등을 부담하고 있는 경우에 임대인은 그 보증금에서 이를 공제한 나머지 금액만을 반환하면 된다.

임대인의 보증금 반환의무는 임대차 관계가 종료되는 경우에 그 보증금에서 목적물을 반환받을 때까지 생긴 연체차임 등 임차인의 모든 채무를 공제한 나머지 금액에 관해서만 비로소 이행기에 도달하여 임차인의 목적물 반환의무와 동시이행의 관계에 선다.[216] 따라서 임대인이 임차인을 상대로 차임 연체로 인한 임대차계약의 해지를 원인으로 임대차 목적물인 부동산의 인도 및 연체차임의 지급을 구하는 소송비용은 임차인이 부담할 원상복구비용 및 차임지급의무 불이행으로 인한 것으로, 이는 임대차 관계에서 발생하는 임차인의 채무에 해당하며 임대차보증금에서 당연히 공제할 수 있다.[217] 그러나 임대차보증금이 임대인에게 교부된 경우 임대인은 임대차 관계가 계속되고 있는 동안에는 임대차보증금에서 연체차임을 충당할 것인지를 자유로이 선택할 수 있으므로, 임대차계약 종료 전에는 연체차임이 공제 등 별도의 의사표시 없이 임대차보증금에서 당연히 공제되는 것은 아니며, 임대인이 차임채권을 양도하는 등의 사정으로 인하여 차임채권을 가지고 있지 않은 경우에는 특별한 사정이 없는 한 임대차계약 종료 전에 임대차보증금에서 공제한다는 의사표시를 할 수 있는 권한이 없다.[218]

그러나 임대차보증금은 임대차계약이 종료된 후 임차인이 목적물을 명도할 때까지 발생하는 차임 및 기타 임차인의 채무를 담보하기 위하여 교부되는 것이므로 특별한 사정이 없는 한 임대차계약이 종료되었다 하더라도 목적물이 명도되지 않은 경우 임차인은 보증금이 있음을 이유로 연체차임의 지급을 거절할 수 없다.[219] 법원은 임대차계약서에 임차인의 원상복구의무를 규정하고 원상복구비용을 임대차보증금에서 공제할 수 있는 것으로 약정하였다 하더라도 임대인이 원상복구할 의사 없이 임차인이 설치한 시설을 그대로 이용하여 타인에게 다시 임대하려

---

216) 대법원 1987. 6. 23. 선고 87다카98 판결.
217) 대법원 2012. 9. 27. 선고 2012다49490 판결.
218) 대법원 2013. 2. 28. 선고 2011다49608, 49615 판결.
219) 대법원 1999. 7. 27. 선고 99다24881 판결.

는 경우에는 원상복구비용을 임대차보증금에서 공제할 수 없다고 판단하고 있다.[220] 나아가 임대차보증금액보다 임차인의 채무액이 많은 경우에는 민법 제447조 소정의 법정변제충당의 순서에 따라서 변제하여야 한다.[221]

임차보증금을 피전부채권으로 하여 전부명령이 있을 경우에도 제3채무자인 임대인은 임차인에게 대항할 수 있는 사유로서 전부채권자에게 대항할 수 있으므로 건물임대차보증금의 반환채권에 대한 전부명령의 효력이 그 송달에 의하여 발생한다고 하더라도 위 보증금반환채권은 임대인의 채권이 발생하는 것을 해제조건으로 하는 것이므로 임대인의 채권을 공제한 잔액에 관하여서만 전부명령이 유효하다.[222] 또 임차인이 다른 사람에게 임대차보증금 반환채권을 양도하고, 임대인에게 양도통지를 하였어도 임차인이 임대차목적물을 인도하기 전까지는 임대인이 위 소송비용을 임대차보증금에서 공제할 수 있다.[223]

제2절 우리나라의 주택임대차 제도

제1관 주택임대차 제도의 개관

2000년대 이후 주택임대차와 관련한 제도의 도입에 관한 논의가 활발하게 전개되어왔는데 논의된 주요 내용으로는 대통령선거, 국회의원선거 과정에서 임대료 상한제, 계약갱신청구권, 임대차 등록제도의 도입 등을 공약화하는 과정에서 많이 나타났다. 논의의 방향성은 전세금이 급등할 때마다 진보 성향의 학자와 정당 및 시민단체 등을 중심으로 임대료 상한제, 계약갱신청구권, 임대차 등록제 등의 도입에 관한 내용이었다.

임대료 상한제는 임대인과 임차인 간에 계약을 체결하는 과정에서 일정 비율 이상 보증금과 월세를 올리지 못하도록 제한하는 것으로, 시장의 임대료를 법률에서 정한 금액 이상으로 받지 못하도록 하는 제도이다. 임대료 상한제를 주장하는 견해

---

220) 대법원 2002. 12. 10. 선고 2002다52657 판결.
221) 대법원 2007. 8. 23. 선고 2007다21856, 21863 판결.
222) 대법원 1988. 1. 19. 선고 87다카1315 판결.
223) 대법원 2002. 12. 10. 선고 2002다52657 판결.

의 주요 내용은 '인상률 제한'을 주장하는 것인데 실제로는 '임대료통제'에 관한 내용이다. 반대로 임대료 상한제를 반대하는 견해는 ① 임대업자의 주택수선·개량 해태에 따른 지역 슬럼화, ② 임차인의 '웃돈' 지불에 따른 경제적 부담 가중, ③ 임대주택의 부족 현상의 발생, ④ 임대주택 건설사업의 현저한 감소 등을 들고 있다.

임대료 상한제를 주장하는 견해는 선진국의 사례를 인용하면서 현재는 시행하고 있지 않은 제도를 소개·주장하고 있다.[224] 반대로 임대료 상한제를 반대하는 견해는 대부분의 국가와 도시에서 점차적으로 임대료 규제를 완화 또는 폐지하고 있는 상황이라 주장하고 있다.[225]

많은 선진국의 경우 임차인의 주거 안정과 부담 가능성 확보를 위하여 임대료 인상을 제한하고 있는데, 주로 소비자물가지수, 생계비지수, 건설비용지수 등과 연계하여 인상하도록 제한하고 있다.

또 계약갱신청구권을 주장하는 견해는 임차인의 권리행사를 1~3회로 4년~8년의 거주기간의 보장을 주장하는데, 이를 형성권으로 하여 임차인의 일방적 의사표시로 법률관계 또는 법률효과를 발생시켜야 한다는 입장이다. 이에 대하여 계약갱신청구권을 반대하는 견해는 임대인의 사유재산권 보장, 계약의 자유 등을 과도하게 제한할 수 있다는 이유를 들어 반대하고 있다. 즉, 보증금 및 월세의 폭등, 신규임차인의 진입장벽 등이 발생할 우려가 있어 도입에 신중해야 한다는 입장이다.

임대차 등록제(임대차 신고제, 임대료 의무등록제)는 2007년 처음으로 제기되었는데 부동산임대차를 실거래가격 신고시스템과 연계하여 실제 임대차가격 및 임대차사항을 기재하는 제도이다. 이는 2014년 정부의 '2·26 임대차시장 선진화방안'에서 임차인의 확정일자 및 소득공제 자료를 토대로 임대소득세를 부과한다고 발표하면서 주목받기 시작하였다. 이후 임대차등록제는 주택임대와 관련한 통계를 만들기 위해 임대주택을 기반으로 위치·규모·임대료 등의 정보를 통계화하여 관리하는 제도로 개념이 변화하였다.

---

224) 영국은 1965년부터 규제임대차제도를 시행하면서 임대료규제 성격의 공정임대료를 도입하여, 민간임대주택 임대인도 임대료사정관 또는 임대료사정위원회가 결정한 공정임대료를 초과하는 임대료를 임차인에게 요구할 수 없었으나, 1998년 주택법을 개정하여 임대인은 자유롭게 임대료를 부과하고 있다. 현재 임대료사정관은 임대료법(Rent Act)에 따라 적정임대료를 제시함으로써, 지역의 임대료수준에서 크게 벗어나지 않는 임대차계약을 할 수 있도록 지원하고 있다.
225) 김경환, 전월세 상한제 도입에 대한 정책제언, 한국개발연구원, 2011.

주택임대차 규제에 관한 선진국들 사례

국가	임대료 인상	임대차 기간 및 계약갱신
덴마크	계약에 따라 임대료 인상 허용	최소기간은 없으나, 임대인의 계약갱신 및 재계약 거절을 제한
핀란드	소비자물가지수와 연동	최소기간은 없으나, 임대인의 계약갱신 및 재계약 거절조건 엄격
스웨덴	과도하게 임대료 인상할 경우 법원이 통제	최소기간은 없으나, 임대인의 계약갱신 및 재계약 거절조건이 엄격
일본	과도하게 임대료를 인상할 경우 법원이 관여	최소기간은 없으나, 임대인이 계약갱신 및 재계약 거절조건 제한
미국	캘리포니아주 샌프란시스코시 : 소비자물가상승률의 60% 이하로 제한	최소기간과 임대인의 계약 해지권 제한은 없으나, 퇴거 규제 엄격
영국	계약에 따라 임대료 인상을 허용 −극소수만 공정임대료의 혜택	6개월 보증
벨기에	생계비지수와 연동	최소 3년
프랑스	건설비용 지수와 연동	최소 3년
오스트리아	소비자물가지수와 연동	최소 3년
스페인	소비자물가지수와 연동	최소 5년
이탈리아	계약에 따라 임대료 인상 허용	최소 4년
포르투갈	소비자물가지수와 연동하거나 지역의 비교임대료를 적용	최소 5년
독일	지역의 비교임대료를 적용 −지역의 비교임대료보다 20% 이상 초과할 경우 집주인에게 벌금 부과	무기 계약이 관행이며, 임대인의 계약갱신 및 재계약 거절을 제한

출처: Mora−Sanguinetti, J. S., 2011, "The Regulation of Residential Tenancy Markets in Post−War Western Europe : An Economic Analysis", The European Journal of Comparative Economics, Vol. 8, No.1.

2017년 12월 정부는 주택소유자에 대한 세제 혜택을 확대하여 임대사업자 등록을 촉진하였는데, 연간 5% 이내의 임대료 인상률 하에서 임차인이 4년~8년 동안 거주할 수 있도록 하는 등록 민간임대주택을 늘리기 위한 것이 목표였다.

임대소득세를 부과하고 있는 선진국의 경우 임대주택을 체계적으로 관리하고 있으며, 임대인에게 임대료 신고의무를 부과하고 있다. 즉, 임대주택을 데이터베이스화하여 관리함으로써 임대료상승률을 제한하거나, 참고/표준 임대료를 작성·공시하는 등의 제도를 마련하여 시행하고 있다.

제2관 전세권과 임차권

Ⅰ. 개념

전세권이란 전세금을 지급하고 타인의 부동산을 점유하여 그 부동산의 용도에 좇아 사용·수익하며, 그 부동산 전부에 대해 후순위권리자 기타 채권자보다 전세금의 우선변제를 받을 권리로서(민법 제303조 제1항), 전세권은 용익물권이지만, 한편으로는 담보물권의 특질도 가지고 있는 특수한 물권이다. 그러나 전세권의 기본성격은 용익물권이며, 담보물권의 성질이 인정된다고 하더라도 그것은 어디까지나 전세권자의 전세금반환청구권을 확보하기 위한 정책적 고려이다.

임차권은 당사자 일방이 상대방에게 목적물을 사용·수익하게 할 것을 약정하고 상대방이 이에 대해 차임을 지급할 것을 약정함으로 효력이 생기는 권리를 말한다(민법 제618조). 민법이 규율하고 있는 임대차는 동산의 임대차와 농지 이외 일반 토지 임대차, 주택이 아닌 일반 건물을 그 대상으로, 물건을 사용·수익하고 그 대가로 차임을 지급하는 것을 그 근거로 한다. 따라서 민법상 임대차의 대상은 물건이며 물건을 사용·수익한 후에 임차물을 반환해야 하므로 전기 기타 관리할 수 없는 자연력은 물건이지만(민법 제98조) 임대차의 객체가 되지 못한다. 이와 같이 임대차는 목적물의 사용·수익할 수 있는 것을 내용으로 하며 그 대가로 차임을 지급하는 것을 그 요소로 한다.

특히 주거용건물의 전부 또는 일부의 임대차를 주택임대차라고 하여 「주택임대차보호법」에 의하여 임차인을 보호하고 있으며, 주택임대차의 경우 주택임대차보호법에 따라서 임대차계약을 체결하고 있다.

II. 전세권과 임차권

1. 전세권

(1) 개념

전세권이란 전세금을 지급하고 타인의 부동산을 점유하여 용도에 좇아 사용·수익하며, 그 부동산 전부에 대해 후순위권리자 기타 채권자보다 전세금을 우선변제를 받을 수 있는 권리를 말한다(민법 제303조).

(2) 전세권의 존속기간

전세권의 존속기간은 10년을 넘지 못한다. 당사자의 약정기간이 10년을 넘은 때에는 이를 10년으로 단축한다(민법 제312조 제1항). 건물에 대한 전세권의 존속기간을 1년 미만으로 정한 때에는 이를 1년으로 한다(민법 제312조 제2항).

(3) 전세권의 존속기간을 정하지 않은 경우

전세권의 존속기간을 약정하지 아니한 때에는 각 당사자는 언제든지 상대방에 대하여 전세권의 소멸을 통고할 수 있고 상대방이 이 통고를 받은 날로부터 6월이 경과하면 전세권은 소멸한다(민법 제313조).

(4) 전세권의 갱신

전세권의 설정은 갱신할 수 있으나, 그 기간은 갱신한 날로부터 10년을 넘지 못한다(민법 제312조 제3항). 전세권의 법정갱신(민법 제312조 제4항)은 법률의 규정에 의한 부동산에 관한 물권의 변동으로 전세권 갱신에 관한 등기를 필요로 하지 않으며 전세권자는 그 등기 없이도 전세권설정자나 그 목적물을 취득한 제3자에 대하여 그 권리를 주장할 수 있다.[226]

건물의 전세권설정자가 전세권의 존속기간 만료 전 6개월부터 1월까지 사이에 전세권자에 대하여 갱신거절의 통지 또는 조건을 변경하지 아니하면 갱신하지 아니한다는 뜻의 통지를 하지 아니한 경우에는 그 기간이 만료된 때에 전 전세권

---

[226] 대법원 1989. 7. 11. 선고 88다카21029 판결.

과 동일한 조건으로 다시 전세권을 설정한 것으로 본다. 이 경우 전세권의 존속기간은 그 정함이 없는 것으로 본다(민법 제312조 제4항).

(5) 전세권의 소멸

1) 일반적 소멸사유

전세권은 물권의 일반적 소멸 원인, 즉 존속기간의 만료, 혼동, 소멸시효, 전세권에 우선하는 저당권의 실행에 의한 경매, 토지수용 등으로 소멸한다.

2) 특유한 소멸사유

① 전세권설정자의 소멸청구

전세권설정자는 전세권자가 전세권설정계약 또는 그 건물의 성질에 따라 정해진 용법으로 이를 사용·수익하지 않은 경우에 전세권의 소멸을 청구할 수 있다. 이 경우 전세권자에게 원상회복 또는 손해배상을 청구할 수 있다(민법 제311조).

② 전세권의 소멸통고

각 당사자가 전세권의 존속기간을 약정하지 않았을 경우에는 언제든지 상대방에 대해서 전세권의 소멸을 통고할 수 있으며, 상대방은 이 통고를 받은 날로부터 6개월이 지나면 전세권은 소멸한다(민법 제313조).

③ 목적 부동산의 멸실

전세권의 목적물 전부가 불가항력으로 멸실된 경우에 전세권은 소멸한다. 이 경우 전세권자는 전세권설정자에 대해 전세권의 소멸을 통고하고 전세금의 반환을 청구할 수 있다(민법 제314조). 전세권의 목적물 전부가 전세권자의 귀책사유로 멸실된 때에는 전세권은 소멸하고, 전세권자는 손해배상책임을 진다. 이 경우 전세권설정자는 전세금으로써 손해배상에 충당하고 남는 것이 있으면 반환하고, 부족이 있으면 재청구할 수 있다(민법 제315조).

전세권 목적물의 일부가 불가항력으로 멸실된 때에는 멸실된 부분의 전세권은 소멸된다. 이 경우 전세권자는 잔존부분으로 전세권의 목적을 달성할 수 없는 때에는 전세권설정자에게 전세권의 소멸을 통고하고 전세금의 반환을 청구할 수 있다(민법 제314조). 전세권 목적물의 일부가 전세권자의 귀책사유로 멸실된 때에는 전세권설정자는 전세권자의 부동산 용법 위반을 이유로 전세권의 소멸을 청구할 수 있다(민법 제311조 제1항). 이 경우 전세권설정자는 전세권이 소멸한 후 전세금으로써 손해배상에 충당하고 남는 것이 있으면 반환하고, 부족이 있으면 재청구할 수 있다(민법 제315조).

④ 전세권의 포기

전세권자는 전세권의 존속기간을 약정하더라도 자유롭게 포기할 수 있다. 그러나 전세권이 제3자의 권리의 목적이 된 때에는 제3자의 동의 없이 포기할 수 없다(민법 제371조 제2항).

2. 임차권

(1) 임차권의 존속기간

일반적인 임대차계약 기간은 당사자의 약정에 따른다. 그러나 임대차 기간의 약정이 없는 때에는 당사자는 언제든지 계약해지의 통고를 할 수 있다(민법 제635조 제1항). 상대방이 계약해지의 통고를 받은 날로부터 다음의 기간이 경과하면 해지의 효력이 생긴다.

▶ 토지, 건물 기타 공작물에 대하여는 임대인이 해지를 통고한 경우에는 6월, 임차인이 해지를 통고한 경우에는 1월

▶ 동산에 대하여는 5일

(2) 임차권의 갱신

임차인은 임대차 기간이 만료한 경우에는 계약의 갱신을 청구할 수 있다(민법 제643조 및 제283조). 임대차 기간이 만료한 후 임차인이 임차물의 사용, 수익을 계속하고 임대인이 상당한 기간 내에 이의를 하지 않은 경우에는 전임대차와 동일한 조건으로 다시 임대차한 것으로 본다(민법 제639조 제1항). 이 같은 취지는 임차인의 신뢰를 보호하기 위한 것이며 기간의 약정 없는 임대차로써 당사자는 언제든지 계약해지의 통고를 할 수 있다(민법 제645조 제1항). 그러나 전임대차에 대하여 제3자

가 제공한 담보는 기간의 만료로 인하여 소멸한다(민법 제639조 제2항). 이 규정은 담보를 제공한 자의 예상하지 못한 불이익을 방지하기 위한 것으로 민법 제639조 제2항은 당사자들의 합의에 따른 임대차 기간연장의 경우에는 적용되지 않는 다.[227)

전세권과 임대차의 비교

구분	전세권	임대차
성질	물권	채권
등기 여부	필요	선택적
사용대가의 지급 방법	전세금 지급 민법 제303조 제1항	보증금 또는 월차금 지급 민법 제618조
양도 및 전대 가능 여부	임대인 동의 없이 가능	임대인의 동의를 요함

3. 주택임대차보호법의 우선 적용

주택임대차 관계에 대해서는 주택임대차보호법 규정이 우선 적용되며, 주택임 대차보호법에 규정되어 있지 않은 사항에 대해서는 민법의 임대차 규정이 적용된 다(주택임대차보호법 제1조 및 제2조). 주택임대차계약도 계약이므로 사적자치의 원칙 에 따라서 당사자는 자유롭게 계약의 내용을 정할 수 있으나, 주택임대차보호법에 반하는 규정으로 임차인에게 불리한 것은 효력이 없다(주택임대차보호법 제10조).

III. 전세권과 임차권의 법적 성질

1. 전세권의 법적 성질

(1) 「타인의 부동산」에 대한 권리

전세권은 전세금을 지급하고 타인의 부동산을 점유하여 사용·수익할 수 있는

---

227) 대법원 2005. 4. 14. 선고 2004다63293 판결.

권리이다. 따라서 토지와 건물 모두 전세권의 목적이 될 수 있으며, 그러나 농지의 임대차 또는 사용대차는 농지법에 따라서 금지된다(농지법 제23조). 전세권의 객체인 부동산은 1필 토지의 일부 또는 1동 건물의 일부라도 가능하다(부동산등기법 제72조 제1항 6호).

전세권(傳貰權)은 전세금을 지급하고 타인의 부동산을 점유하여 그 부동산의 용도에 좇아 사용·수익하는 용익물권이며, 전세권이 소멸하면 목적 부동산 전부에 대하여 후순위권리자 기타 채권자보다 전세금의 우선변제를 받을 수 있다(민법 제303조).

전세권은 물권으로 전세권의 객체인 토지나 건물을 지배하는 권리로서 부동산 소유자의 변경으로 전세권에 영향을 주지 않으며, 전세권의 양도나 전전세(轉傳貰) 또는 임대하는데 있어서 부동산 소유자의 동의를 요하지 않는다.

전세금의 지급은 전세권 성립요소이며 그렇다고 전세금의 지급이 반드시 현실적으로 수수되어야 하는 것은 아니고, 기존의 채권으로 전세금의 지급에 갈음할 수 있으며,228) 전세권이 소멸하면 전세금을 반환받게 된다(민법 제317조·제318조). 전세금은 당사자의 합의로서 결정하며 특별한 제한은 없다. 전세금은 전세권의 성립요소로서 전세금을 지급하지 않는다는 특약이 있는 경우 전세권은 성립하지 않는다. 전세금을 등기하면 등기된 금액에 한하여 제3자에 대항할 수 있다.

전세금은 전세권자의 채무를 담보하기 위하여 교부되는 금전이므로 보증금의 성질을 갖는다. 따라서 전세권의 목적물의 전부 또는 일부가 전세권자에 책임있는 사유로 인하여 멸실된 때에는 전세권자는 손해를 배상할 책임이 있다(민법 제315조 제1항). 전세권설정자는 전세권이 소멸된 후 전세금으로써 손해의 배상에 충당하고 잉여가 있으면 반환하여야 하며 부족이 있으면 다시 청구할 수 있다(민법 제315조 제2항). 전세금은 전세권설정자의 전세권자에 대한 손해배상채권 외 다른 채권을 담보하지 않으며, 전세권설정자가 전세권자에 대하여 손해배상채권 외 다른 채권을 가지고 있더라도 다른 특별한 사정이 없는한 이를 가지고 전세금 반환채권에 대하여 물상대위권을 행사한 전세권 저당권자에게 상계 등으로 대항할 수 없다.229)

---

228) 대법원 1995. 2. 10. 선고 94다18508 판결.
229) 대법원 2008. 3. 13. 선고 2006다29372판결.

(2) 전세권의 양도성

전세권자는 전세권을 타인에게 양도 또는 담보로 제공할 수 있으며 그 존속기간 내에 전세목적물을 타인에게 전전세 또는 임대할 수 있다. 그러나 설정행위로 이를 금지한 때에는 그러하지 아니하다(민법 제306조). 또, 전세권 설정등기를 경료한 민법상의 전세권은 용익물권적 성질과 담보물권적 성질을 가지므로 전세권의 존속기간이 만료하면 전세권의 용익물권적 권능은 전세권설정 등기의 말소가 없이도 당연히 소멸하며, 단지 전세금 반환채권을 담보하는 담보물권적 권능의 범위 내에서 전세금의 반환 시가지 그 전세권설정 등기의 효력이 존속한다.[230]

(3) 전세금의 지급

전세권은 전세금을 지급해야 성립한다. 전세금의 지급은 전세권 성립의 요소이며, 전세금을 지급하지 않는다는 특약이 있는 경우에 전세권은 성립하지 않는다. 전세금의 지급은 반드시 현실적으로 수수되어야 하는 것은 아니며, 기존의 채권으로 전세금의 지급에 갈음할 수 있으며,[231] 전세권이 소멸하면 전세금을 반환받게 된다(민법 제317조 · 제318조). 전세금은 당사자의 합의로서 결정하며 특별한 제한은 없다. 전세금을 등기하면 등기된 금액에 한하여 제3자에 대항할 수 있다(민법 제303조 제1항 및 부동산등기법 제72조 제1항).

(4) 우선변제권

전세권(傳貰權)은 전세금을 지급하고 타인의 부동산을 점유하여 그 부동산의 용도에 좇아 사용 · 수익하는 용익물권으로, 전세권이 소멸하면 목적 부동산 전부에 대하여 후순위권리자 기타 채권자보다 전세금의 우선변제를 받을 수 있다(민법 제303조).

전세권설정자가 전세금의 반환을 지체한 때에는 전세권자는 민사집행법의 정한 바에 의히여 전세권의 목적물의 경매를 청구할 수 있다(민법 제318조).

이 같이 전세권은 용익물권이지만, 한편으로는 담보물권의 특질도 가지고 있는 특수한 물권이다. 그러나 전세권의 기본성격은 용익물권이며, 담보물권의 성질

---

230) 대법원 2005. 3. 25. 선고 2003다35659 판결.
231) 대법원 1995. 2. 10. 선고 94다18508 판결.

이 인정된다고 하더라도 그것은 어디까지나 전세권자의 전세금반환청구권을 확보하기 위한 정책적 고려이다.

> **☑ 판례**
>
> 건물의 일부를 목적으로 하는 전세권은 그 목적물인 건물 부분에 한하여 그 효력을 미치므로 건물 중 일부를 목적으로 한 전세권이 경락으로 인하여 소멸한다고 하더라도 그 전세권보다 나중에 설정된 전세권이 건물의 다른 부분을 목적물로 하고 있었던 경우에는 그와 같은 사정만으로는 아직 존속기간이 남아 있는 후순위의 전세권까지 경락으로 인하여 함께 소멸한다고 볼 수 없다(대법원 2000. 2. 25. 선고 98다50869 판결).

(5) 담보물권성

전세권은 일종의 담보물권으로 담보물권의 특성으로 부종성·수반성·물상대위성·불가분성의 특성을 갖는다. 「부종성」은 피담보채권의 존재를 전제로 해서만 담보물권이 존재할 수 있다는 성질을 말하며, 「수반성」이란 담보물권이 피담보채권의 이전에 따라서 이전하고, 피담보채권에 부담이 설정되면 역시 그 부담에 복종한다는 성질을 말하며, 「물상대위성」이란 담보물권의 목적물의 멸실·훼손·공용징수 등으로 그 목적물을 갈음하는 금전 기타의 물건이 목적물 소유자에게 귀속하는 경우에, 담보물권이 그 목적물을 갈음하는 것에 관하여 존속하는 성질을 말하며, 「불가분성」이란 담보물권자는 피담보채권 전부를 변제받을 때까지 목적물 전부에 관하여 권리를 행사할 수 있다는 원칙이다.

> **☑ 판례**
>
> 전세권이 담보물권적 성격도 가지는 이상 부종성과 수반성이 있는 것이므로 전세권을 그 담보하는 전세금반환채권과 분리하여 양도하는 것은 허용되지 않는다고 할 것이나, 한편 담보물권의 수반성이란 피담보채권의 처분이 있으면 언제나 담보물권도 함께 처분된다는 것이 아니라 채권담보라고 하는 담보물권 제도의 존재 목적에 비추어 볼 때 특별한 사정이 없는 한 피담보채권의 처분에는 담보물권의 처분도 당연히 포함된다고 보는 것이 합리적이라는 것일 뿐이므로, 피담보채권의 처분이 있음에도 불구하고 담보물권의 처분이 따르지 않는 특별한 사정이 있는 경우에는 채권양수인은 담보물권이 없는 무담보의 채권을 양수한 것이 되고 채권의 처분에 따르지 않은 담보물권은 소멸한다(대법원 1999. 2. 5. 선고 97다33997 판결).

2. 임차권의 법적 성질

부동산 임차인은 당사자 간에 반대약정이 없으면 임대인에 대하여 임대차등기절차에 협력할 것을 청구할 수 있으며(민법 제621조 제1항), 부동산임대차를 등기한 때에는 그때부터 제3자에 대하여 효력이 생긴다(민법 제621조 제2항). 등기된 임차권은 용익권적 권능 외에 임차보증금반환채권에 대한 담보적 권능이 있으며, 임대차기간이 종료되면 용익권적 권능은 임차권등기의 말소등기 없이도 곧바로 소멸하나, 담보적 권능은 곧바로 소멸하지 않는다. 따라서 임차권자는 임대차 기간이 종료한 후에도 임차보증금을 반환받을 때까지 임대인이나 그 승계인에 대하여 임대차등기의 말소를 거부할 수 있고, 따라서 임차권등기가 원인 없이 말소된 때에는 그 방해배제를 청구할 수 있다.[232]

건물의 소유를 목적으로 한 토지임대차는 이를 등기하지 않아도 임차인이 그 지상 건물을 등기한 경우 제3자에 대하여 임대차의 효력이 생긴다(민법 제622조 제1항). 이 같은 취지는 건물을 소유하는 토지임차인을 보호하기 위한 것으로 건물의 등기로써 토지임대차 등기에 갈음하는 효력을 부여하는 것으로, 임차인이 그 지상 건물을 등기 이전에 제3자가 그 토지에 관하여 물권취득이 등기를 한 때에는 임차인이 그 시상 건물을 등기하더라도 그 제3자에 대하여 임대차의 효력이 생기지 않는다.[233]

제3관 주택임차인의 법적인 보호

Ⅰ. 주택임대차보호법의 취지

주택임대차보호법의 기본적 입법 취지는 주택의 임대차에 대해서 민법에 대한 특례를 규정하여 국민 주거생활의 안정을 보장하기 위한 것이다. 따라서 임대인이 임차인에게 주택을 사용·수익하게 하고, 임차인이 이에 대한 대가로서 차

---

232) 대법원 2002. 2. 26. 선고 99다69079 판결.
233) 대법원 2003. 2. 28. 선고 2000다65802, 65819 판결.

임을 지급하겠다는 합의가 있으면 주택임대차계약이 유효하게 성립한다(민법 제618조). 주택의 전부 또는 일부에 대한 임대차의 경우, 임차목적물이 관할관청의 허가를 받은 건물인지, 등기를 경료한 건물인지 여부를 구분하지 않으며 건물이 주거생활의 용도로 사용되는 주택인 이상 그 건물이 등기가 경료되지 않았거나 등기가 이루어질 수 없는 사정이 있다고 하더라도 다른 특별한 규정이 없는 한 주택임대차보호법의 적용대상이 된다. 즉, 주택임대차보호법은 민법상의 전세권이나 임대차계약의 규정들이 현실과 유리된 면이 있어 경제적 약자인 임차인의 권리를 현행 민법으로 보호하기 어려운 면을 보완하기 위한 목적으로 특별법으로 제정한 것이다(주택임대차보호법 제1조). 현실적으로 타인의 주거용 주택을 빌려서 생활하는 사람들의 경우 전세권을 등기한 사람은 거의 없으며 대부분 채권인 임차권에 의존하고 있다. 따라서 임차주택의 매매로 새로운 소유자에게 소유권이 인도되면 전세금을 반환받지 못하는 문제가 발생하게 된다. 이 같은 민법상의 불비를 보완하여 경제적 약자인 임차인을 보호하기 위하여 주택임대차는 당사자 간의 합의에 의하여 성립하는 계약임에도 주택임대차보호법을 위반하여 임차인에게 불리한 것은 효력이 없도록 하고(주택임대차보호법 제10조), 임차권 등기 없이도 보다 쉽게 임차인에게 대항력을 인정함으로써 주거생활의 안정을 도모함과 동시에 전세보증금을 안전하게 반환받을 수 있도록 일정한 요건 하에 일정한 범위에서 우선변제권을 부여하도록 하는 등 임차인을 보호하고 있다. 이하에서 살펴보도록 하겠다.

> ☑ **판례**
> 주택임대차보호법 제4조 제1항은 같은 법 제10조의 취지에 비추어 보면 임차인의 보호를 위한 규정이라고 할 것이므로, 그 규정에 위반되는 당사자의 약정을 모두 무효라고 할 것은 아니고 그 규정에 위반하는 약정이라도 임차인에게 불리하지 아니한 것은 유효하다고 풀이함이 상당하므로, 임대차 기간을 2년 미만으로 정한 임대차의 임차인이 스스로 그 약정 임대차 기간이 만료되었음을 이유로 임차보증금의 반환을 구할 수 있다.

II. 주택임대차보호법의 보호 대상

1. 자연인

주택임대차보호법은 자연인인 국민의 주거생활의 안정을 보장함을 그 목적으로 하므로, 그 보호의 대상은 원칙적으로 대한민국의 국적을 가진 사람이다(주택임대차보호법 제1조). 주택임대차보호법은 사회적 약자인 임차인을 보호하여 국민 주거생활의 안정을 보장하기 의한 것이므로, 채권자가 채무자 소유의 주택에 채무자와 임대차계약을 체결하고 전입신고를 마친 다음 그곳에 거주하여 형식적으로 주택임대차로서 대항력을 취득한 외관을 갖추었다고 하더라도 임대차계약의 목적이 주택을 사용·수익하려는 것에 있는 것이 아니고, 대항력이 있는 임차인으로 보호받아 후순위권리자 기타 채권자보다 우선하여 채권을 회수하기 위한 것인 경우에는 그러한 임차인에게는 주택임대차보호법이 정하고 있는 대항력을 부여할 수 없다.234)

2. 외국인 및 재외동포

주택임대차보호법의 보호대상은 대한민국 국적을 가진 자연인이므로 외국인은 원칙적으로 보호대상이 되지 않는다(주택임대차보호법 제1조). 그러나 수택을 임차한 체류 외국인이 주택을 임차하여 출입국관리법에 의한 체류지변경신고를 하였다면 거래의 안전을 위하여 임차권의 존재를 제3자가 명백히 인식할 수 있는 공시의 방법으로 마련된 주택임대차보호법 제3조 제1항 소정의 주민등록을 마쳤다고 보아야 하므로,235) 예외적으로 주택임대차보호법의 보호대상이 된다(출입국관리법 제88조의2 제2항).

재외동포가 장기체류하면서 주택을 임대차하는 때에도 주택임대차보호법의 보호대상이 된다. 이를 위하여 재외동포는 국내에 거소를 정하여 지방출입국·외국인관서의 장에게 신고를 하고, 국내거소가 변경되는 경우에는 새로운 거소를 관할하는 시·군·구(자치구 아닌 구 포함) 또는 읍·면·동의 장이나 지방출입국·외국

---

234) 대법원 2007. 12. 13. 선고 2007다55088 판결.
235) 서울민사지방법원 1993. 12. 16. 선고 93가합73367, 제11부 판결.

인관서의 장에게 14일 이내에 신고해야 한다(재외동포의 출입국과 법적지위에 관한 법률 제6조 제1항 및 제2항).

3. 법인

주택임대차보호법은 주거용 건물의 임대차에 관하여 민법에 대한 특례를 규정하여 국민의 주거생활의 안정을 보장하기 위한 목적으로 자연인인 임차인을 보호하기 위한 것이지 법인을 보호 대상으로 하지 않는다. 나아가 법인은 주택임대차보호법상의 대항요건의 하나인 주민등록을 구비할 수 없으며, 법인의 직원이 주민등록을 마쳤다고 하여 이를 법인의 주민등록으로 볼 수 없으며, 따라서 법인이 임차주택을 인도받고 임대차계약서상의 확정일자를 갖추었더라도 우선변제권을 주장할 수 없다.[236)]

반면에 한국토지주택공사와 주택 사업을 목적으로 설립된 지방공사는 주택임대차보호법의 보호 대상이 되며(주택임대차보호법 제3조 제2항 후단 및 주택임대차보호법 시행령 제2조), 「중소기업기본법」 제2조에 따른 중소기업에 해당하는 법인이 소속 직원의 주거용으로 주택을 임차한 후 그 법인이 선정한 직원이 해당 주택을 인도받고 주민등록을 마친 경우에는 그 다음 날부터 제3자에 대하여 효력이 생긴다. 임대차가 끝나기 전에 그 직원이 변경된 경우에는 그 법인이 선정한 새로운 직원이 주택을 인도받고 주민등록을 마친 다음 날부터 제3자에 대하여 효력이 생긴다 (주택임대차보호법 제3조 제3항).

Ⅲ. 주택임대차보호법의 적용 범위

1. 주택의 임대차

주택임대차보호법은 주거용 건물의 전부 또는 일부의 임대차에 대해서 적용되며, 나아가 임차주택의 일부가 주거 외의 목적으로 사용되는 경우에도 적용된다 (주택임대차보호법 제2조). 또 주택임대차보호법이 적용되는 임대차는 반드시 임차인과 주택소유자인 임대인 사이에 임대차계약이 체결된 경우에 한정하지 않으며, 주

---

236) 대법원 1997. 7. 11. 선고 96다7236 판결.

택의 소유자가 아니더라도 주택에 관하여 적법하게 임대차계약을 체결할 수 있는 권한을 가진 임대인과 임대차계약이 체결된 경우를 포함한다. 나아가 임차인이 대항력과 확정일자를 갖춘 후에 임대차계약이 갱신되더라도 대항력과 확정일자를 갖춘 때를 기준으로 종전 임대차 내용에 따른 우선변제권을 행사할 수 있다.[237]

주거용 건물에 해당하는지의 여부는 임대차 목적물의 공부상의 표시만을 기준으로 하지 않고, 그 실지용도에 따라서 정해야 하고 건물의 일부가 임대차의 목적이 되어 주거용과 비주거용으로 겸용되는 경우에는 구체적인 경우에 따라서 그임대차의 목적, 전체 건물과 임대차 목적물의 구조와 형태 및 임차인의 임대차 목적물의 이용관계 그리고 임차인이 그곳에서 일상생활을 영위하는지 여부 등을 고려하여 합목적적으로 결정해야 한다.[238] 그러나 여관의 방 하나를 내실로 사용하는 경우[239]와 같이 비주거용 건물에 주거의 목적으로 소부분을 사용하는 경우에는 주택임대차보호법의 보호대상에서 제외될 수 있다.

주거용 건물 여부의 판단 시기는 임대차계약 체결당시를 기준으로 하여 건물의 구조상 주거용 또는 그와 겸용될 정도의 건물의 형태가 실질적으로 갖추어져있어야 하고, 만일 그 당시에는 주거용 건물 부분이 존재하지 않았으나 후에 임차인이 임의로 주거용으로 개조한 경우 임대인이 그 개조를 승낙하였다는 등의 특별한 사정이 없는 한 주택임대차보호법은 적용되지 않는다.[240]

주거용 건물이면 무허가건물 기타 미등기 건물을 주거를 목적으로 임대차하는 경우에도 주택임대차보호법이 적용되나,[241] 무허가 건물이 철거되는 경우에 보증금을 회수하기 어렵다는 점에서 주의가 필요하다.

2. 미등기 전세

주택의 등기를 하지 아니한 전세계약에 대해서도 주택임대차보호법이 적용된다. 이 경우 전세금은 임대차의 보증금으로 본다(주택임대차보호법 제12조).

---

237) 대법원 2012. 2. 7. 선고 2012다45689 판결.
238) 대법원 1996. 3. 12. 선고 95다51953 판결.
239) 대법원 1987. 4. 28. 선고 86다카2407 판결.
240) 대법원 1986. 1. 21. 선고 85다카1367 판결.
241) 대법원 1987. 3. 24. 선고 86다카164 판결.

3. 민법상 주택임대차 등기

민법 제621조에 따른 주택임대차등기를 한 경우 주택의 임대차에 인정되는 대항력과 우선변제권에 관한 규정이 준용된다(주택임대차보호법 제3조의 4 제1항).

4. 예외

일시 사용을 위한 임대차임이 명백한 경우에는 주택임대차보호법이 적용되지 않는다(주택임대바보호법 제11조). 따라서 숙박업을 경영하는 자가 투숙객과 체결하는 숙박계약은 일시 사용을 위한 임대차로서 주택임대차보호법이 적용되지 않는다.242)

제4관 주택임대차계약

Ⅰ. 계약의 당사자

1. 소유자

주택의 소유자와 임대차계약을 체결하는 경우에 소유자의 주민등록증과 등기부상 소유자의 인적 사항과 일치하는지 여부를 확인해야 한다.

2. 공동소유자

주택의 공동소유자 중 일부와 임대차계약을 체결할 때에는 공유자 일부의 지분이 과반수 이상인지 등기부의 갑구에 기재되어 있는 공유자들의 소유권 지분을 통하여 확인해야 한다. 공유 주택의 임대행위는 공유물의 관리행위에 해당하며 공유물의 관리에 관한 사항은 지분의 과반수로 결정하기 때문이다(민법 제265조).243)

또, 명의수탁자와 임대차계약을 체결하는 경우에는 명의수탁자가 등기부상의

---

242) 대법원 1994. 1. 28. 선고 93다43590 판결.
243) 대법원 1962. 4. 4. 선고 62다1 판결.

소유자와 동일한지 확인해야 하는데, 명의수탁자는 명의신탁의 법리에 따라 대외적으로 적법한 소유자로 인정되며, 그가 행한 신탁 목적물에 대한 처분 및 관리행위는 유효하기 때문이다.

명의신탁자가 명의신탁 해지를 원인으로 소유권이전등기를 마친 후 주택의 반환을 요구해도 임차인은 그 요구에 따를 필요가 없다. 명의신탁자는 명의수탁자의 지위를 승계한 것이므로, 임차인은 임차권을 주장할 수 있다.[244]

3. 대리인

주택소유자의 대리인과 임대차계약을 체결할 때에는 대리인의 신분증, 소유자의 인감이 찍힌 위임장, 인감증명서를 확인하여야 한다. 위임장에는 부동산의 소재지와 소유자 이름 및 연락처, 계약의 목적, 대리인 이름·주소 및 주민 번호, 계약의 모든 사항을 위임한다는 취지가 기재되고 연월일이 기재된 후 위임인(소유자)의 인감이 날인되어 있어야 한다. 인감증명서는 위임장에 찍힌 위임인(소유자)의 날인 및 임대차 계약서에 찍을 날인이 인감증명서의 날인과 동일해야 한다. 또, 주택소유자의 처와 임대차계약을 체결하는 경우에, 그 처가 자신의 대리권을 증명하지 못하면 계약의 안전성은 보장되지 않는다. 왜냐하면 주택의 임대는 일상가사에 포함되지 않기 때문이다.

4. 전대인

주택의 소유자나 소유자의 대리인이 아닌 전대인(임차인)과 전대차 계약을 체결하려는 경우에는 임대인의 동의 여부를 확인해야 한다. 임대인의 동의 없이 전대차계약을 했을 때 그 계약은 성립하지만 전차인은 임차권을 주장할 수 없으므로 임대인의 인감증명서가 첨부된 동의서를 받아두는 것이 안전하다.

5. 부동산 개업공인중개사

주택의 임대차계약을 체결하려는 당사자는 시장·군수·구청장에게 등록된 중

---

244) 대법원 1999. 4. 23. 선고 98다49753 판결.

개사무소에서 계약을 체결하여야 한다(공인중개사법 제9조). 또, 중개업사무소에 게시된 보증의 설정 증명서류를 확인하여 보증보험 또는 공제에 가입했는지 확인하고 개업공인중개사의 중개를 받아야 한다(공인중개사법 시행규칙 제10조). 왜냐하면 개업공인중개사는 중개행위에서 고의 또는 과실로 거래당사자에게 재산상의 손해를 발생하게 한 때에는 그 손해를 배상할 책임이 있으며 이를 보장하기 위해 보증보험이나 공제에 가입하도록 하고 있기 때문이다(공인중개사법 제30조).

Ⅱ. 주택임대차계약

1. 계약방식의 자유

계약은 원칙적으로 사적자치의 원칙에 따라서 자유이다. 따라서 계약의 당사자는 계약기간, 해지조건 등 계약의 내용을 자유롭게 정할 수 있으며, 반드시 계약서를 작성해야 하는 것은 아니다. 그러나 발생 가능한 분쟁을 예방하기 위하여 임대차계약서를 작성하는 것이 일반적이다.

2. 임대차계약서의 작성

계약자유의 원칙에 의하여 계약당사자는 계약의 내용을 자유롭게 정할 수 있다. 그러나 공인중개사를 통하여 주택임대차계약을 체결하는 경우에는 다음의 사항을 기재해야 한다(공인중개사법 제26조 제1항 및 공인중개사법 시행령 제22조 제1항).

▶ 거래당사자의 인적 사항
▶ 물건의 표시
▶ 계약일
▶ 거래금액·계약금액 및 그 지급일자 등 지급에 관한 사항
▶ 물건의 인도일시
▶ 권리이전의 내용
▶ 계약의 조건이나 기한이 있는 경우에는 그 조건 또는 기한
▶ 중개대상물확인·설명서 교부일자

▸ 그 밖의 약정 내용

(1) 계약당사자의 인적사항

임대차계약서에 계약의 당사자를 표시하는 목적은 당해 계약에 따른 권리자와 의무자를 특정하기 위한 것이다. 따라서 계약당사자의 동일성을 인식할 수 있고, 필요한 경우 상호 연락이 가능하도록 이름과 주소, 주민등록번호, 전화번호 등을 기재하여야 한다.

(2) 거래금액 및 지급일자

주택의 임대차계약을 체결하는 경우 지급해야 하는 거래금액은 일반적으로 계약금, 중도금, 잔금으로 나누어 지급하거나 중도금 없이 잔금을 지급하게 된다. 계약금은 전체 보증금의 10%에 해당하는 금액을 계약할 때 지급하고, 잔금은 임차주택에 입주하는 날에 지급하는 것으로 기재한다.

계약금은 계약이 체결되었다는 증거금이며, 임대차계약 후 중도금 지급 전 계약해지 시에 해약금의 성격을 갖는다. 그러나 계약금을 위약금으로 하는 특약을 한 경우에는 손해배상액의 예정의 성질을 갖는다(민법 제565조 제1항 및 제398조 제4항).

(3) 임대차의 존속기간

임대차 기간은 보통 2년이지만, 반드시 2년으로 기재할 필요는 없다. 임대차 기간을 1년으로 정한 경우에도 임차인은 1년 후 임대차 목적물을 반환하면서 임차보증금의 반환을 청구할 수 있으며, 2년간 임대차 관계를 유지할 수도 있다(주택임대차보호법 제4조 제1항). 그러나 기간을 정하지 않았거나 2년 미만으로 정한 임대차는 그 기간을 2년으로 보게 되므로, 임대인은 1년으로 임대차계약을 체결했더라도 1년을 주장할 수 없다(주택임대차보호법 제4조 제1항).

(4) 임대차계약의 특약

주택임대차계약을 체결한 이후 당해 주택에 입주하기까지 상당한 기간이 걸리는 경우가 있으며, 그 사이에 임대인이 근저당권 등을 설정할 수 없도록 하고, 이를 위반하면 임대차계약을 해제하고 손해배상을 청구하겠다는 내용의 특약 내용을 정하여야 한다. 왜냐하면 임차인이 입주 전에 근저당권 등의 권리가 설정되게 되면, 임차권은 그 설정된 권리보다 후순위가 되어 임차보증금을 돌려받을 수 없는 위험이 있기 때문이다.

또, 입주 시에 발견하기 어려운 수리 비용의 부담에 대해서 책임의 범위를 명확히 규정할 필요가 있으며, 임차인이 입주하기 전에 발생한 임차주택의 하자는 임대인의 비용으로 수리하고, 입주 일부터 가까운 시일 내에 보일러 등에 고장이 발견된 경우 그 고장은 인도받기 전에 발생한 것으로 추정한다는 특약을 하는 것이 필요하다.

종전의 임차인이 전기요금, 수도 요금 등의 공과금을 납부하지 않은 경우가 있는데, 이를 위해 입주 전의 기간에 대한 공과금 미납 부분에 대해서 임대인이 책임을 지도록 하는 약정이 필요하다. 부득이한 사유로 임대차계약을 중도에 해지해야 하는 경우를 대비한 유예조건의 내용을 약정하는 것도 필요하다.

3. 계약체결 이후 받아야 할 서류

(1) 주택임대차 계약서

부동산 개업공인중개사는 중개대상물에 관하여 중개가 완성되어 작성한 거래계약서를 거래당사자에게 각각 교부하고, 임대차계약서의 원본, 사본 또는 전자문서를 5년 동안 보존해야 한다(공인중개사법 제26조 제1항 및 공인중개사법 시행령 제22조 제2항).

(2) 중개대상물 확인 · 설명서

개업공인중개사는 거래계약서를 작성할 때에 중개대상물 확인 · 설명서를 거래당사자에게 발급해야 한다(공인중개사법 제25조 제3항, 공인중개사법 시행령 제21조 제3항 및 공인중개사법 시행규칙 별지 제20호서식). 개업공인중개사가 중개대상물 확인 · 설명서를 작성해 주지 않거나, 작성된 내용이 사실과 다른 때에는 거래당사자는 부동산 개업공인중개사에게 손해배상을 청구할 수 있다(공인중개사법 제30조).

(3) 공제증서

공제증서는 부동산 개업공인중개사의 중개 사고에 대비하기 위한 손해배상책임 보장에 관한 증서로서, 부동산 개업공인중개사는 거래당사자에게 공제증서를 교부해야 한다(공인중개사법 제30조 제5항).

Ⅲ. 주택임대차계약의 신고

1. 의의

임대차계약 당사자(임대인과 임차인)는 임대차계약을 체결한 날로부터 30일 이내에 임대 기간, 임대료 등의 계약 내용을 주택 소재지를 관할하는 신고관청에 공동으로 신고해야 한다(부동산 거래신고 등에 관한 법률 제6조의2 제1항 참고). 신고대상은 2021년 6월 1일부터 체결되는 신규, 갱신(금액변동 없는 갱신계약은 제외함)임대차계약이다(부동산 거래신고 등에 관한 법률 부칙 제2조 및 부동산 거래신고 등에 관한 법률 시행령 제4조의3 제1항 참조). 아파트, 다세대 등 '주택' 외 '준주택(고시원, 기숙사 등)', '비주택(공장·상가내 주택, 판잣집 등)' 등도 해당하며, 임대차계약 체결당시의 실제용도, 임대치의 목적, 전체 건물과 임대차 목적물의 구조와 형태 등 구체적인 상황을 고려해서 합목적적으로 판단하도록 하고 있다.[245]

2. 신고대상

주택임대차계약 신고는 관련 법에서 정하는 신고지역 및 신고금액에 해당하는 경우에 대상이 된다. 임대차 신고대상 지역은 수도권(서울, 경기도, 인천) 전역, 광역시, 세종시, 제주시 및 도(道)의 시(市)지역(도 지역의 군은 제외함)이 해당된다(부동산 거래신고 등에 관한 법률 시행령 제4조의3 제2항).

주택임대차계약 신고제는 신고금액이 임대차 보증금이 6천만 원을 초과하거나 월 차임이 30만 원을 초과하는 임대차 계약(임대차 계약을 갱신하는 경우로서 보증금 및 차임의 증감 없이 임대차 기간만 연장하는 경우는 제외함)에 대해서 적용된다(부동산

---

245) 국토교통부, 부동산거래신고법, 하위법 개정안 입법예고, 2021. 4. 15. 보도자료.

거래신고 등에 관한 법률 시행령 제4조의3 제1항).

3. 신고 절차와 방법

신고내용에는 임대인·임차인의 인적 사항, 임대 목적물 정보(주소, 면적 또는 방수), 임대료, 계약기간, 체결일 등 다음과 같은 사항을 신고해야 한다(부동산 거래신고 등에 관한 법률 시행규칙제6조의2 제1항).

- ▶ 임대차계약 당사자의 인적사항
  - ·자연인인 경우: 성명, 주소, 주민등록번호(외국인은 외국인등록번호를 말함) 및 연락처
  - ·법인인 경우: 법인명, 사무소 소재지, 법인등록번호 및 연락처
  - ·법인 아닌 단체인 경우: 단체명, 소재지, 고유번호 및 연락처
- ▶ 임대차 목적물(주택을 취득할 수 있는 권리에 관한 계약인 경우에는 그 권리의 대상인 주택을 말함)의 소재지, 종류, 임대 면적 등 임대차 목적물 현황
- ▶ 보증금 또는 월 차임
- ▶ 계약 체결일 및 계약 기간
- ▶ 계약갱신요구권 행사 여부(계약을 갱신한 경우에만 해당 함)

제5관 주택임대차보호법의 주요 내용

1. 주택임차권의 대항력

(1) 의의

주택임대차는 등기가 없더라도 임차인이 ① 주택의 인도와 ② 주민등록을 마친 때에는 그 다음 날부터 제3자, 즉 임차주택의 양수인, 임대할 권리를 승계한 자, 기타 임차주택에 이해관계가 있는 사람에게 임차권을 가지고 주장할 수 있는 대항력이 생긴다(주택임대차보호법 제3조 제1항). 대항력이란 이미 효력이 발생한 권리관계에 대해서 제3자에 대하여 주장할 수 있는 법적인 효력을 말하는데, 임대차에서 임차인의 공시방법은 임차권을 등기하는 경우 제3자에 대해서 대항할 수 있

으나, 임차인이 등기를 하기 위해서 임차인은 당사자 간에 반대약정이 없으면 임대인에 대하여 임대차 등기절차에 협력할 것을 청구할 수 있다(민법 제621조 제1항). 그러나 현실에서는 임대인의 비협조로 실효성이 없다. 따라서 주택임대차보호법에서는 등기가 없어도 임차인이 주택을 인도받아 주민등록(전입신고)을 마친 때에는 그 다음 날부터 제3자에 대하여 효력이 발생하도록 하였다(주택임대차보호법 제3조 제1항).

주택임대차보호법 제3조 제1항의 주택의 인도와 더불어 대항력의 요건으로 규정하고 있는 주민등록은 거래의 안전을 위하여 임대차의 존재를 제3자가 명백히 인식할 수 있도록 하는 공시방법으로, 주민등록이 어떤 임대차를 공시하는 효력이 있는가 여부는 일반 사회통념상 그 주민등록으로 당해 임대차 건물에 임차인이 주소 또는 거소를 가진 자로 등록되어 있는지를 인식할 수 있는지 여부에 따라 결정된다.[246]

(2) 대항력의 요건

부동산임대차의 경우 등기를 경료한 때부터 제3자에 대하여 효력이 생긴다(민법 제621조 제2항). 그러나 주택임대차에서 임차인이 대항력을 갖는지의 여부는 임대차계약의 성립, 주택의 인도, 주민등록의 요건을 갖추었는지 여부에 따라서 결정되며, 당해 임대차계약이 통정허위표시에 의한 계약이어서 무효라는 등의 특별한 사정이 있는 경우를 제외하고 임대차계약 당사자가 기존 채권을 임대차보증금으로 전환하여 임대차계약을 체결했다는 사정만으로 임차인이 같은 법 제3조 제1항 소정의 대항력을 갖지 못한다고 볼 수 없다.[247]

1) 주택의 인도

주택임대차보호법에 따른 대항력을 획득하기 위해서는 주택의 인도가 필요하다(주택임대차보호법 제3조 제1항). 즉, 주택임차인이 대항력을 갖추기 위해서는 임차한 주택을 인도받아서 점유하여야 한다. 따라서 단순히 주민등록만 이전하고 점유를 하지 않으면 대항력이 없다. 즉, 임대차계약이 체결된 것만으로는 부족하고 임

---

246) 대법원 2002. 10. 11. 선고 2002다20957 판결.
247) 대법원 2002. 1. 8. 선고 2001다47535 판결.

차인은 임대인으로부터 임차한 목적물인 주택을 인도받아야만 대항력을 취득한다.248) 또 주택임차인이 임차주택을 직접 점유하여 거주하지 않고, 간접 점유하여 자신의 주민등록을 이전하지 아니한 경우라 하더라도 임대인의 승낙을 받아 임차주택을 전대하고 그 전차인이 주택을 인도받아 자신의 주민등록을 마친 때에는 그 때부터 임차인은 제3자에 대하여 대항력을 취득한다.249)

2) 주민등록 및 전입신고

주택임대차보호법에 따른 대항력을 취득하기 위해서는 임차인이 주민등록을 마쳐야 하고, 이 경우 전입신고를 한 때에 주민등록을 한 것으로 본다(주택임대차보호법 제3조 제1항). 주택의 인도 이외 또 하나의 대항요건인 주민등록은 주택의 인도만으로는 공시방법으로서 불완전하기에 추가한 것이다. 주민등록에 따른 공시의 방법은 외국의 입법례에서는 찾아볼 수 없는 제도로서 일부 논란도 있었으나, 임차권등기가 현실적으로 거의 이루어지지 않아서 목적물 인도의 불안정성을 보충하는 공시방법으로 인정한 것이다.

주택임차인은 주민등록을 마쳐야 대항력을 취득하며, 전입신고한 때에 주민등록이 된 것으로 본다.250) 따라서 주택의 인도와 더불어 대항력의 요건으로 규정하고 있는 주민등록은 거래의 안전을 위하여 임차권의 존재를 제3자가 명백히 인식할 수 있는 공시방법으로 마련된 것으로 주민등록이 어떤 임대차를 공시하는 효력이 있는가는 일반 사회통념상 그 주민등록으로 당해 임대차 건물에 임차인이 주소 또는 거소를 가진 자로 등록되어 있는지를 인식할 수 있는가 여부에 따라서 판단되며, 임차인이 착오로 임대차 건물의 지번과 다른 지번에 주민등록(전입신고)을 하였다가 그 이후에 관계 공무원이 직권정정으로 실제 지번에 맞게 주민등록이 정리된 경우, 위 임차인은 주민등록이 정리된 이후에 비로소 대항력을 취득하며,251) 그 주택 실제의 동 표시와 불일치한 임차인의 주민등록은 임대차의 공시방법으로서 유효한 것이라고 할 수 없으며, 임차인은 실제 동 표시와 맞게 주민등록이 정리되어야만 비로소 대항력을 취득한다.252)

---

248) 주택임대차보호법 제3조 제1항.
249) 대법원 1994. 6. 24. 선고 94다3155 판결.
250) 주택임대차보호법 제3조 제1항.
251) 대법원 1987. 11. 10. 선고 87다카1573 판결.

전입신고를 하더라도 주민등록이 되기까지 시간적 간격이 있으며, 따라서 주택임대차보호법은 그 보호의 공백을 메우기 위해서 전입신고한 때에 주민등록이 된 것으로 보도록 하였다.[253] 그러나 주민등록은 대항력 취득 시에만 요구되는 것은 아니며 그것이 계속 존속하는 한도에서만 대항력이 유지되며,[254] "주민등록이 주택임차인의 의사에 의하지 않고 제3자에 의하여 임의로 이전되었고 그와 같이 주민등록이 잘못 이전되고, 주택임차인에게 책임을 물을 만한 사유도 없는 경우, 주택임차인이 이미 취득한 대항력은 주민등록의 이전에도 불구하고 그대로 유지된다."[255]

또 「주민등록법」에 의하여 주민등록이 직권으로 말소된 경우, 주택임차권의 대항력은 상실되지만, 그 후 주민등록법 소정의 이의절차에 따라서 당해 말소된 주민등록이 회복되거나 재등록이 이루어짐으로써 주택임차인에게 주민등록을 유지할 의사가 있었다는 것이 명백한 경우에는 소급하여 대항력은 유지되며, 이 경우 선의의 제3자에 대해서 임차인은 대항력을 주장할 수 없다.[256]

임차인이 그 가족과 함께 그 주택에 대한 점유를 계속하고 있으면서 그 가족의 주민등록은 그대로 둔 채 임차인만 주민등록을 일시 다른 곳으로 옮긴 경우, 전체적으로나 종국적으로 주민등록의 이탈이라고 볼 수 없으므로 임대차의 제3자에 대한 대항력은 상실하지 않으며,"[257] 주민등록이라는 대항요건은 임차인 본인뿐 아니라 그 배우자의 주민등록을 포함한다.[258]

나아가 또 주택임대차보호법 제3조 제1항에 의한 대항력을 갖춘 주택임차인이 임대인의 동의를 얻어 적법하게 임차권을 양도하거나 전대한 경우 양수인이나 전차인이 임차인의 주민등록 퇴거일로부터 주민등록법상의 전입신고 기간 내에 전입신고를 마치고 주택을 인도받아 점유를 계속하고 있다면 비록 위 임차권의 양도나 전대에 의하여 임차권의 공시방법인 점유와 주민등록이 변경되었다 하더라도 원래의 임차인이 갖는 임차권의 대항력은 소멸하지 않는다.[259]

---

252) 대법원 1994. 11. 22. 선고 94다13176 판결.
253) 주택임대차보호법 제3조 제1항 제2문.
254) 대법원 1987. 2. 24. 선고 86다카1695 판결.
255) 대법원 2000. 9. 29. 선고 2000다37012 판결.
256) 대법원 2003. 7. 25. 선고 2003다25461 판결.
257) 대법원 1989. 1. 17. 선고 88다카143 판결.
258) 대법원 1987. 10. 26. 선고 87다카14 판결.

다가구용 단독주택의 경우 건축법이나 주택건설촉진법상 이를 공동주택으로 볼 근거가 없어 단독주택으로 보아야 하며 주민등록법시행령 제5조 제5항에 따라 임차인이 위 건물의 일부나 전부를 임차하여 전입신고를 하는 경우 지번만을 기재하는 것으로 충분하며, 나아가 위 건물 거주자의 편의상 구분하여 놓은 호수까지 기재할 필요는 없으며, 임차인이 실제로 위 건물의 어느 부분을 임차하여 거주하고 있는지 여부의 조사는 단독주택의 경우와 마찬가지로 위 건물에 담보권 등을 설정하려는 이해관계인의 책임하에 이루어져야 하므로, 임차인이 위 건물의 지번으로 전입신고를 한 이상 일반 사회통념상 그 주민등록으로 위 건물에 위 임차인이 주소 또는 거소를 가진 자로 등록되어 있는지를 인식할 수 있어 임대차의 공시방법으로 유효하고, 그 임차인이 위 건물 중 종전에 임차하고 있던 부분에서 다른 부분으로 옮기면서 그 옮긴 부분으로 다시 전입신고를 하였다고 하더라도 이를 달리 볼 수 없다.[260]

3) 확정일자

확정일자[261]는 증서에 대해서 그 작성한 일자에 관한 완전한 증거가 될 수 있는 법률상 인정되는 일자로 당사자가 후에 변경할 수 없는 일자를 말하며, 확정일자있는 증서는 확정일자가 있는 증서로서 민법 부칙 제3조 소정의 증서를 말한다.[262]

> ☑ **판례**
> 주택임대차보호법 제3조의2 제2항에 의하면, 주택임차인은 같은 법 제3조 제1항에 규정된 대항요건과 임대차계약서상에 확정일자를 갖춘 경우에는 경매절차 등에서 보증금을 우선하여 변제받을 수 있고, 여기서 확정일자의 요건을 규정한 것은 임대인과 임차인 사이의 담합으로 임차보증금의 액수를 사후에 변경하는 것을 방지하고자 하는 취지일 뿐, 대항요건으로 규정된 주민등록과 같이 당해 임대차의 존재 사실을 제3자에게

---

259) 대법원 1988. 4. 25. 선고 87다카2509 판결.
260) 대법원 1998. 1. 23. 선고 97다47828 판결.
261) 확정일자는 주택 소재지의 읍·면사무소, 동 주민센터 또는 시(특별시·광역시·특별자치시는 제외하고, 특별자치도는 포함함)·군·구(자치구를 말함)의 출장소, 지방법원 및 그 지원과 등기소 또는 「공증인법」에 따른 공증인에게 부여받을 수 있다(주택임대차보호법 제3조의6 제1항).
262) 대법원 1998. 10. 2. 선고 98다28879 판결.

공시하고자 하는 것은 아니므로, 확정일자를 받은 임대차계약서가 당사자 사이에 체결된 당해 임대차계약에 관한 것으로서 진정하게 작성된 이상, 위와 같이 임대차계약서에 임대차 목적물을 표시하면서 아파트의 명칭과 그 전유 부분의 동·호수의 기재를 누락하였다는 사유만으로 주택임대차보호법 제3조의2 제2항에 규정된 확정일자의 요건을 갖추지 못하였다고 볼 수는 없다.

주택의 인도 및 주민등록의 대항요건과 임대차계약 증서상의 확정일자를 갖춘 임차인은 민사집행법에 따른 경매 또는 국세징수법에 따른 공매(公賣)를 할 때 임차주택(대지를 포함)의 환가대금에서 후순위권리자나 그 밖의 채권자보다 우선하여 보증금을 변제받을 수 있다(주택임대차보호법 제3조의2 제2항). 확정일자는 지명채권 양도의 제3자에 대한 대항요건(민법 제450조 제2항), 신탁에서 수익권 양도의 제3자에 대한 대항요건(신탁법 제65조 제2항), 채권자의 변경으로 인한 경개의 제3자에 대한 대항요건(민법 제502조), 대항력 있는 주택임대차 또는 상가건물임대차가 우선변제권(파산의 경우에는 별제권)을 갖기 위한 요건(주택임대차보호법 제3조의2 제2항), 비밀증서유언의 방식(민법 제1069조 제2항)의 경우에 문제가 된다. 주택임대차보호법에서 확정일자의 요건을 규정한 것은 임대인과 임차인의 담합으로 임차보증금 액수를 사후에 변경하는 것을 방지하기 위한 것이며, 대항요건으로 규정된 주민등록과 같이 당해 임대차의 존재 사실을 제3자에게 공시하기 위한 것은 아니므로, 확정일자를 받은 임대차계약서가 당사자 사이에 체결된 당해 임대차계약에 관한 것으로 진정하게 작성된 이상, 임대차계약서에 임대차 목적물을 표시하면서 아파트 명칭과 그 전유부분의 동·호수의 기재를 누락 한 사유만으로 주택임대차보호법 제3조의2 제2항에 규정된 확정일자의 요건을 갖추지 못했다고 주장할 수 없다.[263]

가. 확정일자의 부여

확정일자부여기관(지방법원 및 그 지원과 등기소는 제외)이 작성하는 확정일자부에는 다음의 사항이 기재된다(주택임대차보호법 시행령 제4조 제1항).

▶ 확정일자 번호
▶ 확정일자 부여일
▶ 임대인·임차인의 인적사항

---

263) 대법원 1999. 6. 11. 선고 99다7992 판결.

− 자연인 : 성명, 주소, 주민등록번호(외국인은 외국인 등록번호)

− 법인 및 법인 아닌 단체 : 법인명·단체명, 법인등록번호·부동산등기용 등록번호, 본점·주사무소소재지

▶ 주택소재지

▶ 임대차 목적물

▶ 임대차 기간

▶ 차임·보증금

▶ 신청인의 성명, 주민등록번호 앞 자리(외국인은 외국인 등록번호 앞 6자리)

나. 확정일자를 받는 절차

임차인의 우선변제권을 위한 확정일자는 임차인 등이 주택임대차계약증서 원본 또는 사본을 소지하고, 주택 소재지의 읍·면사무소, 동 주민센터 또는 시(특별시·광역시·특별자치시는 제외하고, 특별자치도는 포함함, 이하 같음)·군·구(자치구를 말함, 이하 같음)의 출장소, 지방법원 및 그 지원과 등기소 또는 공증인을 방문하여 부여받을 수 있다(주택임대차계약증서상의 확정일자 부여 및 임대차 정보제공에 관한 규칙 제2조 제1항).

또, 정보처리시스템을 이용하여 주택임대차계약을 체결한 경우에는 임차인은 정보처리시스템을 통하여 전자계약증서에 확정일자 부여를 신청할 수 있다. 이 경우 확정일자 부여 신청은 확정일자부여기관 중 주택 소재지의 읍·면사무소, 동 주민센터 또는 시·군·구의 출장소에 대하여 해야 한다(주택임대차계약증서상의 확정일자 부여 및 임대차 정보제공에 관한 규칙 제2조의2).

4) 주택임대차 등기

가. 의의

임차인은 당사자 간에 반대약정이 없으면 임대인에 대하여 임대차 등기절차에 협력할 것을 청구할 수 있다(민법 제621조 제1항). 주택임대차보호법에 따라서 임차인은 주택의 인도와 주민등록을 마치면 대항력을 가지고, 확정일자를 갖춘 경우에만 우선변제권을 취득·유지한다(주택임대차보호법 제3조 제1항 및 제3조의2 제2항). 그러나 주택임대차 등기를 마치면 위의 요건이 없어도 대항력 및 우선변제권을 취득·유지할 수 있다.

나. 주택임대차 등기의 효과

임차인은 임차권등기를 마치면 대항력과 우선변제권을 취득한다. 다만, 임차인이 임차권등기 이전에 이미 대항력이나 우선변제권을 취득한 경우에는 기존에 취득한 대항력이나 우선변제권은 그대로 유지되며, 임차권등기 이후에는 주택의 인도와 주민등록과 같은 대항요건을 상실하더라도 이미 취득한 대항력이나 우선변제권을 상실하지 않는다(주택임대차보호법 제3조의4 제1항 및 제3조의3 제5항).

임차권등기를 경료한 주택(임대차의 목적이 주택의 일부인 때에는 해당 부분으로 한정)을 그 이후에 임차한 임차인은 소액보증금의 우선변제를 받을 권리가 없다(주택임대차보호법 제3조의4 제1항 및 제3조의3 제6항).

다. 등기의 신청

주택임대차의 등기는 신청인 또는 대리인이 등기소에 출석하여 신청정보 및 첨부 정보를 적은 서면을 제출하여 신청할 수 있다(부동산등기법 제24조 제1항 제1호). 그러나 임차권설정 또는 임차물 전대 등기를 신청하는 경우에는 다음의 신청정보의 내용을 등기소에 제공해야 한다(부동산등기법 제74조 및 부동산등기규칙 제130조 제1항).

▶ 차임
▶ 범위
▶ 차임지급 시기
▶ 존속기간(처분능력 또는 처분권한 없는 임대인에 의한 단기임대차인 경우, 그 뜻도 기재)
▶ 임차보증금
▶ 임차권의 양도 또는 임차물의 전대에 대한 임대인의 동의
▶ 임차권설정 또는 임차물전대의 범위가 부동산의 일부인 때에는 그 부분을 표시한 도면의 번호
  임차인이 대항력이나 우선변제권을 갖추고 민법 제621조 제1항에 따라서 임대인의 협력을 얻어 임대차 등기를 신청하는 경우는 신청서에 위의 사항 외에 다음의 사항을 기재하고, 이를 증명할 수 있는 서면을 첨부해야 한다(주택임대차보호법 제3조의4 제2항).

▶ 주민등록을 마친 날

▶ 임대주택을 점유한 날

▶ 임대차계약 증서상의 확정일자를 받은 날

임대차의 등기를 신청하는 경우 다음의 정보를 그 신청정보와 함께 첨부정보로 등기소에 제공해야 한다(부동산등기규칙 제46조 제1항, 제60조 제1항 제3호, 제62조, 제65조 제1항 및 제130조 제2항).

▶ 등기원인을 증명하는 정보 : 약정에 따른 경우에는 임차권설정 계약서, 판결에 따른 경우에는 판결정본과 확정증명서

▶ 등기원인에 대해 제3자의 허가, 동의 또는 승낙이 필요한 경우에는 이를 증명하는 정보 및 인감증명

　• 등기상 이해관계 있는 제3자의 승낙이 필요한 경우에는 이를 증명하는 정보 또는 이에 대항할 수 있는 재판이 있음을 증명하는 정보

　• 신청인이 법인의 경우 그 대표자의 자격을 증명하는 정보

　• 대리인이 등기를 신청하는 경우는 그 권한을 증명하는 정보

▶ 임대차의 목적이 주택의 일부분인 경우에는 그 부분을 표시한 지적도나 건물도면

▶ 임차권자의 주민등록번호 등·초본(3개월 이내의 것)

▶ 임차권 설정자인 소유자의 인감증명서(3개월 이내의 것)

▶ 등록면허세 영수필 확인서

(2) 대항력의 발생시기

대항력은 임차인이 주택의 인도와 주민등록을 마친 때에 그 다음 날부터 제삼자에 대하여 효력이 생기고, 전입신고를 한 때에 주민등록을 마친 것으로 본다(주택임대차보호법 제3조 제1항). 여기서 "그 다음 날부터 제3자에 대하여 효력이 생긴다."는 의미는 다음 날 오전 0시부터 대항력이 생긴다는 취지이다.[264]

인도나 주민등록은 등기와 달리 간이 공시방법으로 인도 및 주민등록과 제3자 명의 등기가 같은 날 행해진 경우, 그 선후관계를 밝혀 선순위 권리자를 정하는 것이 곤란하므로, 제3자가 인도와 주민등록을 마친 임차인이 없음을 확인하고

---

264) 대법원 1999. 5. 25. 선고 99다9981 판결.

등기를 경료했음에도 그 후 같은 날 임차인이 인도와 주민등록을 마침으로써 입을 수 있는 예측하지 못한 손해를 방지하기 위하여 임차인보다 등기를 경료한 권리자를 우선하기 위한 것이다. 따라서 확정일자를 입주 및 주민등록일과 같은 날이거나 그 이전에 갖춘 경우의 우선변제적 효력은 대항력과 마찬가지로 인도와 주민등록을 마친 다음 날을 기준으로 효력이 발생하도록 하였다.[265]

그러나 전입신고 시 임차인에게 대항할 수 있는 권리가 없는 경우는 임차인이 주민등록 전입 시 '경매·공매 시 말소권리가 등기사항전부증명서에 기입등기'가 되어 있는 경우에 말소기준 권리가 우선순위가 되므로 대항력이 없다고 해야 하나 주택의 인도와 주민등록을 마친 때에는 그다음 날부터 제3자에 대하여 효력이 생긴다고 한 이 규정은 대항력의 발생을 잘못 이해한 표현이다.

나아가 근저당설정일과 임차인이 주택을 인도받고 전입신고일이 같은 경우에 대항력과 우선순위는 근저당의 경우에는 설정일에 효력이 발생하지만 임차인이 임차주택을 인도받고 전입신고를 마쳤을 때에는 그 다음날(0시)부터 제3자에 대하여 효력이 생긴다.[266]

(3) 대항력의 내용

1) 양수인에 대한 관계

임대부동산의 소유권이 이전되고 주택임대차보호법 제3조 제1항·제2항에 의하여 임대부동산 양수인이 임대인의 지위를 승계하면 임대차보증금반환채무도 부동산 소유권과 함께 임대인의 지위를 승계한 양수인에게 이전되어 양도인의 보증금반환

---

265) 대법원 1997. 12. 12. 선고 97다22393 판결; 이와 달리 임차인의 대항력 발생시기가 주민등록을 마친 날 발생한다는 판례도 있다. 즉 "甲이 丙 회사 소유 임대아파트의 임차인인 乙로부터 아파트를 임차하여 전입신고를 마치고 거주하던 중, 乙이 丙 회사로부터 위 아파트를 분양받아 자기 명의로 소유권이전등기를 경료한 후 근저당권을 설정한 사안에서, 비록 임대인인 乙이 甲과 위 임대차계약을 체결한 이후에, 그리고 甲이 위 전입신고를 한 이후에 위 아파트에 대한 소유권을 취득하였다고 하더라도, 주민등록상 전입신고를 한 날로부터 소유자 아닌 甲이 거주하는 것으로 나타나 있어서 제3자들이 보기에 甲의 주민등록이 소유권 아닌 임차권을 매개로 하는 점유라는 것을 인식할 수 있었으므로 위 주민등록은 갑이 전입신고를 마친 날로부터 임대차를 공시하는 기능을 수행하고 있었다고 할 것이고, 따라서 甲은 乙 명의의 소유권이전등기가 경료되는 즉시 임차권의 대항력을 취득하였다고 판시하였다(대법원 2001. 1. 30. 선고 2000다 58026, 58033 판결).

266) 주택임대차보호법 제3조 제1항.

채무는 소멸한다.[267] 또 임차인이 양수인에 대하여 대항력을 갖춘 임차인일 때에는 양수인에게 임대인의 지위는 당연히 승계되며, 임차물에 대해서 임차인에 우선하는 다른 권리자가 있다고 하여 양수인의 임대인으로서의 지위의 승계에 임차인의 동의가 필요한 것은 아니다.[268] 따라서 주택 양수인이 임차인에게 임대차보증금을 반환하였더라도, 이는 자신의 채무를 변제한 것이며, 양도인의 채무를 대위변제한 것이라거나, 양도인이 위 금액 상당의 반환채무를 면함으로써 법률상 원인 없이 이익을 얻고 양수인이 그로 인하여 위 금액 상당의 손해를 입은 것은 아니다.[269]

대항력을 갖춘 주택임대차에서 기간이 만료하거나 당사자의 합의 등으로 임대차가 종료된 경우에는 주택임대차보호법 제4조 제2항에 의하여 임차인은 보증금을 반환받을 때까지 임대차 관계는 그대로 존속하며, 이러한 상태에서 임차목적물이 양도되는 경우에 주택임대차보호법 제3조 제2항에 의하여 양수인에게 임대차가 종료된 상태에서 임대인의 지위가 당연히 승계되며, 양수인이 임대인의 지위를 승계하는 경우에는 임대차보증금 반환채무도 부동산의 소유권과 결합하여 이전하므로 양도인의 임대인으로서의 지위나 보증금 반환채무는 소멸하지만, 임차인의 보호를 위한 임대차보호법의 입법 취지에 따라서 임차인이 임대인의 지위 승계를 원하지 않는 때에는 임차인이 임차주택의 양도 사실을 안 때로부터 상당한 기간 내에 이의를 제기함으로써 승계되는 임대차 관계의 구속에서 벗어날 수 있으며, 그 같은 경우에는 양도인의 임차인에 대한 보증금 반환채무는 소멸하지 않는다.[270]

2) 제3자에 대한 관계

근저당권설정 등기와 제3의 집행채권자의 강제경매신청 사이에 대항력을 갖춘 주택임차인은 임차권으로 경락인에 대항할 수 없으며,[271] 후순위저당권의 실행으로 목적 부동산이 경락되어 선순위저당권이 소멸한 경우에 후순위저당권에 대항할 수 있는 임차권이더라도 소멸된 선순위저당권보다 뒤에 등기되거나 대항력을 갖춘 임차권은 소멸하고 이 경우 경락인은 주택임대차보호법의 양수인이 아니

---

267) 대법원 1993. 3. 11. 선고 93다29648 판결.
268) 대법원 1996. 2. 27. 선고 95다35616 판결.
269) 대법원 1993. 7. 16. 선고 93다17324 판결.
270) 대법원 2002. 9. 4. 선고 2001다64615 판결.
271) 대법원 1987. 3. 10. 선고 86다카1718 판결.

므로 경락인에 대해서 임차권의 효력을 주장할 수 없다.[272]

또 낙찰로 선순위근저당권이 소멸하면 그보다 후순위 임차권도 선순위 근저당권이 확보한 담보가치의 보장을 위해 대항력을 상실하며, 낙찰로서 근저당권은 소멸하고, 낙찰인이 소유권을 취득하는 시점인 낙찰대금지급기일 이전에 선순위 근저당권이 다른 사유로 소멸하는 경우에는 임차권의 대항력은 소멸하지 않는다.[273]

대항력을 갖춘 임차인이 저당권설정등기 이후에 임대인과 보증금 증액을 합의하고 증액분을 지급한 경우, 임차인은 저당권설정등기 이전에 취득한 선순위임차권으로 저당권자에 대항할 수 있다. 그러나 저당권설정등기 후에 건물주와 임차보증금 증액을 합의한 경우, 건물주는 저당권자를 해하는 법률행위를 할 수 없으므로 합의 당사자에게만 효력이 있고 저당권자에게는 대항할 수 없다.[274]

(4) 우선변제권

1) 개념

우선변제권이란 임차주택이 경매 또는 공매되는 경우, 임차주택의 환가대금에서 후순위권리자나 그 밖의 채권자보다 우선하여 보증금을 변제받을 수 있는 권리이다(주택임대차보호법 제3조의2 제2항).

2) 요건

우선변제권은 임차인이 ① 대항요건(주택의 인도 및 전입신고)과 ② 임대차계약증서상의 확정일자를 갖춘 경우에 취득한다(주택임대차보호법 제3조의2 제2항).

3) 확정일자의 취득

확정일자란 증서가 작성된 날짜에 주택임대차계약서가 존재하고 있음을 증명하기 위해 법률상 인정되는 일자로서,[275] 임대인과 임차인 사이의 담합으로 임차보증금의 액수를 사후에 변경하는 것을 방지하고, 허위로 날짜를 소급하여 주택

---

272) 대법원 1987. 2. 24. 선고 86다카1936 판결.
273) 대법원 1998. 8. 24. 선고 98마1031 결정.
274) 대법원 1990. 8. 14. 선고 90다카11377 판결.
275) 대법원 1998. 10. 2. 선고 98다28879 판결.

임대차계약을 체결하여 우선변제권 행사를 방지하기 위한 제도이다.[276]

확정일자는 주택 소재지의 읍·면사무소, 동 주민센터 또는 시(특별시·광역시·특별자치시는 제외하고, 특별자치도는 포함함)·군·구(자치구를 말함)의 출장소, 지방법원 및 그 지원과 등기소 또는 「공증인법」에 따른 공증인으로부터 부여받을 수 있다(주택임대차보호법 제3조의6 제1항).

4) 절차

임차인의 우선변제권을 위한 확정일자는 임차인 등이 주택임대차계약증서 원본 또는 사본을 소지하고, 주택 소재지의 읍·면사무소, 동 주민센터 또는 시(특별시·광역시·특별자치시는 제외하고, 특별자치도는 포함함, 이하 같음)·군·구(자치구를 말함, 이하 같음)의 출장소, 지방법원 및 그 지원과 등기소 또는 공증인을 방문하여 부여받을 수 있다(주택임대차계약증서상의 확정일자 부여 및 임대차 정보제공에 관한 규칙 제2조 제1항). 또 정보처리시스템을 이용하여 주택임대차계약을 체결한 경우, 해당 주택의 임차인은 정보처리시스템을 통해 전자계약증서에 확정일자 부여를 신청할 수 있다. 이 경우 확정일자 부여 신청은 확정일자부여기관 중 주택 소재지의 읍·면사무소, 동 주민센터 또는 시·군·구의 출장소에 대해서 해야 한다(주택임대차계약증서상의 확정일자 부여 및 임대차 정보제공에 관한 규칙 제2조의2).

5) 우선변제권의 발생 시기

임차인이 주택의 인도와 전입신고를 마친 당일 또는 그 이전에 주택임대차계약서에 확정일자를 갖춘 때에는 주택의 인도와 전입신고를 마친 다음날 오전 0시부터 우선변제권이 생기며,[277] 우선변제권을 행사하기 위해서는 우선변제권의 요건이 경매절차에 따르는 배당요구의 종기인 경락기일까지 존속되고 있어야 한다.[278]

2. 임대차 존속기간의 보장

주택임대차의 존속기간은 최단 2년이다. 임대차 기간을 정하지 않았거나, 2년

---

276) 대법원 1999. 6. 11. 선고 99다7992 판결.
277) 대법원 1999. 3. 23. 선고 98다46938 판결.
278) 대법원 1997. 10. 10. 선고 95다44597 판결.

미만으로 정한 임대차는 그 기간을 2년으로 본다. 다만, 임차인은 2년 미만으로 정한 기간이 유효함을 주장할 수 있다(주택임대차보호법 제4조 제1항).

계약이 갱신된 경우에도 임대차의 존속기간은 2년이며, 계약이 갱신되는 경우에도 임차인은 언제든지 임대인에게 계약해지를 통지할 수 있다(주택임대차보호법 제6조 제2항). 임차인은 임대인에게 주택임대차계약을 해지하겠다는 의사를 통지하고, 임대인이 그 통지를 받은 날로부터 3월이 지나면 계약해지의 효과가 발생한다(주택임대차보호법 제6조의2 제2항). 임차인은 임대차 기간이 끝나기 6개월 전부터 2개월(2020년 12월 10일 이후 최초로 체결되거나 갱신된 임대차부터 적용됨) 전까지의 기간에 임대인에게 계약갱신을 요구할 수 있으며, 임대인은 정당한 사유 없이 이를 거절하지 못한다(주택임대차보호법 제6조의3 제1항, 제6조제1항 전단 및 부칙 제2조).

> ☑ **판례**
>
> 주택임대차보호법 제4조 제1항은 같은 법 제10조의 취지에 비추어 보면 임차인의 보호를 위한 규정이라고 할 것이므로, 위 규정에 위반되는 당사자의 약정을 모두 무효라고 할 것은 아니고 위 규정에 위반하는 약정이라도 임차인에게 불리하지 아니한 것은 유효하다고 풀이함이 상당한바, 임대차 기간을 2년 미만으로 정한 임대차의 임차인이 스스로 그 약정임대차 기간이 만료되었음을 이유로 임차보증금의 반환을 구하는 경우에는 그 약정이 임차인에게 불리하다고 할 수 없으므로, 같은 법 제3조 제1항 소정의 대항요건(주택 인도와 주민등록 전입신고)과 임대차계약증서상의 확정일자를 갖춘 임차인으로서는 그 주택에 관한 저당권자의 신청에 의한 임의경매절차에서 2년 미만의 임대차기간이 만료되어 임대차가 종료되었음을 이유로 그 임차보증금에 관하여 우선변제를 청구할 수 있다.

주택임대차보호법은 특별법으로 주택임대차보호법 규정에 따른 약정은 모두 무효로 되는 것은 아니며 임차인에게 불리한 경우에만 무효가 되는 편면적 강행법규이다(주택임대차보호법 제10조 참조).

(1) 임대차계약의 갱신

1) 합의에 의한 계약의 갱신

임대차계약 기간이 종료하기 이전에 임대인과 임차인은 임대차계약의 조건을 변경하거나, 기간을 변경하는 등 계약조건을 변경하여 합의 갱신하거나, 기존의 임대차와 동일한 계약조건으로 합의 갱신할 수 있다. 합의 갱신은 임대차 관계가 완전히 소멸한 후에 같은 임대인과 임차인 간에 새로운 임대차 관계를 설정하는 임대차의 재설성과 구별되고, 임대차계약 기간 중에 미리 일정 기간의 연장을 합의하는 기간 연장의 합의와도 구별된다.

주택임대차계약 기간을 갱신하는 경우에도 임대차의 존속기간은 2년이며, 계약이 갱신되는 경우에도 임차인은 언제든지 임대인에게 계약해지를 통지할 수 있으며(주택임대차보호법 제6조 제2항), 임차인은 임대인에게 주택임대차계약을 해지하겠다는 의사를 통지하고, 임대인이 그 통지를 받은 날로부터 3개월이 지나면 계약해지의 효력이 발생한다(주택임대차보호법 제6조의 2제 2항).

민법에 따른 전세권을 합의 갱신하는 경우, 그 존속기간을 정한 경우는 물론 기간을 정하지 않은 경우에도 당사자 합의로 갱신할 수 있으며, 이 경우 어떤 내용으로 갱신할 것인지는 자유이며, 존속기간은 갱신한 날로부터 10년을 넘지 못하는데,[279] (민법 제312조 제3항) 전세권의 갱신은 권리의 변경으로서 등기해야 그 효력이 생긴다.[280]

2) 계약갱신의 효과

합의 갱신의 효과는 합의 내용에 따라서 정해지며 임대차계약의 조건을 변경하는 합의 갱신의 경우는 변경의 내용에 대하여 전 임대차와 이해관계 있는 제3자에게 대항할 수 없다. 또 임차보증금을 증액하는 경우는 확정일자를 받아야 후순위권리자보다 우선변제권을 행사할 수 있다.

(2) 계약갱신의 청구

임차인은 임대차 기간이 끝나기 6개월 전부터 2개월(2020년 12월 10일 이후 최초로 체결되거나 갱신된 임대차부터 적용됨) 전까지의 기간에 임대인에게 계약갱신을 요구할 수 있으며, 임대인은 정당한 사유 없이 이를 거절하지 못한다(주택임대차보호법 제6조의3 제1항, 제6조 제1항 전단 및 부칙 법률 제17363호, 2020. 6. 9. 제2조). 임차인은

---

279) 민법 제312조 제3항.
280) 민법 제186조.

계약갱신요구권을 1회에 한하여 행사할 수 있으며, 갱신되는 임대차의 존속기간은 2년으로 본다(주택임대차보호법 제6조의3 제2항).

또, 갱신되는 임대차는 전 임대차와 동일한 조건으로 다시 계약된 것으로 본다. 다만, 차임과 보증금은 주택임대차보호법 제7조(차임 등의 증감청구권)의 범위에서 증감할 수 있다(주택임대차보호법 제6조의3 제3항).

그러나 다음의 어느 하나에 해당하는 경우 임대인은 임차인의 계약갱신 요구를 거절할 수 있다(주택임대차보호법 제6조의3 제1항 단서).

- ▶ 임차인이 2기의 차임액에 해당하는 금액에 이르도록 차임을 연체한 사실이 있는 경우
- ▶ 임차인이 거짓이나 그 밖의 부정한 방법으로 임차한 경우
- ▶ 서로 합의하여 임대인이 임차인에게 상당한 보상을 제공한 경우
- ▶ 임차인이 임대인의 동의 없이 목적 주택의 전부 또는 일부를 전대(轉貸)한 경우
- ▶ 임차인이 임차한 주택의 전부 또는 일부를 고의나 중대한 과실로 파손한 경우
- ▶ 임차한 주택의 전부 또는 일부가 멸실되어 임대차의 목적을 달성하지 못할 경우
- ▶ 임대인이 다음의 어느 하나에 해당하는 사유로 목적 주택의 전부 또는 대부분을 철거하거나 재건축하기 위하여 목적 주택의 점유를 회복할 필요가 있는 경우
  - −임대차계약 체결당시 공사시기 및 소요 기간 등을 포함한 철거 또는 재건축 계획을 임차인에게 구체적으로 고지하고 그 계획에 따르는 경우
  - −건물이 노후·훼손 또는 일부 멸실되는 등 안전사고의 우려가 있는 경우
  - −다른 법령에 따라 철거 또는 재건축이 이루어지는 경우
- ▶ 임대인(임대인의 직계존속·직계비속을 포함함)이 목적 주택에 실제 거주하려는 경우

갱신되는 임대차의 해지는 주택임대차보호법 제6조의2(묵시적 갱신의 경우 계약의 해지)를 준용하고(주택임대차보호법 제6조의3 제4항), 계약갱신요구권은 2020년 7월 31일 이전부터 존속 중인 임대차에 대해서도 적용된다(주택임대차보호법 부칙 제

17470호, 제2조 제1항). 그러나 2020년 7월 31일 전에 임대인이 갱신을 거절하고 제 3자와 임대차계약을 체결한 경우에는 적용되지 않는다(주택임대차보호법 부칙 제 17470호, 제2조 제2항).

(3) 묵시적 갱신

1) 내용

임대인이 임대차 기간 종료 6개월 전부터 2개월(2020년 12월 10일 이후 최초로 체결되거나 갱신된 임대차부터 적용) 전까지의 기간에 임차인에게 갱신 거절의 통지를 하지 않거나, 계약조건을 변경하지 않으면 갱신하지 않는다는 뜻의 통지를 하지 않은 경우에는 그 기간이 종료한 때에 전 임대차와 동일한 조건으로 다시 임대차 한 것으로 본다. 임차인이 임대차 기간이 종료되기 2개월 전까지 통지하지 않은 경우에도 같다(주택임대차보호법 제6조 제1항 및 부칙 제2조).

임대인이나 임차인 가운데 일방이 갱신을 거절하거나 계약조건을 변경하는 등의 통지를 한 경우에는 묵시적으로 갱신되지 않으며, 갱신거절의 통지는 임대차 기간이 종료하면 더 이상 임대차 관계를 존속시키지 않겠다는 의사의 통지로서, 명시적이든 묵시적이든 문제가 되지 않는다. 계약조건 변경의 통지는 임대차 기간 이 종료하면 임대차계약을 변경하고 상대방이 이에 응하지 않으면 임대차 관계를 존속시키지 않겠다고 하는 의사의 통지이다. 통지하는 경우 변경하려는 계약조건 을 구체적으로 명시하여야 한다.

임차인이 차임을 2회 이상 연체하거나 그 밖에 임차인으로서의 의무를 현저히 위반한 경우에는 묵시의 갱신을 할 수 없다(주택임대차보호법 제6조 제3항). 따라서 임 대인이 이 같은 사유로 임대차계약을 해지하지 않더라도, 임차인에게 이러한 사유 가 있으면 묵시의 갱신이 인정되지 않으므로 임대차는 그 기간의 만료로 종료된다.

2) 묵시적 갱신의 효과

주택임대차계약이 묵시적으로 갱신되면, 종전의 임대차와 동일한 조건으로 다 시 임대차한 것으로 본다(주택임대차보호법 제6조 제1항 전단). 이때 보증금과 차임도 종전의 임대차와 같은 조건으로 임대차한 것으로 보며, 이 경우 임대차의 존속기간은 2년이 된다(주택임대차보호법 제4조 제1항 및 제6조 제2항).

3) 묵시적 갱신된 임대차계약의 해지

주택임대차계약이 묵시적으로 갱신된 경우, 임차인은 언제든지 갱신된 임대차계약을 해지할 수 있으며, 다만, 임차인은 2년 미만으로 정한 기간이 유효함을 주장할 수 있다(주택임대차보호법 제4조 제1항 및 제6조의2 제1항).

3. 차임 · 보증금의 증감 청구

(1) 증액의 청구

1) 증액 청구의 내용

주택의 임대인은 임대차계약이 존속하는 동안에 약정한 차임이나 보증금이 임대주택에 대한 조세, 공과금, 기타 부담의 증가나 경제 사정의 변동으로 인하여 적절하지 않게 된 때에는 장래에 대하여 그 증액을 청구할 수 있다(주택임대차보호법 제7조 제1항). 따라서 임대차계약이 갱신되는 경우에도 임대차 관계가 존속하는 것으로 증액을 청구할 수 있으며, 임대차계약이 종료된 후 재계약하거나 임대차계약이 종료하기 전에 당사자가 합의한 때에는 차임 및 보증금을 증액할 수 있다.[281] 그러나 당사자가 차임증액을 금지하는 특약을 한 경우에는 차임증액청구를 할 수 없다. 또 특약이 있더라도 약정 후 그 특약을 그대로 유지시키는 것이 신의칙에 반할 정도의 사정이 변경된 경우에는 차임증액을 청구할 수 있다.[282]

2) 증액 청구의 제한

차임 · 보증금의 증감 청구는 임대차계약의 존속 중 당사자 일방이 약정한 차임 등의 증감을 청구한 때에 한하여 적용되며, 임대차계약이 종료된 후 재계약을 하거나 임대차계약 종료 전이라도 당사자의 합의로 차임 등이 증액된 경우에는 적용되지 않는다.[283]

---

281) 대법원 2002. 6. 28. 선고 2002다23482 판결.
282) 대법원 1996. 11. 12. 선고 96다34061 판결.
283) 대법원 1993. 12. 7. 선고 93다30532 판결.

증액을 청구하는 경우 약정한 차임이나 임차보증금의 20분의 1의 금액을 초과한 증액은 청구할 수 없으나, 특별시·광역시·특별자치시·도 및 특별자치도는 관할 구역 내의 지역별 임대차시장의 여건 등을 고려하여 20분의 1의 범위에서 증액 청구의 상한을 조례로 달리 정할 수 있으며(주택임대차보호법 제7조 제2항), 증액의 제한은 2020년 7월 31일 이전부터 존속 중인 임대차 관계에도 적용된다(주택임대차보호법 부칙 제17470호 제2조 제1항). 그러나 2020년 7월 31일 전에 임대인이 갱신을 거절하고 제3자와 임대차계약을 체결한 때에는 적용되지 않는다(주택임대차보호법 부칙 제17470호 제2조 제2항). 또, 임대차계약 또는 차임이나 보증금을 증액한 이후 1년 이내에는 증액 청구를 할 수 없다(주택임대차보호법 제7조 제1항 후단).

(2) 감액의 청구

1) 감액 청구의 내용

임차인은 임대차계약이 존속하는 동안에 약정한 차임이나 보증금이 임대주택에 대한 조세, 공과금, 그 밖의 부담의 증가나 경제 사정의 변동으로 적절하지 않게 된 때에는 장래에 대하여 그 감액을 청구할 수 있다(주택임대차보호법 제7조 제1항 전단). 따라서 임대차계약이 갱신되는 경우에도 임대차가 존속하므로 감액을 청구할 수 있다.

2) 감액의 제한

감액금지의 특약은 임차인에게 불리하므로 효력이 없다(주택임대차보호법 제10조, 민법 제652조 및 제628조).

4. 보증금의 회수 보호

(1) 의의

임차인이 임대인에게 보증금의 반환을 청구하였으나 임대인이 이에 응하지 않는 경우에 임차인은 보증금반환청구소송을 제기할 수 있으며, 임차주택이 다른 채권자 등에 의해서 경매 등이 개시되는 경우 일정한 요건에 따라서 임차인은 권리의 순위에 따라서 우선변제를 받을 수 있다(주택임대차보호법 제3조의2).

(2) 강제경매 신청시 집행개시 요건의 완화

임대인이 임대차 기간이 만료되었음에도 임차인에게 보증금을 반환하지 않을 경우 다른 채권자에 의해서 경매가 개시되면 임차인은 일정한 요건 하에 경매에 참여하여 우선변제를 받을 수 있으나 임차인의 자격에서 경매를 신청할 권한은 없다. 이 경우 임대인을 상대로 보증금반환청구의 소를 제기하여 확정판결을 받거나 그 밖에 이에 준하는 집행권원에 기해 강제경매를 신청할 수 있다. 이에 대해서 임차인이 보증금반환청구권을 신속하게 행사할 수 있도록 소액심판법의 규정을 준용하도록 하고 있다(주택임대차보호법 제13조).

문제는 임차주택의 인도와 보증금의 반환은 동시이행의 관계에 있으므로 임대인에게 보증금의 반환을 청구하려면 임차인이 임차주택을 먼저 인도해야 한다(민법 제536조 제1항). 나아가 민사집행법은 집행권원에 기초한 집행개시의 요건으로 반대의무의 이행과 동시에 집행할 수 있다는 것을 내용으로 하는 집행권원의 집행은 채권자가 반대의무의 이행 또는 이행의 제공을 하였다는 것을 증명해야만 개시할 수 있다고 규정하고 있다(민사집행법 제41조 제1항). 그러나 주택임대차보호법은 주택의 인도와 주민등록 및 임대차계약서상의 확정일자를 모두 갖추는 것을 요건으로 하여 임차인이 임차주택의 환가대금에서 우선변제를 받도록 하고 있는데, 임차인이 이에 따라서 먼저 주택을 명도하면 주택의 인도라는 요건을 상실하게 되어 우선변제권을 잃게 되어 임차인을 위험에 빠뜨릴 수 있다. 따라서 임차인은 주택을 명도하지 않고도 보증금반환청구소송의 확정판결 등에 기해서 강제경매를 신청할 수 있도록 특례를 정하였다. 이 같은 특례가 적용되는 임차주택은 건물뿐만 아니라 그 부지를 포함한다.

☑ **판례**

주택임대차보호법 제3조의2 제1항은 임차인이 임차주택에 대하여 보증금반환청구소송의 확정판결 기타 이에 준하는 채무명의에 기한 경매를 신청하는 경우에는 민사소송법 제491조의2 제1항의 규정에 불구하고 반대의무의 이행 또는 이행의 제공을 집행개시의 요건으로 하지 아니한다고 규정하고 있는바, 같은 법 제3조의2 제2항 및 제8조

제3항이 임차주택의 환가대금에 건물뿐만 아니라, 대지의 가액도 포함된다고 규정하고 있는 점, 통상적으로 건물의 임대차에는 당연히 그 부지 부분의 이용이 수반되는 것이고, 같은 법 제2조에서 같은 법의 적용 대상으로 규정하고 있는 주거용 건물의 임대차라 하는 것도 임차목적물 중 건물의 용도가 점포나 사무실 등이 아닌 주거용인 경우의 임대차를 뜻하는 것일 뿐 같은 법의 적용 대상을 대지를 제외한 건물에만 한정하는 취지는 아닌 것으로 해석되는 점, 위 규정은 기본적으로 임차인의 권익보호를 그 입법취지로 하고 있는데, 만일 반대의무의 이행 또는 이행의 제공 없이 집행개시를 할 수 있는 대상을 건물에만 한정할 경우 사실상 대지와 그 지상 주택의 경매절차가 분리되는 결과 경매절차의 진행에 어려움이 발생하고 임차주택의 환가에 의한 임차보증금의 회수를 간편하게 하겠다는 입법 취지에 부합되지 않게 되는 점 등에 비추어 보면, 여기에서 말하는 임차주택에는 건물뿐만 아니라, 그 부지도 포함하는 것으로 봄이 상당하다(대법원 2000. 3. 15. 자 99마4499 결정).

(3) 임차보증금의 우선변제

주택임대차의 대항력과 임대차 계약서상의 확정일자를 갖춘 임차인은 민사집행법에 따른 경매 또는 국세징수법에 의한 공매 시 임차주택의 환가금에서 후 순위권리자나 그 밖의 채권자보다 우선하여 보증금을 변제받을 수 있다(주택임대차보호법 제3조의2 제2항). 이와 같이 주택임차인은 주택임대차보호법 제3조 제1항이 규정한 대항요건과 임대차계약서상에 확정일자를 갖추었을 때 경매절차 등에서 우선하여 보증금을 변제받을 수 있는데, 요건으로서 확정일자를 규정한 것은 임대인과 임차인 사이의 담합으로 임차보증금 액수를 사후에 변경하는 것을 방지하기 위한 취지이며, 대항요건으로 규정된 주민등록과 같이 당해 임대차의 존재 사실을 제3자에게 공시하기 위한 것은 아니다. 따라서 확정일자를 받은 임대차계약서가 당사자 사이에 체결된 당해 임대차계약에 관한 것으로서 진정하게 작성되었다면, 위와 같이 임대차계약서에 임대차 목적물을 표시하면서 아파트의 명칭과 그 전유부분의 동·호수 기재를 누락하였다는 사유만으로 주택임대차보호법 제3조의2 제2항에 규정된 확정일자의 요건을 갖추지 못하였다고 볼 수는 없다.[284]

우선변제권이 있는 임차인은 임차주택의 가액으로부터 다른 채권자에 우선하여 보증금을 변제받음과 동시에 임차목적물을 명도할 수 있는 권리가 있으며, 따

---

284) 대법원 1999. 6. 11. 선고 99다7992 판결.

라서 주택임대차보호법 제3조의2 제2항에서 임차인은 임차주택을 양수인에게 인도하지 않으면 경매 또는 공매시 임차주택의 환가대금에서 보증금을 수령할 수 없다고 규정한 것은 경매 또는 공매절차에서 임차인이 보증금을 수령하기 위해서는 임차주택을 명도했다는 증명을 하여야 한다는 것을 의미하며, 임차인의 주택명도의무가 보증금반환의무보다 먼저 이행되어야 하는 것은 아니다.[285]

이같이 주택임대차보호법 상의 대항요건(주택의 인도와 주민등록 전입신고)과 임대차계약서 상의 확정일자를 갖춘 주택임차인은 후순위권리자 기타 일반채권자보다 우선하여 보증금을 변제받을 권리가 있다고 규정하고 있다. 이는 임대차계약증서 상에 확정일자를 갖춘 경우 부동산담보권에 유사한 권리를 인정하는 취지로 부동산 담보권자보다 선순위의 가압류채권자가 있는 경우에 그 담보권자가 선순위의 가압류채권자와 채권액에 비례한 평등배당을 받을 수 있는 것과 마찬가지로 위 규정에 의하여 우선변제권을 갖게 되는 임차보증금채권자도 선순위의 가압류채권자와는 평등배당의 관계에 있는 것이다.

또 가압류채권자가 주택임차인보다 선순위에 있는지의 여부는 주택임대차보호법 제3조의2의 법문상 임차인이 확정일자 부여에 의하여 비로소 우선변제권을 가지는 것으로 규정하고 있으므로, 임대차계약 증서상의 확정일자 부여일을 기준으로 삼아야 하며, 대항요건을 미리 갖추었다고 하더라도 확정일자를 부여받은 날자가 가압류일자보다 늦은 경우에는 가압류채권자가 선순위가 된다.[286]

5. 보증금 일정액의 보호

(1) 의의

임차인은 임차보증금이 소액인 경우, 경매신청 등기 전까지 주택의 인도와 주민등록을 마치면, 확정일자를 받지 않은 경우에도 보증금 중 일정액을 다른 담보물권자보다 우선하여 변제받을 수 있다(주택임대차보호법 제8조 제1항). 또 소액임차인의 우선변제를 받을 수 있는 채권은 압류하지 못한다(민사집행법 제246조 제1항).

---

285) 대법원 1994. 2. 22. 선고 93다55241 판결.
286) 대법원 1992. 10. 13. 선고 92다30597 판결.

(2) 소액임차인 우선변제의 요건

대항요건 및 확정일자를 갖춘 임차인과 소액임차인은 임차주택과 그 대지가 함께 경매되거나 임차주택과 별도로 그 대지만이 경매되는 경우에도 그 대지의 환가대금에 대하여 우선변제권을 행사할 수 있다. 이와 같은 우선변제권은 이른바 법정담보물권의 성격을 가지며 임대차 관계가 성립하는 경우 임차목적물인 임차주택 및 대지의 가액을 기초로 임차인을 보호하기 위한 것으로, 임대차 성립 당시 임대인의 소유였던 대지가 타인에게 양도되어 임차주택과 대지의 소유자가 서로 다른 경우에도 우선변제권을 행사할 수 있다.[287]

1) 소액임차인의 범위에 속할 것

우선변제를 받을 수 있는 임차인의 보증금의 범위는 다음과 같다.

주택임대차 소액보증금의 범위와 우선배당금 한도

	지역	보증금 범위	최우선변제액
2021. 8. 15. 기준	서울특별시	1억 1천만 원 이하	3천 700만 원
	수도권 및 과밀억제권역	1억 원 이하	3천 400만 원
	광역시(군 제외), 용인시, 안산시, 김포시, 광주시, 세종시	6,000만 원 이하	2천만 원
	기타 지역	5,000만 원 이하	1천 700만 원

※ 과밀억제권역, 서울특별시, 인천광역시(강화군, 옹진군, 서구 대곡동·불로동·마전동·금곡동·오류동·왕길동·당하동·원당동, 인천 경제자유구역 및 남동 국가산업단지 제외), 의정부시, 구리시, 남양주시(호평동·평내동·금곡동·일패동·이패동·삼패동·가운동·수석동·지금동 및 도농동에 한함), 하남시, 고양시, 수원시, 성남시, 안양시, 부천시, 광명시, 과천시, 의왕시, 군포시, 시흥시(반월특수지역 제외)(수도권정비계획법 제2조 제1호, 수도권정비계획법 시행령 제2조, 별표1).

2) 경매신청 등기 전까지 대항요건을 갖출 것

임차인은 임차주택에 대하여 경매신청 등기 이전에 대항요건인 주택의 인도

---

287) 대법원 2007. 6. 21. 선고 2004다26133 전원합의체 판결.

와 주민등록을 갖추어야 한다(주택임대차보호법 제3조 제1항 및 제8조 제1항 후단). 이 같은 대항요건은 집행법원이 정한 배당요구의 종기인 경락기일까지 계속 존속되지 않으면 안 된다.[288]

3) 임차주택이 경매 또는 체납처분에 따라 매각될 것

소액임차인이 우선변제권을 행사하기 위해서는 임차주택이 경매 또는 체납처분에 따라 매각되는 경우여야 한다(주택임대차보호법 제3조의2 제4항 및 제8조 제2항). 경매나 체납처분에 의하지 않고 단순히 매매, 교환 등과 같은 법률행위에 따라서 임차주택이 양도되는 경우는 대항력 여부만이 문제되며, 우선변제권이 인정될 여지가 없기 때문이다.

4) 배당요구 또는 우선권 행사를 위한 신고가 있을 것

배당요구가 필요한 채권자는 압류의 효력이 발생하기 이전에 등기한 가압류 채권자, 경락으로 인하여 소멸하는 저당권자 및 전세권자로서 압류의 효력발생 전에 등기한 자 등 당연히 배당받을 수 있는 채권자의 경우와 달리, 경락기일까지 배당요구를 한 경우에 한하여 배당받을 수 있으며, 적법한 배당요구를 하지 아니한 경우에는 비록 실체법상 우선변제청구권이 있더라도 경락대금으로부터 배당받을 수 없다. 따라서 임차주택이 경매 또는 체납처분에 따라 매각되는 경우 집행법원에 배당요구를 하거나 체납처분청에 우선권 행사를 위한 신고를 해야 한다.[289]

(3) 우선변제권의 효과

소액임차인이 임차주택에 대해서 경매신청의 등기 이전에 대항력을 갖추었을 때 보증금 중 일정액을 다른 담보권자보다 우선하여 변제받을 권리가 있다(주택임대차보호법 제3조 제1항 및 제8조 제1항). 소액임차인이 우선변제를 받을 수 있는 금액은 해당 보증금 중 다음의 구분에 따른 금액 이하이다. 이 경우 우선변제 금액이 주택 가액의 2분의 1을 초과하는 경우에는 주택 가액의 2분의 1에 해당하는 금액에 한한다(주택임대차보호법 시행령 제10조 제1항 및 제2항).

---

288) 대법원 1997. 10. 10. 선고 95다44597 판결.
289) 대법원 2002. 1. 22. 선고 2001다70702 판결.

▸ 서울특별시 3천 200만 원

▸ 「수도권정비계획법」에 따른 과밀억제권역(서울특별시 제외): 2천 700만 원

▸ 광역시(수도권정비계획법에 따른 과밀억제권역에 포함된 지역과 군지역 제외), 안산시, 용인시, 김포시 및 광주시: 2천만 원

▸ 그 밖의 지역: 1천 500만 원

이 기준은 2021년 5월 11일 당시 존속 중인 임대차계약에도 적용하되, 2021년 5월 11일 전에 임차주택에 대하여 담보물권을 취득한 자에 대해서는 종전의 우선변제 보증금액에 따른다(주택임대차보호법 시행령 부칙 제2조).

하나의 주택에 임차인이 2명 이상이고, 각 보증금 중 일정액의 합산액이 주택의 가액의 2분의 1을 초과하는 경우는 각 보증금 중 일정액의 합산액에 대한 각 임차인의 보증금 중 일정액의 비율로 그 주택 가액의 2분의 1에 해당하는 금액을 분할한 금액을 각 임차인의 우선변제 금액으로 본다(주택임대차보호법 시행령 제10조 제3항).

(4) 우선변제권을 행사할 수 없는 소액임차인

임차주택이 임차권등기명령의 집행에 따라 임차권등기가 끝난 주택을 그 이후에 임차한 임차인은 소액임차인이라도 우선변제권을 행사할 수 없다(주택임대차보호법 제3조의3 제6항). 처음 주택임대차계약을 체결할 때는 임대차보증금 액수가 적어서 소액임차인에 해당하였으나 그 후 갱신하는 과정에서 보증금이 증액되어 소액임차인에 해당하지 않게 되는 경우에는 우선변제권을 행사할 수 없다.[290]

6. 임차권등기명령제도

(1) 개념

주택임대차보호법은 주택의 인도와 주민등록을 대항력의 취득 및 존속 요건으로 하여 임차인이 임대차가 종료되어 보증금을 돌려받지 못하고 이사를 하게 되는 경우 취득하였던 대항력과 우선변제권을 상실하여 보증금을 회수할 수 없는 위

---

290) 대구지법 2004. 3. 31. 선고 2003가단134010 판결.

험에 빠지게 된다. 이 같은 문제를 해결하기 위한 목적의 주택임대차보호법상의 임차권등기명령제도가 있다. 임차권등기명령제도는 법원의 집행명령에 따른 등기를 경료하면 임차인에게 대항력 및 우선변제권을 유지하도록 하여 자유롭게 이사할 수 있도록 하는 제도이다.

(2) 임차권등기명령의 신청

1) 요건

임대차계약 기간의 만료로 임대차가 종료되거나 임대차계약 해지 통고에 따라서 임대차가 종료되거나 합의해지된 경우 보증금을 되돌려 받지 못한 임차인은 임차주택의 소재지를 관할하는 지방법원·지방법원 지원 또는 시·군 법원에 임차권등기명령을 신청할 수 있다(주택임대차보호법 제3조의 3 제1항). 즉, 기간의 약정이 없는 임대차의 해지 통고는 임차인이 해지 통고한 날부터 1개월이 지난 경우(민법 제635조 제2항 제1호), 기간의 약정은 있지만, 임대인이 임차인의 반대에도 임차주택에 대한 보존행위를 하여 임차인이 임차의 목적을 달성할 수 없어 해지 통고를 하고 그 통고가 임대인에게 도달한 경우(민법 제625조), 임차주택의 일부가 임차인의 과실 없이 멸실 그 밖의 사유로 사용·수익할 수 없게 되고, 그 잔존부분으로 임대차의 목적을 달성할 수 없어 임차인이 해지통고를 하고, 그 통고가 임대인에게 도달한 경우(민법 제627조), 묵시의 갱신이 이루어진 경우 임차인이 해지 통고를 하고, 그 통고가 된 날부터 3개월이 경과한 경우(주택임대차보호법 제6조의2), 임대차계약을 체결한 후 임차주택이 멸실되어 잔존부분으로 임대차의 목적을 달성할 수 없어 계약을 해지하는 경우(민법 제627조) 등이다.

여기서 임차보증금을 돌려받지 못한 경우란 임차보증금의 전액을 돌려받지 못한 경우는 물론 일부라도 돌려받지 못한 경우를 포함한다(임차권등기명령절차에 관한 규칙 제2조 제1항 제5호).

2) 임차주택의 범위

임차주택은 원칙적으로 등기된 경우에만 임차권등기명령을 신청할 수 있으므로 임차주택이 무허가 건물인 경우에는 임차권등기명령을 신청할 수 없으며, 임차주택에 대해 사용승인을 받고 건축물관리대장이 작성되어 있어 즉시 임대인 명의로 소유권보존등기가 가능한 경우에는 임대인을 대위하여 소유권보존등기를 마친 다음 임차권등기를 할 수 있으므로 예외적으로 임차권등기명령을 신청할 수 있다. 이 경우 임대인 명의로 소유권보존등기를 할 수 있음을 증명하는 서면을 첨부해야 한다(임차권등기명령 절차에 관한 규칙 제3조 제2호).

주택의 일부(다가구 주택의 일부)를 임차하는 경우에도 임차권등기명령을 신청할 수 있는데, 이 경우에는 임대차의 목적인 부분을 표시한 도면을 첨부해야 한다(주택임대차보호법 제3조의3 제2항 제2호 및 임차권등기명령절차에 관한 규칙 제3조 제2호).

임차목적물에 대한 등기부상의 용도가 주거시설이 아니더라도(지하실, 공장, 사무실) 주거용으로 임차하여 사용하고 있는 경우에 주거용 건물이므로 임차권등기명령을 신청할 수 있다. 이 경우 임대차계약을 체결할 때부터 임차권등기명령을 신청할 당시까지 주거용으로 사용하고 있음을 증명하는 서류를 첨부해야 한다(임차권등기명령 절차에 관한 규칙 제3조 제5호).

3) 임차인의 범위

임대차가 종료될 때 대항력 있는 임차인은 물론, 대항력을 상실한 임차인도 임차권등기명령을 신청할 수 있다.[291] 다만, 대항력을 상실한 임차인의 경우 양수인을 상대로 임차권등기명령을 신청할 수 없다. 전차인은 비록 임대인의 승낙을 받았다고 하더라도 임대인에 대해 의무만 부담할 뿐 권리를 갖고 있지 않으므로 임차권등기명령을 신청할 수 없다.

4) 신청 절차

임차인은 다음 사항을 기재한 임차권등기명령신청서를 작성하여 기명날인 또는 서명한 다음 관련 첨부서류와 함께 임차주택의 소재지를 관할하는 지방법원·지방법원지원 또는 시·군 법원에 접수해야 한다(주택임대차보호법 제3조의3 제1항).

▶ 사건의 표시
▶ 임차인과 임대인의 성명, 주소, 임차인의 주민등록번호(임차인이나 임대인이 법인 또는 법인 아닌 단체인 경우에는 법인명 또는 단체명, 대표자, 법인등록번호, 본점·

---

291) 부산고법 2006. 5. 3. 선고 2005나17600 판결.

사업장소 재지)
▶ 대리인이 신청하는 경우 그 성명과 주소
▶ 임대차의 목적인 주택 또는 건물의 표시(임대차의 목적이 주택 또는 건물의 일부
인 경우에는 그 목적인 부분을 표시한 도면을 첨부)
▶ 반환받지 못한 임차보증금액 및 차임(등기하지 아니한 전세계약의 경우에는 전세금)
▶ 신청의 취지와 이유
신청이유에는 임대차계약의 체결 사실 및 계약 내용과 그 계약이 종료한
원인 사실을 기재하고, 임차인이 신청 당시 대항력을 취득한 경우에는 임차
주택을 점유하기 시작한 날과 주민등록을 마친 날 및 확정일자를 받은 날
을, 우선변제권을 취득한 경우에는 임대차 주택을 점유하기 시작한 날과 확
정일자를 받은 날을 기재한다(임차권등기명령 절차에 관한 규칙 제2조 제2항)
▶ 첨부서류의 표시
• 임대인 소유로 등기된 주택 또는 건물의 등기사항증명서
• 임대인의 소유가 아닌 주택 또는 건물은 즉시 임대인의 명의로 소유권보
존등기를 할 수 있음을 증명하는 서면(건축물대장 등)
• 임대차계약증서
• 신청당시 대항력을 취득한 임차인은 임차주택을 점유하기 시작한 날과
주민등록을 마친 날을 소명하는 서류
• 신청당시 우선변제권을 취득한 임차인은 임차주택을 점유하기 시작한 날
과 주민등록을 마친 날을 소명하는 서류 및 공정증서로 작성되거나 확정
일자가 찍혀있는 임대차계약증서
• 임대차 목적물에 관한 등기부상의 용도가 주거시설이 아닌 경우에는 임
대차계약체결 시부터 현재까지 주거용으로 사용하고 있음을 증명하는 서류
▶ 연월일
▶ 법원의 표시

임차인은 임차권등기명령의 신청과 그에 따른 임차권등기와 관련하여 소요된
비용을 임대인에게 청구할 수 있다(주택임대차보호법 제3조의3 제8항).

5) 임차권등기명령 신청의 재판

관할 법원은 임차권등기명령 신청에 대한 재판을 변론 없이 할 수 있으며, 임차권등기명령에 대한 재판은 결정으로 임차권등기명령을 발하거나 기각하게 된다(주택임대차보호법 제3조의3 제3항, 민사집행법 제280조 제1항 및 제281조 제1항). 임차권등기명령은 판결에 의한 때에는 선고를 한 때에, 결정에 의한 때에는 상당한 방법으로 임대인에게 고지를 한 때에 그 효력이 발생하며(임차권등기명령 절차에 관한 규칙 제4조), 임대인의 임차보증금의 반환의무가 임차인의 임차권등기 말소의무보다 먼저 이행되어야 한다. 왜냐하면 임차권등기명령에 따른 임차권등기는 이행지체에 빠진 임대인의 임차보증금 반환 의무와 그에 대응하는 임차인의 권리를 보전하기 위한 것이기 때문이다.292)

임차인은 임차권등기명령 신청을 기각하는 결정에 대해서 항고할 수 있으며(주택임대차보호법 제3조의3 제4항), 이때의 항고는 제기 기간에 제한이 없는 항고로 항고의 이익이 있는 한 보증금 전부를 돌려받을 때까지 언제든지 제기할 수 있다(임차권등기명령 절차에 관한 규칙 제8조).

(3) 임차권등기의 효과

1) 대항력 및 우선변제권 유지

임차인이 임차권등기명령 이전에 대항력이나 우선변제권을 취득한 경우에, 그 대항력이나 우선변제권은 그대로 유지되며, 임차권등기 이후에 대항요건을 상실하더라도 이미 취득한 대항력이나 우선변제권은 상실하지 않는다(주택임대차보호법 제3조의3 제5항 단서). 따라서 임차인이 임차권등기 이후에 이사하더라도 종전의 임차주택에 대한 대항력과 우선변제권이 그대로 유지되므로 보증금을 우선하여 변제받을 수 있다.

2) 대항력 및 우선변제권의 취득

임차인이 임차권등기명령 이전에 대항력이나 우선변제권을 취득하지 못한

---

292) 대법원 2005. 6. 9. 선고 2005다4529 판결.

경우, 임차권등기를 경료하면 대항력과 우선변제권을 취득한다(주택임대차보호법 제3조의3 제5항 본문). 이 경우 임차권등기를 하게 되면, 등기 시점을 기준으로 대항력과 우선변제권의 취득 여부를 판단하게 되므로 임차권등기 이전에 임차주택에 대한 저당권 등의 담보권이 설정된 때에는 담보권실행을 위한 경매 절차에서 매각 허가를 받은 매수인에게 대항하거나 그 담보권보다 우선해서 배당을 받을 수 없다.

3) 소액보증금의 최우선변제권 배제

임차권등기를 한 주택의 경우 그 이후에 임차한 임차인은 소액보증금의 우선변제를 받을 수 없다(주택임대차보호법 제3조의3 제6항). 이는 임차권등기 후의 소액임차인에 의한 최우선변제권의 행사로 임차권등기를 한 임차인이 입을지 모를 예상하지 못한 손해를 방지하기 위한 것이다.

제6관 주택임대차계약의 종료

1. 주택임대차의 종료 원인

(1) 계약 기간의 만료

임대차는 임대차 기간의 정함이 있는 경우에는 그 기간의 만료로서 종료되며, 임대차 기간의 정함이 있는 경우에도 해지권 유보의 특약을 한 경우, 임차인이 파산선고를 받은 경우 등 해지사유가 있는 경우에는 계약해지의 통고로써 임대차계약을 중도에 해지할 수 있다(민법 제636조 및 제637조). 임대인이 임대차 기간이 종료하기 6개월 전부터 2개월 전까지의 기간에 임차인에게 갱신 거절의 통지를 하거나, 계약조건을 변경하지 않으면 갱신하지 않는다는 뜻의 통지를 한 경우에는 임대차 기간이 끝난 때에 임대차는 종료한다(주택임대차보호법 제6조 제1항 참조).

(2) 계약해지의 통고

임차인은 임대차계약이 묵시적으로 갱신된 경우 언제든지 그 계약을 해지할 수 있으며, 이 경우에 임차인이 계약해지를 통지하면 임대인은 그 통지를 받은 날부터 3개월이 지나면 임대차는 종료된다(주택임대차보호법 제4조 제1항 및 제6조의2).

임차인 또는 임대인은 임대차계약을 체결하면서 해지권 유보 특약을 약정한 경우, 임대차 기간의 약정이 있는 경우에도 부득이한 사유를 증명하여 중도에 임대차계약을 해지할 수 있으며, 이 경우 임대인이 해지 통고를 받은 날부터 1개월이 지나면 임대차는 해지된다(민법 제635조 및 제636조).

(3) 임차인의 파산

임차인이 파산선고를 받은 경우, 임대차 기간의 약정이 있는 경우에도 임대인 또는 파산관재인은 계약해지의 통고를 할 수 있으며, 임차인이 해지 통고를 받은 날부터 6개월이 지나면 임대차는 종료된다(민법 제637조 제1항). 이 경우 각 당사자는 상대방에 대해서 계약해지로 인한 손해배상을 청구할 수 없다(민법 제637조 제2항).

(4) 즉시 해지

임대차 기간의 약정이 있더라도 다음과 같은 사유가 있는 경우에 임대차계약을 중도에 해지할 수 있다. 이 경우에는 해지의 의사표시가 상대방에게 도달한 때에 임대차는 종료된다(민법 제111조 참조).

1) 임차인이 해지할 수 있는 경우

▶ 임대인이 임차인의 의사에 반하여 보존행위를 하는 경우 임차인이 이로 인해 임차의 목적을 달성할 수 없을 때(민법 제625조)
▶ 임차주택의 일부가 임차인의 과실 없이 멸실 기타의 사유로 인하여 사용·수익할 수 없는 경우에 그 잔존 부분으로 임차의 목적을 달성할 수 없을 때(민법 제627조)
▶ 임대인의 지위가 양도된 때[293]

---

293) 대법원 2002. 9. 4. 선고 2001다64615 판결.

2) 임대인이 해지할 수 있는 경우

▶ 임차인이 임대인의 동의 없이 임차권을 양도하거나 임차주택을 전대한 경우(민법 제629조 제2항)

▶ 임차인이 차임을 2회 이상 연체한 경우(민법 제640조, 주택임대차보호법 제6조 제3항)

▶ 임차인이 임차주택을 계약 또는 그 주택의 성질에 따라 정하여진 용법으로 이를 사용·수익하지 않은 경우(민법 제654조에 따른 제610조 제1항의 준용)

▶ 그 밖에 임차인으로서 의무를 현저히 위반한 경우

2. 임대차 종료의 효과

(1) 임대차 관계의 소멸 및 손해배상

임대인 또는 임차인이 임대차계약을 해지한 때에는 임대차 관계는 장래에 향해서 그 효력이 소멸된다(민법 제550조). 임대차계약의 해지는 손해배상의 청구에 영향을 미치지 않으므로, 상대방에게 고의 또는 과실이 있는 경우에는 손해배상을 청구할 수 있다(민법 제551조, 제390조 및 제750조).

(2) 임차주택의 반환 및 임차보증금의 반환

임대차가 종료되면, 임대차계약의 내용에 따라서 임차인은 임차주택을 반환하는 등의 의무를 지며, 임대인은 임차보증금 반환의무를 지게 된다(민법 제536조). 따라서 임차인이 임대차계약을 중도에 해지하는 경우에는 임차보증금을 돌려받기 어렵다. 그러나 임대차가 종료되더라도 임차인이 보증금을 돌려받을 때까지는 임대차 관계는 존속하는 것으로 간주되므로, 임대인과 임차인은 임대차계약상의 권리 의무는 그대로 존속한다(주택임대차보호법 제4조 제2항). 따라서 임차인은 차임지급의무를 지며 보증금을 반환받을 때까지 임차주택의 인도를 거절할 수 있는 동시이행항변권을 가지며, 임대인은 차임지급청구권을 가지는 한편 임차주택을 인도받을 때까지 보증금의 지급을 거절하는 동시이행항변권을 갖는다. 다만, 임차인은 반대 의무인 임차주택의 인도를 하지 않더라도 집행권원을 받게 되면 강제집행을 개시할 수 있다(주택임대차보호법 제3조의2 제1항 및 민사집행법 제41조).

(3) 임차권등기명령신청권의 취득

임차인은 임대차가 종료된 후 보증금을 반환받지 못한 경우에 임차권등기명령을 신청할 수 있는 권한을 얻게 되며, 임대차등기명령에 따라 임차권등기를 마치면 대항력과 우선변제권을 취득하거나 유지할 수 있다(주택임대차보호법 제3조의3 제5항).

(4) 유익비상환청구 및 부속물매수청구

임차인은 일정한 경우에 한해서 임대인에게 유익비의 상환을 청구하거나 부속물의 매수를 청구할 수 있다(민법 제626조 제2항 및 제646조). 다만, 임대차계약이 임차인의 차임연체 등 채무불이행으로 해지된 경우는 부속물의 매수를 청구할 수 없다.294)

제7관 사망 등에 의한 주택임차권의 승계

1. 임차권의 상속

(1) 임차인이 사망하고 상속인이 없는 경우

임차인이 사망하였으나 상속인이 없는 경우에는 그 임차주택에서 가정공동생활을 하던 사실상의 혼인관계에 있는 사람이 단독으로 임차인의 권리와 의무를 승계한다(주택임대차보호법 제9조 제1항). 그러나 임차인이 사망하고 임차주택에서 가정공동생활을 하던 사실상의 혼인관계에 있는 사람도 없는 경우에는 임차권을 포함한 임차인의 상속재산은 국가에 귀속된다(민법 제1058조 제1항).

(2) 임차인이 사망하고 상속인이 있는 경우

임차인이 사망할 당시에 민법에 따른 상속인이 임차인과 함께 임차주택에서 가정공동생활을 하고 있는 경우에는 상속인이 승계하게 되고, 사실상의 혼인관계

---

294) 대법원 1990. 1. 23. 선고 88다카7245, 88다카7252 판결.

에 있는 사람은 임차권을 승계할 수 없다(민법 제1000조, 제1001조 및 제1003조). 그러나 임차인이 사망할 당시에 민법에 따른 상속인이 임차인과 함께 임차주택에서 가정공동생활을 하지 않았을 때에는 임차주택에서 가정공동생활을 하던 사실상의 혼인관계에 있는 사람과 2촌 이내의 친족이 공동으로 임차인의 권리와 의무를 승계한다(주택임대차보호법 제9조 제2항). 또, 2촌 이내의 친족이 없는 경우에는 임차주택에서 가정공동생활을 하던 사실상의 혼인관계에 있는 사람이 단독으로 임차권을 승계한다.

(3) 임차권 승계의 포기

사망한 임차인의 채무가 보증금반환채권을 초과하여 임차권을 승계하는 것이 불리한 경우 등과 같은 사유로 임차권의 승계권자가 임차권 승계를 받지 않으려는 경우에는 임차인의 사망한 후 1개월 이내에 임대인에게 반대의사, 즉 임차권을 승계하지 않겠다는 뜻을 표시하고 임차권의 승계를 포기할 수 있다(주택임대차보호법 제9조 제3항).

(4) 임차권 승계의 효과

임차인의 권리의무를 승계한 사람은 임대차 관계에서 생긴 채권(임차주택인도청구권, 임차주택수선청구권, 차임감액청구권, 보증금반환청구권 등)과 채무(차임지급의무, 원상회복의무 등)를 승계한다(주택임대차보호법 제9조 제4항). 임차권의 승계는 법률의 규정에 따른 승계로서 임대인에게 승계의 의사표시를 할 필요는 없다. 그러나 임대인과 사망한 임차인 사이에서 발생한 채권이라도 임대차와 관련이 없이 발생한 채권은 승계되지 않으며, 민법의 상속 규정에 따라 상속인이 상속한다.

2. 임대인의 지위승계

(1) 의의

임차주택의 양수인, 그 밖에 상속, 경매 등으로 임차주택의 소유권을 취득한 사람은 임대인의 지위를 승계한다(주택임대차보호법 제3조 제4항). 이러한 승계는 법률의 규정에 따른 승계이므로 그 지위의 승계에 임차인의 동의가 필요하지 않으며, 임차인에게 통지할 필요도 없다.295) 임차주택의 양도에 따라 양도인인 임대인의 지위가 양수인에게 포괄적으로 이전되므로 임대인의 지위는 면책적으로 소멸되고 차임지급청구권을 비롯한 모든 채권과 보증금반환채무를 포함한 일체의 채무는 양수인에게 이전된다.296)

양도인인 임대인과 양수인 사이에 임차인에 대한 의무를 승계하지 않는다는 특약이 포함된 계약을 체결했더라도 이는 임차인에게 불리한 약정으로 그 효력이 없다(주택임대차보호법 제10조).

(2) 임대차 종료 후 임차주택을 양도한 경우

대항력 있는 주택임대차의 경우 임대차가 종료된 상태에서 임차주택이 양도되는 경우라도, 임차인이 보증금을 반환받을 때까지 양수인에게 임대차가 종료된 상태에서의 임대인으로서의 지위는 당연히 승계된다. 이 경우 임차보증금반환채무도 임차주택의 소유권과 결합하여 당연히 양수인에게 이전한다(주택임대차보호법 제4조 제2항).297)

(3) 임대인의 지위승계와 임대차계약의 해지

임차주택의 대항력을 갖춘 임차인은 임차주택이 양도되는 경우에도 임차주택을 계속하여 사용·수익할 수 있다(주택임대차보호법 제3조 제1항 및 제4항). 임차주택의 양수인에게 대항할 수 있는 임차인이 스스로 임대인의 지위승계를 원하지 않을 경우에는 임차인이 승계되는 임대차관계의 구속으로부터 벗어날 수 있으므로, 임차주택이 임대차기간의 만료 전에 경매되는 경우 임대차계약을 해지하고, 우선변제를 청구할 수 있다.298)

---

295) 대법원 1996. 2. 27. 선고 95다35616 판결.
296) 대법원 1995. 5. 23. 선고 93다47318 판결; 대법원 1996. 2. 27. 선고 95다35616 판결.
297) 대법원 2002. 9. 4. 선고 2001다64615 판결.
298) 대법원 1998. 9. 2. 자 98마100 결정; 대법원 2002. 9. 4. 선고 2001다64615 판결.

제8관 보증금 반환청구 소송의 제기

Ⅰ. 소송에 갈음하는 분쟁의 해결

1. 민사조정

(1) 개념

민사조정은 판결에 의하지 않고, 조정절차에 따라서 조정을 담당하는 판사, 상임 조정위원 또는 조정위원회가 분쟁당사자의 주장을 듣고 제반 사정을 참작하여 조정안을 제시하고 당사자의 자주적·자율적 분쟁 해결 노력을 존중하면서 적정·공정·신속하고 효율적으로 해결하는 제도를 말한다(민사조정법 제1조 참조). 따라서 임대차 기간이 만료되었음에도 임대인이 보증금을 반환하지 않을 때는 보증금을 회수하는 방법으로 정식으로 소송을 제기하기 이전에 간이한 민사소송절차인 민사조정제도를 이용할 수 있다.

(2) 민사조정절차

1) 조정신청서의 접수

임차인은 민사조정신청서를 작성하여 임대인의 주소지를 관할하는 법원에 제출하여야 한다. 신청은 구술로도 가능하지만 이 경우 법원서기관 등의 면전에서 진술하여야 한다(민사조정법 제3조, 제5조 제1항 및 제2항). 조정신청서를 작성하는 경우 당사자, 대리인, 신청의 취지와 분쟁의 내용을 명확히 기재하고, 증거서류가 있는 때에는 신청할 때에 이를 제출해야 한다. 이 경우 피신청인 수에 상응하는 부본을 제출해야 한다(민사조정규칙 제2조).

2) 조정기일의 출석

조정신청서를 제출한 이후 법원은 신청인과 상대방에게 조정기일을 통지하는데(민사조정법 제15조 제1항), 조정기일에는 본인이 출석하는 것이 원칙이며, 조정담당판사의 허가가 있는 경우에 친족이나 피용인 등 보조인이나 대리인이 출석할 수 있다(민사조정규칙 제6조 제1항 및 제2항).

신청인이 조정기일에 2회 출석하지 않으면 조정신청은 취하되는데 다만, 상대 방이 출석하지 않은 경우에 조정담당판사가 상당하다고 인정하는 때에는 직권으 로 조정에 갈음하는 결정을 할 수 있다(민사조정법 제31조 및 제32조).

3) 조정의 심리

조정기일에 출석한 신청인과 상대방은 조정담당판사, 상임 조정위원 또는 조 정위원회로부터 신청한 조정사건에 대한 심리를 받는다(민사조정규칙 제8조 참조). 기일에 출석한 신청인과 상대방은 각자 의견을 진술하고, 의견을 청취한 조정담당 판사, 상임 조정위원 또는 조정위원회로부터 합의를 권고받는 등의 심리를 받게 된다.

4) 조정의 성립

조정기일에 출석한 당사자의 합의가 있으면 조정은 성립된다. 조정이 성립되 면 그 합의 내용을 조서에 기재하는데(민사조정법 제28조), 조정조서의 내용은 재판 상 화해와 같은 효력이 있다(민사조정법 제29조). 재판상 화해와 같은 효력이 있다는 것은 동일한 내용의 판결이 있는 경우, 그 판결과 같은 법적 효력이 부여되는 것 을 의미하며, 만일 상대방이 조정 조항에서 정한 의무를 성실하게 이행하지 않은 경우에 조정조서에 기하여 강제집행을 할 수 있다.

5) 조정에 갈음하는 결정

조정담당판사는 합의가 성립되지 않은 사건 또는 당사자 사이에 성립된 합의 의 내용이 타당하지 않다고 판단되는 사건에 대해서 직권으로 당사자의 이익과 기 타 모든 사정을 참작하여 신청인의 신청취지에 반하지 않는 한도 내에서 사건의 공평한 해결을 위해 조정에 갈음하는 결정을 할 수 있다(민사조정법 제30조). 이에 대해서 당사자는 조정에 갈음하는 결정에 대한 조서정본이 송달된 날부터 2주 이 내에 이의를 신청할 수 있으며, 그 기간 내에 이의신청이 있으면 그 결정은 효력 을 상실하고 사건은 소송으로 이행되고, 이의신청이 없으면 그 결정은 재판상 화 해와 같은 효력이 생긴다(민사조정법 제34조 및 제36조 제1항).

6) 조정을 하지 않는 결정

조정담당판사는 사건의 성질상 조정이 적당하지 않다고 판단하거나 당사자가 부당한 목적으로 조정신청을 한 것임을 인정하는 때에는 조정을 하지 않고 결정으로 사건을 종결시킬 수 있다(민사조정법 제26조 제1항).

7) 조정의 불성립

조정담당판사는 ① 당사자 사이에 합의가 성립되지 아니하는 경우, ② 성립된 합의의 내용이 적당하지 아니하다고 인정하여 조정결정을 하지 않을 경우에는 조정이 성립되지 아니한 것으로 사건을 종결하게 된다(민사조정법 제27조).

8) 소송절차로의 이행

신청인이 조정을 신청하였으나, 조정을 하지 않는 결정, 조정의 불성립, 조정에 갈음하는 결정에 이의신청을 한 경우에는 조정을 신청한 때에 소송이 제기된 것으로 되어, 당사자가 별도의 신청을 하지 않더라도 그 사건은 소송절차에서 심리하게 된다(민사조정법 제36조 제1항).

2. 지급명령의 신청

(1) 개념

지급명령은 금전 그 밖의 대체물(代替物) 또는 유가증권의 일정 수량의 지급을 목적으로 하는 청구에 관하여 채권자의 일방적 신청이 있으면 채무자를 신문하지 않고 채무자에게 그 지급을 명하는 재판이다(민사소송법 제462조). 지급명령제도는 채권자가 법정에 출석하지 않고도 적은 소송비용으로 신속하게 민사분쟁을 해결할 수 있는 장점이 있으나, 상대방이 지급명령에 대해서 이의신청을 하면 통상의 소송절차로 이행되는 잠정적 분쟁해결절차이다.

(2) 지급명령의 신청

지급명령을 신청하려는 임차인은 임대인의 주소지 관할 법원에 임대인과 임차인의 성명, 지급명령 정본 송달을 위한 주소 및 연락처, 청구금액, 그 금액을 청구할 수 있는 취지 및 원인 등을 기재한 지급명령신청서를 작성하여 제출해야 한다(민사소송법 제463조, 제464조 및 제468조).

(3) 지급명령의 심리

지급명령의 신청을 받은 법원은 임대인을 심문하지 않고, 임차인이 제출한 서류 등을 참고하여 서면심리를 하여 지급명령을 결정하게 된다(민사소송법 제467조). 법원은 지급명령 결정에 따라서 임대인에게 지급명령 정본을 송달하게 되는데(민사소송법 제469조 제1항), 임차인이 지급명령신청서에 기재한 임대인의 주소에 임대인이 거주하지 않아 지급명령 정본이 송달될 수 없는 경우, 법원은 임차인에게 일정한 보정기간 내에 송달 할 수 있는 임대인의 주소를 보정하도록 명령하거나 주소의 보정이 어려울 경우에는 소 제기 신청을 할 수 있다(민사소송법 제466조 제1항). 임차인이 주소를 보정하면 보정한 주소로 지급명령 정본이 다시 송달되며, 보정기한 내에 임차인이 주소를 보정하지 않은 채 보정기한이 지난 경우에는 지급명령 신청이 각하된다.

(4) 지급명령에 대한 이의신청

임대인이 지급명령을 송달받은 날부터 2주 이내에 이의 신청을 하게 되면 지급명령은 효력을 잃으며(민사소송법 제470조 제1항), 임대인이 지급명령 정본을 송달받고 2주 이내에 이의신청을 하지 않을 경우에 지급명령은 확정되며, 임차인은 확정된 지급명령에 기한 강제집행을 신청할 수 있다.

임대인이 이의신청을 하였으나, 그 신청이 부적법하다고 결정되는 경우 법원은 이의신청을 각하하게 되며, 이 경우 임대인은 즉시 항고할 수 있다(민사소송법 제471조). 또, 임대인의 이의신청이 적법한 경우에는 이의신청에 따라서 그 지급명령의 효력은 상실되고, 지급명령을 신청한 때에 이의신청 된 청구목적의 값에 관하여 소가 제기된 것으로 본다(민사소송법 제472조 제2항).

(5) 소송절차로의 이행

임대인이 적법한 이의신청을 하거나 임차인이 소 제기신청을 한 경우 또는 법원이 직권으로 소송절차에 부치는 결정을 한 경우에는 지급명령을 신청한 때에 소가 제기된 것으로 처리된다(민사소송법 제472조 제1항). 이 경우 임차인은 지급명령 신청서에 붙인 수수료를 공제한 소장의 인지액을 추가 납부해야 하고, 임차인이 기간 내에 추가 인지액을 납부하지 않는 경우에 지급명령신청서를 각하 결정하게 되며, 이 결정에 대해서는 즉시 항고할 수 있다(민사소송법 제473조 제1항 및 제2항).

(6) 지급명령의 효력

지급명령에 대하여 임대인이 이의신청하지 않거나, 이의신청을 취하하거나, 부적법한 이의신청의 각하결정이 확정된 경우 지급명령은 확정판결과 같은 효력이 있다(민사소송법 제474조).

II. 집행권원의 확보

1. 의의

집행권원은 국가의 공권력에 의하여 실현될 청구권의 존재와 범위를 표시하고 집행력이 부여된 공정증서를 말하는데, 확정판결에 순하는 효력이 있는 집행권원에는 화해조서, 조정조서, 확정된 조정에 갈음하는 결정, 화해권고결정, 집행증서, 확정된 지급명령 그 밖에 판결과 같은 효력이 있는 일체의 집행권원을 포함한다.

임대차 기간이 만료되었음에도 임대인이 보증금을 반환하지 않을 경우, 임차인은 임차주택에 대해 보증금반환청구소송의 확정판결이나 기타 이에 준하는 집행권원에 기한 경매를 신청하여 보증금을 회수할 수 있다. 보증금 회수 강제집행의 집행권원을 확보하기 위한 소송은 임대차가 종료한 후에도 임차주택에서 퇴거하지 않고 임차인이 제기할 수 있다(주택임대차보호법 제3조의2 제1항).

2. 집행권원 확보를 위한 준비

(1) 내용증명의 발송

임대인이 임대차가 종료되었음에도 보증금을 돌려주지 않으면 임차인은 임대차계약을 체결한 사실, 임대차계약이 종료됨에 따라 반환받아야 할 보증금의 액수 등을 기재한 내용증명을 우편으로 발송하여 보증금의 반환을 독촉해야 한다. 그럼에도 임대인이 보증금을 반환하지 않을 경우에는 민사조정, 지급명령 등의 재판외의 민사분쟁해결 제도나 보증금반환청구소송을 제기하여 보증금을 반환받아야 한다.

(2) 가압류 신청

가압류는 금전채권이나 금전으로 환산할 수 있는 채권(매매대금, 대여금, 어음금, 수표금, 양수금, 공사대금, 임료, 손해배상청구권 등)의 집행을 보전(保全)할 목적으로 미리 채무자의 재산을 동결(凍結)시켜 채무자로부터 그 재산에 대한 처분권을 잠정적으로 빼앗는 집행보전제도(執行保全制度)이다(민사집행법 제276조 제1항). 반면에 부동산소유권이전 또는 말소등기청구권, 소유물반환청구권, 매매목적물인도청구권, 임차물인도청구권 등과 같이 금전채권 이외의 물건이나 권리를 대상으로 하는 청구권 등에 대한 장래의 집행을 보전하기 위해서는 가압류가 아닌 가처분(假處分)을 신청해야 한다. 따라서 임대인이 재산을 은닉하거나 빼돌릴 가능성이 있는 경우에, 임차인은 보증금반환청구소송을 제기하기 이전에 동산 또는 부동산에 대한 강제집행을 보전하기 위하여 임대인의 책임재산에 대한 가압류를 신청할 필요가 있다.

1) 가압류 필요성

가압류는 특별담보 없는 채권자의 채권보전절차 가운데 하나로 채권자가 금전채권을 가지고 있더라도 채무자의 재산상태가 변화하거나 재산을 처분·은닉할 수 있기 때문에 특별담보가 없는 이상 일반재산에 대한 앞으로의 집행은 불완전한 상태에 놓이게 된다. 가압류는 이 같은 사태에 대비하여 채권의 집행을 보전(保全)하기 위해 그 필요성이 인정된다.

2) 가압류의 구분

가압류는 가압류의 대상이 되는 재산의 종류에 따라 부동산가압류, 선박·항공기·자동차·건설기계에 대한 가압류, 채권가압류, 유체동산가압류, 전세권 등 그 밖의 재산권에 대한 가압류로 구분할 수 있다. 전세권 등 그 밖의 재산권에는 채무자의 제3자에 대한 유체동산 인도청구권, 부동산인도청구권, 골프회원권, 스포츠회원권, 콘도회원권, 유체동산에 대한 공유지분권, 특허권, 실용신안권, 상표권, 디자인권, 저작권 등의 지식재산권(저작인격권은 제외), 합명·합자·유한회사의 사원권, 조합권의 지분권, 주식발행 전의 주식이나 신주인수권, 예탁유가증권, 전세권 등이 있다.

Ⅲ. 소액사건심판의 제기

1. 개념

소액사건심판이란 3,000만 원을 초과하지 않는 금전, 그 밖의 대체물이나 유가증권의 일정한 수량 지급을 목적으로 하는 사건을 간이한 절차에 따라 신속히 재판을 받을 수 있는 제도이다(소액사건심판법 제1조, 제2조 및 소액사건심판규칙 제1조의2). 따라서 임차보증금이 3,000만 원을 초과하지 않는 경우에 임차인은 소액사건심판을 통해서 보증금을 돌려받을 수 있다.

2. 소액사건의 판단 시기

소액사건에 해당하는지의 판단은 제소한 때를 기준으로 하며 만약, 소액사건으로 제소되어 심리해야 할 수 개의 소액사건을 법원이 병합하여 심리하는 경우, 그 소송물 가액의 합산액이 소액사건의 범위를 넘어도 이미 결정된 소액사건에는 변동이 생기지 않는다.299)

---

299) 대법원 1986. 5. 27. 선고 86다137, 138 판결.

IV. 보증금반환청구소송의 제기

1. 의의

임대차계약 기간이 만료되었음에도 임대인이 보증금을 반환하지 않는 경우에 임차인은 임차주택 퇴거 전·후를 불문하고 임차주택에 대해 보증금반환청구소송의 확정판결에 기한 경매를 신청하여 보증금을 회수할 수 있다(주택임대차보호법 제3조의2 제1항). 재판 외 간이절차에 의해서 보증금을 돌려받지 못한 경우에는 최후의 수단으로서 소송을 통해서 보증금을 돌려받을 수 있다.

2. 소의 제기

임차인은 임대인 또는 본인의 주소지를 관할하는 법원에 임차주택에 대한 보증금반환청구의 소를 제기할 수 있다. 이 경우 임대인과 임차인이 합의로 관할 법원을 정할 수 있으므로 합의로 정한 법원에 소장을 제출할 수도 있다(민사소송법 제29조).

3. 보증금반환청구소송의 특례

일반적인 민사소송은 제1회 변론기일까지 상당한 기간이 소요되며, 증거조사도 엄격하게 진행되므로 소 제기 후 판결에 이르기까지 상당한 시간이 필요하다. 그러나 임차주택에 대한 보증금반환청구소송에서는 보증금이 3,000만 원을 초과하더라도 「소액사건심판법」에 따라 소송절차를 신속하게 진행할 수 있다(주택임대차보호법 제13조, 소액사건심판법 제6조, 제7조, 제10조 및 제11조의2).

(1) 소장의 송달

임차인이 보증금반환청구의 소장을 법원에 접수하면, 법원은 지체 없이 소장부본을 임대인에게 송달하게 된다(소액사건심판법 제6조).

(2) 기일의 지정

법관은 보증금반환청구의 소가 제기되면 바로 변론기일을 정하고, 가능한 제1회의 변론기일로 심리를 종결하게 된다. 이를 위해 법관은 변론기일 이전에 당사자에게 증거신청을 하게 하는 등의 필요한 조치를 취할 수 있다(소액사건심판법 제7조).

(3) 증거 조사에 관한 특례

법관은 필요한 경우 직권으로 증거조사를 할 수 있으나, 그 증거조사의 결과에 대해서 당사자의 의견을 들어야 한다(소액사건심판법 제10조 제1항). 법관이 증인을 신문하지만, 임차인과 임대인도 법관에게 알린 후에는 증인신문을 할 수 있다(소액사건심판법 제10조 제2항). 그러나 법관이 상당하다고 인정하는 때에는 증인신문 없이 증언할 내용을 기재한 서면을 제출하게 할 수 있다(소액사건심판법 제10조 제3항 및 소액사건심판규칙 제6조).

(4) 판결에 관한 특례

판결의 선고는 변론종결 이후에 즉시 할 수 있으며, 이 경우 주문을 낭독하고 주문이 정당함을 인정할 수 있는 범위 안에서 그 이유의 요지를 구술로 설명하고, 판결서에는 이유가 기재되지 않을 수 있다(소액사건심판법 제11조의2).

4. 보증금반환청구소송 확정판결의 효과

(1) 반대 의무의 이행 또는 이행의 제공 불요

임대인이 보증금반환청구소송의 판결문에 기재된 내용대로 의무이행을 하지 않는 때에는 임차인은 확정판결에 기한 강제경매를 신청하는 경우 임차인의 임차주택 인도(퇴거)의 이행 또는 이행의 제공을 집행개시의 요건으로 하지 않는다(주택임대차보호법 제3조의2 제1항). 따라서 임대인에게 보증금반환의 최고는 물론 임차주택의 인도 또는 인도의 제공을 하지 않고 바로 강제경매신청을 할 수 있으며, 임차인은 대항력과 우선변제권을 유지할 수 있다.

(2) 우선변제권의 행사

대항요건과 임대차계약 증서상의 확정일자를 갖춘 임차인은 경매 또는 공매를 할 때에 임차주택(대지를 포함)의 환가대금에서 후순위권리자나 그 밖의 채권자보다 우선하여 보증금을 변제받을 권리가 있으며, 소액임차인의 경우에는 최우선변제권을 행사할 수 있다(주택임대차보호법 제3조의2 제2항 및 제8조 제1항).

(3) 배당금의 수령

임차인은 임차주택의 환가대금에서 배당금을 수령하기 위해서는 임차주택을 양수인에게 인도해야 한다(주택임대차보호법 제3조의2 제3항). 왜냐하면, 반대의무의 이행 또는 이행의 제공을 요하지 않는 것은 집행개시의 경우에만 한정되기 때문이다.

5. 강제경매의 신청

(1) 의의

강제경매란 부동산에 대한 강제집행 방법의 하나로서 법원에서 채무자의 부동산을 압류·매각하여 그 대금으로 채권자의 금전채권의 만족에 충당시키는 절차를 말한다(민사집행법 제78조). 여기서 강제집행이란 채권자의 신청에 따라 집행권원에 표시된 사법상의 이행청구권을 국가권력에 의해 강제적으로 실현하는 법적인 절차를 말하는데, 강제집행을 신청하려면 집행권원과 집행문이 있어야 한다.

집행권원은 실체법상의 청구권의 존재와 범위를 표시하고 법률상 집행력을 인정한 공문서로써, 주로 이용되는 것은 확정판결, 가집행선고부 판결, 화해조서, 인낙조서, 조정조서, 확정된 지급명령, 공정증서 등이 있다. 집행문은 집행권원에 집행력이 있다는 것과 누가 집행당사자인가를 집행권원 끝에 덧붙여서 적는 공증문서이다. 즉, "이 판결 정본은 피고 아무개에 대한 강제집행을 실시하기 위해 원고 아무개에게 준다."라고 기재하고, 법원사무관 등이 기명·날인 한 후에 발부한다.

(2) 강제경매의 신청

부동산의 강제경매는 ① 강제경매의 신청, ② 강제경매 개시의 결정, ③ 배당 요구의 종기 결정 및 공고, ④ 매각의 준비, ⑤ 매각기일 및 매각결정기일 등의 지정·공고·통지, ⑥ 매각의 실시, ⑦ 매각결정 절차, ⑧ 매각대금의 납부, ⑨ 배당 절차, ⑩ 소유권이전등기와 인도의 순서에 따라 진행된다.

1) 강제경매의 신청

임차인은 다음 사항을 적은 강제경매신청서를 부동산이 있는 곳의 관할 지방 법원에 제출해야 한다(민사집행법 제79조 제1항 및 제80조).

▶ 채권자·채무자, 법원의 표시
▶ 부동산의 표시
▶ 경매의 이유가 된 일정한 채권과 집행할 수 있는 일정한 집행권원

강제경매신청서에는 집행력 있는 집행권원의 정본과 채무자의 소유로 등기된 부동산의 등기사항증명서를 첨부하고(민사집행법 제81조 제1항), 채권자는 민사집행에 필요한 비용으로서 법원이 정하는 금액을 사전에 납부해야 한다(민사집행법 제18조 제1항).

2) 강제경매 개시의 결정

법원은 강제경매신청서의 기재사항과 첨부서류에 따라 강제집행의 요건, 집행 개시 요건 등에 관한 심사결과 그 신청이 적법하다고 인정되면 강제경매개시결정을 하는 동시에 그 부동산의 압류를 명하며(민사집행법 제83조 제1항), 압류의 효력은 채무자에게 그 결정이 송달된 때 또는 경매개시결정의 기입등기가 종료된 때 중 먼저 된 때에 그 효력이 생긴다(민사집행법 제83조 제4항). 법원사무관 등은 법원이 경매개시결정을 하면 즉시 그 사유를 등기부에 기입하도록 등기관에 촉탁하며, 등기관은 경매개시결정사유를 등기부에 기입하게 된다(민사집행법 제94조).

3) 배당요구의 종기 결정 및 공고

경매개시결정에 따른 압류의 효력이 생긴 때에는 집행법원은 절차에 필요한 기간을 고려하여 배당요구를 할 수 있는 종기를 첫 매각기일 이전으로 정하고 압류의 효력이 생긴 때부터 1주 이내에 공고한다(민사집행법 제84조 제1항, 제2항 및 제3항). 배당요구를 하지 않아도 배당을 받을 수 있는 채권자(첫 경매개시결정등기 전에 이미 등기를 마친 담보권자, 임차권등기권자, 체납처분에 의한 압류등기권자, 가압류권자, 배당요구종기까지 한 경매신청에 의하여 2중 개시결정이 된 경우 뒤의 압류채권자)가 아니면 배당요구의 종기까지 배당요구를 해야 배당을 받을 수 있다(민사집행법 제148조 및 민사집행규칙 제91조 제1항).

배당요구의 종기까지 배당요구를 해야 할 사람은 집행력 있는 정본을 가진 채권자, 주택임대차보호법에 의한 소액임차인, 확정일자부 임차인이다(민사집행법 제88조 제1항 참조). 종기일까지 배당요구를 하지 않은 경우 선순위 채권자라도 경매절차에서 배당을 받을 수 없으며, 자기보다 후순위 채권자로서 배당을 받은 자를 상대로 부당이득반환청구를 할 수 없다.[300]

4) 매각의 준비

경매개시결정을 하면 집행법원은 경매 목적물의 환가(입찰의 방법으로 매각하여 매각대금을 조성)를 위한 준비를 하게 되는데, 경매개시결정일로부터 3일 이내에 등기부에 기입된 부동산의 권리자 등에 대하여 채권의 원금, 이자, 비용 그 밖의 부대채권에 관한 계산서를 배당요구 종기일까지 제출할 것을 통지하고(민사집행법 제84조 제4항), 경매개시결정을 한 후 집행관에게 부동산의 현상, 점유 관계, 차임 또는 임차보증금의 액수 그 밖의 현황을 조사할 것을 명하며(민사집행법 제85조 제1항), 현황조사 결과 알게 된 임차인에 대하여 즉시 배당요구의 종기일까지 법원에 그 권리의 신고 및 배당요구 할 것을 통지하게 된다.

집행법원은 감정인에게 경매부동산을 평가하게 하고, 그 평가액을 참작하여 최저매각가격을 정하며(민사집행법 제97조), 최저매각가격은 매각을 허가하는 최저의 가격으로 그 액에 미달하는 응찰에 대해서 매각을 허가하지 않는다.[301]

---

300) 대법원 1997. 2. 25. 선고 96다10263 판결.

5) 매각기일 및 매각결정기일 등의 지정 · 공고 · 통지

집행법원은 경매절차를 취소할 사유가 없을 때에는 매각명령을 하고, 직권으로 매각기일을 지정하여 공고하며(민사집행법 제104조 및 제106조), 매각기일은 2주 전까지 공고해야 한다(민사집행법 제104조 제1항 및 민사집행규칙 제56조 본문). 매각이 실시되어 최고가매수신고인이 있는 경우에 법원은 출석한 이해관계인의 진술을 듣고 매각절차의 적법 여부를 심사하여 매각허가 또는 불허가의 결정을 선고하는 매각결정기일은 매각기일로부터 1주일 이내로 정하여 공고한다(민사집행법 제109조 제1항).

법원이 매각기일과 매각결정기일(기일입찰), 입찰기간 및 매각기일(기간입찰)을 지정하면 이를 이해관계인에게 통지하는데(민사집행법 제104조 제2항), 통지는 집행기록에 표시된 이해관계인의 주소에 등기우편으로 발송하여 할 수 있으며, 발송한 때 송달된 것으로 간주한다(민사집행법 제104조 제3항 및 민사집행규칙 제9조).

6) 매각의 실시

부동산의 매각은 ⅰ. 매각기일에 하는 호가경매, ⅱ. 매각기일에 입찰 및 개찰하게 하는 기일입찰, ⅲ. 입찰 기간 내에 입찰하게 하여 매각기일에 개찰하는 기간입찰의 세 가지 방법으로 한다(민사집행법 제103조 제2항).

집행관이 매각기일에 매각을 개시한다는 취지를 선언함에 따라 매각이 개시되며, 집행관은 기일입찰 또는 호가경매의 방법에 의한 매각기일에는 매각물건명세서 · 현황조사보고서 및 평가서 사본을 볼 수 있도록 하고, 특별한 매각조건이 있는 때에는 그 내용을 고지하여 매수가격을 신고하도록 알리게 된다(민사집행법 제112조).

호가경매는 호가경매 기일에 매수신청액을 서로 올려가는 방법으로, 매수신청을 한 사람은 더 높은 액의 매수신청이 있을 때까지 신청액에 구속된다(민사집행규칙 제72조 제1항 및 제2항).

기일입찰은 입찰표에 사건번호와 부동산의 표시, 입찰자의 이름과 주소, 대리인을 통하여 입찰을 하는 때에는 대리인의 이름과 주소, 입찰가격을 기재하여 입

---

301) 대법원 1967. 9. 26. 자 67마796 결정.

찰표를 집행관에게 제출해야 한다(민사집행규칙 제62조 제1항 및 제2항). 기일입찰의 입찰을 취소·변경 또는 교환할 수 없다(민사집행규칙 제62조 제6항).

기간입찰의 입찰기간은 1주 이상 1개월 이하의 범위 안에서 정하고, 매각기일은 입찰기간이 끝난 후 1주 안의 날로 정해지며, 입찰표를 넣고 봉함을 한 봉투의 겉면에 매각기일을 적어 집행관에게 제출하거나 그 봉투를 등기우편으로 부치는 방법으로 입찰한다(민사집행규칙 제68조 및 제69조). 매수신청인은 집행법원이 정하는 금액과 방법에 맞는 보증금을 집행관에게 제공한다(민사집행법 제113조). 호가경매와 기간입찰 및 기일입찰은 최저매각가격의 10분의 1에 해당하는 보증금액을 제공해야 하는데 법원이 이를 다르게 정할 수 있다(민사집행규칙 제63조, 제71조 및 제72조 제4항).

집행관이 입찰을 알리는 때에는 입찰 마감 시각과 개찰 시각을 고지해야 하는데(민사집행규칙 제65조 제1항 본문), 다만 입찰표의 제출을 최고한 후 1시간이 지나지 않으면 입찰을 마감하지 못한다(민사집행규칙 제65조 제1항 단서). 집행관이 입찰표를 개봉할 때에는 입찰을 한 사람을 참여시키고, 입찰목적물, 입찰자의 이름 및 입찰가격을 불러야 한다(민사집행규칙 제65조 제2항·제3항 및 제71조).

집행관은 개찰을 시작하면서 최고가 매수 신고인 및 다음 순위의 매수신고인을 결정하며(민사집행규칙 제66조 및 제71조), 호가경매는 최고가 매수신고인 결정 방식이 기일입찰 또는 기간입찰과는 다르다. 집행관이 매수신청의 액 가운데 최고의 것을 3회 부른 후 그 신청을 한 사람을 최고가 매수신고인으로 정하여, 그 이름과 매수신청의 액을 고지하게 된다(민사집행규칙 제72조 제3항).

최고가 매수 신고인 및 차순위 매수신고인이 결정되면 집행관은 입찰의 종결을 고지하며(민사집행규칙 제76조 참조), 입찰자가 없는 때에는 입찰 불능으로 처리하여 종결을 고지하게 된다. 입찰 종결 후 최고가 매수 신고인 및 차순위의 매수신고인 이외의 입찰자들에게 매수보증금을 반환해야 한다(민사집행법 제115조 제3항).

7) 매각결정 절차

법원은 입찰기일의 종료 후 매각결정기일을 열어 매각의 허가에 관하여 이해관계인의 진술을 듣고 직권으로 법이 정한 이의 사유의 여부를 조사한 다음에 매

각의 허가 또는 불허가 결정을 선고하게 된다(민사집행법 제120조 및 제123조). 이해
관계인이 매각 허가 또는 불허가의 결정에 의하여 손해를 입은 경우에는 즉시 항
고할 수 있으며, 또 매각 허가의 이유가 없거나 허가 결정에 기재한 이외의 조건
으로 허가할 것임을 주장하는 매수인 또는 매각 허가를 주장하는 매수인도 즉시
항고할 수 있다(민사집행법 제129조 및 제130조).

8) 매각대금의 납부

법원은 매각허가결정이 확정되면 지체없이 대금지급 기한을 지정하게 되며,
낙찰자는 대금지급기일에 낙찰대금을 납부해야 한다(민사집행법 제142조 제1항 및 제
2항). 매각대금은 지정된 기한 내에 법원에서 발급하는 납부명령서와 함께 은행에
납부해야 하며, 납부할 금액은 매각대금에서 입찰보증금으로 제공한 금액(현금 또
는 자기앞수표)을 제외한 금액이다(민사집행법 제142조 제3항).

9) 배당절차

매각대금이 지급되면 법원은 배당절차를 밟게 되는데, 매각대금으로 배당에
참가한 모든 채권자를 만족하게 할 수 없는 때에는 법원은「민법」,「상법」, 그 밖
의 법률에 외한 우선순위에 따라서 배당하게 된다(민사집행법 제145조). 배당받을 채
권자는 다음 어느 하나의 사람이 된다(민사집행법 제148조).

▶ 배당요구의 종기까지 경매신청을 한 압류채권자
▶ 배당요구의 종기까지 배당요구를 한 채권자
▶ 첫 경매개시결정 등기 이전에 등기된 가압류채권자
▶ 저당권·전세권, 그 밖의 우선변제청구권으로서 첫 경매개시결정 등기 전에
  등기되었고 매각으로 소멸하는 것을 가진 채권자

배당기일이 정하여진 때에는 각 채권자는 채권의 원금·배당기일까지의 이자,
그 밖의 부대채권 및 집행비용을 적은 계산서를 1주 안에 법원에 제출해야 하며
(민사집행규칙 제81조), 집행법원은 미리 작성한 배당표 원안을 배당기일에 출석한
이해관계인과 배당요구채권자에게 열람시켜 그들의 의견을 듣고, 즉시 조사할 수
있는 서증을 조사한 다음 배당표 원안에 추가·정정할 것이 있으면 추가·정정하

여 배당표를 완성·확정하게 된다(민사집행법 제149조 및 제150조).

배당기일에 이의가 없는 때에는 배당표에 따라 배당을 하며, 이의가 있더라도 이의를 정당하다고 인정하거나 다른 방법으로 합의한 때에는 이에 따라 배당표를 경정하여 배당을 실시하고, 이의가 완결되지 아니한 때에는 이의가 없는 부분에 한하여 배당을 실시하게 된다(민사집행법 제152조).

10) 소유권이전등기 등의 촉탁·부동산의 인도명령

매수인은 매각대금을 완납한 때에 매각의 목적인 권리를 취득한다(민사집행법 제135조). 이 경우 집행법원은 매수인 명의의 소유권이전등기, 매수인이 인수하지 않은 부동산의 말소등기를 등기관에게 촉탁하게 된다. 매수인이 매각대금 전액을 납부한 후에는 채무자에 대하여 직접 자기에게 매각부동산을 인도할 것을 청구할 수 있으나, 채무자가 임의로 인도하지 않은 때에는 대금완납 후 6개월 이내에 집행법원에 대하여 집행관으로 하여금 매각부동산을 강제로 매수인에게 인도케 하는 내용의 인도명령을 신청하여 그 명령에 의하여 부동산을 인도받을 수 있다(민사집행법 제136조).

6. 배당의 요구

(1) 의의

배당의 요구는 다른 채권자에 의해 개시된 집행절차에 참가하여 동일한 재산의 매각대금에서 변제를 받기 위해 하는 채권자의 신청으로서 금전 집행 절차에서 배당요구의 결과, 다수의 채권자가 경합하게 되어 매각대금으로 배당에 참가한 모든 채권자를 만족하게 할 수 없는 때에는 법원은 「민법」, 「상법」, 그 밖의 법률에 따른 우선순위에 따라 배당하게 된다(민사집행법 제145조).

(2) 배당요구 절차

1) 배당요구할 수 있는 채권자

집행력 있는 정본을 가진 채권자, 경매개시결정이 등기된 뒤에 가압류 한 채권자, 「민법」, 「상법」, 그 밖의 법률에 따라 우선변제청구권이 있는 채권자는 배당 요구를 할 수 있으므로 우선변제권을 취득한 임차인과 소액임차인은 다른 채권자에 의해 개시된 집행절차에 참가하여 배당요구를 할 수 있다(민사집행법 제88조 제1항, 주택임대차보호법 제3조의2 제2항 및 제8조).

2) 배당요구의 시기와 종기

임차인은 압류의 효력이 발생한 이후부터 집행법원이 정한 배당요구의 종기까지 배당요구를 해야 한다(민사집행규칙 제91조 제1항). 집행법원은 경매개시결정에 따른 압류의 효력이 생긴 때에는 절차에 필요한 기간을 감안하여 배당요구를 할 수 있는 종기를 첫 매각기일 이전으로 정하여 공고한다(민사집행법 제84조 제1항).

임차인이 배당요구의 종기까지 배당요구를 하지 않아 배당에서 제외된 경우에 임차인은 후순위채권자를 상대로 부당이득반환청구를 할 수 없으며,302) 임차인이 임대인의 재산에 대해 경매를 신청한 경우에는 배당요구를 하지 않아도 당연히 배당에 참가할 수 있는 채권자이므로 배당받을 수 있다. 만약, 임차인이 배당을 받아야 함에도 배당을 받지 못하고 배당을 받을 수 없는 사람이 배당받았을 때에 임차인은 배당을 받은 사람에게 부당이득반환청구권을 행사할 수 있다.303)

3) 배당요구의 신청

임차인은 채권의 원인과 액수를 기재한 서면으로 집행법원에 권리 신고 및 배당요구를 해야 한다. 이 경우 신청서에 집행력이 있는 정본 또는 그 사본, 그 밖에 배당요구의 자격을 소명하는 서면(임대차계약서 사본과 주민등록등본 등)을 첨부해야 한다(민사집행규칙 제48조).

소액임차인이 이해관계인으로서 권리신고를 한 경우에도 다시 배당요구를 해야 하나, 제출된 서류가 권리신고나 배당요구의 어느 한쪽 취지로 볼 수 있는 서면이 제출된 때에는 배당받을 수 있다.304)

---

302) 대법원 1998. 10. 13. 선고 98다12379 판결.
303) 대법원 2000. 10. 10. 선고 99다53230 판결.
304) 대법원 1999. 2. 9. 선고 98다53547 판결.

4) 임차인의 배당액

대항력 및 확정일자를 갖춘 임차인이 배당요구의 종기까지 배당요구를 한 경우에는, 그 우선변제권 발생일을 기준으로 근저당권 등 다른 배당채권자와의 선후에 따라 배당순위가 결정되며, 이에 따라 배당금이 정해진다(주택임대차보호법 제3조의2 제2항 참조). 소액임차인이 첫 경매개시결정등기 전에 대항요건을 갖추고 배당요구의 종기까지 배당요구를 한 경우에는 보증금 중 일정액을 다른 담보물권자보다 우선하여 배당받으며(주택임대차보호법 제8조제1항), 경매개시결정 전에 임차권등기를 마친 임차인은 배당요구 없이도 당연히 배당을 받는다(민사집행법 제148조 제3호). 경매개시결정 후에 임차권등기를 마친 임차인은 배당요구의 종기까지 배당요구를 한 경우에 한하여 배당에 참가할 수 있다(민사집행법 제148조 제2호 및 민사집행규칙 제91조 제1항 참조).

5) 배당기일의 실시

매수인이 매각대금을 지급하면, 법원은 배당에 관한 진술 및 배당을 실시할 기일을 정하고, 이해관계인과 배당을 요구한 채권자에게 이를 통지하게 된다(민사집행법 제146조).

6) 배당표의 확정

법원은 채권자들이 제출한 계산서와 기록을 기초로 채권액과 배당순위를 판단하고, 배당할 금액을 계산하여 배당기일의 3일 전에 배당표의 원안을 작성하여 법원에 비치하고(민사집행법 제149조 제1항), 출석한 이해관계인과 배당을 요구한 채권자를 심문하여 배당표를 확정하게 된다(민사집행법 제149조 제2항).

7) 배당표에 대한 이의

기일에 출석한 채무자는 채권자의 채권 또는 그 채권의 순위에 대하여 이의를 신청할 수 있다. 다만, 채무자는 법원에 배당표 원안이 비치된 이후 배당기일이 끝날 때까지 채권자의 채권 또는 그 채권의 순위에 대하여 서면으로 이의를 신청할 수 있다(민사집행법 제151조 제1항 및 제2항). 기일에 출석한 채권자는 자기의 이해에 관계되는 범위 안에서는 다른 채권자를 상대로 그의 채권 또는 그 채권의 순위에 대하여 이의를 신청할 수 있다(민사집행법 제151조 제3항).

8) 배당의 실시

법원은 채권자와 채무자로부터 적법한 이의가 없거나 배당기일에 출석하지 않아 배당을 실시하는 데에 동의한 것으로 보는 경우에는 배당표 원안에 따라서 배당을 실시하게 된다(민사집행법 제153조 제1항).

(3) 대항력과 우선변제권의 유지

임차인이 대항요건과 임대차계약서상에 확정일자를 갖춘 경우에 임차인은 경매 또는 공매절차에 참가하여 후순위권리자 그 밖의 채권자에 우선하여 보증금을 변제받을 수 있다. 소액임차인의 경우에는 최우선하여 변제를 받을 수 있다(주택임대차보호법 제3조의2 제2항 및 제8조). 집행절차에서 우선변제를 받으려면 경매의 경우 집행법원이 정한 배당요구의 종기까지, 공매의 경우 매각대금을 배분할 때까지 대항력과 우선변제권이 존속되고 있어야 한다.[305]

임대차가 종료된 이후 임차인이 임차권등기명령에 따라 임차권등기를 마친 경우에는 주거지를 옮길 때에도 대항력과 우선변제권은 유지된다(주택임대차보호법 제3조의3).

(4) 대항력과 우선변제권의 선택적 행사

대항력과 우선변제권을 갖추고 있는 임차인은 대항력과 우선변제권을 선택적으로 행사할 수 있다. 즉, 임대주택에 대한 배당절차에 참가하여 우선변제권을 행사하여 그 주택의 환가대금에서 우선하여 변제받을 수도 있고, 배당절차에 참가하지 않고 임차주택의 경락인에게 대항력을 행사하여 보증금을 반환받을 때까지 임대차관계의 존속을 주장할 수도 있다(주택임대차보호법 제3조 제1항 및 제3조의2 제2항).

---

305) 대법원 1997. 10. 10. 선고 95다44597 판결.

(5) 임차인의 배당요구와 임대차의 종료

1) 임차인이 보증금 전액을 배당받은 경우

임차주택이 경매되는 경우에 그 주택의 양수인에게 대항할 수 있는 임차인이 임대차기간이 만료되지 않았음에도 경매법원에 배당요구를 하는 것은 다른 특별한 사정이 없는 한 이를 임대차 해지의 의사표시로 보기 때문에, 임대차관계는 경매법원으로부터 임대인에게 배당요구 사실이 통지된 때에 해지로 종료된다.[306)

2) 임차인이 보증금 전액을 배당받지 못한 경우

임차권은 임차주택에 대해서 민사집행법에 따른 경매가 이루어진 경우, 그 임차주택의 경락에 따라 소멸하지만, 보증금이 모두 변제되지 않은 대항력이 있는 임차권은 소멸하지 않는다(주택임대차보호법 제3조의5). 따라서 임차인이 배당절차에 참여하여 보증금 전액의 배당을 요구했으나 우선순위에 밀려 보증금 전액을 반환받지 못한 경우에 임차인은 경락인에게 보증금 전액의 반환을 요구할 수 있으며 보증금의 전액을 반환받을 때까지 임대차 관계의 존속을 주장하여 임차주택을 사용·수익할 수 있다.[307)

(6) 임차주택의 인도

우선변제권이 있는 임차인은 임차주택의 가액으로부터 다른 채권자에 우선하여 보증금을 변제받음과 동시에 임차목적물을 명도할 의무가 있다. 즉 임차인의 임차주택명도 의무와 배당청구권은 동시이행관계에 있다(주택임대차보호법 제3조의2 제2항 및 민법 제536조 참조). 따라서 경매 또는 공매 절차에서 임차인이 보증금을 수령하기 위해서는 임차주택의 명도를 증명해야 하고, 임차인의 주택명도 의무가 임대인의 보증금반환 의무보다 먼저 이행되어야 하는 것은 아니다(주택임대차보호법 제3조의2 제3항).[308)

306) 대법원 1998. 9. 18. 선고 97다28407 판결.
307) 대법원 1998. 6. 26. 선고 98다2754 판결.
308) 대법원 1994. 2. 22. 선고 93다55241 판결.

제3절 상가건물 임대차보호법과 임차인 보호

Ⅰ. 개설

주택임대차보호법은 민사특별법으로 경제적 약자인 주택임차인을 보호하기 위한 목적으로 규정하였으나 영업 등 경제활동을 목적으로 하는 상가건물 임대차의 경우 민법상의 임대차 규정 이외에 특별한 법적 보호 없이 당사자의 사적 자치에 맡겨져 왔었다. 그 결과 상가건물 등을 임차하여 영업활동을 하는 중소상인들은 고액의 임대료 인상과 일방적인 계약의 해지에 따른 영업 중단 등으로 영업활동을 통하여 축적된 신용과 고객, 거액의 권리금, 시설 투자 비용 등과 같은 유·무형의 재산을 순간에 상실하는 등의 문제가 발생하였다.

일반적으로 사적자치에 의한 임대차계약은 임대인과 임차인이 동등한 지위에서 계약을 체결한다고 하지만, 주거목적이 아닌 상가건물의 임대차에서는 보증금과 시설투자금 회수의 문제, 부당한 임대료 인상 등과 같은 문제들이 빈번하게 발생하게 된다. 따라서 임차인의 임대차 기간의 안정적인 확보, 임대인의 계약해지 남용의 방지, 공정한 거래질서의 확립, 임차인의 안정적 영업권 등을 확보하는 방안이 요청되어 왔으며, 그 결과 국가가 사인 간의 경제활동 가운데 상가건물임대차에서 임차인의 사회·경제적 지위를 불안정하게 하는 역효과로 인하여 발생하는 임차인의 불합리한 손해 등을 방지하기 위하여 상가건물 임대차보호법을 제정하여 국가가 관여하게 되었다.

상가건물 임대차보호법(법률 제6542호)은[309] 상가건물 임대차 관계에서 임대인의 임차인에 대한 임대료의 인상, 임대차계약 해지권의 남용, 임대차 기간 보장의 불안정, 월세 산정에서 고율의 이자 적용, 임대인의 임차건물 등기의 불협조 및 임대인이 임대보증금을 반환하지 않는 등의 문제를 해결하기 위한 목적이었으나, 법 적용과 관련하여 보증금 한도액과 보증금 이외 차임이 있는 경우 보증금에 포함시

---

309) 「상가건물 임대차보호법」은 임차인을 사회적으로 보호하기 위한 법적 장치가 없어, 상가건물 임대차와 관련한 임대차와 관련하여 사회적·경제적 약자인 임차인을 보호함으로써 임차인들의 경제생활의 안정을 도모하기 위한 목적으로 제정되었다.

키는 비율 등의 과도한 위임규정과 공시 효력발생 시기의 부적절성과 계약갱신 거절권 등 과도하게 임차인을 보호한다는 비판도 있었다.310) 또, 필요비 또는 유익비의 반환을 당사자 약정에 관계없이 반환하도록 강제하여 임차인의 재산권을 보호할 수 없었고, 상가건물 임대차와 관련한 분쟁이 발생한 경우에 간이한 절차에 의해서 분쟁을 해결할 수 있는 분쟁조정위원회의 설치 등에 관한 규정이 없는 점 등 분쟁해결에서 기존의 민법 체계와 크게 다르지 않다는 지적이 있었다.

이에 따라서 2015년 5월 13일 상가건물 임대차보호법(법률 제13285호)에 대한 일부 개정이 있었으나 실제 운용에 있어서 다시 문제점들이 지적되었고, 그 결과 상가건물임대차 보호법의 주요 쟁점에 대한 개정 논의가 국회를 중심으로 진행된 결과 2018년 9월 20일 일부 개정된 법률안이 국회를 통과하였다. 그럼에도 불구하고 개정된 법률을 통해서 제기되었던 문제점들이 해결될 수 있을지에 대해서는 의문이 제기되고 있다.

1. 건물임대차의 유형

(1) 상가건물 임대차보호법상의 임대차

「상가건물 임대차보호법」에 따른 임대차는 사업자등록의 대상이 되는 상가건물(주된 부분을 영업용으로 사용하는 경우 포함) 가운데 보증금액이 일정 금액 이하인 상가건물이 그 대상이며(상가건물 임대차보호법 제2조 제1항), 대항력, 계약갱신 요구 및 계약갱신의 특례, 권리금의 정의, 권리금 회수 기회 보호 등, 적용 제외, 평가기준의 고시 및 표준권리금계약서 작성 등, 계약갱신 요구 등에 관한 임시 특례, 차임 연체와 해지, 표준계약서의 작성 등의 규정은 지역별로 정해진 보증금의 일정 기준금액을 초과하는 임대차에도 적용된다(상가건물 임대차보호법 제2조 제3항).

---

310) 임차인을 보호하기 위해 사적 자치원리에 수정을 가하여 임차인의 지위를 강화하는 것은 임대인 등 다른 권리주체의 법익과 충돌하므로 상충하는 법익 간의 균형을 이루기 위해 상가임대차법의 적용을 일정 범위의 임대차 관계로 한정하는 것은 그 목적의 정당성이 인정된다. 또한 보증금이 소액일수록 그 임차인은 보호가 필요한 영세상인일 가능성이 크고, 보증금이 클수록 임대인 등 다른 권리주체의 재산권 제약이 커질 수 있다는 점을 고려할 때, 보증금의 액수를 상가임대차법의 적용 기준으로 선택한 입법자의 판단은 그 합리성이 충분히 인정될 수 있으므로 입법자가 재산권 형성에 있어서 입법자에게 주어진 재량을 일탈하였다고 보기 어렵다(헌재 전원재판부 2013헌바198, 2014. 3. 27).

(2) 민법상의 임대차

당사자 일방이 상대방에게 목적물을 사용, 수익하게 할 것을 약정하고 상대방이 이에 대하여 차임을 지급할 것을 약정함으로써 임대차계약이 성립한다(민법 제618조). 또, 보증금액이 일정 금액을 초과하는 상가건물의 임대차에 대해서는 상가건물 임대차보호법이 아닌 민법이 적용된다(상가건물 임대차보호법 제2조 제1항).

(3) 민법상의 전세권

전세권은 전세금을 지급하고 타인의 부동산을 점유하여 목적의 부동산을 용도에 맞게 사용·수익하고, 전세권이 소멸하면 목적 부동산으로부터 후순위권리자 기타 채권자보다 전세금의 우선변제를 받을 권리를 내용으로 하는 물권이다(민법 제303조 제1항). 전세권은 전세권을 설정하는 계약을 체결하고 전세권 등기 함으로써 취득한다. 그러나 전세권설정계약만 체결하고 전세권을 등기하지 않았을 때에는 이는 미등기전세로 채권적 전세권이 된다.

2. 상가건물 임대차보호법의 성질과 적용범위

(1) 법적 성질

1) 민사특별법

상가건물 임대차보호법은 상가건물의 임대차에 관한 민법의 특별법이다. 따라서 상가건물 임대차의 경우 상가건물 임대차보호법 규정이 민법보다 우선 적용되고, 그 밖의 일반사항에 관해서는 민법 채권편의 임대차에 관한 규정이 적용된다.

2) 편면적 강행규정

상가건물 임대차보호법은 강행규정으로 당사자의 의사와 관계없이 이 법의 규정에 반하는 약정으로 임차인에게 불리한 것은 그 효력이 없다(상가건물 임대차보호법 제15조).

(2) 적용대상

1) 사업자등록 대상 건물

상가건물 임대차보호법이 적용되는 임차목적물은 사업자등록의 대상이 되는 상가건물이다. 그러나 임대차 목적물의 주된 부분을 영업용으로 사용하는 경우에도 적용된다(상가건물 임대차보호법 제2조 제1항 본문). 따라서, 사업자등록을 할 수 없는 동창회 사무실, 종교단체 사무실, 자선단체 사무실 등과 같은 비영리단체의 건물 임대차에 대해서는 상가건물 임대차보호법이 적용되지 않으며, 이때 상가건물인지 여부는 건물의 위치, 구조, 객관적 용도, 실제 이용관계 등을 고려하여 합리적으로 판단해야 한다.[311]

2) 지역별 보증금의 일정 기준금액 이하의 상가건물 임대차

모든 상가건물에 대해서 상가건물 임대차보호법이 적용되는 것은 아니며, 지역별 일정 보증금 이하인 상가건물 임대차에 대해서만 적용된다(상가건물 임대차보호법 제2조 제1항 단서). 즉, 상가건물 임대차보호법은 상가건물을 지역별로 정해진 보증금 이하로 임차하는 경우에 적용되는데, 지역별 보증금의 범위는 다음과 같다(상가건물 임대차보호법 제2조 제1항 및 상가건물 임대차보호법 시행령 제2조 제1항).

▸ 서울특별시 9억 원 이하

▸ 수도권정비계획법에 따른 과밀억제권역(서울특별시 제외) 및 부산광역시 : 6억 9천만 원 이하

　※ 과밀억제권역에 해당되는 지역은 인천광역시(강화군, 옹진군, 서구 대곡동·불노동·마전동·금곡동·오류동·왕길동·당하동·원당동, 인천경제자유구역 및 남동 국가 산업단지는 제외), 의정부시, 구리시, 남양주시(호평동·평내동·금곡동·일패동·이패동·삼패동·가운동·수석동·지금동 및 도농동에 한함), 하남시, 고양시, 수원시, 성남시, 안양시, 부천시, 광명시, 과천시, 의왕시, 군포시, 시흥시(반월특수지역을 제외)임(수도권정비계획법 제2조 제1호, 수도권정비계획법 시행령 제2조 및 별표 1 참조).

---

311) 대법원 1987. 8. 25. 선고 87다카793 판결.

▶ 광역시(수도권정비계획법에 따른 과밀억제권역에 포함된 지역과 군지역, 부산광역시는 제외), 세종특별자치시, 파주시, 화성시, 안산시, 용인시, 김포시 및 광주시 : 5억 4천만 원 이하

▶ 그 밖의 지역 : 3억 7천만 원 이하

보증금 이외에 차임이 있는 경우는 월 단위의 차임액에 100을 곱하여 보증금과 합산한 금액이 임차보증금이 된다(상가건물 임대차보호법 제2조 제2항, 상가건물 임대차보호법 시행령 제2조 제2항·제3항).

3. 민법상 임대차의 비교

(1) 민법의 임대차 규정

상가건물 임대차 가운데 지역별 정해진 보증금의 일정 기준금액을 초과하는 상가건물 임대차는 민법상의 임대차 규정이 적용된다(상가건물 임대차보호법 제2조 제1항 및 상가건물 임대차보호법 시행령 제2조 제1항).

(2) 상가건물 임대차보호법상의 임대차와 민법상 임대차의 차이점

1) 대항력

상가건물 임대차보호법은 상가건물을 인도받고, 사업자등록 신청한 다음 날부터 제3자에 대해서 대항할 수 있으나(상가건물 임대차보호법 제3조 제1항), 민법의 경우 제3자에 대항하기 위해서는 임대차 등기를 해야 하고 등기한 때부터 제3자에게 대항할 수 있다(민법 제621조).

2) 존속기간

일반적으로 임대차계약 기간은 당사자의 약정에 따라서 정한 기간이 만료될 때까지 존속하지만 상가건물 임대차보호법상 임대차의 존속기간은 최소 1년이 보장된다. 다만, 임차인이 1년 미만으로 계약한 경우, 정한 기간이 만료되면 임대차계약의 종료를 주장할 수 있다(상가건물 임대차보호법 제9조 제1항).

3) 차임의 증감청구

상가건물 임대차보호법은 임차건물에 관한 조세, 공과금 그 밖의 부담의 증감이나 감염병의 예방 및 관리에 관한 법률 제2조 제2호에 따른 제1급 감염병 등에 의한 경제 사정의 변동으로 차임 또는 보증금이 적정하지 않다고 판단되는 경우, 임차인 및 임대인 양 당사자가 증감을 청구할 수 있다. 다만, 임대인의 증액 청구의 경우 청구당시의 차임 또는 보증금의 5%의 범위 내에서 증액을 청구할 수 있다(상가건물 임대차보호법 제11조 제1항 및 상가건물 임대차보호법 시행령 제4조).

그러나 민법의 경우 상가건물에 대한 공과 부담의 증감이나 그 밖의 경제 사정의 변동으로 약정한 차임이 적정하지 않다고 판단되는 경우에 임차인 및 임대인 양 당사자는 이후의 차임에 대한 증감을 청구할 수 있을 뿐이다(민법 제628조).

4) 묵시의 갱신

상가건물 임대차보호법의 경우 임대차 기간이 만료되기 전 6개월에서 1개월까지 사이에 임대인이 임차인에게 갱신 거절의 통지 또는 조건 변경의 통지를 하지 않으면 전 임대차와 동일한 조건으로 다시 임대차한 것으로 본다. 이 경우 임대차의 존속기간은 1년으로 본다(상가건물 임대차보호법 제10조 제4항). 그러나 민법의 경우에 상가건물에 대한 임대차 기간이 만료된 후 임차인이 그 건물을 계속 사용·수익하는 경우, 임대인이 상당한 기간 내에 이의를 제기하지 않으면 전 임대차와 동일한 조건으로 다시 임대차한 것으로 본다(민법 제639조 제1항).

5) 묵시의 갱신 후의 해지 통고

상가건물 임대차보호법의 경우, 임대인은 1년 이내에 해지 통고를 할 수 없다. 그러나 임차인은 1년 이내에도 임대인에게 계약해지를 통고할 수 있으며, 임대인이 통지를 받은 날부터 3개월이 지나면 임대차계약은 해지가(상가건물 임대차보호법 제10조 제5항) 되는 반면에 민법의 경우, 묵시의 갱신 이후 당사자는 언제든지 해지를 통고할 수 있으며 임대인이 해지 통고하는 경우에는 6개월, 임차인의 해지 통고한 경우는 1개월이 지나면 임대차계약은 해지된다(민법 제635조 및 제639조 제1항 단서).

II. 계약체결 이전의 용도 확인

1. 건축물대장

(1) 개념

건축물대장은 건축물의 소유·이용 상태를 표시하여 건축물과 대지의 현황 및 지하수위, 기초형식, 설계지 내력, 구조설계 해석법, 내진설계 적용 여부, 내진 능력, 특수구조물의 해당 여부, 특수구조건축물의 유형 등 건축물의 구조내력(構造耐力)에 관한 정보를 표시하는 공적 장부이다(건축법 제38조 제1항 및 건축물대장의 기재 및 관리 등에 관한 규칙 제7조의3). 건축물대장에는 일반건축물대장과 집합건축물대장이 있으며, 상가건물의 경우 소유자가 구분되어 있지 않은 경우에 일반건축물대장, 소유자가 구분되는 경우 집합건축물대장으로 나누어져 건축물과 대지의 현황이 기재된다(건축물대장의 기재 및 관리 등에 관한 규칙 제4조).

(2) 확인 내용

상가건물을 임차하기 이전에 건축물대장에 상가건물의 지번과 실제 상가건물의 지번이 일치하는지 여부를 확인하고, 상가건물에 대한 용도지역, 용도지구, 용도구역을 확인하여, 희망하는 업종이 해당 상가건물에 적합한지를 확인해야 한다. 또 건축물대장에 기재된 소유자가 부동산등기부의 건물 소유자와 일치하는지 여부를 확인해야 한다.

2. 토지대장

(1) 개념

토지대장은 토지의 소재지, 지번, 지목, 면적, 토지의 소유자가 기록되어 있는 공적 장부를 말한다(공간정보의 구축 및 관리 등에 관한 법률 제71조, 공간정보의 구축 및 관리 등에 관한 법률 시행규칙 제68조 제2항 및 별지 제63호 서식).

(2) 확인 내용

토지대장에 기재된 토지의 소재지와 지번이 임대차하려는 상가건물의 토지 소재지 및 지번과 일치하는지를 확인해야 한다.

3. 토지이용계획 확인서

(1) 개념

토지이용계획 확인서는 지역·지구 등의 지정내용과 그 지역·지구 등 안에서의 행위 제한의 내용이 기재되어 있어 토지의 이용 및 도시계획 시설 결정 여부 등을 알 수 있는 서류를 말한다(토지이용규제 기본법 제5조, 토지이용규제 기본법 시행규칙 제2조 및 별지 제2호 서식).

(2) 확인 내용

토지이용계획 확인서에서 해당 상가건물의 용도지역, 용도지구, 용도구역의 지정 여부 등을 확인해야 한다.

4. 부동산등기부

(1) 개념

부동산등기부는 토지나 건물 등에 대한 부동산의 표시와 부동산의 권리관계의 득실변경에 관한 사항을 기재하는 공적 장부를 말한다. 부동산의 표시는 부동산의 소재, 지번, 지목, 구조, 면적 등을 표시하며, 부동산의 권리관계는 소유권, 지상권, 지역권, 전세권, 저당권, 권리질권, 채권담보권, 임차권 등에 관한 설정, 보존, 이전, 변경, 처분의 제한, 소멸 등에 관한 것이다(부동산 등기법 제3조).

(2) 등기부 및 등기사항증명서

등기부는 전산정보처리조직에 의해서 입력·처리된 등기정보자료를 대법원규칙에 따라 편성하여 해당 등기소에 비치하고 있는 토지·건물의 등기 공부를 말하는데, 등기부에는 토지등기부와 건물등기부가 있다(부동산등기법 제2조 제1호 및 제14조 제1항). 또 등기사항증명서는 등기부에 기록되어 있는 사항을 증명하는 서류이다(부동산등기법 제19조 제1항).

(3) 등기부의 열람 및 등기사항증명서의 발급

1) 등기부 열람

등기부 열람은 등기소를 방문하여 열람할 수 있으며, 인터넷 등기소(http://www.iros.go.kr)에서도 열람할 수 있다. 단 등기부의 부속서류는 이해관계 있는 부분만 열람할 수 있다(부동산등기법 제19조, 부동산등기규칙 제31조, 등기사항증명서 등 수수료규칙 제3조, 인터넷에 의한 등기기록의 열람 등에 관한 업무처리지침, 대법원 등기예규 제1669호, 2020. 5. 13. 발령 2020. 6. 5. 시행, 제2조 제1호).

2) 등기사항증명서 발급

수수료를 지급하고 누구든지 등기사항증명서를 발급받을 수 있다(부동산등기법 제19조 제1항, 부동산등기규칙 제27조, 등기사항증명서 등 수수료규칙 제2조). 단, 인터넷으로 제공하는 서비스의 경우 법인 등기사항증명서 다량 발급예약, 이미지폐쇄등기부 등기사항증명서 발급예약 등의 서비스를 이용하기 위해서는 먼저 등기인터넷서비스 홈페이지인 '인터넷등기소(http://www.iros.go.kr/)' 회원으로 등록해야 한다(인터넷에 의한 등기기록의 열람 등에 관한 업무처리지침제2조 제4호 및 제10호).

(4) 등기부의 구성

1) 표제부

등기기록에는 부동산의 표시에 관한 사항을 기록하는 표제부와 소유권에 관한 사항을 기록하는 갑구(甲區) 및 소유권 외의 권리에 관한 사항을 기록하는 을구(乙區)가 있다(부동산등기법 제15조 제2항). 토지등기기록의 표제부에는 표시번호란, 접수란, 소재지번란, 지목란, 면적란, 등기원인 및 기타사항란으로 구성되며(부동산등기규칙 제13조 제1항), 건물등기기록의 표제부에는 표시번호란, 접수란, 소재지번 및 건물번호란, 건물내역란, 등기원인 및 기타사항란이 있다(부동산등기규칙 제13조

제1항).

표제부의 지번이 임차목적물과 일치하는지를 확인하고, 상가건물의 지목 및 면적 등을 파악해야 한다.

2) 갑구와 을구

갑구와 을구에는 순위번호란, 등기목적란, 접수란, 등기원인란, 권리자 및 기타사항란이 있으며(부동산등기규칙 제13조 제2항), 갑구에서 소유권의 변동과 가등기, 압류등기 등의 설정 여부 등을 확인할 수 있다. 을구에는 소유권 이외의 권리인 저당권, 전세권 등이 기재되며, 저당권, 전세권 등의 설정 및 변경, 이전, 말소등기도 기재된다.

따라서 갑구에서 부동산 소유자의 이름, 주소, 주민등록번호 등 인적 사항을 확인하고, 압류, 가압류, 가처분, 가등기 등이 설정되어 있는지를 확인하여 이 같은 등기가 설정되어 있을 때에는 피하는 것이 안전하다. 가등기 이후에 상가건물을 임차한 임차인은 가등기에 기한 본등기가 행해지면 본등기 권리자에게 임대차를 주장할 수 없다.

을구에서는 저당권이나 전세권 등이 등기되어 있는지를 확인하여 저당권, 전세권이 설정되어 있는 상가건물은 피하는 것이 안전하다. 저당권이나 전세권이 설정된 후 상가건물을 임차한 임차인은 저당권자나 전세권자 보다 후순위 권리자가 되며, 따라서 상가건물이 경매되는 경우 저당권자나 전세권자가 우선 배당받은 이후 나머지 금액에 대해서만 배당받을 수 있으므로 임차보증금 회수가 어려워질 수 있다.

또, 지상권이나 지역권이 설정되어 있는지 확인해야 한다. 지상권, 지역권은 토지의 이용관계를 목적으로 설정되는 권리로서 부동산 일부에도 성립할 수 있고, 동일 부동산의 같은 부분에 중복하여 성립할 수도 있으므로 주의할 필요가 있다. 나아가 등기부에서 확인할 수 없는 권리관계가 있으므로 등기부 열람하는 것 외에 상가건물을 직접 방문하여 권리관계를 직접 확인하는 것이 바람직하다.

3) 등기 권리의 순위

같은 부동산에 관하여 등기한 권리의 순위는 법률에 다른 규정이 없으면 등기한 순서에 따른다(부동산등기법 제4조 제1항). 등기의 순서는 등기기록 중 같은 구에서 한 등기 상호간에는 순위번호에 따르고, 다른 구에서 한 등기 상호간에는 접수번호에 따른다(부동산등기법 제4조 제2항). 따라서 같은 갑구나 을구에서 그 순위번호로 등기의 우열을 가리며, 갑구와 을구 사이에서는 접수번호에 따라서 등기의 우열을 가리게 된다.

부기등기(附記登記)의 순위는 주등기(主登記)의 순위에 따른다. 다만, 같은 주등기에 관한 부기등기 상호간의 순위는 그 등기 순서에 따른다(부동산등기법 제5조).

> ☑ **판례**
>
> 사기죄의 요건으로서의 기망은 널리 재산상의 거래관계에 있어 서로 지켜야 할 신의와 성실의 의무를 저버리는 모든 적극적 또는 소극적 행위를 말하며, 이러한 소극적 행위로서의 부작위에 의한 기망은 법률상 고지의무 있는 자가 일정한 사실에 관하여 상대방이 착오에 빠져 있음을 알면서도 이를 고지하지 아니함을 말하는 것이므로, 일반거래의 경험칙상 상대방이 그 사실을 알았더라면 당해 법률행위를 하지 않았을 것이 명백한 경우에는 신의칙에 비추어 그 사실을 고지 할 법률상 의무가 인정된다.
>
> 따라서 임대인이 임대차계약을 체결하면서 임차인에게 임대목적물이 경매진행 중인 사실을 고지하지 않은 경우, 임차인이 등기부를 확인 또는 열람하는 것이 가능하더라도 사기죄가 성립한다(대법원 1998. 12. 8. 선고 98도3263 판결).

(5) 등록사항

1) 임대차 정보의 제공

상가건물의 임대차에 이해관계가 있는 자는 관할 세무서장에게 해당 상가건물의 확정일자 부여일, 차임 및 보증금 등 정보의 제공을 요청할 수 있으며, 요청을 받은 관할 세무서장은 정당한 사유 없이 이를 거부할 수 없다(상가건물 임대차보호법 제4조 제3항). 또 임대차계약을 체결하려는 자는 임대인의 동의를 받아 관할 세무서장에게 위의 정보제공을 요청할 수 있다(상가건물 임대차보호법 제4조 제4항).

정보의 제공을 요청할 수 있는 이해관계가 있는 자(이하 "이해관계인"이라 함)는 다음에 해당하는 자를 말한다(상가건물 임대차보호법 시행령 제3조의2 및 상가건물 임대차계약서상의 확정일자 부여 및 임대차 정보제공에 관한 규칙 제4조 제1항).

▶ 해당 상가건물 임대차계약의 임대인·임차인

▶ 해당 상가건물의 소유자

▶ 해당 상가건물 또는 대지의 등기부에 기록되어 있는 환매권자, 지상권자, 전세권자, 질권자, 저당권자·근저당권자, 임차권자, 신탁등기의 수탁자, 가등기권리자, 압류채권자 및 경매개시결정의 채권자

▶ 우선변제권을 승계한 금융기관 등

▶ 위의 자에 준하는 지위 또는 권리를 가지는 자로서 임대차 정보의 제공에 관하여 법원의 판결을 받은 자

2) 요청할 수 있는 정보의 범위

가. 계약당사자의 요청

임대차계약의 당사자는 관할 세무서장에게 다음 사항이 기재된 서면의 열람 또는 교부를 요청할 수 있다(상가건물 임대차보호법 시행령 제3조의3 제1항 및 상가건물 임대차계약서상의 확정일자 부여 및 임대차 정보제공에 관한 규칙 제4조 제2항).

▶ 임대인·임차인에 대한 다음의 인적사항(주민등록번호 및 외국인 등록번호는 앞 6자리)

   · 자연인 : 성명, 주민등록번호(외국인은 외국인 등록번호)

   · 법인 : 법인명, 대표자 성명, 법인등록번호

   · 법인 아닌 단체 : 단체명, 대표자 성명, 사업자등록번호·고유번호

▶ 상가건물의 소재지, 임대차 목적물 및 면적

▶ 사업자등록 신청일

▶ 보증금·차임 및 임대차기간

▶ 확정일자 부여일

▶ 임대차계약이 변경되거나 갱신된 경우에는 변경·갱신된 날짜, 새로운 확정일자 부여일, 변경된 보증금·차임 및 임대차기간

▶ 임대차의 목적이 상가건물의 일부분인 경우 그 부분의 도면

나. 이해관계인 또는 목적이 상가건물의 일부인 경우

임대차계약의 당사자가 아닌 이해관계인 또는 임대차계약을 체결하려는 자는 관할 세무서장에게 다음의 사항이 기재된 서면의 열람 또는 교부를 요청할 수 있

다(상가건물 임대차보호법 시행령 제3조의3 제2항 및 상가건물 임대차계약서상의 확정일자 부여 및 임대차 정보제공에 관한 규칙 제4조 제2항).

- ▶ 상가건물의 소재지, 임대차 목적물 및 면적
- ▶ 사업자등록 신청일
- ▶ 보증금 및 차임, 임대차 기간
- ▶ 확정일자 부여일
- ▶ 임대차계약이 변경되거나 갱신된 경우에는 변경·갱신된 날짜, 새로운 확정일자 부여일, 변경된 보증금·차임 및 임대차기간
- ▶ 임대차의 목적이 상가건물의 일부인 경우 그 부분의 도면

3) 임대차 정보제공 등

이해관계인과 임대차계약을 체결하려는 자가 임대차 정보의 제공을 요청할 때에는 본인을 증명할 수 있는 신분증을 가지고 관할 세무서장에게 임대차 정보제공 요청서(상가건물 임대차계약서상의 확정일자 부여 및 임대차 정보제공에 관한 규칙 별지 제4호서식)를 작성하여 제출해야 한다. 단, 상가건물 도면을 요청할 경우에는 도면제공 요청서(상가건물 임대차계약서상의 확정일자 부여 및 임대차 정보제공에 관한 규칙 별지 제5호서식)를 작성하여 제출해야 한다(상가건물 임대차보호법 제4조 제5항, 상가건물 임대차보호법 시행령 제3조의3 제3항, 상가건물 임대차계약서상의 확정일자 부여 및 임대차 정보제공에 관한 규칙 제5조 제1항 및 제2항).

이해관계인이 임대차 정보의 제공을 요청할 때에는 관할 세무서장에게 위의 요청서에 다음의 서류를 첨부하여 제출해야 한다(상가건물 임대차보호법 제4조 제5항, 상가건물 임대차보호법 시행령 제3조의3 제3항 및 상가건물 임대차계약서상의 확정일자 부여 및 임대차 정보제공에 관한 규칙 제5조 제3항).

- ▶ 계약서 등 해당 상가건물의 계약당사자임을 증명하는 서류
- ▶ 해당 상가건물의 등기사항증명서 등 소유자임을 증명하는 서류
- ▶ 해당 상가건물 또는 그 대지의 등기사항증명서 등 권리자임을 증명하는 서류
- ▶ 채권양도증서 등 우선변제권을 승계하였음을 증명하는 서류
- ▶ 법원의 판결문

임대차계약을 체결하려는 자가 임대차 정보의 제공을 요청하는 경우에 위의 요청서에 다음의 서류를 첨부하여 제출해야 한다.

- ▶ 임대인의 동의서
- ▶ 임대인의 신분증명서 사본, 인감증명서, 본인서명사실 확인서 등 임대인의 동의를 받았음을 증명할 수 있는 서류

4) 임대차 정보제공

관할 세무서장이 상가건물 임대차 현황서(상가건물 임대차계약서상의 확정일자 부여 및 임대차 정보제공에 관한 규칙 별지 제6호서식)를 열람하도록 하거나 교부하는 방법으로 하거나, 도면의 경우에는 임차인이 제출한 도면을 열람하게 하거나 사본을 발급하게 된다(상가건물 임대차계약서상의 확정일자 부여 및 임대차 정보제공에 관한 규칙 제6조).

Ⅲ. 임대차계약의 당사자

제1. 계약당사자로서의 임대인

1. 임대인의 범위

임대인은 임대차계약에서 임차인에게 임차목적물을 사용·수익할 수 있도록 해 주고, 그에 대한 반대급부로서 차임을 지급받기로 하는 임대차계약의 일방 당사자이다. 따라서 상가건물의 경우, 그 건물의 소유자가 임대인이 되는 것이 일반적이지만, 당해 건물에 대한 처분권이 있거나 적법한 임대 권한을 가지고 있는 자도 임대인이 될 수 있는데 다음과 같은 자이다.

(1) 소유자

상가건물의 소유자와 계약을 체결할 때에는 소유자의 주민등록증으로 등기부상 소유자의 인적 사항과 일치하는지를 확인해야 한다.

(2) 소유자의 배우자

민법은 부부평등의 원칙에 따라서 부부간에는 일상적인 가사에 대해서 대리권이 있다고 규정하고 있다(민법 제827조 제1항). 그러나 상가건물 소유자의 처와 임대차계약을 체결하는 경우, 그 처가 자신의 대리권을 증명하지 못하는 경우 계약의 안전성은 보장되지 않는다는 것이 법원의 입장이다.

> ☑ **판례**
> 부부간의 일상가사대리권은 부부가 공동체로서 가정생활상 항시 행하여지는 행위에 한하며, 처가 별거하여 외국에 체류 중인 부의 재산을 처분한 행위는 일상가사의 범위를 넘는다. 부동산을 매수하는 자는 특별한 사정이 없는 한 매도인에게 그 부동산을 처분할 권한이 있는지의 여부를 조사해야 하고, 그 조사를 하였더라면 매도인에게 처분권이 없음을 알 수 있었을 것임에도 그와 같은 조사를 하지 아니하고 매수하였다면 부동산의 점유에 관하여 과실이 없다고 할 수 없다(대법원 1993. 9. 28. 선고 93다16369 판결).

(3) 공동소유자

상가건물의 공동소유자 중 일부와 임대차계약을 체결하는 경우, 공유자 일부의 지분이 과반수인지를 등기부의 갑구에 기재되어 있는 공유자들의 소유권 지분으로 확인해야 한다. 공유 상가건물의 임대는 공유물의 관리행위에 해당하며, 공유물의 관리에 관한 사항은 지분의 과반수로 결정하기 때문이다(민법 제265조).[312]

(4) 대리인

상가건물 소유자의 대리인과 임대차계약을 체결하는 경우에는 위임장과 인감증명서를 반드시 요구해야 한다. 위임장에는 부동산의 소재지와 소유자 이름 및 연락처, 계약의 목적, 대리인 이름·주소 및 주민등록번호, 계약의 모든 사항을 위임한다는 취지가 기재되고 연월일이 기재된 후 위임인(소유자)의 인감이 날인되어야 한다. 또, 인감증명서는 위임장에 찍힌 위임인(소유자)의 날인 및 임대차계약서에 찍을 날인이 인감증명서의 날인과 동일해야 법적인 문제가 발생하지 않으므로

---

312) 대법원 1991. 9. 24. 선고 88다카33855 판결.

반드시 인감증명서가 첨부되어야 한다.

처분능력 또는 권한이 없는 사람이 상가건물을 임대차하는 경우에는 임대차 기간이 3년을 넘지 못한다(민법 제619조 3호). 단기임대차는 기간 만료 전 3개월 내에 갱신할 수 있다(제620조).

2. 임대인의 권리와 의무

(1) 임대인의 권리

1) 차임지급 청구권

차임은 임차물을 사용·수익하는 대가로 임대인에게 지급해야 하는 것으로, 반드시 금전일 필요는 없으며 물건으로 지급해도 된다(민법 제618조). 임대인에게 임대목적물에 대한 소유권이나 그 밖의 임대 권한이 없는 경우에도 임대차계약이 유효하게 성립하고, 이에 따라 임차인은 임대인의 의무가 이행불능으로 되지 않는 한 그 사용·수익의 대가로 차임을 지급할 의무가 있다.[313]

차임의 지급 시기는 계약의 당사자가 자유롭게 정할 수 있으나, 당사자 사이에 지급 시기에 관한 특약이 없는 경우에는 동산, 건물이나 대지의 임대차인 경우에는 매월 말에 차임을 지급해야 한다(민법 제633조).

2) 차임 또는 보증금 증액청구

임대인은 임대차계약 존속 중에 차임이나 보증금이 조세, 공과금, 그 밖의 부담의 증가나 '감염병의 예방 및 관리에 관한 법률' 제2조 제2호에 따른 제1급 감염병 등에 의한 경제 사정의 변동으로 상당하지 않게 된 경우에 장래에 대하여 증액을 청구할 수 있다(상가건물 임대차보호법 제11조 제1항). 이 규정은 2020. 9. 29. 존속 중인 임대차에도 적용된다(상가건물 임대차보호법 부칙 제2조). 임대차계약이 갱신되는 경우에도 임대차가 계속되고 있는 것으로 보아야 하므로 증액청구를 할 수 있다(상가건물 임대차보호법 제10조 제3항 단서).

---

313) 대법원 2009. 9. 24. 선고 2008다38325 판결.

가. 차임증액 금지 특약

임대인의 차임증액청구는 당사자 사이에 차임의 증액을 요구하지 않겠다는 특약을 한 경우에는 증액을 청구할 수 없다. 그러나 차임의 증액을 요구하지 않겠다는 특약을 했더라도 약정 후 그 특약을 그대로 유지시키는 것이 신의칙에 반한다고 인정될 정도의 사정변경이 있는 경우에는 차임의 증액을 청구를 할 수 있다.[314]

'감염병의 예방 및 관리에 관한 법률' 제2조 제2호에 따른 제1급 감염병에 의한 경제사정의 변동으로 차임 등이 감액된 후, 임대인이 상가건물 임대차보호법 제11조 제1항에 따른 증액을 청구하는 경우에 증액된 차임 등이 감액 전 차임 등의 금액에 달할 때까지는 같은 항 단서를 적용하지 않는다(상가건물 임대차보호법 제11조 제3항).

나. 증액청구 기간 및 금액의 제한

차임이나 보증금의 증액청구가 인정되는 경우에도 청구 기간과 금액에는 일정한 제한이 있다(상가건물 임대차보호법 제11조 제1항 후단 및 제2항). 즉, 임대차계약 또는 약정한 차임 등의 증액이 있은 후 1년 이내에는 증액청구를 할 수 없으며(상가건물 임대차보호법 제11조 제2항), 증액을 청구할 당시 차임이나 임차보증금의 5%를 초과한 증액을 청구할 수 없다(상가건물 임대차보호법 제11조 제1항 후단 및 상가건물 임대차보호법 시행령 제4조).

이 규정은 2020. 9. 29. 존속 중인 임대차에 대하여도 적용된다(상가건물 임대차보호법 부칙 제2조).

3) 임대물반환 청구권

임차인은 원칙적으로 임대물을 반환할 때에는 원상회복해서 반환해야 할 의무가 있다. 또 부속시킨 물건은 철거할 수 있다(민법 제654조에 따른 제615조의 준용). 계약 또는 목적물의 성질에 따르지 않은 사용, 수익으로 인하여 생긴 손해나 임대인이 지출한 비용이 있는 경우에 임대인은 손해배상과 비용상환을 청구를 할 수

---

314) 대법원 1996. 11. 12. 선고 96다34061 판결.

있다. 이 청구는 임차인으로부터 임차물을 반환받은 날로부터 6개월 이내에 해야 한다(민법 제654조에 따른 제617조의 준용).

4) 임대물을 보존할 권리

임대인은 임대물의 보존에 필요한 행위를 할 수 있다. 이 경우 임차인은 임대인에게 그러한 행위를 하지 못하도록 거절할 수 없다(민법 제624조). 다만, 임대인의 보존행위로 인하여 임차인이 목적을 달성할 수 없는 기간 동안에는 차임의 지급을 거절할 수 있다(민법 제618조).

(2) 임대인의 의무

1) 목적물을 사용·수익하게 할 의무

임대인은 임차인이 목적물을 사용·수익하게 할 수 있도록 해야 할 의무가 있다(민법 제618조). 이를 위하여 임대인은 목적물을 임차인에게 인도하고, 임차인이 임대차 기간 동안에 목적물의 사용·수익에 필요한 상태를 유지해야 할 의무가 있다(민법 제623조). 그러나 임대인은 상가건물의 파손 및 장해의 정도가 임차인이 특별히 비용을 들이지 않고도 손쉽게 고칠 수 있을 정도의 사소한 것이어서, 임차인의 사용·수익을 방해할 정도의 것이 아닌 경우에는 수선의무를 부담하지 않는다. 다만, 수선하지 않아 임차인이 정해진 목적에 따라 사용·수익할 수 없는 상태일 때에는 임대인은 그 수선의무를 부담한다.[315]

임대인의 수선의무는 특약에 의해서 면제하거나 임차인의 부담으로 할 수 있다. 그러나 특별한 사정이 없는 한 건물의 주요 구성부분에 대한 대수선, 기본적 설비 부분의 교체 등과 같은 대규모의 수선에 대해서는 임대인이 수선의무를 부담한다.[316]

임차인은 임대인이 목적물을 수선해주지 않아 목적물을 사용할 수 없어 손해가 발생한 때에는 손해배상을 청구할 수 있으며, 계약을 해지하거나 파손된 건물의 수리가 끝날 때까지 차임의 전부 또는 일부의 지급을 거절할 수 있다.[317]

---

315) 대법원 2004. 6. 10. 선고 2004다2151, 2168 판결.
316) 대법원 1994. 12. 9. 선고 94다34692, 94다34708 판결.
317) 대법원 1997. 4. 25. 선고 96다44778, 44785 판결.

임대인은 임차인의 과실로 목적물을 파손했을 때에도 수리해 주어야 하며, 이 경우 임대인은 상가건물을 수리한 이후에 임차인에게 손해배상을 청구하거나 물건의 파손등을 이유로 계약을 해지할 수 있다.

2) 방해제거 의무

상가건물 임대차계약 체결을 체결한 후에 임대인이 상가건물을 임차인에게 인도하였으나, 여전히 종전의 임차인 등 제3자가 상가건물을 계속 사용·수익하는 등 새로운 임차인의 상가건물의 사용·수익을 방해하는 경우 임대인은 그 방해를 제거해야 한다(민법 제214조 및 제623조 참조).

3) 건물 하자의 담보책임

임대인은 권리의 하자로 임차인이 상가건물을 사용·수익할 수 없게 되거나, 상가건물 자체에 하자가 있어 계약에 따른 사용·수익을 할 수 없게 된 경우에 임차인에 대해서 담보책임을 부담한다(민법 제567조). 임차인은 임차상가건물에 하자가 있어 상가건물을 사용·수익할 수 없게 된 경우에는 임대인에게 하자의 수선을 청구하고(민법 제623조·제580조), 상가건물을 사용·수익할 수 없게 된 부분만큼의 차임 또는 임대차 보증금의 감액을 청구할 수 있으며(민법 제627조 제1항·제567조, 제572조 제1항), 남은 부분의 건물로 임대차의 목적을 달성할 수 없을 때에는 임대차계약을 해지할 수 있다(민법 제627조 제2항·제567조, 제572조 제2항).

4) 임대차보증금 반환의무

임대인은 임대차 기간의 만료 등으로 임대차계약이 종료되면 임차인에게 보증금을 반환해야 한다.[318]

---

318) 대법원 1988. 1. 19. 선고 87다카1315 판결.

제2. 계약의 당사자로서의 임차인

1. 임차인의 권리와 의무

(1) 임차인의 권리

1) 사용·수익권

임차인은 목적물을 사용·수익할 수 있는 권리가 있다(민법 제618조). 이를 위하여 임대인에게 상가건물을 인도해 줄 것과 임차 기간 중 사용·수익에 필요한 상태를 유지해 줄 것을 청구할 수 있다. 임차인이 제3자에게 임차권을 주장하려면, 사업자등록과 같은 대항력을 취득하거나 임대차 등기를 해야 한다(상가건물 임대차보호법 제3조 및 제7조, 민법 제621조 제2항).

2) 임대차 등기 협력 청구권

당사자간에 별도의 약정이 없으면 임차인은 임대인에게 상가건물임대차 등기에 협력할 것을 청구할 수 있다(민법 제621조 제1항). 다만, 임차인은 임대인에게 임대차 등기 절차에 협력해 줄 것을 청구할 수 있을 뿐, 등기청구권은 인정하지 않으므로 임대인이 협력하지 않으면 임대차 등기를 할 수 없다.

3) 차임감액 또는 보증금의 감액 청구권

가. 차임·보증금의 감액청구

임차인은 차임이나 보증금이 조세, 공과금, 그 밖에 부담의 증가나 제1급감염병 등에 의한 경제 사정의 변동으로 상당하지 않게 된 경우에는 당사자는 장래에 대하여 그 감액을 청구할 수 있다(상가건물 임대차보호법 제11조 제1항). 이 규정은 2020. 9. 29. 존속 중인 임대차에 대하여도 적용되며(상가건물 임대차보호법 부칙 제2조). 임대차계약이 갱신되는 경우에도 임대차는 계속되고 있는 것으로 보아야 하므로 감액청구 할 수 있다(상가건물 임대차보호법 제10조 제3항 단서).

나. 차임감액 금지 특약

증액 금지 특약과 달리, 감액금지의 특약은 임차인에게 불리한 것으로 효력이 없다(상가건물 임대차보호법 제15조 및 민법 제652조에 따른 제628조의 준용). 따라서, 임차인은 차임감액을 요청하지 않겠다는 특약을 했더라도 경제 사정의 변동 등을 원인으로 차임감액을 청구를 할 수 있다.

4) 부속물의 매수청구 및 철거권

임차인이 상가건물의 사용을 위하여 임대인의 동의를 얻어 부속한 물건이 있는 경우에는 임대차 종료 시에 임대인에게 그 부속물의 매수를 청구할 수 있으며, 임대인으로부터 매수한 부속물에 대해서도 그 매수를 청구할 수 있다(민법 제646조). 임차인은 부속물을 임대인에게 매도하지 않을 경우에는 상가건물을 반환할 때 부속물을 철거할 수 있다(민법 제654조에 따른 제615조의 준용).

5) 필요비상환 청구권

임차인은 상가건물의 사용 시 필요비를 지출한 때에는 비용이 발생한 즉시 임대인에게 그 비용을 청구할 수 있다(민법 제626조 제1항). 여기서의 필요비는 임대차계약의 목적에 따라서 임차한 건물을 사용·수익하기 위한 상태를 보존, 유지하기 위해 필요한 모든 비용을 말하며, 임대인의 동의 없이 지출한 비용을 포함한다.

6) 유익비상환 청구권

임차인이 상가건물에 대해 유익비를 지출한 경우 임대인은 임대차계약이 만료되면 그 가액의 증가가 현존하면 임차인이 지출한 금액이나 그 증가액을 상환해야 한다(민법 제626조 제2항). 여기서 유익비란 임차인이 임차물의 객관적 가치를 증가시키기 위해 투입한 비용을 말한다.[319]

(2) 임차인의 의무

1) 차임지급의무

임차인은 임차상가건물에 대한 사용·수익의 대가로 임대인에게 차임을 지급해야 할 의무를 부담한다(민법 제618조).

---

319) 대법원 1991. 8. 27. 선고 91다15591, 15607 반소 판결.

2) 목적물의 사용 · 수익 의무

임차인은 계약이나 임차상가건물의 성질에 따라 정해진 용법으로 이를 사용 · 수익해야 할 의무를 부담한다(민법 제654조에 따른 제610조 제1항 준용). 임차인은 임대차계약 기간 동안 목적물을 선량한 관리자의 주의로써 이를 보존해야 하며(민법 제374조), 목적물의 수선이 필요하거나, 권리를 주장하는 사람이 있을 때에는 임대인에게 통지해야 한다. 다만, 임대인이 이미 그 사실을 알고 있는 경우에는 그러하지 아니하다(민법 제634조).

임차인은 임대인이 임차상가건물의 보존에 필요한 행위를 하는 때에는 이를 거절하지 못한다(민법 제624조). 다만, 임대인이 임차인의 의사에 반하여 보존행위를 하는 경우에 이로 인하여 임차목적을 달성할 수 없는 때에는 계약을 해지할 수 있다(민법 제625조).

3) 목적물의 반환 및 원상회복의무

임차인은 임대차계약이 종료하면 임대인에게 그 목적물을 반환해야 한다. 이 경우 임차상가건물을 원래의 상태로 회복하여 반환해야 한다(민법 제654조에 따른 제615조의 준용). 임차인의 목적물 반환 의무 및 원상회복 의무가 이행불능이 된 경우, 그 이행불능으로 인한 손해배상책임을 면하려면 그 이행불능이 임차인 자신의 귀책사유로 인한 것이 아니라는 것을 증명해야 하고, 임차건물이 화재로 훼손된 경우 그 화재의 발생 원인이 불명인 경우 임차인이 그 책임을 면하려면 그 임차건물의 보존 시 선량한 관리자의 주의의무를 다하였음을 입증해야 한다.[320]

2. 임차권 양도의 제한

(1) 의의

임차권의 양도는 임차인이 임차권을 제3자(양수인)에게 이전하는 것을 말한다. 임차권의 양도는 임차인(양도인)과 양수인 사이의 계약으로 유효하게 성립한다. 그러나 민법은 임차인은 임대인의 동의 없이 임차권을 양도하지 못하도록 하고 있으

---

320) 대법원 2010. 4. 29. 선고 2009다96984 판결.

며, 임대인은 자신의 동의 없이 임차권을 양도한 경우에는 임대차계약을 해지할 수 있다(민법 제629조).

(2) 임대인의 동의에 의한 임차권의 양도

임차권이 임대인의 동의로 양도된 경우에는 임차인이 임대차계약에 의하여 취득한 권리와 의무는 포괄적으로 양수인에게 이전된다. 따라서 임차인은 종전의 임대차 관계에서 벗어나게 되고, 양수인이 새로운 임차인으로서 임대인과 임대차 관계를 유지하게 된다. 다만, 임차권의 양도에 대해 임대인의 동의 이전에 임차인이 차임을 연체하여 발생 된 채무나 그 밖의 손해배상채무 등은 특약이 없는 한 양수인에게 이전되지 않는다.

(3) 임대인의 동의 없이 행한 임차권의 양도

1) 임차인과 양수인의 관계

임차권의 양도계약은 당사자 사이에서 유효하게 성립하고, 양도인은 양수인을 위하여 임대인의 동의를 받아 줄 의무 부담한다.[321]

2) 임대인과 임차인의 관계

임대인의 동의 없이 양도한 경우, 임대인은 임대차계약을 해지할 수 있다(민법 제629조 제2항). 그러나 임대인이 계약을 해지하기 전까지 임차인은 임대차계약에 따른 권리와 의무를 갖는다.

3) 임대인과 양수인의 관계

임대인의 동의 없는 임차권의 양도는 임대인에게 그 효력을 주장할 수 없으며, 양수인이 임차상가건물을 점유하는 때에는 임대인에 대한 불법점유가 되며, 임대인은 소유권에 기해 반환을 청구할 수 있다(민법 제213조 및 제214조).

---

321) 대법원 1986. 2. 25. 선고 85다카1812 판결; 대법원 1996. 6. 14. 선고 94다41003 판결.

(4) 임차상가건물의 양도와 임대인의 지위승계

임차상가건물의 양수인, 그 밖에 상속, 경매 등으로 임차상가건물의 소유권을 취득한 자는 임대인의 지위를 승계한다(상가건물 임대차보호법 제3조 제2항). 이 경우의 승계는 법률 규정에 따른 승계로서 그 지위의 승계에 임차인의 동의를 요하지 않으며, 임차인에게 통지할 필요도 없다.[322]

임차상가건물의 양도에 따라서 양도인인 임대인의 지위는 양수인에게 포괄적으로 이전되므로 임대인의 지위는 면책적으로 소멸하고, 차임지급청구권을 비롯한 모든 채권과 보증금반환채무를 포함한 모든 채무가 양수인에게 이전된다.[323] 양도인인 임대인과 임차인 사이에 당연승계를 배제하는 내용의 특약으로 임차인에게 불리한 약정은 효력이 없다(상가건물 임대차보호법 제15조).

1) 임대차의 종료 후 임차상가 건물을 양도한 경우

대항력 있는 상가건물임대차에 있어서 기간 만료 등으로 임대차가 종료된 상태에서 상가건물이 양도되는 경우에도, 임차인이 보증금을 반환받을 때까지 양수인에게 임대인으로서의 지위가 승계된다. 이 경우 임대차보증금을 반환해야 하는 의무도 상가건물의 소유권과 결합해 당연히 양수인에게 이전된다(상가건물 임대차보호법 제9조 제2항).[324]

2) 대항력이 있는 임차인 및 지위승계의 거부

상가건물의 양수인에게 대항할 수 있는 임차인은 상가건물이 양도된 후에도 임차상가건물을 계속해서 사용·수익할 수 있다. 그러나 상가건물의 양수인에게 대항할 수 있는 임차인이 임대차계약을 지속하는 것을 원하지 않는 경우에는, 상가건물이 임대차 기간의 만료 전에 경매되는 경우에 임대차계약을 해지하고 우선변제를 청구할 수 있다.[325]

---

322) 대법원 1996. 2. 27. 선고 95다35616 판결.
323) 대법원 1995. 5. 23. 선고 93다47318 판결; 대법원 1996. 2. 27. 선고 95다35616 판결.
324) 대법원 2002. 9. 4. 선고 2001다64615 판결.
325) 대법원 1998. 9. 2. 자 98마100 결정; 대법원 2002. 9. 4. 선고 2001다64615 판결.

3. 상가건물의 전대차

(1) 의의

상가건물의 전대차는 임차한 상가건물을 제3자가 사용·수익할 수 있도록 임차인이 제3자의 전차인에게 다시 임대하는 것을 말한다. 따라서 계약의 당사자는 전대인(임차인)과 전차인(제3자)되며, 전대차 계약을 하면, 전대인(임차인)과 전차인(제3자) 사이에는 별개의 새로운 임대차 관계가 생기지만 임차인(전대인)과 임대인의 관계는 그대로 존속하게 된다.

민법은 임차권의 전대를 원칙적으로 금지하고 있으므로, 임대인의 동의 없이 임차인이 임차상가건물을 전대한 때에 임대인은 임대차계약을 해지할 수 있다(민법 제629조).

임차권의 전대를 제한하는 규정은 강행규정이 아니므로, 임대인의 동의 없이 전대차한 경우에 임차인과 전차인 사이에 채권·채무의 효력만이 유효하게 성립한다. 그러나 전차인이 임대인이나 그 밖의 제3자에게 임차권이 있음을 주장하기 위해서는 임대인의 동의가 필요하다(민법 제629조 및 제652조).

임대인의 동의는 전대차 계약이 체결되기 전이든 후이든 상관없으며, 명시적이든 묵시적이든 가능하다. 다만, 동의 사실은 임차인과 전차인이 입증해야 한다.

(2) 임대인의 동의가 있는 전대차의 효과

1) 전대인(임차인)과 전차인의 관계

전대인과 전차인의 관계는 전대차 계약의 내용에 따라서 정해지며, 전대인은 전차인에 대해서 임대인으로서의 권리와 의무를 갖는다.

2) 임대인과 임차인(전대인)의 관계

임대인과 임차인의 관계는 전대차에도 불구하고 아무런 영향을 받지 않는다. 따라서 임대인은 임차인에 대해 임대차계약에 따른 권리를 행사할 수 있다(민법 제630조 제2항).

3) 임대인과 전차인의 관계

임대인과 전차인은 직접적으로 아무런 관계가 없다. 그러나 민법은 임대인의 보호를 위해 전차인이 직접 임대인에 대해서 의무를 부담하도록 하고 있다(민법 제630조 제1항 전단).

4) 전차인의 보호

전대차는 임대차의 법률관계를 기반으로 하여 성립하므로, 임대인과 임차인의 임대차 관계가 기간의 만료 등으로 종료하게 되면 임차인과 제3자 간의 전대차 관계도 소멸한다. 그러나 임대인과 임차인의 합의로 계약을 종료한 경우에는 전차인의 권리는 소멸하지 않으므로, 전차인은 전대차의 존속을 임대인과 임차인에게 주장할 수 있다(민법 제631조).

임대차계약이 해지 등의 이유로 종료되더라도 상가건물이 적법하게 제3자에게 전대된 경우, 전차인에게 그 사유를 통지하지 않으면 임차인은 임대차계약이 해지된 것을 이유로 전차인에게 대항하지 못한다. 이때 전차인이 해지의 통지를 받은 때에도 6월이 지나야 해지의 효력이 생긴다(민법 제638조).

목적물의 사용을 위하여 임대인의 동의를 얻어 전차인이 설치한 물건이나, 임대인으로부터 매수하였거나 임대인의 동의를 얻어 임차인으로부터 매수한 물건에 대해서는 전대차 종료 시에 전차인은 임대인에게 해당 부속물의 매수를 청구할 수 있다(민법 제647조).

(3) 임대인의 동의 없는 전대차의 효과

1) 전대인(임차인)과 전차인의 관계

전대차 계약은 당사자 사이에서 유효하게 성립하며, 따라서 전차인은 전대인에게 상가건물을 사용·수익하게 해 줄 것을 내용으로 하는 채권을 취득하며, 전대인은 전차인에 대해 차임 청구권을 갖는다. 이 경우 전대인은 임대인의 동의를 받아 줄 의무를 부담하게 된다.[326]

---

326) 대법원 1986. 2. 25. 선고 85다카1812 판결.

2) 임대인과 임차인(전대인)의 관계

임차인이 전대차를 하더라도 임대인과 임차인 사이의 임대차 관계는 그대로 존속한다. 이 경우 임대인은 무단 전대를 이유로 임차인과의 계약을 해지할 수 있다(민법 제629조 제2항).

3) 임대인과 전차인의 관계

임대인의 동의 없이 상가건물을 전대한 경우, 임대인에게 그 효력을 주장할 수 없으므로, 전차인이 상가건물을 점유하는 경우 임대인 측에서는 불법점유가 된다. 따라서 임대인은 소유권에 기해 전차인에게 목적물의 반환을 청구할 수 있다(민법 제213조 및 제214조).

(4) 상가건물 일부에 대한 전대차

상가건물의 임차인이 목적물의 일부를 다른 사람에게 사용하게 할 경우 전대의 제한, 전대의 효과 및 전차인의 권리 확정에 관한 규정은 적용되지 않는다(민법 제632조). 다만, 이 규정은 임의규정으로 특약으로 상가건물 일부를 다른 사람이 사용할 수 없도록 한 경우에는 계약 내용에 따른다.

제3. 개업공인중개사

상가건물의 임대차계약을 체결하려는 당사자는 시장·군수·구청장에게 등록된 중개사무소에서 계약을 체결해야 한다(공인중개사법 제9조). 등록된 중개사무소인지의 여부는 해당 중개사무소 안에 게시되어 있는 중개사무소등록증(공인중개사법 시행규칙 별지 제6호서식), 공인중개사자격증(공인중개사법 시행규칙 별지 제3호 서식) 등으로 확인할 수 있다(공인중개사법 제17조, 공인중개사법 시행규칙 제10조). 임대차계약을 체결하려는 당사자는 보증보험 또는 공제에 가입한 개업공인중개사의 중개를 받는 것이 안전하다(공인중개사법 시행규칙 제10조). 왜냐하면, 개업공인중개사는 고의 또는 과실로 거래당사자에게 재산상의 손해가 발생한 경우, 그 손해를 배상할 책임이 있으며 이를 위해 공인중개사는 보증보험이나 공제에 가입하기 때문이다

(공인중개사법 제30조 제1항 및 제3항).

IV. 임대차계약서의 작성

1. 상가건물 임대차 표준계약서

법무부는 국토교통부와 협의를 거쳐서 보증금, 차임액, 임대차 기간, 수선비 분담 등의 내용이 기재된 상가건물임대차표준계약서를 정하여 그 사용을 권장하고 있다(상가건물 임대차보호법 제19조).

2. 표준계약서의 작성

▶ 거래당사자의 인적사항

▶ 임차상가건물의 표시

▶ 보증금과 차임

▶ 임대차 기간

▶ 임차목적

▶ 사용·관리·수선

▶ 계약의 해제

▶ 채무불이행과 손해배상

▶ 계약의 해지

▶ 계약의 종료와 권리금회수기회 보호

▶ 재건축 등 계획과 갱신거절

▶ 비용의 정산

▶ 중개보수 등

▶ 중개대상물 확인·설명서 교부

▶ 특약사항 등

3. 주요 기재사항

(1) 당사자의 인적사항

계약당사자의 표시는 당해 계약에 따른 권리자와 의무자를 특정하기 위한 것이다. 따라서 계약 당사자의 동일성을 인식할 수 있고, 필요한 경우에 상호 연락이 가능하도록 그 이름과 주소, 주민등록번호, 전화번호 등을 기재하여야 한다.

(2) 거래금액 및 지급일자

상가건물의 임대차계약을 체결하는 경우 보통 지급해야 하는 거래금액은 계약금, 중도금, 잔금으로 나누어 지급하거나, 중도금 없이 잔금을 지급하게 된다. 계약금은 전체 보증금의 10%를 계약할 때 지급하고, 잔금은 임차상가건물에 입주하는 날에 지급하는 것이 일반적이다.

(3) 임대차 존속기간

상가건물 임대차보호법은 임대차 기간의 약정이 없거나 1년 미만으로 정한 경우, 임차인을 보호하기 위하여 그 기간을 최저 1년으로 보장하고, 임차인은 1년 미만으로 정한 임대차 기간의 유효를 주장할 수 있도록 하고 있다(상가건물 임대차보호법 제9조). 따라서 임대차 기간을 1년 미만으로 정한 경우에도 임차인으로서는 1년의 임대차 기간을 주장할 수도 있으며, 약정한 임대차 기간을 주장할 수도 있다.

(4) 임차인의 권리금 회수 보호 및 손해배상 명시

임대인은 임차인의 권리금 회수를 방해해서는 안 되며, 이를 위반하여 임차인에게 손해가 발생했을 때에는 그 손해를 배상해야 한다(상가건물 임대차보호법 제10조의4 제1항 및 제3항).

(5) 차임 연체와 계약의 해지

임대인은 임차인이 3기의 차임액에 해당하는 금액을 연체하는 경우 계약을 해지할 수 있다(상가건물 임대차보호법 제10조 제1항 제1호).

(6) 임대인의 임대차 갱신 거절사유의 제한

임대인은 임대차계약 체결 당시 공사시기 및 소요시간 등을 포함한 철거 또는 재건축 계획을 임차인에게 구체적으로 고지하고 그 계획에 따르는 경우, 건물이 노후·훼손 또는 일부 멸실되는 등 안전사고의 우려가 있는 경우, 다른 법령에 따라 철거 또는 재건축이 이루어지는 경우 임차인의 계약갱신을 거절할 수 있다(상가건물 임대차보호법 제10조 제1항 제7호).

(7) 비용의 정산

임차인이 임대인의 부담에 속하는 수선비용을 지출한 경우에는 임대인에게 그 상환을 청구할 수 있고, 임차인은 임대차계약이 종료된 경우 공과금과 관리비를 정산하여야 하며 소유자에게 이미 납부한 관리비 중 장기수선충당금의 반환을 청구할 수 있다(상가건물 임대차 표준계약서 제4조 제3항 및 제10조 참조).

4. 특약사항

상가건물 임대차계약을 체결하는 경우 임차인은 불리한 조건으로 계약을 체결하지 않으려면 특약사항을 기재할 필요가 있다. 상가건물 임대차 표준계약서에서 ① 입주 전 수리 및 개량, ② 임대차 기간 중 수리 및 개량, ③ 임차 상가건물 인테리어, ④ 관리비의 지급 주체, 시기 및 범위, ⑤ 귀책사유 있는 채무불이행 시 손해배상액예정 등을 특약사항의 예시로 하여 사전에 관리관계를 명확히 정할 수 있도록 하고 있다.

5. 임대차계약 후 받아야 할 서류

(1) 상가건물 임대차계약서

개업공인중개사는 중개대상물에 관해서 중개가 완성되어 작성한 거래계약서를 거래당사자에게 각각 발급해야 한다. 나아가 임대차계약서의 원본, 사본 또는 전자문서를 5년 동안 보존해야 한다. 다만, 거래계약서가 공인전자문서센터에 보관된 경우에는 그러하지 아니하다(공인중개사법 제26조 제1항, 공인중개사법 시행령 제22조 제2항).

(2) 중개대상물 확인 · 설명서

개업공인중개사는 거래계약서를 작성할 때 중개대상물 확인 · 설명서(공인중개사법 시행규칙 별지 제20호서식)를 거래당사자에게 발급해야 한다(공인중개사법 제25조 제3항, 공인중개사법 시행령 제21조 제3항). 개업공인중개사가 중개대상물 확인 · 설명서를 작성해 주지 않거나, 작성된 내용이 사실과 달라서 손해가 발생한 때에는 거래당사자는 손해배상을 청구할 수 있다(공인중개사법 제30조).

(3) 공제증서

공제증서는 개업공인중개사의 중개 사고에 대비하기 위한 손해배상책임을 보장하기 위한 증서로서, 개업공인중개사는 거래당사자에게 공제증서를 발급해 주어야 한다(공인중개사법 제30조 제5항).

V. 상가건물 임대차보호법의 주요 내용

제1. 대항력

1. 개념

임대차는 채권으로 원칙적으로 대항력이 없다. 그러나 상가건물 임대차보호법이 적용되는 상가건물 임대차의 경우 등기를 하지 않았더라도 임차인이 상가건물을 인도받고, 사업자등록을 신청했을 때에는 그 다음 날부터 제3자에 대해서 대항력을 주장할 수 있다(상가건물 임대차보호법 제3조 제1항).

대항력은 임차인이 제3자, 즉 임차상가건물의 양수인(그 밖에 임대할 권리를 승계한 자 포함)에게 임대차의 권리를 주장할 수 있는 법률상의 힘을 말하며(상가건물 임대차보호법 제3조 제2항 참조), 대항력 등(상가건물 임대차보호법 제3조)의 규정은 지역별

로 정해진 보증금의 일정 기준금액을 초과하는 임대차에 대해서도 적용된다(상가
건물 임대차보호법 제2조 제3항). 다만, 이 규정은 2015년 5월 13일 이후 최초로 계약
이 체결되거나 갱신되는 임대차부터 적용한다(상가건물 임대차보호법 부칙, 법률 제
13284호, 2015. 5. 13. 제2조).

(1) 상가건물의 인도

상가건물 임대차보호법에 따른 대항력을 취득하기 위해서는 '건물의 인도'가
필요하다(상가건물 임대차보호법 제3조 제1항). 상가건물의 인도란 점유의 이전을 말하
며, 건물의 사용이 가능하도록 임대인으로부터 임차인에게 지배권이 이전되는 것
을 말한다.

(2) 사업자등록의 신청

사업자는 사업장마다 사업 개시일로부터 20일 이내에 사업장을 관할하는 세
무서장에게 사업자등록을 신청해야 한다. 다만, 신규로 사업을 시작하는 자는 사
업 개시일 이전에도 사업자등록 신청을 할 수 있다(부가가치세법 제8조 제1항). 사업
장이 둘 이상인 사업자(사업장이 하나이나 추가로 사업장을 개설하려는 사업자를 포함)는
사업자 단위로 해당 사업자의 본점 또는 주사무소를 관할하는 세무서장에게 등록
을 신청할 수 있으며, 이 경우 등록한 사업자를 사업자 단위 과세 사업자라고 한
다(부가가치세법 제8조 제3항).

사업자등록을 신청하려는 사람은 사업장마다 사업자의 인적 사항, 사업자등록
신청사유, 사업개시연월일 또는 사업장 설치 착수 연월일 및 그 밖의 참고 사항을
기재한 사업자등록 신청서를 관할 세무서장이나 그 밖에 신청인의 편의에 따라서
선택한 세무서장에게 제출(국세정보통신망에 의한 제출 포함)해야 한다(부가가치세법 시
행령 제11조 제1항). 사업자등록을 신청하는 사람은 다음의 구분에 따라 해당 서류
에 첨부해야 한다(부가가치세법 시행령 제11조 제3항).

사업자등록을 위한 서류

구 분	첨부서류
1. 법령에 따라 허가를 받거나 등록 또는 신고를 하여야 하는 경우	사업허가증 사본, 사업등록증 사본 또는 신고확인증 사본
2. 사업장을 임차한 경우	임대차계약서 사본
3. 상가건물 임대차보호법 제2조 제1항에 따른 상가건물의 일부분만 임차한 경우	해당 부분의 도면
4. 조세특례제한법 제106조의3 제1항에 따른 金地金 도매 및 소매업	사업지금 명세 또는 재무상황 등을 확인할 수 있는 서류로서 기획재정부령으로 정하는서류
5. 개별소비세법 제1조 제4항에 따른 과세유흥장소에서 영업을 하는 경우	사업자금 명세 또는 재무상황 등을 확인할 수 있는 서류로서 기획재정부령으로 정하는 서류
6. 법 제8조 제3항부터 제5항까지의 규정에 따라 사업자 단위로 등록하려는 사업자	사업자 단위 과세 적용 사업장 외의 사업장에 대한 이 표 제1호부터 제5호까지의 규정에 따른 서류 및 사업장 소재지·업태·종목 등이 적힌 기획재정부령으로 정하는 서류
7. 액체연료 및 관련제품 도매업, 기체연료 및 관련제품 도매업, 차량용 주유소 운영업, 차량용 가스 충전업, 가정용 액체연료 소매업과 가정용 가스연료 소매업	사업자금 명세 또는 재무상황 등을 확인할 수 있는 서류로서 기획재정부령으로 정하는 서류
8. 재생용 재료 수집 및 판매업	사업자금 명세 또는 재무상황 등을 확인할 수 있는 서류로서 기획재정부령으로 정하는 서류

사업자등록을 신청한 사람은 관할 세무서장으로부터 사업자의 인적 사항과 사업자등록 신청 사유, 사업 개시 연월일 또는 사업장 설치 착수 연월일 및 그 밖의 참고 사항을 기재한 사업자등록증(부가가치세법 시행규칙 별지 제7호서식)을 신청일부터 3일 이내(토요일, 공휴일 또는 근로자의 날 산정 제외)에 발급받을 수 있다(부가가치세법 시행령 제11조 제1항, 제5항).

(3) 상가건물 임대차 등기

1) 개념

상가건물 임대차 등기는 임대인이 목적물을 사용·수익하게 하고, 임차인이 이에 대해 차임을 지급할 것을 약정하는 임대차계약을 체결하고, 임대인의 협력을 얻어서 행하는 임차권설정 등기를 말한다(민법 제681조 및 제621조 제1항).

2) 등기절차

가. 등기소 관할

임대인이 등기의무자, 임차인이 등기권리자로서 공동으로 임차건물의 소재지를 관할하는 지방법원, 지원 또는 등기소에 신청해야 한다(부동산등기법 제7조 제1항 및 제23조 제1항). 그러나 임대인이 임대차 등기 절차에 협력하지 않을 경우에 반대 약정이 없으면 임대인에 대하여 임대차 등기절차에 협력할 것을 청구할 수 있다. 따라서 임차인은 '임차권설정등기절차를이행하라'는 취지의 이행판결을 받아 등기의무자 단독으로 등기를 신청하고, 공유물을 분할하는 판결에 의한 등기는 등기권리자 또는 등기의무자가 단독으로 등기를 신청할 수 있다(민법 제621조 제1항 및 부동산등기법 제23조 제4항).

나. 신청 방법

신청인 또는 그 대리인이 등기소에 출석해 신청정보 및 첨부 정보 등을 기재한 서면을 제출하는 방법과(부동산등기법 제24조 제1항 제1호), 전산정보처리조직을 이용하여 신청정보 및 첨부 정보를 보내는 방법이 있다(법원행정처장이 지정하는 등기유형으로 한정, 부동산등기법 제24조 제1항 제2호).

다. 신청정보의 제공

i. 대항력과 우선변제권을 취득하지 못한 임차인이 임대인의 협력을 얻어 건물임대차등기를 신청하는 경우

임차권설정 또는 임차물 전대의 등기를 신청하는 경우 다음 등기사항을 신청정보의 내용으로 등기소에 제공해야 한다(부동산등기법 제74조 및 부동산등기규칙 제13조 제2항).

· 차임
· 차임지급시기

- 존속기간(다만, 처분능력 또는 처분 권한이 없는 임대인에 의한 단기 임대차인 경우에
  는 그 뜻을 기재)
- 임차보증금
- 임차권의 양도 또는 임차물의 전대에 대한 임대인의 동의

ii. 대항력과 우선변제권을 취득하고 있는 임차인이 임대인의 협력을 얻어 건물임대차등기를 신청하는 경우

대항력과 우선변제권을 취득하지 못한 임차인이 행하는 임차권등기신청서의 기재사항, 사업자등록을 신청한 날, 임차건물을 점유한 날 및 임대차계약증서상의 확정일자를 받은 날을 기재해야 한다(상가건물 임대차보호법 제7조 제2항).

라. 첨부정보의 제공

등기를 신청하는 경우 다음 정보를 그 신청정보와 함께 첨부정보로서 등기소에 제공해야 한다(부동산등기규칙 제46조 제1항, 및 제62조).

- ▶ 등기원인을 증명하는 정보: 약정에 따른 경우에는 임차권설정 계약서, 판결에 따른 경우에는 판결정본과 확정증명서
- ▶ 등기원인에 대해 제3자의 허가, 동의 또는 승낙이 필요한 경우에는 이를 증명하는 정보 및 인감증명
- ▶ 등기상 이해관계 있는 제3자의 승낙이 필요한 경우에는 이를 증명하는 정보 또는 이에 대항할 수 있는 재판이 있음을 증명하는 정보
- ▶ 신청인이 법인인 경우에는 그 대표자의 자격을 증명하는 정보
- ▶ 대리인이 등기를 신청하는 경우에는 그 권한을 증명하는 정보
- ▶ 지적도나 건물도면(임차권설정 또는 임차물의 전대범위가 부동산의 일부인 경우)(부동산등기규칙 제130조 제2항)
- ▶ 임차권자의 주민등록번호 등·초본(3개월 이내의 것)
- ▶ 임차권 설정자인 소유자의 인감증명서(3개월 이내의 것)(부동산등기규칙 제60조 제1항 제3호)
- ▶ 등록면허세영수필확인서 및 등기신청수수료(부동산등기규칙 제65조 제1항)

2. 대항력의 발생 시기

대항력은 임차인이 상가건물을 인도받고 사업자등록을 신청하면 그 다음날부터 제3자에게 효력이 생긴다(상가건물 임대차보호법 제3조 제1항). 대항력을 갖춘 상가건물 임차인은 임차상가건물이 다른 사람에게 양도되더라도 새로운 상가건물소유자에게 임차권의 존속을 주장할 수 있다(상가건물 임대차보호법 제3조 제2항 참조). 임차상가건물에 경매로 임차상가건물이 매각되면 임차권은 소멸한다. 다만 보증금 전액 받지 못한 경우에 대항력은 그대로 존속하여 임차권은 소멸하지 않는다(상가건물 임대차보호법 제8조).

제2. 임차인의 지위 유지

대항력을 갖춘 임차인은 상가건물이 매매, 경매 등으로 소유권자가 변경된 경우에도 새로운 소유권자에게 임차인의 지위를 주장할 수 있다(상가건물 임대차보호법 제3조 제2항 및 제3조 제3항). 따라서 상가건물이 경매, 매매 등으로 그 건물의 소유자가 변경된 경우에도, 임차인은 임대차 기간이 만료될 때까지 계속 상가건물을 사용·수익할 수 있으며, 보증금 전액을 반환받을 때까지 임대차 관계는 그대로 존속한다(상가건물 임대차보호법 제9조 제2항).

제3. 임대차 존속기간의 보장

1. 임차 기간의 보장

기간을 정하지 않았거나 기간을 1년 미만으로 정한 상가건물 임대차는 그 기간을 1년으로 본다. 다만, 임차인은 1년 미만으로 정한 기간이 유효함을 주장할 수 있다(상가건물 임대차보호법 제9조 제1항).

2. 임차인의 계약갱신 요구

임대차 기간이 10년을 초과하지 않는 한 임차인은 임대차 기간이 만료되기 6 개월 전부터 1개월 전까지 사이에 계약갱신을 요구할 수 있으며, 이 때 임대인은 정당한 사유가 없는 한 이를 거절할 수 없으나 다음의 어느 하나에 해당하는 경우에는 그러하지 아니하다(상가건물 임대차보호법 제10조 제1항·제2항).

▶ 임차인이 3기의 차임액에 해당하는 금액에 이르도록 차임을 연체한 사실이 있는 경우

▶ 임차인이 거짓이나 그 밖의 부정한 방법으로 임차한 경우

▶ 서로 합의하여 임대인이 임차인에게 상당한 보상을 제공한 경우

▶ 임차인이 임대인의 동의 없이 목적 건물의 전부 또는 일부를 전대한 경우

▶ 임차인이 임차한 건물의 전부 또는 일부를 고의나 중대한 과실로 파손한 경우

▶ 임차한 건물의 전부 또는 일부가 멸실되어 임대차의 목적을 달성하지 못할 경우

▶ 임대인이 다음 중 어느 하나에 해당하는 사유로 목적 건물의 전부 또는 대부분을 철거하거나 재건축하기 위하여 목적 건물의 점유를 회복할 필요가 있는 경우

　가. 임대차계약 체결 당시 공사시기 및 소요기간 등을 포함한 철거 또는 재건축 계획을 임차인에게 구체적으로 고지하고 그 계획에 따르는 경우

　나. 건물이 노후·훼손 또는 일부 멸실되는 등 안전사고의 우려가 있는 경우

　다. 다른 법령에 따라 철거 또는 재건축이 이루어지는 경우

▶ 그 밖에 임차인이 임차인으로서의 의무를 현저히 위반하거나 임대차를 계속하기 어려운 중대한 사유가 있는 경우

3. 차임·보증금의 증감청구

임차건물에 조세, 공과금 그 밖에 부담의 증감이나 감염병의 예방 및 관리에 관한 법률 제2조 제2호에 따른 제1급 감염병 등에 의한 경제 사정의 변동 등으로

차임 또는 보증금이 적정하지 않다고 생각되는 경우, 임차인 및 임대인 당사자는 그 증감을 청구할 수 있다. 다만, 임대인이 증액을 요구하는 경우 청구 당시의 차임 또는 보증금의 5%의 범위 내에서 증액 할 수 있다(상가건물 임대차보호법 제11조 제1항 및 상가건물 임대차보호법 시행령 제4조).

(1) 보증금의 월 차임 전환

보증금의 전부 또는 일부는 월 단위의 차임으로 전환할 수 있다(상가건물 임대차보호법 제12조). 보증금의 전부 또는 일부를 월세로 전환하는 경우 내야 하는 월세는 돌려받은 금액에 다음 중 낮은 비율을 곱한 금액을 월로 나눈 금액을 초과할 수 없다(상가건물 임대차보호법 제12조 및 상가건물 임대차보호법 시행령 제5조).
- ▶ 은행의 대출금리 및 해당 지역의 경제 여건 등을 고려하여 연 12%
- ▶ 한국은행에서 공시한 기준금리에 4.5배를 곱한 비율

(2) 월차임 전환 이율의 제한

보증금의 전부 또는 일부를 월세로 전환하는 경우 전환 금액의 비율은 연 12%를 초과할 수 없다(상가건물 임대차보호법 시행령 제5조)

제4. 우선변제권

1. 개념 및 요건

우선변제권이란 상가건물 임대차보호법상 임차인이 임차보증금을 우선 변제받을 수 있는 권리로, 임차인이 대항요건과 임대차계약증서상의 확정일자를 갖춘 경우에 인정된다. 우선변제권이 있는 임차인은 임차상가건물이 경매 또는 공매시 임차건물(임대인 소유의 대지 포함)의 환가대금에서 후순위권리자나 그 밖의 채권자보다 우선하여 보증금을 변제받을 권리가 있다(상가건물 임대차보호법 제5조 제2항).[327]

---

327) 대법원 2006. 1. 13. 선고 2005다64002 판결.

2. 확정일자

확정일자란 증서가 작성된 날짜에 상가건물임대차계약서가 존재하고 있음을 증명하기 위해 법률상 인정되는 일자로, 상가건물의 소재지를 관할하는 세무서장이 임대차계약서가 존재하였음을 인정하는 날짜를 말한다(상가건물 임대차보호법 제4조 제1항 참조).

3. 확정일자부여 신청

상가건물 임대차 계약서에 확정일자를 부여받으려는 자는 다음의 서류를 제출하여야 한다(상가건물 임대차계약서상의 확정일자 부여 및 임대차 정보제공에 관한 규칙 제2조 제1항 및 제2항).

▶ 상가건물 임대차계약서상의 확정일자 부여 및 임대차 정보제공에 관한 규칙 별지 제1호 서식의 확정일자 신청서
▶ 임대차의 목적이 상가건물의 일부분인 경우 그 부분의 도면
▶ 임대인·임차인의 인적 사항, 임대차 목적물·면적, 임대차 기간, 보증금·차임, 계약 당사자(대리인에 의하여 계약이 체결된 경우 그 대리인)에 대한 사항 및 서명 또는 기명날인이 있는 계약서 원본
▶ 주민등록증, 운전면허증, 여권 또는 외국인등록증 등 본인을 확인할 수 있는 서류

사업자등록 신청 또는 사업자등록 정정신고와 동시에 확정일자 부여를 신청하는 경우 확정일자 신청서를 갈음하여 사업자등록 신청서 또는 사업자등록 정정신고서에 확정일자 부여 신청 의사를 표시하여 제출할 수 있다(상가건물 임대차계약서상의 확정일자 부여 및 임대차 정보제공에 관한 규칙 제2조 제3항).

제5. 소액임차인 최우선변제권

1. 의의

소액임차인은 다음의 임차보증금에 해당하는 상가건물의 임차인을 말한다(상가건물 임대차보호법 시행령 제6조).

▸ 서울특별시 : 6천 500만 원
▸ 「수도권정비계획법」에 따른 과밀억제권역(서울특별시 제외) : 5천 500만 원 이하
▸ 광역시(수도권정비계획법에 따른 과밀억제권역에 포함된 지역과 군지역은 제외), 안산시, 용인시, 김포시 및 광주시 : 3천 800만 원 이하
▸ 그 밖의 지역 : 3천만 원 이하

2. 소액임차인 최우선 변제

보증금 이외 차임이 있는 경우, 월 단위의 차임액에 100을 곱하여 보증금과 합산한 금액이 임차보증금이 된다(상가건물 임대차보호법 제2조 제2항, 상가건물 임대차보호법 시행령 제6조 및 제2조 제2항·제3항). 소액임차인은 임차건물이 경매 또는 공매로 소유권이 이전되는 경우, 집행절차에 참가하여 보증금 중 일정액을 다른 담보물권자보다 우선하여 배당받을 수 있다(상가건물 임대차보호법 제14조 제1항 전단).

제6. 임차권등기명령제도

1. 의의

상가건물의 임대차가 종료되었음에도 보증금을 돌려받지 못한 임차인은 임차건물의 소재지를 관할하는 지방법원, 지방법원지원 또는 시·군법원에 임차권등기명령을 신청할 수 있다(상가건물 임대차보호법 제6조 제1항).

2. 대항력의 취득

임차권등기를 마치면 임차인은 임대인 및 제3자에 대해 대항력과 우선변제권을 갖는다. 다만, 임차인이 임차권등기 이전에 이미 대항력 또는 우선변제권을 취득한 경우에는 그 대항력 또는 우선변제권이 그대로 유지되며, 임차권등기 이후에는 대항요건을 상실하더라도 이미 취득한 대항력 또는 우선변제권은 상실하지 않는다(상가건물 임대차보호법 제6조 제5항).

3. 임차권등기명령의 신청

상가건물 임대차 관계가 종료되었음에도 보증금을 돌려받지 못한 임차인은 임차건물의 소재지를 관할하는 지방법원, 지방법원지원 또는 시·군법원에 임차권등기명령을 신청할 수 있다(상가건물 임대차보호법 제6조 제1항).

제7. 임대차계약의 갱신

1. 합의 갱신

(1) 의의

상가건물 임대차계약의 합의 갱신은 임대차 기간의 만료 이전에 당사자의 합의로 임대차관계를 존속시키기로 하는 내용의 계약을 말한다. 이때 임대인과 임차인은 임대차계약의 조건을 변경하거나, 기간을 변경하는 등 계약의 조건을 변경하여 합의 갱신하거나, 기존의 임대차와 같은 계약조건으로 합의 갱신할 수 있다. 합의 갱신하는 임대인과 임차인은 기존의 임대차 계약자의 동일성, 계약 일자의 연속성 등이 나타나야 하는데, 임대차 관계가 종료된 후 같은 임대인과 임차인 간에 새로운 임대차 관계를 설정하는 임대차의 재설정과 구별되고, 임대차 기간 동안에 미리 일정 기간의 연장을 합의하는 기간 연장의 합의와도 구별된다.

(2) 효과

합의 갱신의 효과는 합의 내용에 따라서 결정된다. 임대차계약의 조건을 변경하는 합의 갱신의 경우 전 임대차에 대해서 이해관계가 있는 제3자에 대해서 대항할 수 없다. 따라서 임대차 보증금을 증액하는 경우, 그 증액된 부분에 대해서는 증액을 합의한 때부터 후순위권리자에 대해 대항력과 우선변제권을 취득한다.

2. 묵시의 갱신

(1) 의의

묵시의 갱신은 민법에 의한 묵시의 갱신과 상가건물 임대차보호법에 따른 묵시의 갱신이 있다. 묵시의 갱신은 임대차 기간이 종료된 후 당사자 사이에 계약해지에 관한 특별한 의사표시가 없으나 임대차 관계가 지속되는 것을 말한다.

(2) 상가건물 임대차보호법상 묵시의 갱신

1) 상가건물 임대차보호법 규정

임대인이 임대차 기간이 만료 6개월 전부터 1개월 전까지 임차인에게 갱신을 하지 않겠다는 통지를 하지 않거나 계약조건을 변경하지 않으면 갱신하지 않는다는 뜻의 통지를 하지 않은 경우에는 그 기간이 만료된 때에 전 임대차와 동일한 조건으로 다시 임대차한 것으로 본다(상가건물 임대차보호법 제10조 제4항).

2) 요건

가. 임대차 기간이 종료되었을 것

묵시의 갱신은 임대차 기간을 정했는지에 상관없이 1년이 지나면 묵시적으로 갱신된다. 임대차 기간을 1년 미만으로 정한 임대차의 경우, 임차인은 선택적으로 1년 미만의 약정기간을 주장할 수 있으며, 나아가 1년의 임대차 기간을 주장할 수도 있다(상가건물 임대차보호법 제9조 제1항).

나. 갱신거절 또는 계약조건변경의 통지를 하지 않았을 것

임대인이 임대차 기간이 끝나기 6개월 전부터 1개월 전에 임차인에게 갱신을 거절한다는 통지나 계약조건을 변경하지 않으면 갱신하지 않는다는 뜻의 통지를 하지 않는 경우에 묵시 갱신된다. 그러나 임대인이나 임차인 중 어느 한쪽이라도 갱신을 거절하거나 계약조건을 변경한다는 통지를 한 경우에는 묵시적으로 갱신되지 않는다.

계약의 조건을 변경하는 통지는, 임대차 기간이 끝나면 임대차계약 내용을 변경하겠으며, 만일 상대방이 응하지 않으면 더 이상 임대차 관계를 존속시키지 않겠다는 의사의 통지를 말하는데, 이 통지에는 변경하려는 계약의 조건을 구체적으로 명시해야 한다.

3) 효과

상가건물 임대차계약이 묵시적으로 갱신되면, 종전의 임대차와 동일한 조건으로 다시 임대차한 것으로 본다(상가건물 임대차보호법 제10조 제4항 전단). 따라서 보증금과 차임도 종전의 임대차와 동일한 조건으로 임대차한 것으로 되며 이 경우 임대차의 존속기간은 1년으로 본다(상가건물 임대차보호법 제10조 제4항 후단).

4) 묵시적으로 갱신된 임대차계약의 해지

상가건물 임대차계약이 묵시적으로 갱신된 경우에 임차인은 언제든지 계약을 해지할 수 있으며, 1년의 임대차 기간을 주장할 수도 있다(상가건물 임대차보호법 제9조 제1항 및 제10조 제5항). 임차인이 임대차계약을 해지하는 경우에 임대인이 통지를 받은 날부터 3월이 지나면 그 효력이 발생한다(상가건물 임대차보호법 제10조 제5항).

(3) 민법상 묵시의 갱신

1) 적용 범위

상가건물 임대차보호법이 적용되지 않는 일정액 이상 보증금의 상가건물 임

대차의 경우에 민법에서의 묵시의 갱신 규정이 적용된다(상가건물 임대차보호법 제
2조 제1항 및 상가건물 임대차보호법 시행령 제2조 제1항). 이에 대하서 앞에서 설명하
였다.

2) 요건

임대차 기간이 끝난 후에 임차인이 상가건물을 계속 사용·수익하고 있고(민법
제639조 제1항), 임대인이 상당한 기간 동안 임차인이 상가건물을 계속 사용·수익
하는 것에 이의를 제기하지 않아야 한다(민법 제639조 제1항).

3) 효과

묵시의 갱신으로 전 임대차와 동일한 조건으로 다시 임대차한 것으로 본다(민
법 제639조 제1항). 따라서 전 임대차에 대해서 제3자가 제공한 담보는 기간의 만료
로 소멸한다(민법 제639조 제2항).

민법 제639조 제1항 묵시의 갱신은 임차인의 신뢰를 보호하기 위한 목적이며,
민법 제639조 제2항에서 제3자가 제공한 담보는 소멸한다고 규정한 것은 담보를
제공한 자의 예상하지 못한 불이익을 방지하기 위한 것으로 민법 제639조 제2항
은 당사자들의 합의에 따른 임대차 기간 연장에는 적용되지 않는다.[328]

4) 묵시 갱신된 임대차계약의 해지

묵시적으로 갱신된 임대차계약의 해지는 기한을 정하지 않은 임대차와 같다
(민법 제639조 제1항). 따라서 당사자는 언제든지 계약의 해지를 통지할 수 있으며
(민법 제635조 제1항), 임대인이 임대차계약의 해지를 통고한 경우, 임차인이 통고를
받은 날로부터 6개월이 지나면 해지의 효력이 생긴다(민법 제635조 제2항). 임차인
이 임대차계약의 해지를 통고한 때에는 임대인이 통고를 받은 날로부터 1개월이
지나면 해지의 효력이 생긴다(민법 제635조 제2항).

---

328) 대법원 2005. 4. 14. 선고 2004다63293 판결.

VI. 상가건물 임대차 관계의 종료

1. 종료의 원인

(1) 기간의 만료

1) 기간을 정한 경우

기간이 있는 임대차 관계는 계약기간의 만료로 임대차는 종료된다. 기간의 약정이 있는 임대차의 경우 묵시의 갱신 등 특별한 사정이 없는 한 기간의 만료로서 최고나 해지를 하지 않아도 임대차 관계는 종료한다.[329]

그러나 임대차계약의 당사자 일방 또는 쌍방이 계약기간 내에 계약을 해지할 권리를 행사하지 않고 보류한 경우에 당사자는 언제든지 계약해지를 통고 할 수 있다(민법 제636조). 또, 임차인이 파산한 경우에는 임대인 또는 파산관재인은 언제든지 계약해지를 통고 할 수 있다(민법 제637조 제1항). 이 경우 각 당사자는 계약해지로 인한 손해를 상대방에게 청구할 수 없다(민법 제637조 제2항).

2) 기간 정하지 않은 경우

임대차 기간을 약정하지 않은 경우에 당사자는 언제든지 계약의 해지를 통고를 할 수 있다(민법 제635조 제1항).

(2) 임대차계약의 해지

임대차 기간의 약정이 있는 경우라도 다음의 사유가 있는 경우에는 임대차계약을 중도에 해지할 수 있다. 이 경우에는 해지의 의사표시가 상대방에게 도달한 때 임대차는 종료된다.

1) 임차인의 해지

임대인이 임차인의 의사에 반하여 보존행위를 하는 경우, 임차인이 이로 인해 임대차의 목적을 달성할 수 없는 때에 계약을 해지할 수 있다(민법 제625조). 또 상

---

329) 대법원 1969. 1. 28. 선고 68다1537 판결.

가건물의 일부가 임차인의 과실 없이 멸실 그 밖의 사유로 사용·수익할 수 없는 경우, 그 잔존 부분으로 임차의 목적을 달성할 수 없는 때에도 계약을 해지할 수 있다(민법 제627조).

2) 임대인의 해지

임차인이 임대인의 동의 없이 임차권을 양도하거나 임차상가건물을 전대한 경우(민법 제629조 제2항), 임차인의 3기에 걸쳐서 차임을 연체한 경우(상가건물 임대차보호법 제10조의8), 임차인이 상가건물을 계약 또는 그 상가건물의 성질에 따라 정하여진 용법으로 이를 사용·수익하지 않은 경우(민법 제654조에 따른 제610조 제1항의 준용)에는 임대차 계약을 해지할 수 있다.

2. 임대차 종료의 효과

(1) 임대차 관계의 소멸 및 손해배상

임대인 또는 임차인이 임대차계약을 해지하면 그 때부터 임대차계약은 종료된다(민법 제550조). 임대차 계약의 해지가 상대방의 과실로 인한 경우에는 그에 따른 손해배상을 청구할 수 있으나(민법 제551조), 임차인의 파산으로 임대차계약이 해지된 경우는 계약해지로 인한 손해를 청구하지 못한다(민법 제637조).

(2) 목적물 및 임차보증금의 반환

임대차 관계가 종료하면, 임대차계약의 내용에 따라 임차인은 목적물 등을 반환해야 할 의무가 있으며, 임대인은 보증금을 반환해야 한다. 따라서 임차인은 차임지급의무를 지는 한편 보증금을 반환받을 때까지 목적물의 인도를 거절할 수 있는 동시이행항변권을 가지며,330) 임대인은 차임지급 청구권을 가지는 한편 목적물을 인도받을 때까지 보증금의 지급을 거절할 수 있는 동시이행의 항변권을 갖는다.

---

330) 대법원 1977. 9. 28. 선고 77다1241, 1242 전원합의체 판결.

VII. 권리금

1. 개념

권리금이란 임대차 목적물인 상가건물에서 영업을 하는 자 또는 영업을 하려는 자가 영업시설·비품, 거래처, 신용, 영업상의 노하우, 상가건물의 위치에 따른 영업상의 이점 등 유형·무형의 재산적 가치의 양도 또는 이용대가로서 임대인, 임차인에게 보증금과 차임 이외에 지급하는 금전 등의 대가를 말한다(상가건물임대차보호법 제10조의3 제1항). 또, 권리금 계약이란 신규임차인이 되려는 자가 임차인에게 권리금을 지급하기로 하는 계약을 말한다(상가건물 임대차보호법 제10조의3 제2항).

권리금은 단순히 사례금이 아니며 임차인이 부착한 부속물의 소유권을 넘겨주는 대금, 영업허가권, 대리점 계약자의 지위 등 일정한 권리의 양도에 대한 대가, 특정 점포가 갖고 있는 고객·명성의 대가 등을 포함하는 개념이다. 따라서 권리금이 임차인으로부터 임대인에게 지급된 경우, 그 유형·무형의 재산적 가치의 양수 또는 약정한 기간동안 이용이 유효하게 이루어진 이상 임대인은 그 권리금의 반환 의무를 지지 않으며, 다만 임차인은 당초의 임대차에서 반대되는 약정이 없는 한 임차권의 양도 또는 전대차 기회에 부수하여 자신도 그 재산적 가치를 다른 사람에게 양도 또는 이용케 함으로써 권리금 상당액을 회수할 수 있다.[331]

2. 권리금 표준계약서

(1) 표준계약서의 작성

국토교통부장관은 법무부와 협의를 거쳐 임차인과 신규임차인이 되려는 자의 권리금 계약 체결을 위한 표준권리금계약서를 정하여 그 사용을 권장하도록 하고 있다(상가건물 임대차보호법 제10조의6).

(2) 표준계약서의 내용

계약서에는 권리 금액, 임차인의 임대차계약 현황, 권리금의 대가로 이전되어

---

331) 대법원 2002. 7. 26. 선고 2002다25013 판결; 대법원 2001. 4. 10. 선고 2000다59050 판결.

야 할 대상의 범위를 특정하여 기재하고, 권리금계약체결 이후 임대차계약이 체결되지 못하면 권리금 계약은 무효가 되어 임차인은 신규임차인으로부터 받은 계약금 등을 반환해야 할 의무사항 등을 계약의 내용으로 기재하도록 하고 있다(상가건물 임대 권리금 표준계약서 참조).

3. 권리금의 요소

(1) 의의

당사자들은 권리금을 유형별로 분류하여 수수하는 것이 아니라 통합적으로 수수하는 것이 일반적이므로 권리금의 유형을 분류하는 것은 매우 어렵다. 왜냐하면 당사자들은 권리금의 반대급부를 명확하게 적시하지 않고 추상적으로 반대급부의 내용을 기재하고 있기 때문이다. 그러나 권리금에 대한 상인들의 인식과 학설 및 판례를 통하여 권리금의 반대급부를 추론할 수 있다. 이러한 권리금의 각 유형은 각 권리금에 반영되어 있으며, 구체적인 사정에 따라서 권리금의 구성요소도 달라질 수 있으며 비율도 달라질 수 있는데 그 유형은 다음과 같다.

1) 지역권리금

지역권리금은 당해 점포의 위치, 상권을 토대로 형성되는 권리금으로 바닥권리금이라고도 하는데, 특정 영업과 관련해서 그 점포의 가치를 반영한 권리금이 지역권리금이다. 지역권리금은 영업양도계약이나 임차권양도계약 또는 전대차계약에서 명시적으로 언급되지 않으며, 일반적으로 권리금에 대한 대가로서 "영업상 권리 일체"에 모두 포함시키고 있다. 상인들은 지역권리금을 권리금의 중요한 요소로 생각하고 있으며, 실제로 점포와 관련하여 가장 중요한 것으로 입지를 생각하고 영업이익을 결정하는 중요한 요소로 생각하고 있다. 따라서 지역권리금은 장소적 이점에 대한 대가 또는 그로 인한 높은 영업이익에 대한 대가라고 할 수 있다. 이 같은 장소적 이익에 대한 대가를 임차인에게 귀속시키는 것이 정당한 것인가에 대하여 건물의 소유자에게 귀속시키는 것이 타당하다는 견해도 있다.[332]

---

332) 배병일, 영업용 건물의 권리금에 관한 관습법의 변경과 권리금의 법적 성질 및 반환, 한국외국어대학교 법학연구소, 외법논집 제36권 제1호, 2012. 2. 154면.

　　지역권리금은 동종업종의 경우에만 지급되는 것이 아니며, 새로운 임차인이 업종을 변경하여 임대인과 임대차계약을 체결하는 경우에 前임차인과 新임차인 사이에 영업양도계약이 별도로 체결되지 않더라도 그 점포가 장소적 이점이 있는 경우에는 일정금액의 지역권리금이 지급되기도 한다. 예를 들면 1층 점포의 경우에 다른 업종으로 변경하여 임대하는 경우에도 소정의 자릿세를 지급하는 경우가 그 예이다.

2) 영업권리금

　　장기간 영업활동으로 인해 확보한 단골고객, 매스컴 등의 이용으로 얻은 상가의 명성 또는 영업상의 노하우, 신용, 거래처 등에 대한 대가로써 무형의 재산적 가치를 영업권리금이라고 한다.[333] 영업권리금의 산정기준은 임대시점부터 6개월 또는 2년까지의 기간 범위 내에서 발생하는 순이익을 말하기도 하지만, 일반적으로 1년간 발생하는 평균적인 영업상 순이익을 말한다. 다만 영업권리금은 매출상황에 대한 정확한 금액의 산정이 어려워 당사자 간에 반환과 관련한 분쟁이 많이 발생하기도 한다.[334] 이와 같은 영업권리금은 일반적으로 동종업종이나 유사한 업종으로 인수하거나 전환할 경우에 책정하는 것이 맞겠지만, 상권이 좋은 경우에는 유사성이 떨어져도 영업권리금을 요구하는 경우가 있다.[335]

3) 시설권리금

　　임대차 목적물의 개축이나 개수 비용, 내부에 설치한 진열장, 냉난방 설비, 전기·전자제품, 전화, 텔렉스 등의 통신시설, 수도, 가스 등 생활편의시설 등 유형물에 대한 대가로써 수수되는 보상적 또는 매매적인 성질을 갖는 권리금이다.[336] 시설권리금은 영업양도계약, 임차권양도계약, 전대차계약에 명시되는 경우가 많다. 다만 별도로 매매대금을 결정하지 않고 권리금에 포함시켜서 그 대금을 지급하기

---

333) 김기진,"영업용 건물의 임대에 수반하여 지급된 권리금에 대한 판례비평: 대상판결: 가. 대판 2000. 9. 22. 2000다26326, 나. 대판 2000. 4. 10. 2000다59050, 다. 대판 2002. 7. 26. 2002다25013", 법학연구 제14집 제2호, 경상대학교 법학연구소, 2006. 12, 258면.
334) 배병일, 상가건물임대차의 권리금, 민사법학 제26호, 한국민사법학회, 2004 151면.
335) 김민주, "상가권리금 법제화 및 공법상 영업 손실 보상에 관한 검토", 아주법학, 제8권 제4호, 아주대학교 법학연구소, 2015. 2, 351면.
336) 청주지방법원 1993. 9. 17. 선고 92가단11084 판결.

도 하는데, 그 가격은 감가상각을 고려하여 정한다. 업종별 특성에 따라서 유행에 민감한 업종인 경우, 감가상각을 짧게 하지만 일반적으로 시설권리금을 인정하는 기간을 3년으로 보고 있는데 이 기간에 시설물을 통하여 충분한 사용 수익을 얻고 시설물에 대한 재산적 가치도 없어진다고 보는 것이다.[337]

시설권리금은 전 임차인이 시설물을 설치하고 사용하다가 후에 들어오는 임차인에게 양도하면서 권리금을 받는 모습으로 나타나며 임대인이 스스로 영업시설을 설치한 후에 임차인으로부터 시설권리금을 수수하는 경우도 있다.[338] 시설권리금을 지급하는 이유는, 새로운 임차인이 새로운 영업설비를 설치하고 각종 새로운 비품 및 집기류를 구입하는 것보다 기존의 설비 및 비품을 이용하는 것이 경제적으로 비용절감의 효과를 볼 수 있으며 영업점포 준비시간을 단축할 수 있는 이점 때문이다.[339]

4) 기타

가. 허가권 등 권리 및 지위에 관한 권리금

법률과 정책적 재량에 의해 인·허가를 받는 경우가 제한적이기 때문에 기존 인·허가의 희소성으로 인해 발생하는 반사적 이익으로서의 인·허가 권리금은 무형의 재산적 가치로서 영업하는 자가 누리는 이익이다.[340] 임대차 목적 부동산에 대하여 인·허가를 받은 것이라는 그 자체가 권리금의 발생요인이 되기도 하며, 대기업 등의 대리점의 지위가 양도되는 경우에도 발생한다. 이 같은 허가권리금은 대체로 지역권리금, 영업권리금과는 무관한 것으로 보지만[341] 허가권리금을 영업권리금에 포함시키는 견해도 있다.[342]

---

337) 김민주, "상가권리금 법제화 및 공법상 영업 손실 보상에 관한 검토", 아주법학, 제8권 제4호, 아주대학교 법학연구소, 2015. 2, 351면.
338) 이충훈·허명국, "상가임대차 권리금 계약에 관한 현황과 정책방향", 국회 입법조사처 연구용역보고서, 2009. 12, 51면.
339) 춘천지방법원 1992. 4. 22. 선고 91가단3362 판결.
340) 배병일, 영업용 건물의 권리금에 관한 관습법의 변경과 권리금의 법적성질 및 반환, 외법논집 제36권 제1호, 한국외국어대학교 법학연구소, 2012. 2, 151면.
341) 임윤수·신승만·이석근, 상가권리금의 거래행태 분석 및 법제화 방안, 법학연구 제56권, 한국법학회, 2014. 11, 314면.
342) 배병일, 상가건물임대차의 권리금, 민사법학 제26호, 한국민사법학회, 2004, 155면.

나. 임차권 보장 명목의 권리금

임차권 보장 명목 권리금은 일정 기간 동안 임대차를 존속시키기로 하는 명목으로 임차인으로부터 임대인에게 지급되는 권리금으로 임차권의 양도 또는 전대차의 대가로 지급된다.[343]

> ☑ 판례
>
> 영업용 건물의 임대차에 수반되어 행하여지는 권리금의 지급은 임대차계약의 내용을 이루는 것은 아니고 권리금 자체는 거기의 영업시설·비품 등 유형물이나 거래처, 신용, 영업상의 노우하우(know-how) 또는 점포 위치에 따른 영업상의 이점 등 무형의 재산적 가치의 양도 또는 일정기간 동안의 이용의 대가라고 볼 것이어서, 그 유형·무형의 재산적 가치의 양수 또는 약정한 기간 동안의 이용이 유효하게 이루어진 이상 임대인은 그 권리금의 반환의무를 지지 아니하며, 다만 임차인은 당초의 임대차에서 반대되는 약정이 없는 한 임차권의 양도 또는 전대차의 기회에 부수하여 자신도 그 재산적 가치를 다른 사람에게 양도 또는 이용케 함으로써 권리금을 지급받을 수 있을 것이고, 따라서 임대인이 그 임대차의 종료에 즈음하여 그 재산적 가치를 도로 양수한다든지 권리금 수수 후 일정한 기간 이상으로 그 임대차를 존속시켜 그 가치를 이용케 하기로 약정하였음에도 임대인의 사정으로 중도 해지됨으로써 약정기간 동안의 그 재산적 가치를 이용케 해주지 못하였다는 등의 특별한 사정이 있을 때에만 임대인은 그 권리금 전부 또는 일부의 반환의무를 진다(대법원 2000. 9. 22. 선고 2000다26326 판결).

다. 복합적 권리금

실제로 수수되는 권리금은 앞에서 살펴본 바와 같이 유형별로 분류하여 수수되기 보다는 대부분 여러 가지 권리금 등이 혼합되어 복합적인 요소에 대하여 지급하는 것이 일반적인데, 이러한 권리금을 복합적 권리금이라고 한다.[344]

---

343) 임윤수·신승만·이석근, "상가권리금의 거래행태 분석 및 법제화 방안", 법학연구 제56권, 한국법학회, 2014. 11, 314면.
344) 배병일, 영업용 건물의 권리금에 관한 관습법의 변경과 권리금의 법적성질 및 반환", 외법논집 제36권 제1호, 한국외국어대학교 법학연구소, 2012. 2, 184~185면.

4. 권리금의 회수

(1) 권리금의 회수대상

권리금은 새로운 임차인으로부터만 지급받을 수 있을 뿐, 보증금과는 달리 임대인에게 그 지급을 청구할 수 없는 것이 일반적이다. 권리금이 임차인으로부터 임대인에게 지급된 경우, 그 유형·무형의 재산적 가치의 양수 또는 약정기간 동안의 이용이 유효하게 이루어진 이상 임대인은 그 권리금의 반환 의무를 지지 아니하며, 다만 임차인은 당초의 임대차에서 반대되는 약정이 없는 한 임차권의 양도 또는 전대차의 기회에 부수하여 자신도 그 재산적 가치를 다른 사람에게 양도 또는 이용케 함으로써 권리금 상당액을 회수할 수 있을 뿐이다.[345]

(2) 권리금 회수기회의 보호

임대인은 임대차 기간이 끝나기 6개월 전부터 임대차 종료 시까지 다음의 어느 하나에 해당하는 행위를 함으로써 권리금 계약에 따라 임차인이 주선한 신규임차인이 되려는 자로부터 권리금을 지급받는 것을 방해해서는 아니된다. 다만, 상가건물 임대차보호법 제10조 제1항에 해당하는 사유가 있는 경우에는 그러하지 아니하다(상가건물 임대차보호법 제10조의4 제1항).

▶ 임차인이 주선한 신규임차인이 되려는 자에게 권리금을 요구하거나 임차인이 주선한 신규임차인이 되려는 자로부터 권리금을 수수하는 행위

▶ 임차인이 주선한 신규임차인이 되려는 자로 하여금 임차인에게 권리금을 지급하지 못하게 하는 행위

▶ 임차인이 주선한 신규임차인이 되려는 자에게 상가건물에 관한 조세, 공과금, 주변 상가건물의 차임 및 보증금, 그 밖의 부담에 따른 금액에 비추어 현저히 고액의 차임과 보증금을 요구하는 행위

▶ 그 밖에 정당한 사유 없이 임대인이 임차인이 주선한 신규임차인이 되려는 자와 임대차계약의 체결을 거절하는 행위

---

345) 대법원 2002. 7. 26. 선고 2002다25013 판결; 대법원 2001. 4. 10. 선고 2000다59050 판결.

(3) 임대인의 손해배상책임

임대인이 위의 권리금 회수 금지행위를 위반하여 임차인에게 손해를 발생하게 한 경우에는 그 손해를 배상할 책임이 있다(상가건물 임대차보호법 제10조의4 제3항 전단). 이 경우 그 손해배상액은 신규임차인이 임차인에게 지급하기로 한 권리금과 임대차 종료 당시의 권리금 중 낮은 금액을 넘지 못한다(상가건물 임대차보호법 제10조의4 제3항 후단).

임대인에게 손해배상을 청구할 권리는 임대차가 종료한 날부터 3년 이내에 행사하지 아니하면 시효의 완성으로 소멸한다(상가건물 임대차보호법 제10조의4 제4항).

(4) 임차인의 정보제공 의무

임차인은 임대인에게 임차인이 주선한 신규임차인이 되려는 자의 보증금 및 차임을 지급할 자력 또는 그 밖에 임차인으로서의 의무를 이행할 의사 및 능력에 관하여 자신이 알고 있는 정보를 제공하여야 한다.(상가건물 임대차보호법 제10조의4 제5항).

(5) 권리금 적용 제외

상가건물 임대차보호법 제10조의4 규정은 다음의 어느 하나에 해당하는 상가건물 임대차의 경우에는 적용하지 아니한다(상가건물 임대차보호법 제10조의5).

- ▶ 임대차 목적물인 상가건물이 「유통산업발전법」 제2조에 따른 대규모점포 또는 준대규모점포의 일부인 경우(다만, 전통시장 및 상점가 육성을 위한 특별법 제2조 제1호에 따른 전통시장은 제외)
- ▶ 임대차 목적물인 상가건물이 「국유재산법」에 따른 국유재산 또는 「공유재산 및 물품 관리법」에 따른 공유재산인 경우

5. 임대인의 권리금 반환의무

임대인의 권리금 반환의무를 인정하기 위해서는 반환의 약정이 있는 등 특별한 사정이 있어야 한다. 즉, 권리금 수수 후 약정기간 동안 임대차를 존속시켜 그

재산적 가치를 이용할 수 있도록 약정하였음에도 임대인의 사정으로 중도 해지되어 약정기간 동안 재산적 가치를 이용할 수 없었거나, 임대인이 임대차의 종료에 즈음하여 재산적 가치를 다시 양수하는 경우 등의 특별한 사정이 있는 때에는 임대인은 권리금의 전부 또는 일부에 대해서 반환의무를 부담하며,346) 권리금이 그 수수 후 일정한 기간 이상으로 그 임대차를 존속시키기로 하는 임차권 보장의 약정하에 임차인으로부터 임대인에게 지급된 경우에 보장기간 동안의 이용이 유효하게 이루어진 이상 임대인은 그 권리금의 반환의무를 부담하지 않는다. 그러나 백화점 내 매장에 관하여 2년 이상 영업을 보장한다는 약정하에 임차인에게서 영업권리금을 지급받았으나 백화점과의 계약이 갱신되지 않아 임차인에게 당초 보장된 기간 동안의 재산적 가치를 이용하게 해주지 못한 경우 임대인은 임차인에게 영업권리금 중 일부를 반환할 의무가 있다.347)

또, 임대인이 반환의무를 부담하는 권리금의 범위는 지급된 권리금을 경과 기간과 잔존 기간에 대응하는 것으로 나누어, 임대인은 임차인으로부터 수령한 권리금 중 임대차계약이 종료될 때까지의 기간에 대응하는 부분을 공제한 잔존 기간에 대응하는 부분만을 반환할 의무를 부담한다.348)

---

346) 대법원 2002. 7. 26. 선고 2002다25013 판결; 대법원 2001. 4. 10. 선고 2000다59050 판결.
347) 대법원 2011.1.27. 선고 2010다85164 판결.
348) 대법원 2002. 7. 26. 선고 2002다25013 판결; 대법원 2001. 11. 13. 선고 2001다20394, 20400 판결.

참고문헌

곽윤직 · 김재형, 민법총칙, 박영사, 2015.

곽윤직, 채권각론, 박영사, 2000.

곽윤직, 채권각론 제6판, 박영사, 2013.

곽윤직, 채권총론, 박영사, 2014.

곽윤직 · 김재형, 물권법, 박영사, 2014.

김기진, "영업용 건물의 임대차에 수반하여 지급된 권리금에 대한 판례비평: 대상판결: 가. 대판 2000. 9. 22. 2000다26326, 나. 대판 2000. 4. 10. 2000다59050, 다. 대판 2002. 7. 26. 2002다25013", 법학연구 제14집 제2호, 경상대학교 법학연구소, 2006.

김동훈, 계약체결 전의 법률관계, 민사법학 제36호, 2007.

김대정, 계약체결상의 과실책임, 성균관법학 제11호, 1999.

김민중, 사후효적 계약의무, 채권법에 있어서 자율화 책임, 김형배교수화갑기념논문집, 1994.

김민주, "상가권리금 법제화 및 공법상 영업 손실 보상에 관한 검토", 아주법학, 제8권 제4호, 아주대학교 법학연구소, 2015.

김삼중, 계약체결 이전단계의 정보제공의무 -외국의 입법례와 비교에 의한 규정 신설의 제안을 중심으로, 고려법학 제56호, 2010.

김형배, 채권각론(계약법), 박영사, 2001.

박준서, 윤달원, 주석민법(채권각칙2), 한국사법행정학회, 제3판, 1999.

박영복, 계약체결 전단계의 법규범 화, 외법논집 제10집, 2001.

배병일, 영업용 건물의 권리금에 관한 관습법의 변경과 권리금의 법적 성질 및 반환, 한국외국어대학교 법학연구소, 외법논집 제36권 제1호, 2012.

배병일, 상가건물임대차의 권리금, 민사법학 제26호, 한국민사법학회, 2004.

서순탁, 토지거래허가제의 운용실태와 실효성 제고방안, 토지공법연구, 제33집, 한국토지공법학회, 2006.

성낙인, 법학, 법문사, 2010.

송덕수, 신민법강의, 박영사, 2015.

송덕수, 채권법각론, 제4판 박영사, 2019.

양건, 헌법강의, 법문사, 2012.

양창수, 원시적 불능론, 민법연구 제3권, 1992.

오종근, 매매예약완결권 행사기간, 민사법학, 한국민사법학회, 2006. 3, 제31호.

오종근, 계약체결의무의 불이행에 따른 손해배상창구권의 소멸시효기간, 민사판례엽
    구, 박영사, 2007.

양승태, 공동명의로 가등기한 수인의 매매예약자의 법률관계, 민사판례연구, 박영사,
    1985.

양형우, 민법의 세계(제2판), 정독(마인드탭), 2020.

양형우, 판례 민법강의, 정독, 2021.

양형우, 민법의 세계, 제12판, 정독, 2021.

이상옥, 프랑스에서의 계약상 정보제공의무, 영남법학 제1권 1호, 1994.

이우도 외, 토지거래허가제도의 폐지에 관한 연구, 법학논총, 제37권 제2호, 전남대학
    교 법학연구소, 2017.

이충훈, 원시적 불능론의 재검토, 법조 제56권 12호, 2007.

이충훈·허명국, "상가임대차 권리금 계약에 관한 현황과 정책방향", 국회 입법조사처
    연구용역보고서, 2009.

임윤수·신승만·이석근, 상가권리금의 거래행태 분석 및 법제화 방안, 법학연구 제56
    권, 한국법학회, 2014.

지원림, 민법강의, 홍문사, 2015.

지원림, 계약의 성립에 관한 입법론적 연구, 법조 제49권 8호, 2000. 8.

최상호, 계약상의 정보제공의무에 관한 연구, 채권법에 있어서 자유와 책임, 김형배
    교수화갑기념논문집, 1994.

최홍섭, 원시적 불능론과 민법 제535조, 재산법연구 제9권 제1호, 1992.

문종면·문성제, 주요국가들의 입법례를 통한 상가건물임차인 보호방안, 아주법학,
    2018. 제12권 제3호.

허영, 헌법이론과 헌법, 박영사, 2008.

찾아보기

[사항색인]

(ㄱ)

가계(家契) 3
가계약 182
가등기 153, 155
가산세 251, 266
가압류 154
가압류 신청 374
가처분(假處分) 154, 374
감액의 제한 352
감액의 청구 352
갑구 160
강박 218
강박에 의한 의사표시 221
강박자 221
강박행위 221
강제경매 378
강제집행 7
강행법규에 의한 제한 200
개발이익 71
개발이익의 환수 71, 73
개업공인중개사 136, 329, 415
개업공인중개사의 책임 142
갭투자 107
건물 12
건물구분등기 158
건물등기기록 159
건물등기부(建物登記簿) 159

건물임대차 390
건축물대장 165, 395
건축물의 분양에 관한 법률 32
견련관계 276
견련성 278
경매정보 135
계약갱신의 청구 348
계약갱신의 특례 390
계약갱신청구권 301
계약교섭의 부당파기 192
계약금계약 184
계약내용 결정의 자유와 제한 200
계약의 자유 223
계약의 해제 225, 272
계약자유 원칙의 제한 199
계약자유의 원칙 197
계약체결상의 과실책임(Verschulden bei
    Vertragsverhandlungen) 188
계약해지 363
공간정보의 구축 및 관리 등에 관한 법률
    26
공공건설임대주택 58
공공매입임대주택 58
공공임대주택 58, 135
공공임대주택 분양전환 64
공공임대주택의 매각 등의 제한 58
공공주택 62

공공주택 특별법   32, 267
공공주택 특별법 시행규칙   60
공동소유자   328, 403
공동주택   13
공법상 계약체결의 강제(체약강제)   199
공시방법   6
공원   11
공유림   27
공유수면사용권   8
공익사업을 위한 토지 등의 취득 및 보상에
　　관한 법률   36, 146
공인중개사법   194
공장   17
공장용지   9
공장재단등기부   158
공제증서   333, 419
공증인법   346
과수원   9
과태료의 부과기준   237
관광 휴게시설   19
광업재단등기부   158
광천지   9
교육연구시설   15
교정 및 군사시설   19
구거(溝渠)   10
구분건물등기기록   160
구분소유   12
국가보위에 관한 특별조치법 폐지법률   92
국민임대주택   59, 62
국유림   26
국토의 계획 및 이용에 관한 법률   145
국토이용관리법   39
군사기지 및 군사시설 보호법   243
권리금   390, 435
권리금 회수기회의 보호   440
권리금의 회수   440

권리질권   157
근저당권설정   344
금융지원   109
금지행위   141
기간의 약정이 없는 임대차   291
기망행위   220
기일의 지정   377
기일입찰   381
기존주택매입임대주택   59, 63
기존주택전세임대주택   59, 63

(ㄴ)

내심의 효과의사   203
내용증명   374
내집마련디딤돌대출   144
노유자시설   16
농어촌특별세   100, 261, 269
농어촌특별세액   270
농작물   28

(ㄷ)

단기임대차   289
단독주택   13
단속규정   200
담보물권성   322
답   9
당사자의 표시   225
대(垈)   9
대리인   152, 329, 403
대리인의 선임   152
대출 규제   107
대항력   334, 419
대항요건   356
도로   10
도시 및 주거환경정비법   33, 75, 233, 256

도시개발법 32
도시림 27
도시형 생활주택 61
동물 및 식물관련 시설 18
동시이행 관계 228
동시이행의 항변권 276
등기부 열람 397
등기부취득시효 7
등기사항증명서 163, 396, 397
등기소 232
등기소 관할 232
등기신청인 22
등기의 관할 232
등록 95
등록면허세 95
등록사항 399
등록임대사업제도 114

(ㅁ)

말소등기 156
매각결정 382
매각명령 381
매각의 실시 381
매각허가결정 383
매도인의 담보책임 281
매매계약 195
매매계약 합의 표시 224
매매계약금 226
매매대금 225, 228
매매예약 171
면허 95
명시적 표시 203
명의신탁약정 151
명인방법 20, 24
목장용지 9

목적물의 사용·수익권 295
묘지 11
묘지 관련 시설 19
묵시의 갱신 205, 290, 394, 430
묵시적 표시 203
문화 및 집회시설 15
문화재보호법 243
물상대위권 320
물상대위성 322
물적금융 288
물적편성주의 159
미등기 전세 327
미분리의 과실 25
민간임대주택에 관한 특별법 267
민간택지 분양가 상한제 119
민법 28
민법상 묵시의 갱신 431
민법상의 임대차 391
민법상의 전세권 391
민사조정 369
민사특별법 391

(ㅂ)

발전시설 19
방문신청 230
방송통신시설 19
방해제거 의무 407
방해제거의무 293
배당기일 386
배당의 실시 387
배당요구 357, 384
배당절차 383
배당액 386
배당표 386
법률행위 203

법률행위의 중요 부분의 착오　216
법인　326
법인인 중개업자　143
법정갱신　290
법정추인　204
법정해제　275
법정해제권　273
변경등기　156
보금자리주택　135
보증금　355
보증금반환청구소송　376
보증금의 회수　352
보통의 이행지체　273
보호의무　192
복합적 권리금　439
본등기　155
부가세　95, 99
부기등기　399
부도임대주택경락자금　144
부동산 3법　4, 105
부동산 거래신고 등에 관한 법률　3, 6, 8,
　　32, 233
부동산 거래신고제도　233
부동산 거래의 제한　224
부동산 등기　154
부동산 등기법　38
부동산 등기부　154
부동산 매매계약　196
부동산 매매예약　169
부동산 중개보수　140
부동산 중개업체　136
부동산 취득세　90
부동산등기 특별조치법　35
부동산등기부　158, 396
부동산의 개념　6
부동산의 종류　8

부동산의 표시　224
부동산의 흠결　284
부동산정책　2, 103
부동산종합공부　168
부동산종합증명서　168
부동산 취득세　90
부동산투기억제에 관한 특별조치법　2
부속물매수청구　366
부속물매수청구권　298, 304
부종성　322
분납금의 산정　68
분양가 산정규칙　119
분양가 상한제　108
분양전환　64
분양전환 가격의 산정　66
분양전환 절차　66
분양전환공공임대주택　59, 63
분양정보　134
분쟁조정위원회　390
불가분성　322
불안의 항변권　277
불완전이행　273
비과세　92, 96
비과세 및 감면혜택　82
비밀유지의무　138
비진의표시(非眞意表示)　207
빈집 및 소규모 주택 정비에 관한 특례법
　　233
빈집 및 소규모주택 정비에 관한 특례법
　　33, 75

(ㅅ)
사기　218
사기·강박에 의한 의사표시　218
사기에 의한 의사표시　219

사기자의 고의   219
사립학교법   149
사법상 계약체결의 강제   200
사업자등록 대상 건물   392
사업자등록의 신청   420
사용·수익하게 할 의무   292
사유림   27
사적지   11
산림   26
산림자원의 조성 및 관리에 관한 법률   26
산업입지 및 개발에 관한 법률   33
산지   25
산지관리법   25
상가건물   389
상가건물 임대차   389
상가건물 임대차보호법   3, 31, 389
상가건물 임대차보호법상의 임대차   390
상가건물의 인도   420
상가건물의 전대차   413
상가건물임대차보호법   286
상계   320
상대방 선택의 자유에 대한 제한   201
상대방의 사기·강박   222
상린관계   7
생애주기   104
생애주기별 소득수준별 맞춤형 대책   109
생활림   27
선의취득   7
설명의무   193
세금부담경감   109
세금의 납부   248
세입자 보호 대책   110
소득세법 시행령   261
소비자분쟁   143
소비자분쟁해결기준   143
소액사건심판   375

소액사건심판법   376
소액심판법   353
소액임차인   356, 428
소유권 보존등기   155
소유권이전등기   228, 384
소유자   328, 402
소유자의 배우자   403
소장의 송달   376
손익공유형모기지   144
손해배상액의 예정   227, 331
수도용지   10
수련시설   16
수령지체   273
수목의 집단   20
수반성   322
수수료   232
수익공유형모기지   144
숙박시설   17
시가표준액   93
시설권리금   437
시설대여   288
시징인징 대책 보완방안   118
시험림   27
시효취득   7
신뢰이론   189
신축주택   255, 257
신탁법   92
실수요자 보호   104
쌍무예약   172
쌍방예약   172
씨리얼(SEE:REAL)   134

(ㅇ)

안전배려의무   192
야생생물 보호 및 관리에 관한 법률   243

야영장 시설　19
약관규제에 관한 법률　199
약정해제권　280
양도세　108
양도소득세　78, 248
양도소득세 감면　254
양도소득세 비과세　252
양도소득세 비과세 예외　253
양어장　10
어업권　8
업무시설　16
연장의 합의　348
염전　9
영구임대 주택　59
영구임대주택　62
영업권리금　437
예비입주자　60, 61
예비입주자의 선정　60
예비입주자의 지위　61
예약설　173
예약완결권　174
예약완결권자　175
오피스텔구입자금　144
외국인　147, 241
외국인의 부동산 매매　147, 241
외국인 등의 토지취득 허가　242
외부적 요소　203
용익물권　321
용태　220
우선변제권　321, 345, 357, 426
우선분양전환　67
운동시설　16
운수시설　15
원상회복 의무　275
원상회복의무　305, 410
위락시설　17

위약금　185
위험물 저장 및 처리 시설　17
유원지　11
유익비　390
유익비상환청구　366
유익비상환청구권　299, 304, 409
유지(溜池)　10
을구　160
의료시설　15
의사실현　204
의사와 표시의 불일치　206
의사이론　189
의사주의　205
의사표시　203, 207
의사표시의 의제　204
이행불능　273
이행이익　279
이행지체　273
인낙조서　378
인상률 제한　313
인지 세액　99
인지세　99, 268
일반건축물대장　165, 395
일반중개 계약　139
일방예약　172
일시적 1세대 2주택 비과세 특례　82
임대료 상한제　312
임대물반환청구권　292, 405
임대사업자　267
임대인의 권리　291
임대인의 담보책임　295
임대인의 동의 없는 양도·전대　307
임대인의 동의에 따른 양도·전대　308
임대인의 범위　402
임대인의 수선의무　294
임대인의 의무　292

임대차 286
임대차 관계의 갱신 289
임대차 등기 협력 청구권 297
임대차 등록제 313
임대차 정보제공 402
임대차 존속기간 346
임대차계약서 330
임대차계약의 갱신 429
임대차의 존속기간 331
임야 9, 26
임야대장 164
임차권 152, 158, 295, 318
임차권 승계 367
임차권 양도의 제한 410
임차권등기 362
임차권등기명령제도 358, 428
임차권설정 등기 422
임차권의 갱신 318
임차권의 상속 366
임차권의 양도 306, 308
임차권의 전대 306
임차물의 전대 309
임차보증금 310
임차보증금 반환의무 294
임차보증금의 우선변제 354
임차인의 권리 295, 408
임차인의 의무 305
임차인의 파산 364
임차주택 359
임차주택의 사용·수익 의무 305
입목 27
입목등기 20
입목등기부 158
입목등록원부 28
입목법에 의한 수목의 집단 20
입목에 관한 법률 27

입안(立安) 3
입주계획서 35
입주자의 선정 60
1부동산 1등기의 원칙 159
1세대 1주택자 비과세 혜택 82
LH청약센터 134

(ㅈ)

자경농지의 감면 254
자동차 관련 시설 18
자동차 변경등록 247
자동차의 사용본거지 247
자연인 325
자연환경보전법 243
자원순환 관련 시설 18
잡종지 11
장기공공주택 135
장기보유 특별공제 83
장기수선충당금 반환청구권 302
장기전세주택 59, 63
장례식장 19
재건축초과이익 75
재건축초과이익 환수 75, 76
재산세 108
재판관할 7
재판상 화해 370
저당권 7, 153, 157
전 9
전대인 329
전보배상 279
전세권 7, 153, 156, 316
전세권의 갱신 316
전세권의 소멸 317
전세권의 양도성 321
전세권의 존속기간 316

전세권의 포기　318

전세금　321

전속중개 계약　139

전입신고　245, 336

전자신청　231

절충주의　206

점유취득시효　7

정기행위　274

정지조건부매매설　173

정착물　8

제1종 근린생활시설　13

제2종 근린생활시설　13

제3자의 사기·강박　222

제방　10

조정기일　369

조정대상지역　55

조정신청서　369

조정의 심리　370

조정조서　373, 378

존속기간　393

종교시설　15

종교용지　11

종국등기　155

종합부동산세　85, 107

주거복지로드맵　104, 125

주거안정주택구입자금　144

주거종합계획　121

주거환경개선사업 임대주택　63

주관적 요소　203

주민등록　336

주민등록법　257, 337

주유소용지　10

주의의무　192

주차장　9

주택 공공성 강화　105

주택 지정지역　52

주택공급계획　110

주택공급에 관한 규칙　60

주택법　33, 38, 233

주택법 시행령　119

주택시장 안정 보완　111

주택시장 안정을 위한 관리방안　114

주택시장 안정화 대책　127

주택시장 안정화 방안　116

주택시장 안정화대책　122

주택 지정지역　52

주택의 인도　335

주택의 임대차　326

주택임대차　312

주택임대차 등기　340

주택임대차계약　330

주택임대차계약의 신고　333

주택임대차보호법　4, 29, 286, 319, 323, 334

주택재개발 임대주택　64

중개대상물확인·설명서　138

중과세율　98

중대한 과실　214, 217

즉시 해지　364

증거조사　377

지계(地契)　3

지급명령　371

지방교육세　101, 270

지방소득세　259

지방자치법　92

지상권　7, 156

지상물매수청구권　290, 301

지역권　7, 156

지역권리금　436

지적소관청　164, 169

지정지역　52

진의 아닌 의사표시　207

집합건물의 소유 및 관리에 관한 법률
　　12, 159
집합건축물대장　165, 395
집행권원　373
집행보전제도(執行保全制度)　374
집행증서　373
징발재산 정리에 관한 특별조치법　92

(ㅊ)

차임·보증금의 감액청구　408
차임·보증금의 증감 청구　351
차임감액 금지 특약　408
차임감액청구권　298, 303
차임의 증감청구　394
차임증액 금지 특약　405
차임증액청구권　292
차임지급의무　305, 409
차임지급청구권　291
착오에 의한 의사표시　214
창고시설　17
창고용지　10
채권자취소권　210
채종림　27
철거권　304
철도용지　10
청약계약설　173
청약제도 개편　109
체납처분　357
체육용지　11
최고(催告)　273
최우선변제권　428
취득세　90, 108, 262
취득세 감면　267
취득세의 부가세　95
취득세의 산정　92, 262

침묵　204

(ㅌ)

타인의 부동산　319
택담보대출　107
택지개발촉진법　33, 233
토지　8
토지 지정지역　51
토지거래계약에 관한 허가　43, 44
토지거래계약의 불허　47, 146
토지거래계약허가신청서　145
토지거래허가　145
토지거래허가구역　144
토지거래허가제　39
토지공개념　39, 85
토지대장　164, 395
토지등기부(土地登記簿)　159
토지의 정착물　12
토지이용계획　396
토지이용계획서　145
토지이용계획확인서　166
토지이용규제 기본법　49
토지이용의 규제　49
토지 지정지역　51
토지취득의 허가　148
토지취득자금조달계획서　145
통정한 허위의 의사표시　209
통정허위표시　210
통합공공임대주택　59, 63
투기 규제지역　106
투기과열지구　53
투기수요 근절　104
투기수요 차단을 통한 주택시장 안정적 관
　　리 기조 강화　115
투기억제　81

투기지역   50
특유한 소멸사유   317

(ㅍ)

판결에 관한 특례   377
판매시설   15
편면적 강행규정   391
편면적 강행법   347
편무예약   172
표시와 진의의 불일치   208
표시의사   203
표시주의   206
표제부   159, 397
표준계약서   416
표준권리금계약서   390
필요비   390
필요비상환청구권   304, 409

(ㅎ)

하자의 담보책임   407
하천   10
하천법   8

학교법인   149, 243
학교법인의 부동산 매도   149
학교용지   9
한국공인중개사협회   141
한국토지주택공사   134
합의 갱신   348, 429
해약의 고지   221
해약금   227
행복주택   59, 62
행위의사   203
허가가 필요하지 않은 경우   46
허가를 받지 않은 계약의 효력   48
현장조사   167
호가경매   381
화해권고결정   373
화해조서   373
확정일자   338, 345, 427
확정판결   373
환매기간   7
효력규정   200
흠 있는 의사표시   207

[판례색인]

대법원 1960. 10. 6. 선고 4293민상275 판결   272

대법원 1962. 1. 25. 선고 4294민상437 판결   38

대법원 1962. 4. 4. 선고 62다1 판결   328

대법원 1963. 2. 21. 선고 62다913 판결   28

대법원 1963. 4. 4. 선고 63다44 판결   154

대법원 1963. 4. 25. 선고 62아19 판결   228

대법원 1964. 6. 23. 선고 64다120 판결   8

대법원 1965. 7. 20. 선고 65다874 판결   28

대법원 1966. 9. 20. 선고 66다1174 판결   279

대법원 1967. 6. 22. 선고 76다473 판결   275

대법원 1967. 7. 11. 선고 67다893 판결   28

대법원 1967. 9. 26. 자 67마796 결정.   381

대법원 1968. 6. 4. 선고 68다6613 판결   28

대법원 1969. 1. 28. 선고 68다1537 판결   433

대법원 1969. 6. 24. 선고 68다1749 판결   219

대법원 1970. 11. 24. 선고 70다2155 판결   223

대법원 1971. 3. 24. 선고 71마105 판결   38, 155

대법원 1972. 5. 23. 선고 72다341 판결   301

대법원 1972. 12. 26. 선고 72다2013 판결   290, 301

대법원 1973. 10. 23. 선고 73다268 판결   219

대법원 1973. 9. 25. 신고 73나1229 판결   24

대법원 1975. 3. 25. 선고 73다1048 판결   222

대법원 1975. 11. 11. 선고 75다1224 판결   205

대법원 1977. 2. 24.. 선고 86누438 판결   227

대법원 1977. 5. 24. 선고 75다1394 판결   275

대법원 1977. 6. 7. 선고 76다951 판결   291

대법원 1977. 9. 28. 선고 77다1241, 1242 판결   294, 434

대법원 1980. 7. 8. 선고 80다639 판결   208

대법원 1980. 7. 8. 선고 80다725 판결   228

대법원 1981. 7. 28. 선고 80다2499 판결   186

대법원 1982. 4. 27. 선고 80다851 판결   280

대법원 1982. 7. 27. 선고 80다2968 판결   276

대법원 1983. 1. 18. 선고 81다89 판결   281

대법원 1983. 5. 24. 선고 82다카1667 판결   280

대법원 1984. 6. 12. 선고 83다카2282 판결　177

대법원 1984. 8. 14. 선고 84도1139 판결　205

대법원 1984. 12. 11. 선고 84다카1402 판결　221

대법원 1985. 4. 9. 선고 84다카130, 84다카 131 판결　276

대법원 1985. 4. 9. 선고 85도167 판결　220

대법원 1986. 1. 21. 선고 85다카1367 판결　327

대법원 1986. 2. 11. 선고 84다카2454 판결　202

대법원 1986. 2. 25. 선고 85다카1812 판결　308, 411, 414

대법원 1986. 5. 27. 선고 86다137, 138 판결　375

대법원 1986. 8. 19. 선고 84다카503 판결　288, 293

대법원 1986. 8. 19. 선고 84다카504 판결

대법원 1987. 2. 24. 선고 86누438 판결　186

대법원 1987. 2. 24. 선고 86다카1695 판결　337

대법원 1987. 2. 24. 선고 86다카1936 판결　345

대법원 1987. 3. 10. 선고 86다카1718 판결　344

대법원 1987. 3. 24. 선고 86다카164 판결　327

대법원 1987. 4. 28. 선고 86다카2407 판결　327

대법원 1987. 6. 23. 선고 87다카98 판결　311

대법원 1987. 7. 7. 선고 86다카1004 판결　207, 209

대법원 1987. 8. 25. 선고 87다카793 판결　392

대법원 1987. 10. 26. 선고 87다카14 판결　337

대법원 1987. 11. 10. 선고 87다카1573 판결　336

대법원 1988. 1. 19. 선고 87다카1315 판결　294, 312, 407

대법원 1988. 2. 23. 선고 86다카2768 판결　174

대법원 1988. 4. 25. 선고 87다카2509 판결　338

대법원 1989. 1. 17. 선고 87다카1271 판결　215

대법원 1989. 1. 17. 선고 88다카143 판결　337

대법원 1989. 7. 11. 선고 88다카21029 판결　316

대법원 1989. 7. 25. 선고 88다카28891 판결　274

대법원 1990. 1. 23. 선고 88다카7245 판결　299, 366

대법원 1990. 1. 23. 선고 88다카7252 판결　299, 366

대법원 1990. 2. 13. 선고 89다카23022 제2부 결정.　24

대법원 1990. 2. 13. 선고 89다카26250 판결　186

대법원 1990. 8. 14. 선고 90다카11377 판결　345

대법원 1991. 10. 8. 선고 91다8029 판결　298, 299

대법원 1991. 3. 22. 선고 90다9797 판결　180

대법원 1991. 3. 27. 선고 88다카30702 판결   288, 289

대법원 1991. 3. 27. 선고 90다14478 판결   198

대법원 1991. 4. 23. 선고 90다19695 판결   290

대법원 1991. 7. 12. 선고 90다11554 판결   208

대법원 1991. 8. 27. 선고 91다15591, 15607 반소 판결   300, 304, 409

대법원 1991. 9. 24. 선고 88다카33855 판결   403

대법원 1992. 10. 13. 선고 92다30597 판결   355

대법원 1992. 10. 27. 선고 92다21784 판결   283

대법원 1992. 11. 27. 선고 92다23209 판결   186, 227

대법원 1992. 2. 25. 선고 91다38419 판결   216

대법원 1992. 5. 22. 선고 92다2295 판결   209

대법원 1992. 8. 18. 선고 91다30927 판결   277

대법원 1992. 8. 18. 선고 92다629 판결   182

대법원 1993. 10. 8. 선고 93다25738, 93다25745 판결   299

대법원 1993. 12. 7. 선고 93다30532 판결   351

대법원 1993. 12. 7. 선고 93다31931, 31948(반송), 31955 판결   170

대법원 1993. 3. 11. 선고 93다29648 판결   344

대법원 1993. 4. 23. 선고 92다41719 판결   186

대법원 1993. 4. 27. 선고 92다 45308 판결   307

대법원 1993. 5. 11. 선고 92다55350 판결   142

대법원 1993. 5. 27. 선고 4098, 4915, 4922 판결   172

대법원 1993. 5. 27. 선고 93다4908 판결   174

대법원 1993. 5. 27. 선고 93다4908, 4915, 4922 판결   171

대법원 1993. 6. 25. 선고 93다13131 판결   307

대법원 1993. 7. 16. 선고 92다41528, 41535 판결   207

대법원 1993. 7. 16. 선고 92다41528 판결   208

대법원 1993. 7. 16. 선고 92다41535 판결   208

대법원 1993. 7. 16. 선고 93다17324 판결   344

대법원 1993. 9. 28. 선고 93다16369판결   403

대법원 1994. 1. 28. 선고 93다43590 판결   192, 328

대법원 1994. 2. 22. 선고 93다55241 판결   355, 388

대법원 1994. 3. 11. 선고 93다55289 판결   201

대법원 1994. 6. 10. 선고 93다24810 판결   216

대법원 1994. 6. 24. 선고 94다3155 판결   336

대법원 1994. 10. 25. 선고 94다18140 판결   186

대법원 1994. 11. 22. 선고 94다13176 판결   337

대법원 1994. 11. 22. 선고 94다5458 판결 296
대법원 1994. 12. 9. 선고 94다34692 판결 293, 294, 406
대법원 1994. 12. 9. 선고 94다34708 판결 293, 294, 406
대법원 1995. 2. 10. 선고 94다18508 판결 320, 321
대법원 1995. 5. 23. 선고 93다47318 판결 368, 412
대법원 1995. 6. 30. 선고 95다12927 판결 299
대법원 1995. 7. 14. 선고 94다38342 판결 295
대법원 1995. 7. 25. 선고 94다46428 판결 307
대법원 1995. 9. 25. 선고 94다4912 판결 151
대법원 1996. 1. 26. 선고 95다26919 판결 205
대법원 1996. 2. 27. 선고 95다29345 판결 296
대법원 1996. 2. 27. 선고 95다35616 판결 344, 368, 412
대법원 1996. 3. 8. 선고 95다15087 판결 288
대법원 1996. 3. 12. 선고 95다51953 판결 327
대법원 1996. 4. 26. 선고 94다34432 판결 202
대법원 1996. 6. 14. 선고 94다41003 판결 411
대법원 1996. 6. 14. 선고 95다54693 판결 186
대법원 1996. 8. 20. 선고 96다17653 판결 276
대법원 1996. 10. 25. 선고 95다33726 판결 227
대법원 1996. 11. 12. 선고 96다34061 판결 292, 351, 405
대법원 1996. 11. 26. 선고 96다28172 판결 294
대법원 1996. 12. 6. 선고 95다24982, 24999 판결 218
대법원 1997. 2. 25. 선고 96다10263 판결 380
대법원 1997. 4. 25. 선고 96다44778, 44785 판결 293, 406
대법원 1997. 7. 11. 선고 96다7236 판결 326
대법원 1997. 9. 30. 선고 95다39527 판결 211
대법원 1997. 10. 10. 선고 95다44597 판결 346, 357, 387
대법원 1997. 11. 14. 선고 97다6193 판결 272
대법원 1997. 12. 12. 선고 97다22393 판결 343
대법원 1997. 12. 20. 선고 95누16059 판결 208
대법원 1998. 1. 23. 선고 96다41496 판결 223
대법원 1998. 1. 23. 선고 97다47828 판결 338
대법원 1998. 10. 2. 선고 98다28879 판결 338, 345
대법원 1998. 10. 13. 선고 98다12379 판결 385
대법원 1998. 10. 20. 선고 98다31462 판결 301
대법원 1998. 2. 10. 선고 97다44737 판결 215

대법원 1998. 3. 13. 선고 97다54604 판결   279

대법원 1998. 6. 26. 선고 98다2754 판결   388

대법원 1998. 7. 24. 선고 96다27988 판결   244

대법원 1998. 8. 24. 선고 98마1031 결정   345

대법원 1998. 9. 2. 자 98마100 결정   368, 412

대법원 1998. 9. 18. 선고 97다28407 판결   388

대법원 1998. 12. 8. 선고 98도3263 판결   399

대법원 1999. 1. 29. 선고 98다48903 판결   204

대법원 1999. 2. 5. 선고 97다33997 판결   322

대법원 1999. 2. 9. 선고 98다53547 판결   385

대법원 1999. 2. 23. 선고 97다12082 판결   192

대법원 1999. 2. 23. 선고 98다60828, 60835 판결   223

대법원 1999. 3. 23. 선고 98다46938 판결   346

대법원 1999. 4. 23. 선고 98다49753 판결   329

대법원 1999. 5. 25. 선고 99다9981 판결   342

대법원 1999. 6. 11. 선고 99다7992 판결   339, 346, 354

대법원 1999. 7. 27. 선고 99다24881 판결   311

대법원 2000. 2. 25. 선고 98다50869 판결   322

대법원 2000. 3. 15. 자 99마4499 결정   354

대법원 2000. 4. 25. 선고 99다34475 판결   208

대법원 2000. 5. 12. 선고 2000다12259 판결   214, 216

대법원 2000. 7. 6. 선고 99다51258 판결   210, 213

대법원 2000. 9. 22. 선고 2000다26326 판결   439

대법원 2000. 9. 29. 선고 2000다37012 판결   337

대법원 2000. 10. 10. 선고 99다53230 판결   385

대법원 2000. 10. 13. 선고 99다18725 판결   178

대법원 2001. 1. 30. 선고 2000다 58026, 58033 판결   343

대법원 2001. 3. 23. 선고 2000다51650 판결   196

대법원 2001. 4. 10. 선고 2000다59050 판결   435, 440, 442

대법원 2001. 4. 24. 선고 2000다71999 판결   201

대법원 2001. 5. 8. 선고 2000다9611 판결   212

대법원 2001. 5. 8. 선고 2001다14733 판결   212

대법원 2001. 6. 29. 선고 2000다68290 판결   306

대법원 2001. 8. 24. 선고 2001다28176 판결   291

대법원 2001. 11. 13. 선고 2001다20394, 20400 판결   442

대법원 2002. 1. 8. 선고 2001다47535 판결   335

대법원 2002. 1. 22. 선고 2001다70702 판결   357

대법원 2002. 2. 26. 선고 99다67079 판결   297, 323

대법원 2002. 3. 12. 선고 20000다24185, 24191 판결   210

대법원 2002. 4. 26. 선고 2000다13083 판결   274

대법원 2002. 4. 26. 선고 2000다50497 판결   275

대법원 2002. 6. 28. 선고 2002다23482 판결   351

대법원 2002. 7. 26. 선고 2002다25013 판결   435, 440, 442

대법원 2002. 9. 4. 선고 2001다64615 판결   344, 364, 368, 412

대법원 2002. 10. 11. 선고 2002다20957 판결   335

대법원 2002. 11. 22. 선고 2001다40381 판결   300, 301

대법원 2002. 12. 10. 선고 2002다52657 판결   312

대법원 2003. 1. 10. 선고 2000다26425 판결   170

대법원 2003. 1. 24. 선고 2000다22850 판결   275

대법원 2003. 2. 28. 선고 2000다65802, 65819 판결   297, 323

대법원 2003. 4. 11. 선고 2001다53059 판결   193

대법원 2003. 7. 22. 선고 2003다21445 판결   212

대법원 2003. 7. 25. 선고 2003다25461 판결   337

대법원 2004. 2. 27. 선고 2002다39456 판결   306

대법원 2004. 5. 28. 선고 2002다32301판결   190, 192, 193

대법원 2004. 5. 28. 선고 2003다70041 판결   212

대법원 2004. 6. 10. 선고 2004다2151, 2168 판결   293, 406

대법원 2005. 1. 14. 선고 2002다57119 판결   182

대법원 2005. 3. 10. 선고 2004다67653, 67660 판결   176

대법원 2005. 3. 25. 선고 2003다35659 판결   321

대법원 2005. 4. 14. 선고 2004다63293 판결   291, 319, 432

대법원 2005. 4. 15. 선고 2004다70024 판결   214

대법원 2005. 5. 27. 선고 2004다43824 판결   219

대법원 2005. 6. 9. 선고 2005다4529 판결   362

대법원 2006. 1. 13. 선고 2005다64002 판결   426

대법원 2006. 6. 29. 선고 2005다41603 판결   173

대법원 2006. 10. 12. 선고 2004다48515 판결   189, 190, 191, 194, 220

대법원 2006. 11. 10. 선고 2004다10299 판결   213

대법원 2006. 11. 24. 선고 2005다39594 판결   184, 196, 202

대법원 2007. 2. 22. 선고 2004다70420, 70437 판결   202

대법원 2007. 3. 29. 선고 2004다31302 판결   180

대법원 2007. 6. 1. 선고 2005다5812, 5829, 5836 판결   189, 190

대법원 2007. 6. 21. 선고 2004다26133 전원합의체 판결   356
대법원 2007. 8. 23. 선고 2007다21856, 21863 판결   306, 312
대법원 2007. 10. 25. 선고 2007다40765 판결   184, 186
대법원 2007. 12. 13. 선고 2007다55088 판결   325
대법원 2007. 12. 20. 선고 2005다32159 전원합의체 판결   142
대법원 2008. 1. 17, 선고 2007다74188판결   218
대법원 2008. 2. 28. 선고 2006다10323 판결   308
대법원 2008. 3. 13. 선고 2006다29372판결   320
대법원 2008. 3. 13. 선고 2007다73611 판결   185
대법원 2008. 4. 24. 선고 2008다3053, 3060 판결   277
대법원 2008. 5. 29. 선고 2007다4356 판결   302
대법원 2008. 9. 11. 선고 2008다27301 판결   222
대법원 2009. 2. 26. 선고 2006다45688 판결   193, 194
대법원 2009. 4. 23. 선고 2009다1313 판결   190
대법원 2009. 6. 25. 선고 2008다55634 판결   287
대법원 2009. 8. 20. 선고 2008다19355 판결   189, 190
대법원 2009. 9. 24. 선고 2008다38325 판결   404
대법원 2010. 2. 11. 선고 2009다72643 판결   222
대법원 2010. 4. 29. 선고 2009다96984 판결   295, 410
대법원 2010. 6. 10. 선고 2009다101275 판결   308
대법원 2011. 1. 27. 선고 2010다85164 판결   442
대법원 2011. 5. 26. 선고 2010다102991 판결   196
대법원 2011. 5. 26. 선고 2011다1330 판결   192
대법원 2012. 2. 13. 선고 2012 다65317 판결   214
대법원 2012. 2. 16. 선고 2010다82530 전원합의체 판결   177, 181
대법원 2012. 2. 7. 선고 2012다45689 판결   327
대법원 2012. 9. 27. 선고 2012다49490 판결   311
대법원 2013. 2. 28. 선고 2011다49608, 49615 판결   311
대법원 2013. 6. 13. 선고 2011다73472 판결   278
대법원 2013. 9. 26. 선고 2012다13637 전원합의체 판결   180
대법원 2013. 11. 28. 선고 2013다202922 판결   216
대법원 2013. 11. 28. 선고 2013다48364, 48371 판결   302
대법원 2013. 12. 12. 선고 2013다14675 판결   276
대법원 2014. 11. 27, 선고 2013다49794판결   217
대법원 2015. 1. 29. 선고 2012다74342 판결   194
대법원 2017. 5. 18. 선고 2012다86895, 86901 전원합의체 판결   192

대법원 2018. 8. 1. 선고 2017도20682 판결   220
대법원 2019. 8. 30. 선고 2017다268142 판결   306
대법원 2020. 3. 26. 선고 2019다288232 판결   216, 217
대법원 2020. 4. 9. 선고 2017다20371 판결   196
대법원(전) 1962. 12. 24. 선고 4294민재항675 판결   176

대구지법 1986. 6. 25. 선고 85나978, 제2민사부 판결   191
대구지법 2004. 3. 31. 선고 2003가단134010 판결   358
대구지법 서부지원 2018. 12. 11. 선고 2018가소21928 판결   184, 188
부산고법 2006. 5. 3. 선고 2005나17600 판결   360
서울고법 1976. 9. 30. 선고 76나1599, 제6민사부 판결   24
서울동부지법 2010. 6. 18. 선고 2010나189 판결   195
서울민사지방법원 1993. 12. 16. 선고 93가합73367, 제11부 판결   325
청주지방법원 1993. 9. 17. 선고 92가단11084 판결   437
춘천지방법원 1992. 4. 22. 선고 91가단3362 판결   438

헌법재판소 1991. 6. 3. 선고 89헌마204 판결   197
헌법재판소 1998. 10. 29. 선고 97헌마345 판결   197
헌법재판소 1999. 7. 22. 선고 98헌가3.   199
헌법재판소 2008. 11. 13. 선고 2006헌바112, 2007헌바71, 88, 94, 2008헌바3, 62, 2008헌가12
    (병합)   86
헌법재판소 전원재판부 2011헌바24, 2013. 12. 26   289

문성제

경남대학교 법학과 졸업(법학박사)
독일 본(Rheinische Friedrich-Wilhelms-Universität Bonn) 비교법 연구
미국 뉴욕주 UTS 졸업
일본 나고야대학교 법학전문대학원 초청교수
사법시험 · 공인노무사 · 감정평가사 · 공인중개사 등 시험위원
(현) 선문대학교 법학과 교수

주요 저서
국제통상법 총론
현대여성과 법률
교양법률강좌
현대법학의 이해
민사소송

새로운
부동산계약법

초판 발행	2021년 11월 15일
지은이	문성제
펴낸이	안종만 · 안상준
편 집	우석진
기획/마케팅	오치웅
표지디자인	이수빈
제 작	고철민 · 조영환

펴낸곳　　　(주) **박영사**
　　　　　　서울특별시 금천구 가산디지털2로 53, 210호(가산동, 한라시그마밸리)
　　　　　　등록 1959. 3. 11. 제300-1959-1호(倫)

전 화	02)733-6771
f a x	02)736-4818
e-mail	pys@pybook.co.kr
homepage	www.pybook.co.kr
ISBN	979-11-303-4018-0　93360

copyright©문성제, 2021, Printed in Korea

정 가　　29,000원